JN411456

귀환과 전쟁, 그리고 근대 동아시아인의 삶

Return War and the Life of the Modern East-Asian

중국해양대학교 한국연구소 총서 02

귀환과 전쟁, 그리고 근대 동아시아인의 삶

Return War and the Life of the Modern East-Asian

1판 1쇄 인쇄_2011년 12월 20일
1판 1쇄 발행_2011년 12월 30일

엮은이_중국해양대학교 해외한국학 중핵대학 사업단
책임편집_이 해 영
펴낸이_양 정 섭

펴낸곳_도서출판 경진
등 록_제2010-000004호
주 소_경기도 광명시 소하동 1272번지 우림필유 101-212
블로그_http://kyungjinmunhwa.tistory.com
이메일_wekorea@paran.com

공급처_(주)글로벌콘텐츠출판그룹
대 표_홍정표
기획·마케팅_노경민
경영지원_최정임
주 소_서울특별시 강동구 길동 349-6 정일빌딩 401호
전 화_02-488-3280
팩 스_02-488-3281
홈페이지_http://www.gcbook.co.kr

값 23,000원
ISBN 978-89-5996-141-2 93300

중국해양대학교 한국연구소 총서 02

귀환과 전쟁, 그리고 근대 동아시아인의 삶

중국해양대학교 해외한국학 중핵대학 사업단 편

책임편집 이해영

도서출판 경진

책을 펴내며

이 책은 중국해양대학교 한국연구소 해외한국학 중핵대학 사업단 제2차년도(2010년도) 국제학술회의, 콜로키움, 집중과제의 연구 성과를 집성한 것이다. 연구자들은 '귀환'과 '전쟁'을 화두로 역사, 문학, 사상 등 다양한 측면에서 근대 국민국가가 형성되던 격변의 시기, 역사상 그 어느 때보다 역동적인 삶을 살았던 동아시아인의 삶의 양상에 대해 살펴보았다. 이 책에서 화두로 삼은 '귀환'은 일제강점기 중국, 일본, 러시아 등 지역에 이주해 살던 한인들이 광복과 함께 한반도로 대거 귀환한 역사적 사실을 가리키며 부분적으로는 한국전쟁 전야 중국인민해방군 소속 조선인 부대의 입북(入北) 과정을 가리킨다. '전쟁'은 1950년부터 1953년까지의 한국전쟁, 즉 6.25전쟁을 가리킨다.

이 책이 굳이 '귀환'과 '전쟁'을 화두로 삼은 것은 이 두 역사적 사건이 동아시아인의 삶에 심각한 영향을 끼쳤기 때문이다. '귀환'의 경우, 1945년 일제 패망 당시 해외 한인의 수는 대략 500만 명에 달했는데 이는 당시 한국인의 20%를 차지하는 규모였으며 미 국무부는 1943년 5월, 전후 처리와 관련하여 전후의 중대한 현안으로 해외한인 문제를 다루었다. 이 해외한인들 중 절반인 250만여 명이 귀환하고, 나머지는 해외 각처에서 억류·현지 정착 등을 통해 미귀환하였다. '전쟁'의 경우 한국전쟁, 즉 6.25전쟁은 미국과 중국, 소련, 유엔군 등의 참전으로 전 세계적 범위로 확대되었으며 휴전과 함께 분단이 고착화되었다. 이 책은 국적, 귀환과정, 조국관, 자치운동, 미귀환 한인의 정체성과 삶, 한국전쟁 중 유엔과 중국의 정전 협상, 포로반환 문제, 전쟁과 인간의 삶 등 측면으로부터 귀환과 전쟁이 근대 동아시아인의 삶에 끼친 중대한 영향에 대해 살펴보고 있다.

'중국에서의 조선인/한인의 귀환과 정착'이라고 이름한 제1부에서는 '국적문제'를 초점으로 재만 조선인/한인의 귀환과 현지 정착의 과정이 국공(國共) 양당의 한인 정책과 밀접한 관계를 가지고 있는 것으로 보았고(김춘선), 국공(國共) 양당의 대 한인 정책의 차이가 중국 동북지역과 관내 기타 지역에서의 조선인/한인의 귀환의 차이를 낳았다는 평가를 내리고 있다(장석흥). 또한 새롭게 발굴한 문헌자료인 『전선(156사단 발간 신문)』을 기초로, 한국전쟁 발발 당시, 중국인민해방군 소속 조선인 장병들의 조국관을 분석하면서, 전쟁 전야 그들의 입북(入北)을 북한으로의 파병보다는 조국으로의 귀환으로 바라보았고(염인호), 1920년대 후반, 만주에서의 조선공산당 만주총국의 '자치운동'을 분석하면서 그들의 '자치운동'이 재만 한인의 근본적이고 절박한 문제인 반봉건문제를 등한시한 채, '조선연장론'의 편협한 시각으로 만주에서의 한인의 자치운동에 접근함으로써 실패는 예견된 것이라고 보았다(조춘호). 해방 직후, 만주지역에서의 귀환과 정주를 다룬 한국소설을 중심으로 귀환과 정주의 선택 요인으로 경제적 요인, 신변 안전 요인, 심리적 요인 등 세 가지에 주목하였고(최병우), 해방 직후, 조선족 문학에 나타난 미귀환 조선인들의 삶을 통해 중국공산당의 토지정책에 의한 조선인 농민들의 토지분여, 거주지와 고향의 혼동 등이 미귀환 조선인 즉 조선족이 만주에서의 정주 즉 미귀환을 선택한 원인임을 밝히고 있다(리광일). 그리고 중국조선족 제1세대의 대표적인 작가인 리근전이 1960년대에 발표한 장편소설 『범바위』에 나타난 광복 직후, 재만 조선인의 선택의 갈등과 미귀환한 조선인이 중국의 소수민족인 조선족으로 편입되어가는 과정에서의 민족의식의 내면화과정에 대해 주목하면서 리근전에게 있어서 민족의식과 국가정체성은 서로 길항하는 것으로 보았고(이해영), 광복 직후, 1960년대로부터 근 반세기가 지난 뒤 발표된 허련순의 장편소설 『누가 나비의 집을 보았을까』를 통해 민족

정체성과 함께 중국 조선족의 실존적 본질에 접근하고 있다(이광재·지해연).

'전쟁과 삶'으로 이름한 제2부에서는 최근에 해제된 외교문서를 기초로 1950년 11월~1951년 1월 사이 유엔과 중국 양측의 정전협상과 38선을 둘러싼 공방과정을 보여줌으로써 한국전쟁에 얽힌 비화를 공개하고 있으며(沈志華), 한국전쟁 중, 정전협상의 최대 쟁점이었던 포로반환의 문제를 포로귀환의 차원에서 다루었고(趙學功), 중국현대문학 중, 한국전쟁을 소재로 한 작품이 참전국의 국민인 중국인민들에게 미친 영향에 대해 살펴보았다(丁玉柱).

'조선인/한인에 의한 한국학의 전파 및 한중교류'로 이름한 제3부는 각각 중국인 학습자에 대한 한국어 교육, 한중교류를 통한 한국학의 전파, 그리고 한국어에서의 주격과 관련된 문제를 다루고 있으며 실은 이 책의 전체적인 흐름에서는 벗어나 있는 부분이다. 그럼에도 이 부분이 우리 사업단에 의미가 큰 것은 이 부분이야말로 우리 사업단의 주요 사업 내용의 하나인 한국학 교육과 밀접한 연관을 갖고 있기 때문이다. 우리는 오랫동안 우리 사업단의 특색과 주류에 대해 고민해 왔다. 〈황해권 한인공동체의 구축을 위한 한국학의 창신〉이라는 우리 사업단의 아젠다가 우리의 특색이라면 우리 사업단 내지 한국학 연구의 주류는 무엇인가? 특색과 주류의 관계를 어떻게 설정한 것인가? 이것은 우리에게는 아직 해결되지 않은 과제이다.

이 책이 발간될 시점인 2011년 연말은 중국해양대학교 해외 한국학 중핵대학 사업단이 바야흐로 3차년도 사업을 마무리하는 단계이다. 그동안 한국학진흥사업단과 중국해양대학교 본부의 지원은 아무리 강조해도 지나침이 없을 것이다. 특히 중국해양대학교 吳德星 총장님의 학문에 대한 남달리 넓은 포용력은 한국학이 중국해양대학교에서 학문적 화두의 하나로 그 존재기반을 다질 수 있도록 했으며, 그것은 중국해양대학교가 "海納百川 取則行遠"이라는 校訓을 직접 실천해나가는 과정이기도 했다. 중국해양대학교 한국연구소 소장이기도 한 본교 국제교류협력처 戴華 처장님의 지원 또한 우리에게는 대단히 큰 힘이 되었다.

이와 함께 우리들의 노력 또한 새삼스레 돌아보지 않을 수 없다. 이 자리에서 특히 우리 사업단 단원들이 3년간 거둔 자그마하지만 소담한 성과들을 특별히 적어두고 싶다. 그동안 우리는 교내, 교외에서 우리 한국 연구소와 한국학의 입지를 다지기 위해 무척 노력해왔다. 중국 내 해양과학 1위, 종합랭킹 35위의 중국해양대학교에서 변두리에 있던 한국학이 인문학 영역에서 학문적 화두로 주목을 받을 수 있게 된 것은 우리 단원들이 합심하여 제도 개선에 힘을 모으고 각자의 연구에 게을리 하지 않았기 때문이다. 그동안 우리는 학교 본부에 끊임없이 청원하여 '한국연구기금'을 조성하였고, 한국의 등재지가 중국 내 CSSCI와 동등한 평가를 받을 수 있도록 연구업적 평가체계를 개선하였다. 이제 한국연구소와 본 사업단은 중국해양대학교 내에서 한국학연구기지로서 뿐만 아니라, 중국해양대학교의 대 한국 교류에서 핵심적인 역할을 수행하고 있다. 대외적으로 우리는 중국해양대학교라는 대단히 강한 특색과 자부심을 띤 校名으로 인한 오해와 통념을 불식시키기 위해 많은 노력을 해왔고, 한국학계에서 적지 않은 긍정을 받았다. 그 와중에 물론 큰 참패를 겪기도 했다. 중핵 사업신청 후, 다시 한 번 혼신의 힘과 지혜를 모았던 디아스포라 사업신청에서의 실패는 그동안 황해권 한인공동체의 문제를 두고 많은 고민을 해왔던 우리에게 큰 실망을 주었다. 그러나 우리는 곧 그 실패의 원인을 구명하는 것으로 실망을 딛고 일어설 힘을 얻었다.

이제 우리 사업단은 5개년 중핵대학 사업의 중간 단계인 3차년도 사업의 마무리 단계에 와있다. 그동안은 안으로는 중국해양대학교 내에 한국학을 정립하고 밖으로는 중국해양대학교의 한국학을 세우느라 앞만 보고 달렸고 주위를 돌아볼 여력이 없었다. 이제는 주위를 돌아보면서 "우리가 어디로 나아갈 것인가?", "우리는 무엇을 어떻게 할 것인가?"를 진지하게 고민해야 할 재정비와 재도약의 시점에 와있다. '내'가 아닌 학문적 '우리'를 위해 고민을 거듭할 때 중국에서의 한국학은 성장을 계속할 수 있을 것이다. 그것은 중국에서의 한국학은 앞으로 꽤 오랫동안 '나'보다는 학문적 '우리'를 더 필요로 할 것이기 때문이다.

끝으로 지난 3년간 우리 사업단의 학문적 성장과 발전을 내심 기뻐해주고 '황해권 한인공동체의 재구축'이라는 우리의 학문적 화두에 관심을 갖고 함께 해주신 도서출판 경진의 양정섭 사장님과 직원들께 진심으로 감사드린다.

2011년 12월

첫눈이 내리는 창밖을 바라보며

중국해양대학교 해외한국학 중핵대학 사업단

단장 이해영 삼가 씀

목 차

제2부 전쟁과 삶

第3부 조선인/한인에 의한 한국학의 전파 및 한중교류

제1부 중국에서 조선인/한인의 귀환과 정착

재만 한인의 국적 문제 연구

김춘선
(中國 연변대학교 인문사회과학학원 교수)

1. 머리말

한인[1]이 중국 동북지역에로의 이주는 조선 후기부터 비롯되었다. 청정부는 이주한 한인들에게 "치발역복"이란 민족동화 정책을 실시하였으나 한인들은 이에 능동적으로 대처하면서 동북지역에 새로운 생활터전을 마련해갔다. 그 후 일제가 조선을 강점하자 한인들의 동북이주는 급속히 증가하였으며 이러한 현상은 위만주국시기에 이르러 일제의 이민정책으로 말미암아 더욱 고조되었다. 결과 광복 전 중국 동북지역의 한인이주민수는 무려 230만에 달하였다. 그중 광복 직후 약 80만에 달하는 한인들이 압록강과 두만강을 넘어 자유롭게 조선반도로 귀환하였고 백여 만 명에 달하는 한인들은 현지에 정착하였다.

1) 조선인 한인이라는 명칭사용에 있어서 일반적으로 1897년 대한제국의 성립을 기준으로 그 이전은 조선인 그 이후는 한인이라 하지만 본문에서는 서술의 편리상 일률로 한인이란 명칭을 사용하였다.

광복 후 중국지역 한인들의 귀환과 정착은 국내외 복잡한 정치, 군사적 정세하에서 이루어졌다.[2] 그동안 중국지역 한인들의 귀환과 정착에 관한 연구는 주로 한국 국민대학을 중심으로 활발히 이루어졌다. 그러나 대부분 연구성과들은 중국 관내지역 한인들의 귀환에 초점이 맞추어져 있다. 주지하는바 광복 후 재만 한인들의 귀환과 현지정착은 당시 동북지역에서 치열한 격전을 벌이고 있던 국공 양당의 대한인 정책과 밀접한 관계가 있는데 그 핵심은 국적 문제였다. 따라서 이 글에서는 재만 한인들의 국적 문제를 역사적인 맥락에서 크게는 광복 전과 후로, 작게는 청조시기, 민국시기, 위만주국시기, 해방전쟁시기 등 네 개 단계로 나누어 한인들의 귀환과 정착 실태를 재규명하였다.

2) 염인호, 「조선의용군 연구」, 국민대 박사논문, 1994; 손춘일, 「해방 직후 재만한인들의 한반도 귀환」, 『해방 직후 인구이동과 서울의 도시문제』(제9회 서울향토사학술대회 발표문), 서울시립대, 2002.11.15; 李海燕, 「第二次世界大戰後 中國東北地區居住 朝鮮人의 引揚實態에 대하여」, 『一橋硏究』 136호, 一橋大學大學院一橋硏究編輯委員會, 2002; 한시준, 「대한민국임시정부의 환국」, 『해방 후 해외 한인의 귀환문제 연구』(한국학술진흥재단 2002년도 기초학문육성 인문사회분야 한국근현대과제 학술심포지엄 논문집), 국민대학교, 2003.5.24; 김중생, 『조선의용군의 밀입북과 6·25전쟁』, 명지출판사, 2000; 이종석, 『북한-중국관계(1945~2000)』, 도서출판 중심, 2001; 염인호, 『조선의용군의 독립운동』, 나남출판, 2001; 김춘선, 「광복 후 중국 동북지역 한인들의 귀환과 정착」, 『한국근현대사연구』 28, 한국근현대사학회, 2004; 서행, 「전후 화북지구 한교의 안치와 송환」, 『한국근현대사연구』 28, 한국근현대사학회, 2004; 장석홍, 「해방 직후 상해지역의 한인사회와 귀환」, 『한국근현대사연구』 28, 한국근현대사학회, 2004; 김승일, 「대한 한교의 역사적 천이상황과 귀환문제」, 『한국근현대사연구』 28, 한국근현대사학회, 2004; 김정미, 「해방후 해남도지역 조선인 귀환에 대하여」, 『해방후 중국지역 한인의 귀환문제 연구』(제2회 귀환문제연구 국제학술심포지엄), 국민대학교 한국학연구소, 2003; 김승일, 「중국 해남도에 강제연행된 한국인 귀환문제」, 『한국근현대사연구』 25집; 손염홍, 「해방 직후 북경지역 한인사회와 귀환」, 『한국독립운동사연구』 23집; 황선익, 「해방 후 대만지역 한인의 귀환」, 한국근현대사학회 발표논문, 2005.3, 『한인의 귀환문제 연구』(한국학술진흥재단 2002년도 기초학문육성 인문사회분야 한국근현대과제 학술심포지엄 논문집), 국민대학교, 2003.5.24.

2. 광복 전 재만 한인들의 국적 문제

1) 청조시기 재만 한인들의 국적 문제

1644년 북경에 천도한 청정부는 장백산 일대를 저들 조상의 發祥之地로 간주하여 봉금정책을 실시하였다. 그러나 1860년 '중러북경조약' 체결 이후 러시아가 북간도의 흑정자 일대를 강점하고 국경분쟁을 도발하자 청정부는 오대징을 파견하여 변계담판을 진행하는 한편 북간도 일대를 개방하고 1881년부터 이른바 "移民實邊" 정책을 실시하기 시작하였다. 이를 계기로 조선북부지역 변민들이 중국동북지역으로 대량 이주하기 시작하였으며 북간도와 서간도 일대를 중심으로 점차 한인집거구가 형성되었다. 이때로부터 한인이주민들의 국적 문제는 조청 양국 간의 민감한 외교문제의 하나로 부각되면서 한인들의 지속적인 이주와 정착에 커다란 영향을 주었다.

청조시기 재만 한인들의 국적 문제는 대체로 1909년 '대청국적조례'의 반포를 기준하여 두개 단계로 나누어 볼 수 있다.

첫 단계는 1909년 '대청국적조례' 제정 이전 시기이다. "이민실변" 초기 청정부는 "무릇 淸領을 경작하는 자는 청국민으로 간주한다"는 방침하에 한인이주민들에게 "치발역복"을 강요하였다. 그러나 "치발역복"은 민족동화를 의미하는 것이었기에 조선정부의 강력한 반발과 한인이주민들의 저항에 부딪쳐 제대로 집행되지 못했다. 이러한 실정에서 1882년 길림장군 명안은 일찍 대륙통일과정에서 남부지역 苗族들의 "土司制度"에 대하여 일정한 자주와 자치를 허용했던 경험에 착안하여 한인들에게도 그와 유사한 방법을 사용할 것을 禮部에 다음과 같이 제안하였다.

첫째, 운남성과 귀주성의 묘족들과 같이 잠시 그들의 편의를 도모하되 반듯이 조선국왕의 인가를 받아 실행하며, 또 예부의 의도대로 귀화입적을 강행하여도 한인들은 공순하여 반드시 이를 따를 것이므로 徭役과 같은 賦役은 면제시켜 관용을 베풀 것.

둘째, 귀화입적 編甲升科한 한인들은 훈춘과 돈화현에서 분할 관리하며, 지방의 소송과 인명안 및 절도안건 등은 길림에서 일률적으로 통괄함.

셋째, 이미 치발역복한 한인 농호와 공상인들은 犯禁者에 속하지 않으므로 그들을 학대하지 말아야 하며 禁令은 계속 엄격히 실시함.[3)]

이에 기초하여 1882년 3월 청의 예부는 조선정부에 월경간민은 본래 懲辦해야 할 것이나 개간한 지 오래되고 인수가 많기 때문에 관대히 처리하여 既往을 不咎하고 호적을 査明하여 훈춘과 돈화현에 귀속시킬 것이니 이후에 엄격히 금령을 준수하기 바란다는 諮照를 보내왔다.[4)] 이에 대해 조선정부는 월간한민들은 풍토와 습관이 청국인과 달라 만약 청측에 編籍될 경우 사단의 야기가 우려되며, 또 북쪽의 러시아와 동쪽의 일본에서도 모두 "天朝"의 例를 따라 한인들을 귀화시킬 우려가 있으므로 이주한인들을 전부 쇄환하겠다고 통보하였다.[5)] 그 후 1900년 러시아의 간도침입, 이어 조선정부의 진위대 및 변계경무서의 설치, 북간도관리사의 파견 등 일련의 사건이 벌어지면서 청조의 "치발역복" 정책은 사실상 유명무실해졌다.

그러나 당시 청정부의 "치발역복" 정책이 가지고 있는 근본적인 한계는 근대적인 국적법(법적 규정)이 결여되어 있다는 점이다. 이와 같은 한계는 1907년 일제가 용정촌에 통감부파출소를 설치하고 한인에 대한 관할권을 주장하면서부터 표면화되었다. 1909년 일본경찰이 귀화한인 玄德勝을 체포하여 조선에 인도하자 청측은 현덕승

---

3) 北京古宮博物館 編,『清光緒朝中日交涉史料』卷3, 文件番號 98,「吉林將軍銘安等奏朝鮮貧民占種吉林邊地遵旨妥議覆陳摺」, 臺北: 文海出版社 印本, 1964, 6~7쪽.

4) 권석봉,「清末 間島地方의 越墾韓民策研究」(上),『人文學研究』23輯, 中央大人文科學研究所, 1995, 291쪽.

5) 中央研究院近代史研究所 編,『清季中日韓關係史料』3, 泰東文化社, 1972, 972~973쪽.

은 귀화인임으로 즉시 석방하여 귀환시킬 것을 요구하였고, 일본측은 오히려 현덕승이 귀화하였다는 확실한 증거를 제시할 것을 요구하였다. 이에 대해 길림순무 陳昭常은 “아국의 국적법에는 아직 외국인의 귀화에 대한 전문적인 규정이 제정되어 있지 않지만 유일하게 연길지역의 월간한민들에 대하여서는 광서 16년(1890) 총리아문에서 발급한 토지집조를 영유한 자에 한해서는 모두 치발역복·편입민적하여 중국인과 똑같이 대우하였고, 민사 및 형사사건은 모두 중국지방관이 처리하였으므로 현재 한민들이 소유하고 있는 토지집조가 바로 귀화입적의 확실한 증거”[6]라고 주장하였다. 그 후 현덕승을 비롯한 한인들의 국적 문제가 중일 양국 간의 외교문제로 비화되자 동삼성 총독 錫良은 1909년 6월 외무부에 전보를 보내어 “우리 나라는 비록 국적법이 명확히 규정되어 있지 않지만 재산소유에 따라 납세하고 있으므로 이는 실지로 입적증거와 같다. 또 광서 16년 길림장군은 무릇 치발역복한 한민들이 청국의 토지를 소유하고 있으며 세금을 납부하는 자는 모두 입적한 자로 간주하며 그렇지 않으면 구축하여 귀국시킴으로써 私墾을 불허하였다. …… 그러므로 현재 領照納稅하고 구축당하지 않은 한민들이 바로 귀화입적의 鐵證이며 치발역복이라는 단어에 너무 구속될 수 없다”고 주장하였다.[7] 같은 시기 吉林巡撫 陳昭常도 “이주자 중 부동산이 없는 자는 韓僑(비귀화인)로, 토지를 소유하고 지방정부에 세금을 납부하는 자는 墾民(귀화인)으로 구분”하되,[8] 토지소유권은 “광서 16년의 토지집조 발급을 기준하는 것이 영토와 주권을 보호할 수 있는 유일한 방법”[9]이라고 건의하였다. 이와 같이 당시 청정부의 관리들은 근대적인 국적법이 결여된 상황에서 과거 단순히 “치발역복”에 의존하던

6) 秋憲樹, 『資料 韓國獨立運動』 4卷 下, 延世大出版部, 1971, 제1466쪽.

7) 위의 책, 1466~1467쪽.

8) 『東三省政略』 「邊務 延吉篇」, 5쪽.

9) 위의 책, 94쪽.

민족동화 정책을 사실상 재산의 소유 내지 토지소유권을 중심한 귀화입적 형태로 정책변화를 시도하고 있었음을 알 수 있다.

1909년 중일 변무교섭에 참가하였던 변무방판 오록정은 당시 청 정부의 대한인 정책의 한계로 ① 국적법의 미확정, ② 토지권의 無限制, ③ 이주자의 無稽査, ④ 재판권의 무획일, ⑤ 납세의무의 未均平 등을 지적하였다.[10] 그리고 그 해결책으로 첫째, 월간자 즉 한국 영토에서 월경하여 여러 해 동안 개간에 종사하여 일찍부터 토착인으로 살고 있는 사람은 완전한 귀화인으로서 청인과 같이 취급함. 둘째, 초간자, 즉 간도 미개간지를 개간한 자를 토착화된 토지급여 대상자로 간주함. 셋째, 비귀화인에 대해서는 일본이 대만인의 국적을 정한 예와 같이 2년을 기한으로 그 기간에 재산을 정리하여 자유로이 왕래하며 간도에 있는 동안은 완전히 청인과 동일한 권리를 부여할 것을 주장하였다.[11]

한편 이 시기 연길청도 한인이주민들의 국적 문제에 비상한 관심을 보였다. 연길청은 먼저 한인들의 호구를 철저히 조사하여 華人과 韓人, 귀화인과 비귀화인들의 호적을 명확히 구분하도록 하였다. 이에 따라 1909년 연길청은 한민호들의 문패를 화인들과 동일하게 통일적으로 編號한 후 거기에 寄戶 二字를 새겨 관리에 편리를 도모하도록 하였다.[12]

두 번째 단계는 '대청국적조례' 반포 이후 시기이다. 1909년 말 청 정부는 최초의 국적법인 '대청국적조례'를 제정, 발표하였다. 이는 東南路道가 근대적인 국적법에 의하여 한인의 입적 문제를 보다 원만히 해결할 수 있는 하나의 획기적인 계기로 되었다. 본 「조례」는 도합 5장 20조로 구성되었는데, 그중 외국인들의 입적법에 관한 규

10) 吳祿貞, 『延吉邊務報告』, 奉天學務公所, 1907, 12~15쪽.

11) 日本外務省, 『日本外交文書』 卷42 1冊, 474~475쪽.

12) 延吉府知府檔案資料, 「延吉府詳送巡警局調査韓僑戶口總表請鑒核由」, 〈4-1-62〉, 宣統2年12月28日, 延邊檔案館所藏.

정은 제2장 제3조로써 주요내용은 다음과 같다.

1) 중국에 10년 이상 지속적으로 거주한 자
2) 20세 이상으로써 해당 국가의 법률에 해당되는 자
3) 품행이 단정한 자
4) 상당한 재산이거나 예능이 있어 능히 자립할 수 있는 자
5) 해당 국가의 법률에 의해 입적 후 본국 국적을 소실할 수 있는 자[13)]

'대청국적조례'는 외국인의 입적조건을 주요하게 10년 이상 중국에 지속적으로 거주하였으며, 상당한 재산이나 예능이 있어 능히 자립할 수 있으며, 입적 후 본국의 국적을 이탈할 수 있는 자로 규정하였다. 그러나 이상의 조건을 한인이주민들에게 적용할 시, 거주연한 문제, 예능의 소지문제, 본국국적 이탈문제 등 일련의 문제점들이 존재하고 있었다. 이러한 실정에서 일부 지방관원들은 입적 시 거주연한에 대한 기준과 본국국적 이탈 조건을 북간도 한인이주민들의 실정에 알맞게 적당히 수정할 것을 건의하였다.[14)] 결과 동남로도는 1910년 9월 한인들을 대상으로 수정된 구체적인 '입적세칙'을 공포하였다.[15)] 여기에서 동남로도는 한인들의 입적에 필요한 거주연한을 10년에서 5년으로 줄였으며, 품행이 단정하거나 입적 후 확실히 본국의 국적을 상실할 수 있는 자에 한하여서는 거주연한이 5년이 되지 않아도 지방관청에서 신청을 접수한다고 규정하였다. 그리고 한인호들의 門牌도 원래의 寄戶에서 新正戶와 新副戶로 바꾸어 입적자와 비입적자를 명확히 구분하도록 하였다.

동남로도는 '입적세칙'을 제정하여 한인들의 귀화입적을 적극 추

13) 『東方雜誌』 第26卷 第4號, 129~130쪽.

14) 吉林東南路道檔案資料, 「詳覆韓民呈墾入籍各情形請示遵行由」, 〈4-1-136〉, 宣統2年10月 21日, 延邊檔案館所藏.

15) 吉林省檔案館檔案, 「東南路呈報韓人入籍并調查及善後方法」 檔案番號 1857卷34號.

진하는 한편 일본이 한인들의 국적 문제를 빌미로 중국내정에 간섭하지 못하도록 구체적인 방지대책도 마련하였다. 이를 요약하면 첫째, 한인들이 입적 신청 시 제출하는 甘結에 "愿盡棄本國權利"라는 구절을 반드시 첨부하도록 규정하였다.[16] 둘째, '限制細則'[17]과 '取締細則'을 제정하였다. '限制細則'은 한인들의 이주를 단속하기 위한 조치로서 잡거구역인 연길, 화룡 등지에서 적당한 住處와 경작지가 없는 한민들을 査出하여 축출하는 것이었고, 비잡거지역인 훈춘, 왕청 등 지역에서 새로 이주하려는 한민들의 입경을 철저히 엄금한다는 것이다. 그리고 '取締細則'에서는 비잡거지역에서 화인들이 한인을 고용하여 토지를 경작케 하는 것을 엄금하도록 하였다. 그러나 '取締細則'의 내용을 자세히 검토해 보면 본 '세칙'의 실질적인 목적은 한인들의 모든 권한을 박탈하여 그들을 경외로 추방하려는 것이 아니라 한인들을 압박하여 그들 스스로 귀화를 자원하도록 하는 데 있었음을 알 수 있다. 이는 '취체세칙'에서 비잡거구 내 한인들의 모든 권리에 대하여 부정하면서도 "만약 한인들이 이로 인하여 자원적으로 귀화를 요구할 시에는 각 지방관청에서 이를 인준하여 귀화하도록 한다"고 규정하였으며, 심지어는 귀화입적 조례에 부합되지 않는 한민들도 자원적으로 신청을 요구하면 먼저 관청에서 그들의 신청을 접수한 후 정부의 심사처리를 기다리도록 규정한 사실을 통하여서도 확인할 수 있다.[18]

16) 吉林省檔案館檔案, 吉林東省, 「東南路呈報韓人入籍幷調査及善後方法」, 檔案番號, 1857卷 34號.

17) 楊昭全·李鐵環 等 編, 『東北地區朝鮮人革命鬪爭資料彙編』 上, 遼寧民族出版社, 1992, 58~59쪽.

18) 吉林省檔案館檔案, 吉林東省, 「東南路呈報韓人入籍幷調査及善後方法」, 檔案所藏番號 1857卷 34號.

2) 중화민국시기 재만 한인들의 국적 문제

1912년 신해혁명을 통해 성립된 중화민국 정부는 집권초기 청정부에서 제정한 '대청국적조례'를 그대로 사용하였다. 그러나 일제의 침략이 날로 가중화되는 가운데서 중국지방관원들은 한인들에게 토지소유권을 주면 일제의 대륙침략정책에 이용될 수 있다는 이유로 점차 한인의 토지소유에 대하여서는 엄격히 제한하기 시작하였다.19) 그 후 한인이주민들의 국적 문제는 1915년 '만몽조약'체결을 계기로 이른바 상조권분쟁에 휘말려 들면서 중일 양국 간의 첨예한 외교문제로 비화되었다.

중일간의 토지상조권 분쟁에서 일제는 한인들의 二重國籍과 토지소유권을 미끼로 저들의 침략세력을 확대함과 동시에 본격적인 토지약탈을 감행했다. 이에 맞서 중국 지방 당국은 한인들의 토지소유권과 소작권에 대하여 엄격한 규제를 가하면서 한인관리를 대폭 강화하였다. 이 시기 중국 당국의 한인들에 대한 관리는 대체로 두 가지 방향으로 진행되었다. 하나는 한인들의 귀화입적을 보다 적극적으로 권장하는 것이었고, 다른 하나는 한인들의 토지소유권과 소작권에 대하여 각종 규정을 제정하여 엄격히 단속하는 것이었다.

1915년 10월 12일, 연길현 勸學所員 鄭蘭幹은 延吉道尹에게 建白書를 올려 보증인과 수수료가 없이 한인들의 귀화입적을 받아들일 것을 건의하였다. 이는 당시 북간도에서 한인들이 이미 40%이상의 토지를 소유하고 있는 실정에서 그들을 적극 귀화시켜 自國民化하려는 중국관원들의 적극적인 인식에서 비롯된 것이었다. 이에 대하여 당시 일본 측도 "간도지방과 같이 전 주민의 3/4 이상의 한인 인구를 갖는 지방에서 이들을 모두 일본인으로 할 때는 간도는 사실상 일본인에 의해 점령된 형태이기 때문에 이 지방에서 중국은 한

19) 張朝柱, 『吉林汪淸縣政治報告書』 2冊, 「沒收韓民崔喜等數十戶私墾地畝保全國土鞏固邊疆文」, 1912.5.11, 49~53쪽.

인에게 귀화를 권유하여 명실공히 이를 중국인으로 하려는 방침을 채택하고 있는 것은 중국 측의 입장으로 볼 때는 너무도 당연한 것이었다”[20]고 자인하였다.

이 시기 중국정부는 한인이주민들을 쟁취하기 위하여 “입적하면 토지소유권 및 참정권 등 모든 공권을 부여하고 일본관헌의 체포, 구금도 면할 수 있다”[21]고 선전하였다. 그리고 지방관청에서는 한인들의 귀화입적 절차도 최대한 간소화하였으며 지어는 대다수가 신청하고 나중에 推尋하여가지 않으면 지방정부에서 내무부에 송금하는 의무가 있다는 이유로 아예 누구에게든지 매장에 얼마씩 받고 賣却하는 奇異한 현상까지 출현하였다.[22]

중국 지방 당국은 한인들의 귀화입적 절차를 간소화하였을 뿐만 아니라 입적자들에게 토지소유권은 물론이고 지방정권에 참여할 수 있는 참정권까지 부여하였다.[23] 중국 지방 당국의 이와 같은 조치는 북간도지역 한인이주민들로 하여금 ‘입적열’을 일으켜 수많은 한인들이 입적하는 결과를 초래하였다. 불완전한 통계에 의하더라도 1917년 9월 간도지역 한인이주민 중 귀화입적한 호수가 1,427호, 귀화수속이행자 호수가 2,111호로서 도합 3,538호에 달하였으며,[24] 1919년에는 4,982호로 대폭 증가하였다. 뿐만 아니라 1916년 12월 2일 鄭安立 등 462명의 귀화간민 대표들은 중국 외교총장에게 ‘청원서’를 제출하여 귀화한인들은 당당한 중화민국 국민임을 강조하면서 중국 당국의 보다 적극적인 보호와 일제의 영사재판권을 철폐해 줄 것을 촉구하였다.[25] 이와 같이 1915년 중일 상조권분쟁 이후 중

20) 赤塚, 「在滿鮮人問題」, 『朝鮮統治史料』 10卷, 1921, 232쪽.

21) 朝鮮總督府警務局, 『在滿鮮人ト支那官憲』, 行政學會印刷所, 昭和五年, 209쪽.

22) 玄圭煥, 『韓國流移民史』 上, 三和印刷出版部, 1976, 239쪽.

23) 위의 책, 242쪽.

24) 위의 책, 240쪽.

25) 秋憲樹, 앞의 책, 1484~1485쪽.

국 당국은 한인들의 토지소유권에 대한 직접적인 취체보다도 오히려 한인들을 적극 귀화입적시키는 방법으로 한인에 대한 지배권을 확대해 나갔다.

중국 지방 당국은 한인들의 귀화입적을 적극 추진하는 한편 비귀화 한인들이 佃民制를 통하여 토지를 구입하는 것을 엄격히 제한하였다. 1922년 화룡현지사는 화룡현 경내에 거주하는 한인 중 1日耕 이상의 토지를 소유하고 있는 자는 반드시 귀화입적 하여야 한다고 지시하였으며, 만약 이에 불응한 자는 엄벌에 처한다고 경고하였다.[26] 그리고 1924년 11월 훈춘현지사도 귀화하지 않은 한인들이 전민제 방법으로 구입한 토지에 대하여서는 절대로 토지관리권 및 地上權을 인정하지 않을 뿐만 아니라 무조건 몰수할 것을 명령하였다. 결과 전민제 형태로 토지를 소유하고 있던 한인들은 분분히 귀화입적을 신청하여 한 달 내에 春化鄕에 261명, 崇禮鄕에 5명, 德惠鄕에 11명, 勇知鄕에 7명이 귀화입적하였다.[27]

1926년 5월 연길도윤은 각현 지사들에게 한인들이 전민제 형식으로 토지를 구입할 시 반드시 사전에 귀화입적 절차를 마무리할 것을 지시하였으며 동년 7월에는 연길현지사도 「延吉縣所屬墾民分劈地照辦法繕具簡章」을 제정, 공포하였다. 본 「簡章」은 "제1조: 간민들이 하나의 집조를 수명이 공동으로 享有하고 있는 자들은 이를 변경할 때 반드시 성명을 連署하여야 하며 지주의 甘結을 가져오게 함으로써 다른 사람이 대체하지 못하도록 하여야 한다. 제2조: 공유지 若干은 매개인이 分劈하여 각자가 소유하고 그 四至는 지주와 공동 상의하여 인준을 얻은 후 비준한다. 제3조: 매개 집조 한 장에 수속비 四吊와 註冊費 四吊 외 1상에 지방보조비 吉洋1원을 징수한다. 제4조: 집조의 分劈을 신청할 시 먼저 입적을 권유하여야 한다.

26) 朝鮮總督府警務局, 앞의 책, 205쪽.

27) 위의 책, 206~207쪽.

(본 조항은 布告 내에 기재하지 않으나 집행시 실시함) 제5조: 본래의 집조에 새로운 집조를 첩부하여 이미 세금을 납부하였음을 증명한다." 라고 규정하였다.[28]

이외에도 연길현지사는 연길현 관할 내에서는 귀화, 비귀화를 불문하고 일률로 토지소유권을 인정할 것이므로 종전에 비귀화인들이 귀화인의 명의로 토지를 구입한 자는 소유토지를 속히 관청에 보고, 등록할 것을 지시하였다.[29] 그러나 연길현지사의 이와 같은 조치는 비귀화인들이 적극적으로 토지등록에 참여하도록 유혹하는데 불과한 것이었고 실제에 있어서는 비귀화인들의 토지소유권은 인정하지 않았던 것으로 추정된다. 왜냐하면 상술한 「簡章」 제4조에서 "집조의 分劈을 신청할 시 먼저 입적을 권유하여야 한다"고 규정하였으나 "본 조항은 布告 내에 기재하지 않으나 집행시 실시함"이라고 하여 표면상에서는 귀화 비귀화를 막론하고 모두 토지소유권을 인정하여 주는 것 같았으나 내부적으로는 반드시 귀화를 전제로 하였음을 알 수 있다.

1926년 8월 화룡현에서도 한인의 귀화입적 조건을 새롭게 제정하여 무릇 귀화입적을 원하는 자는 반드시 일본과의 관계를 철저히 단절할 것을 강요하였다. 당시 화룡현서에서 제정한 한인들의 입적조건은 '1) 조선인민회로부터 탈회하고 동회의 의원직을 가진 자는 즉시 사직하여야 한다. 2) 속히 일본국적을 이탈하여야 한다. 3) 귀화 여부를 막론하고 조선인민회비 부담을 거절할 것. 4) 중국 국적을 가지지 못한 자로서 지금까지도 여전히 토지를 소유하고 있는 자들은 속히 입적수속과 토지이동 수속을 끝마쳐야 하며, 만약 이에 응하지 않는 자들에 대해서는 그들의 토지를 몰수함과 동시에 엄중히 처벌한다'[30]는 것이었다. 이러한 실정에서 당시 화룡현 덕신사에

28) 延吉道尹公署檔案, 「延吉縣所屬墾民分劈地照辦法繕具簡章」, 延邊檔案館所藏, 1926년 7월.
29) 朝鮮總督府警務局, 앞의 책, 210쪽.
30) 위의 책, 209~210쪽.

서만 하여도 근 700명의 한인이 토지이동 수속을 마쳤으며, 화룡현 15개사를 합치면 무려 만여 명이 토지소유권을 확보하기 위하여 귀화하였던 것으로 추정된다.

이 시기 토지이동 수속은 두만강 상류지역의 무산대안으로부터 시작되어 점차 하류지역으로 옮겨가면서 북간도 전 지역에서 폭넓게 진행되었다. 통계에 의하면 1927년 연길현의 귀화입적자 수는 1,705호, 9,741명으로서 이는 연길현 한인수의 5%에 달하였고, 화룡현은 5,261호, 30,653명으로서 이는 화룡현 한인수의 18%에 달하고 있음을 알 수 있다. 그런데 이를 1925년도의 귀화입적 수와 비교하여 보면 연길현은 1925년의 824호에서 약 2배의 증가를 보였고, 화룡현은 994호에서 무려 5배나 증가되었음을 알 수 있다.[31)]

그러나 중국정부의 상술한 조치에도 불구하고 한인들의 귀화입적은 중국 측의 기대에 미치지 못하였다. 예를 들면 1928년 말 북간도 지역에서 조선인민회에 가입한 호수는 북간도 한인 총 호수의 약 73.3%에 달하는 데 반해 중국적에 가입한 귀화한인 호수는 불과 24%에 지나지 않았다. 그나마 그중 약 11%에 해당되는 5,029호는 여전히 조선인민회에 가입하고 있는 실정이었다.[32)] 이와 같은 상황에서 중국 외교부는 1928년 5월 1일 길림성장에게 "근래 각국거류민 중 동삼성에 거주하는 자의 다수가 중국의 권리를 받고자 귀화입적을 청구하나 입적 후에도 여전히 그 원유국적을 이탈치 않고 있으므로 교섭사건이 발생할 경우에는 번잡함을 면할 수 없고 곤란을 겪게 된다. 이 분쟁과 번잡을 제거하려면 한인들의 귀화를 제한하지 아니할 수 없으며, 금후 만일 귀화입적 하려는 자에 대하여서는 원유국적을 이탈케 하고 단일국적을 취득하도록 노력할 것"[33)]을 지시하였다. 이에 따라 동년 길림성장공서에서는 각 현지사들에게

31) 金正明 編, 『朝鮮獨立運動』 2, 原書房, 1968, 1075~1076쪽.

32) 吉林公署, 「歸化朝鮮人職業別調查(1928年末)」, 『滿蒙事情』, 昭和5年2月號 參照.

33) 玄圭煥, 앞의 책, 239~240쪽.

1) 이중국적자, 즉 중국국적에 가입한 자는 반드시 중국법령에 복종하여야 하며 이에 응하지 않는 자는 국적을 취소하고 거주를 허락하지 않는다. 2) 華鮮兩民의 의지소통 및 한인의 동화를 촉구할 것, 3) 비잡거구에 거주한 한인에 대하여 지사는 그들의 귀화를 권유하여야 하며 출원자에 대하여서는 속히 省長公署를 통하여 內務部에 귀화집조 발급을 신청할 것, 4) 6개월 내에 입적하지 않은 자들에 대한 각종 규제방법, 즉 화인들에게 밀령을 내려 그들에게 토지, 가옥을 대여해 주지 말 것 등을 명하였다.34)

1929년 2월 5일 중화민국에서는 새로운 '중화민국국적법'을 공포하였다. 개정된 '중화민국국적법'은 입적자들의 중국 거주 연한을 10년에서 5년으로 줄였으나 귀화조건이 훨씬 세분화되어 이주 한인들의 귀화입적이 더욱 어렵게 되었다. 뿐만 아니라 귀화자와 그 가족에 한하여 공직에 취임하지 못하게 하는 등 차별적인 규정이 포함되어 이주 한인들이 귀화를 기피하는 요인으로 작용하기도 하였다. 여기에 1929년 8월 길림성정부에서 과거 한인들의 귀화입적에 대한 우대조건들을 전부 취소해 버리고 반일운동의 일환으로 이른바 한인들에 대한 '구축운동'이 벌어지면서 수많은 한인들이 다시 본국으로 귀환하는 사태가 빚어졌다.

3) 위만주국시기 재만 한인들의 국적 문제

1931년 '9.18'사변을 일으켜 동북을 점령한 일제는 1932년 3월 1일 신경을 중심으로 위만주국을 설립하였다. 3월 1일 공포된 위만주국 건국선언에는 "무릇 신국가 영토 안에 거주하고 있는 자는 모두 종족의 구별과 존비의 구별이 없다. 원래의 한족, 만주족, 몽고족과 일본, 조선의 각 민족뿐만 아니라 기타 국인으로서 장기간 거주

34) 朝鮮總督府警務局, 앞의 책, 210~214쪽.

하기를 원하는 자도 평등한 대우를 받을 수 있다"[35]고 역설하면서 이른바 5족(일본인, 한인, 한족, 만족, 몽고족)공화를 표방하였다. 뿐만 아니라 일제는 위만주국의 새로운 지배질서를 확립한다는 미명하에 이른바 새로운 '만주국인'을 형상화하는 작업을 벌였으며 국민들에게 四海동포주의, 박애, 만국평화, 만국도덕 등을 강조하면서 '민족협화'를 제창했다.

위에서 살펴본 바와 같이 재만 한인들은 일찍 일제가 한국을 강점한 시기부터 자신들의 의지와는 관계없이 이른바 '일본제국의 신민'으로서의 '법적 지위'를 가지게 되었다. 이러한 현상은 1937년 11월 일제가 위만주국에서 치외법권을 철폐하기 전까지 지속되었다. 그러나 위만주국시기 일제가 재만 한인들에게 '치외법권'을 인정한 것은 결코 한인의 법적 권리와 지위를 신장시키기 위해서가 아니라 '일본신민'으로 간주한 한인들을 일제의 만주통치와 대륙침략에 적극 이용하기 위한 것이었다. 이에 따라 위만주국은 5족공화를 표방하면서 한인을 '만주국 국민'으로 육성하려 했고, 조선총독부에서는 '내선일체'의 원칙 아래 한인을 '일본제국 신민'으로 육성하려 하였다. 결과 재만 한인들은 위만주국과 조선총독부 양측으로부터 이중적 탄압과 지배를 받게 되었다.

일제는 위만주국에서 이른바 '치외법권'을 철폐하기 위하여 1936년 8월 15일 '재만조선인지도요강'을 제정, 발표하였다. 여기에서 일제는 "재만 조선인은 만주국의 중요한 구성분자임을 진지하게 자각하고 스스로 그 소질을 향상시켜 내용을 충실하게 하며 함께 기꺼이 만주국민으로서 의무를 이행하고 나아가 만주국의 발전에 공헌할 뿐만 아니라 치외법권 철폐에 따라 그 주권 아래에서 다른 민족과 협화융합하고 균등한 조선인으로써 여러 방면에서 견실한 발전을 도모할 수 있도록 한다"고 역설하였다.[36]

---

35) ≪만주국정부공보≫, 1932년 3월 1일자.

3. 광복 후 한인이주민들의 국적 문제

광복 전 중국 동북지역에는 약 230만의 한인들이 거주하고 있었는데, 광복과 더불어 약 80(혹은 70만)이 한반도로 귀환하였다. 이 시기 동북지역 한인들의 귀환과 정착은 제2차 세계대전 후 국제질서가 재편성되는 과정과 중국 국내의 복잡한 정치, 군사적인 정세하에서 이루어졌다.

1) 국민당점령구의 한교관리정책과 국내송환

광복 직후 국민당정부는 동북지역을 비롯한 대부분 재중 한인들을 소수민족이 아닌 한교로 인식하고 모든 정책을 제정했다. 1945년 말 중화민국 행정원에서 공포한 '한교집중실시방법'[37]에서는 한인에 대하여서는 친일성향의 유무에 따라 구분하여 취급하는 정책을 실시한다고 하였으나 국공내전이 임박한 급박한 환경에서 지방당국은 한인과 일본인을 크게 구별하지 않고 敵國民 내지 포로에 준하여 처리하는 경향을 보였다. 그 후 주화대표단의 적극적인 교섭으로 말미암아 1945년 11월 한인사무처리를 위한 임시법을 제정하여 한인들에게 여행증명서를 발급해 주고 자발적으로 귀국하는 것을 허용하였다.[38]

1946년 4월, 중화민국 행정원은 화북 일대의 사회질서가 어느 정도 회복되었다고 판단되자 '한교처리방법대강'[39]을 반포하여 한교들에 대한 구체적인 관리방침을 천명하였는데, 중심 내용은 지역별

---

36) 관동군사령부, 「재만조선인지도요강」, 소화 11년 8월 15일.

37) 天津市檔案館檔案, 『韓僑集中實施辦法』, 全宗號J13, 案卷號119(舊字 13-1-119).

38) 「函送韓僑處理辦法請査照轉陳由」, 1945년 11월 21일, 『중국지역 한인귀환과 정책』 4, 한국학연구소, 2004, 18~20쪽.

39) 天津市檔案館檔案, 『韓僑處理辦法大綱』, 全宗號J19, 案卷號14(舊字 19-1-14).

집중관리와 국내 송환이였다. 이에 따라 북평, 석가장, 태원, 장가구 등 화북지구의 대다수 한교들은 우선 해당지역의 한교관리처에 소집된 후 천진 南貨場으로 이송되었다가 다시 塘沽港으로 가서 배를 타고 한국의 인천항으로 송환되었다. 천진시는 동년 5월 일교관리처 산하에 한교집중관리소를 설치하고 한교에 대한 조사, 등록, 관리, 감화, 교육, 송환 등의 제반 업무를 처리하기 시작하였는데,[40] 1946년 2월부터 7월까지 천진을 통해 귀국한 한교들은 도합 28,723명에 달했다.[41] 그중 북평에서 온 한교는 1만 6천여 명으로 가장 많았으며 다음으로 천진 9천 4백여 명, 산서 태원시 1천 1백 명, 장가구시·察哈爾·綏遠에서 온 5백여 명 순이었다.[42]

국민당은 동북지역의 한인들도 "한교"라는 관점에서 그들을 전부 조선국내로 송환시킨다는 방침을 정했다.[43] 그러나 광복초기 동북지역이 국민당의 수복지역과 공산당의 해방구로 양분되자 국민당정부는 한인들을 사회불안의 한 요인으로 간주하여 한인들의 재산을 무차별 몰수하거나 차압하는 정책을 취했다. 1945년 8월 국민당 동북복흥위원회에서 공포한 '동북복원계획강요초안'에서는 한인들에 대하여 "日韓移民의 농장을 접수, 관리하며", "일본이 동북 점령 시 이주한 한인들에 대해서는 귀환을 명하고 재산은 조례에 따라 처리한다"고 규정하였다.[44]

1946년 4월에 이르러 동북보안사령장관부에서는 '한교처리임시방법'을 제정하여 한인들 중 "무릇 생산에 종사하지 않거나 적당한 직

40) 天津市檔案館檔案, 『奉令成立韓僑集中管理所』, 全宗號J13, 案卷號89(舊字 13-1-89).

41) 天津市檔案館檔案, 『天津市及各地韓僑集中遣送月逐月統計表』, 全宗號J13, 案卷號123(舊字13-1-123).

42) 서행, 「전후 화북지구 한교의 안치와 송환」, 『한국근현대사연구』 28, 한국근현대사학회, 2004.

43) 「戰後中國의 韓僑處理에 關한 件」, 秋憲樹 編, 『資料 韓國獨立運動』 第1卷, 延世大出版部, 1971, 494~495쪽에서 재인용.

44) 南京第二歷史檔案館資料, 全宗171 卷91, 「東北復員計劃綱要草案」.

업이 없는 한교는 일률로 집중하여 먼저 송환 귀국 시킨다"는 방침을 제정하였다. 그 후 국민당정부의 동북지역 한인들에 대한 송환정책은 동북행원에서 제정한 '동북한교처리통칙'에 따라 신속히 추진되었다. 우선 동북행원에서는 요녕성·안동성의 한교는 안동에, 길림성·송강성·흥안성의 한교는 연길에, 흑룡강성·嫩江省의 한교는 장춘에, 요북성·흥안성의 한교는 심양에 각각 집결시킨 후 3개월 내에 전부 송환하거나 추방하기로 하였다.[45]

동북지역 한인들의 제1차 송환은 1946년 12월에 이루어졌다. 제1차 송환계획은 북위 38도 이남의 1만 5천 명 한인들을 선정해 배를 이용하여 한국에 송환한다는 것이다. 이에 따라 1946년 12월 7일부터 심양의 철서수용소에는 주로 외지에서 심양으로 온 피난민을 수용하였고, 서탑수용소에는 심양시 한교들을 수용하기 시작했는데 도합 2,492명이 수용되었다. 원래 1만 5천명을 송환하기로 계획하였으나 시간이 긴박한데다 날씨가 춥고 교통이 불편하여 겨우 2,483명(수용된 2,492명 중 6명 병사, 3명 이탈)이 귀환길에 올랐다.[46] 제2차 송환계획은 1947년 9월부터 약 1만 명의 한인들을 먼저 심양에 집결시킨 후 호로도를 이용하여 인천·목포·부산 등지로 송환시키기로 계획하였으나 여러 가지 원인으로 실현되지 못했다.[47]

한인들의 송환이 계획대로 이루어지지 않은 상황에서 국민당점령구역내의 한인상황은 점점 악화되어 갔다. 1947년의 통계자료에 의하면 국민당점령구내 한교실업난민수는 무려 2만 5,630명에 달했다. 그리고 심양현·철령현·무순현·신민현 등 4개 현과 그 주변 일대의 적빈한농수는 3,250호에 1만 5,737명이었다. 이러한 상황에서 국민당정부는 점령구역 내 한교들에 대한 정책을 과거의 '暫準居留'에서

45) 『東北韓僑處理通則』, 연변대학 민족연구원 소장.

46) 謝松泉, 「東北韓僑遣送概況」, 연변대학 민족연구원 소장.

47) 김춘선, 「광복후 중국 동북지역 한인들의 정착과 국내귀환」, 『한국근현대사연구』 28, 200쪽.

'准豫居留'로 수정하고 정당한 사업에 종사하거나 수전농업에 종사하는 한교들은 모두 '준예거류'자로 분류하였다. 그리고 1948년 8월 1일부터 실시된 '한교처리방법대강'에서도 "행위가 선량하고 정당한 직업"이 있으면 당국에서 심사하여 체류증을 발급한다고 규정하였다. 그리하여 당시 국민당점령구역 내에서 체류증을 발급 받은 한교는 3만 4,713명에 달했다.48)

2) 중국공산당의 소수민족정책과 중국조선족

중국공산당은 일찍 1928년 7월의 제6차 전국대표대회에서 통과한 '민족문제에 관한 결의안'에서 이미 "만주의 고려인"은 중국 경내의 "소수민족"임을 인정하였다. 그리고 1930년 6월의 '만주 고려인 문제에 관한 만주성위의 提案'에서는 "중국 소베트정부는 만주에 있는 고려인의 거주와 자유 및 경제생활의 발전을 보장한다"고 규정하였으며, 1931년 11월에 제정된 '中華蘇維埃共和國憲法大綱'에서는 "소베트정권 영역 내에 있는 … (漢·滿·蒙·回·藏·苗·黎와 중국에 있는 臺灣·高麗·安南人 등)은 소베트 법률 앞에 일률로 평등하며, 모두 소베트공화국의 공민"49)이다고 규정하였다. 이와 같이 중국공산당은 광복 전부터 동북지역에 거주하는 한인을 중국 경내의 소수민족으로 인정하였으며, 정치·경제·문화상에서 기타 민족과 똑같이 모든 권리를 가질 뿐만 아니라 자치권도 향유할 수 있음을 천명하였다.50)

1945년 8월 일제가 패망한 후 중국공산당의 한인에 대한 민족정책은 새로운 도전에 직면하였다. 즉 과거 중국공산당의 대한인 정책

48) 『東北行轅政務委員會韓僑事務處工作報告』, 연변대학 민족연구원 소장, 1948년 4월.

49) 中共中央統戰部, 『民族問題文獻彙編』, 中共中央黨校出版社, 1991, 87쪽, 166쪽.

50) 주보중, 「연변조선민족문제(초안)」, 1946년 12월, 延邊朝鮮族自治州檔案館 編, 『中共延邊吉東吉敦地委延邊專署重要文件彙集』 제1집, 1985, 358쪽.

은 민족평등의 원칙하에 한인민중을 단결시키고 동원하여 반제반봉건혁명투쟁에 참여시키고 민족해방을 쟁취하는 것이었다. 그러나 광복 후 송화강 이북지역을 실질적으로 장악한 공산당은 해방구 내 한인들(동북지역 한인 수는 1,068,889명, 그중 연변지역 563,000명)의 국적 문제, 즉 한인은 중국 경내의 소수민족이냐 아니면 외국의 교민이냐 하는 문제를 실질적인 법규로서 해결하여야만 하였다.

1945년 9월 중공중앙 동북국은 "화북지역에서 항전을 전개하고 있는 의용군을 제외한 동북지역의 조선민족은 중국 경내의 소수민족으로 인정하여야 하며 漢族과 동등한 권리와 의무를 향유한다"[51]고 선포하였다. 그러나 그에 따른 구체적인 '법규'가 제정되지 않아 각 지방에서는 크고 작은 민족문제가 연이어 발생하였다. 이러한 실정에서 1946년 1월 1일 연변전원공서는 '신년축사'를 통하여 "중국 국적을 원하는 한국인은 입적하여 중화민국의 국민으로 될 수 있다. 이렇게 되면 조선족은 능히 중화민족 중의 한 개 소수민족으로 된다. 우리정부는 민족평등 원칙에 따라 조선족의 정치, 경제와 문화상에서 해방과 발전의 권리를 향유할 수 있도록 하며 민족언어문자, 풍속습관, 종교신앙 등도 일률로 존중을 받도록 할 것"임을 천명하였다.[52] 여기에서 주목되는 것은 중화인민공화국이 창립되기 전 중국공산당은 동북지역 한인들의 중국 국적 취득을 중화민국 국적에 가입하는 방법으로 해결하고자 하였다는 점과, 동북지역 한인들을 과거 고려인, 조선민족, 조선인이 아닌 중화민족의 소수민족 즉 중국조선족으로 호칭하였다는 점이다.

이 시기 재만 한인들의 국적 문제 해결에 있어서 결정적인 작용을 발휘한 사람은 당시 延邊地委 서기였던 劉俊秀였다. 그는 한인들의 감정을 존중하여 조선이 그들의 조국이라는 것을 승인함과 동시

---

51) 주보중, 「연변조선민족문제(초안)」, 앞의 책, 327쪽.

52) 「新年獻辭」, ≪연변민보≫, 1946년 1월 1일자.

에 그들을 중국 공민으로 인정하는 즉, 双重國籍을 부여하는 방법을 제안하여 중앙으로부터 긍정적으로 평가를 받았다.[53] 이와 같이 중국공산당은 일찍부터 한인들을 중국의 소수민족으로 인정하고 그들에게 토지소유권을 주어야 한다고 주장하였으며, 광복 직후에는 한인들에게 이중국적을 부여하는 방법으로 해방구 내 민주정권 건설과 토지개혁을 추진하고자 하였다. 그러나 당시 연변지역에는 한인들의 국적 문제뿐만 아니라 위만주국시기 식민정책의 산물인 공유지라는 복잡한 토지관계가 형성되어 있었다. 그리하여 동북행정위원회는 동북지역 한인들의 이중국적과 복잡한 토지관계를 우선 공유지에 대한 무상분배를 통하여 해결의 실마리를 찾고자 하였다.

공유지란 위만주국시기의 국유 개척용지, 동척·만척·기타 敵逆産 토지를 말하는데 대체로 동척지, 만척지, 동척자작농창정지, 만척자작농창정지, 흥농합작사자작농창정지, 일본인개척지, 조선인개척지, 중국인개척지, 군용지, 철로용지, 도읍계획용지, 買回地, 학전지, 묘지, 각종회사공장용지, 성·현 공유지 등 16개 유형이 있었다. 당시 훈춘현의 공유지는 약 13,009垧, 총 경작면적의 30%, 왕청현은 약 12,006垧으로서 30% 이상, 연길현은 약 57,583垧으로서 3분의 1, 화룡현과 액목현은 50% 이상, 교하현은 12,054상으로서 30% 이상, 안도현은 6,320상으로서 60%, 화전현은 54,000상으로서 90% 이상으로 집계되었다.[54] 그런데 위만주국시기 상술한 공유지의 절대 대부분은 한인들이 경작하고 있었기에 중국인들이 한인들에 대한 불만이 컸으며 이는 결국 토지개혁에도 불리한 요소로 작용했다.

1946년 4월 18일 길림성연변행정독찰전원공서에서는 '공지분배에 관한 제3차지시'를 내려 몰수한 토지(공유지)는 농민들에게 무상

53) 劉俊秀, 「在朝鮮族人民中間」, 중공연변쥐위당사공작위원회 편, 『연변당사자료통신』, 1987년 제1기, 1~3쪽.

54) 雍文濤, 「吉林解放區公地問題」, 1946년 12월 11일, 『中共延邊吉東吉敦地委延邊專署重要文件彙編』 第1集, 연변조선족자치주당안관 편, 1985년 5월, 99쪽.

으로 분배한다는 기본방침을 제시하였다.55) 공유지분배는 인구조건 외에 경제상황, 계급성분, 노동력 등을 참작하였으나 어디까지나 현경작자에게 우선권을 주는 원칙하에 진행되었다. 비록 일부 지역에서 '단결분지', '민족분지', '공개분지' 등 구호도 제기한바 있으나 "기본상 原種地戶를 위주로 공평하게 분배"하였다.56) 이러한 방법은 당시 개척지와 자작농창정지의 대부분 경작권을 소유하고 있던 한인들에게 유리한 요소로 작용하였다. 공유지는 무상으로 농민들에게 분배하지만 3년 내에는 매매를 불허하였다.57) 이와 같이 1946년 봄 공유지를 일차적으로 분배하였지만 지방일군들이 "전면적이고 철저한 토지개혁의 사상이 결핍"되어 있었기 때문에 '화평분지', '은사분지'의 현상"이 보편적으로 존재하였으며 심지어는 일부 토지가 위만 직원, 지주, 부농의 수중에 들어가는 현상도 나타나 지방정부의 주의를 불러일으켰다.58)

1946년 5월 4일, 중공중앙에서는 '청산, 감조 및 토지문제에 관한 지시'를 내려 "항일전쟁시기의 감조, 감식 정책을 지주토지를 몰수하여 농민에게 나누어주는 정책으로 전환할 것"을 요구하였다. 이에 근거하여 동북해방구에서는 성세호대한 토지개혁운동이 전개되었다. 연변지역의 토지개혁운동은 1946년 7월부터 시작하여 1948년 4월에 끝났다. 당시 연변의 총 호수는 15만 4,243호에 71만 8,886명(그중 조선족이 81.9%)이었다. 그중 토지분배에 참여한 호수는 11만 6,681호이고 토지를 분배받은 인구수는 54만 9,961명이었다. 토지분배에 참여한 호수는 연변 총 호수의 76.29%를 차지하고 분배받은 인구수는 연변 총인구수의 76.39%를 차지하였다. 만약 농촌인구만

---

55) 「吉林省延邊行政督察專員公署指示第8號」, 『關於公地分配第3次指示』, 1946년 4월 18일.

56) 雍文濤, 「吉林解放區公地問題」, 앞의 책, 108쪽.

57) 雍文濤, 「吉林解放區公地問題」, 앞의 책, 149~150쪽.

58) 「孔原同志在群衆會議上關於土地問題的報告」, 1974년 1월, 『中共延邊吉東吉敦地委延邊專署重要文件彙編』 第1集, 연변조선족자치주당안관 편, 1985년 5월, 제149~150쪽.

계산하면 토지분배에 참여한 인구수는 90% 이상으로 볼 수 있다.[59] 그리고 연변의 경작지 총 면적은 222,767,656垧인데 분배한 토지는 182,064,511상으로서 총면적의 81.16%를 차지하였다. 농촌인구당 4.5~7.05무의 토지를 분배받았다. 1947년 통계에 의하면 돈화, 액목 두 현에서는 총호수가 2만 5,959호에 인구가 11만 7,352명이었는데 그중 1만 8,400호에 8만 976명이 도합 4만 3,820헥타르의 토지를 분배받았다. 흑룡강성의 한인들도 토지개혁을 통해 토지를 분배받았는데 松江地域 4만 548세대의 한인농민들이 5만 3,928헥타르의 수전을 받아 1세대에 평균 1.3헥타르, 1인 평균 2.9畝였다. 1951년의 통계에 의하면 동북지역 조선족의 경작지 면적은 수전 1,531,761垧, 한전 1,785,644垧, 도합 3,317,405垧에 달했다.[60]

1948년 토지개혁이 성공적으로 결속되자 中共延邊地委와 전원공서에서는 한인들이 분배받은 토지의 소유권을 확보해주기 위해 정부에서는 土地執照를 발급해 주었으나 토지에 대한 雇工·借貸·賣買·租佃 등에 대해서는 일률로 간섭하지 않았다. 뿐만 아니라 정부에서는 한인들의 황지개간과 수전개발을 적극 권장하였으며, 누가 황무지를 개간하면 정부에서는 그에게 土地執照(토지대장)를 발급하여 개간한 토지의 소유권을 인정해 주었다. 한 마디로 연변지역을 비롯한 해방구역에서의 토지개혁은 광복 후 재만 한인들이 국내로 귀환하지 않고 중국에 정착하는데 결정적인 요소로 작용하였다. 토지개혁을 통하여 재만 한인들은 민주정부로부터 무상으로 토지를 분배받았으며, 가난하던 빈농과 고농들은 집과 농기구 가축 등도 무상으로 분배받았다.

1946년 12월 토지개혁이 한창 진행되고 있을 때 개최된 '길림성위군공회의'에서 주보중은 중국공산당은 한인들을 "아직까지 중국

---

59) 「劉政委在延邊地委專署直屬機關新年幹部晩會上報告」, 1949년 1월 1일, 앞의 책, 94쪽.
60) 金春善, 「광복후 중국 동북지역 한인들의 정착과 국내귀환」, 앞의 책, 2004년 봄호.

경내 소수민족임을 선포하지 않았다. 그러나 토지개혁에서 소수민족으로 간주하고 평등정책을 실시하였다"고 천명하였으며 "우리는 최근 반년 간 토지개혁을 령도하면서 실제적으로 민족문제의 본질은 농촌의 토지관계문제에 있음을 인식하였다. 토지문제만 정확히 처리한다면 민족문제의 해결에 기본적 의거가 될 수 있다"고 지적하였다.61) 이와 같이 중국공산당은 해방구에서 토지개혁을 통하여 "토지는 밭가는 자에게"라는 원칙을 철저히 집행하였을 뿐만 아니라 이중국적자인 한인들에게도 중국인들과 똑 같이 무상으로 토지를 분배함으로써 사실상 한인들을 법적으로 중국 경내의 소수민족으로 인정하기에 이르렀던 것이다.

토지개혁이 끝난 1948년 8월 15일 중공연변지위에서는 '연변민족문제'에 관한 결의안을 채택하여 '연변 조선민족 인민에 대한 방침정책'을 제정하였다. '결의안'에서는 우선 "우리당과 정부가 한인들의 중국 경내 소수민족지위를 비준한 것은 매우 정확한 정책"임을 강조하였으며, 다음으로 현재 "연변조선민족의 일부분(일부 청년학생과 지식분자들)은 측면적인 조국(북조선)관념"이 있는데 이는 "과거 력사상에서 북조선과 직접 혹은 간접적인 경제생활, 정치상, 사상상, 종교가족의 관계상에 일정한 연유"가 있기 때문이라고 설명하였다. 그리고 이러한 실정에서 지방정부는 한인들을 호적에 기준하여 공민과 교민으로 분명히 구별해야 한다고 지적하였다. 즉 "무릇 연변에 거주하고 있는 조선인민으로서 호적이 있는 사람은 公民이며", "잠시 내왕하는 자로서 호적이 없는 사람과, 정부의 비준을 거쳐 이주해갔다가 다시 돌아온 자, 우리 측 고급정부의 비준을 거치지 않고(최근에) 이주해온 자는 僑民"으로 취급한다고 규정하였다. 또한 "가족이 조선에 있지만 가장과 재산이 연변에 있는 자는 정부의 비준을 거쳐 공민으로 승인을 받을 수 있으며, 공민과 교민은 권리 및

61) 주보중, 「연변조선민족문제(초안)」, 앞의 책, 328쪽.

의무상에서 구별되어야 한다"고 지적하였다.62) 이와 같이 중공연변 지위는 토지개혁을 통하여 토지를 분배받은 한인들에게 호적을 올려줌으로써 광복초기 조선과의 특수한 역사관계를 고려하여 双重國籍자로 인정하던 한인들을 호적의 유무에 따라 법적으로 분명하게 중국공민과 조선교민으로 구분하기에 이르렀던 것이다.

이외에도 '연변민족문제'에 관한 결의안에서는 조선민족을 조국이 있는 소수민족, 혁명전통이 있는 소수민족, 노동관념이 강하고 독서를 즐기고 조직적 생활을 즐기는 민족으로 평가하였다. 그리고 중국 호적에 등록된 조선족들의 생활안정을 위해 첫째, 북조선과 상호간에 외교관계 성격이 있는 기관의 설립, 둘째, 국경연안 마을에 조선족들의 생활필수품을 상호 교환할 수 있는 무역 혹은 나루터를 설치, 셋째, 도문강의 지류변화로 국경분규가 발생할 시 당지의 주민들은 자의대로 원거주지에 계속 거주하거나 혹은 본국으로 돌아갈 수 있다고 규정하였다.

토지개혁 후 재만 한인들을 공민과 교민으로 엄격히 구분한 지방정부는 1948년 말에 이르러서는 중국조선족의 자치문제를 해결하는데 주력하였다. 유준수는 '민족정책중의 몇 가지 문제에 관하여(초안)'에서 우선 중국 경내의 조선족은 원래의 자신들의 조국-조선민주주의인민공화국을 가지고 있음을 승인하여야 하며, 만약 그들의 조국 조선이 제국주의 침략이나 위협을 받을 때 중국 경내의 조선족은 제국주의를 반대하고 조국을 보위할 책임이 있으며 현재에는 미제국주의가 조선에 대한 침략과 리승만의 매국반동정부를 견결히 반대하여야 한다고 호소하였다. 이어 그는 지방정부에서는 중국공산당의 민족정책을 견결히 관철하여야 하며 계획적이고 절차 있게 아래로부터 위로의 인민의 민주적 자치정부를 수립하여 조선족들의 민족자치를 실현해야 한다고 주장하였다.63) 그리고 이를 위해서는

62) 延邊地委, 「延邊地委關於延邊民族問題」, 앞의 책, 383~387쪽.

반드시 당의 간부정책과 당의 민족정책을 밀접하게 결합시켜 민족간부 양성에 주력해야 한다고 강조하였다. 이에 따라 지방정부에서는 토지개혁과 함께 조선족간부들을 적극 배양하여 정권건설에 참여시켰다. 당시 연변지역만 하더라도 토지개혁운동 중 4,631명의 촌급간부 중 79.7%가 조선족이었고, 783명 區級간부 중 83.9%, 221명 縣級간부 중 59.3%가 조선족간부였다. 그리고 1949년 1월의 통계에는 연변 5개 현 縣黨委, 52개 區黨委, 440개 黨支部, 808개 黨小組가 건립되었고, 당원 수는 5,244명인데 그중 조선족이 3,834명이었다. 이와 같이 중국공산당은 조선족간부를 적극 배양하여 정권건설에 참여시키는 방식으로 민족자치의 기틀을 마련해 갔으며 중화인민공화국 창건 직후인 1952년에 연변지역에 연변조선민족자치구를 설립하여 조선족들이 꿈속에도 그리던 민족자치를 실현하였던 것이다.

한편 중국공산당은 해방구에서 토지개혁을 실시하여 현지에 정착하려는 한인들에게 토지를 분배해줌과 동시에 일부 국내 귀환을 요구하거나 국공내전으로 인하여 해방구로 몰려온 한인 유민들에 대해서는 송환과 소산이라는 두 가지 방법으로 해결책을 강구하기도 하였다.

1948년 8월 5일 동북행정위원회에서는 '朝鮮人請求歸國暫行方法'을 제정, 반포하였다. 본 '方法' 제1조에서는 "무릇 조선인으로서 귀국을 신청하는 자는 반드시 사전에 當地 縣 이상 정부의 비준을 얻어야 한다"고 규정하였으며, 제3조에서는 "귀국을 인준 받은 조선인은 政委會에서 북조선인민위원회에 서류를 보내어 동의를 받아야 한다"고 규정하였다.[64] 이와 같이 당시 延邊專員公署와 東北行政委員會에서는 재만 한인들의 귀국문제에 있어서 모두 조선정부의 認證書를 재삼 강조하였다. 이에 따라 연변전원공서에서는 무릇 북조

63) 유준수, 「민족정책중의 몇 가지 문제에 관하여(초안)」, 앞의 책, 392~394쪽.

64) 「朝鮮人請求歸國暫行方法」, 延邊檔案館, 1948년, 제3호 全宗, 3-3호 目錄, 제13호 案卷.

선 郡 이상의 인민위원회의 증명을 소지한 자에 한해서는 전원공서를 거치지 않고 직접 圖們辦事處에 가서 처리하도록 하였다.

1948년 8월 15일 연변중공지위에서는 한인들의 귀환과 유민들의 소산에 대한 구체적인 정책을 다음과 같이 규정하였다. 1) 政委會에서 북조선정부측과 교섭하여 북조선으로 되돌아가려는 일부분 사람들을 송환시킨다. 2) 정부에서 일정한 경비를 지불하여 이들을 遣散시키고 安置費를 지불하며, 각 지방정부에서는 이들을 각 농촌에 배치하여 농업에 종사하도록 한다. 3) 정부에서 이들을 광산이거나 공장에 보내어 노동에 참가시켜 일반 노동자와 같은 월급을 주어 생활하도록 한다. 만약 노동능력이 있으면서도 노동하지 않으면 강제적인 방법을 사용해서라도 노동에 참가시킨다. 4) 전문적으로 밀수에 종사하는 자는 엄격히 처리한다. 5) 公民이 아닌 자는 반드시 僑民證을 지녀야 하며, 僑民證을 소지하지 못한 자는 정부에서 법령에 의해 처리한다.[65]

상술한 규정을 요약하면 첫째, 귀환을 요구하는 재만 한인들에 대하여서는 북조선측과 협의한 후 일부분 사람들만 송환시키며, 둘째, 유민들에 대해서는 정부에서 경비를 지불하여 소산시켜 안치하며, 셋째, 불법자는 법에 의해 엄격히 처리하고 교민은 반드시 교민증을 소지해야 한다는 것이다. 여기에서 알 수 있는바 이 시기에 이르러 중공연변지위의 대한인 정책은 한인들의 국내송환 보다는 오히려 유민들의 소산과 안치에 비중을 두고 있음이 확인된다 하겠다. 그런데 상술한 방침이 실제로 집행되었는지의 여부는 아직 자료에서 나타나지 않아 증명할 수 없다. 다만 당시 延邊專員公署와 吉東保安軍司令部가 1946년 소련군으로부터 인계한 일본인포로들을 각 현에 분산시킨 후 탄광과 농촌에 보내어 노동에 종사하도록 처리한[66] 사

65) 「延邊地委關於延邊民族問題」, 앞의 책, 388~389쪽.

66) 「關於處理日本俘虜兵問題」, 전원공서, 길동보안군사령부, 길동보안군정치부, 1946년 4월 15일, 延邊檔案館, 1946년, 제3號 全宗 3-1號 目錄, 5號 案卷.

실들로 미루어 볼 때 상술한 계획도 일정한 규모에서 그대로 집행되었던 것으로 추정된다.

이외에도 중공연변지위는 토지개혁에서 해결하지 못했던 한인유민문제를 집단이민의 형식으로 해결하고자 하였다. 집단이민계획은 1947년 말부터 1948년 초 사이에 吉東專署에서 계획하고 추진한 사업이다. 이 사업은 주로 전화로 발생한 유민들과 전염병으로 인하여 두만강연안의 한인마을에 집중된 한인들을 돈화와 액목 등 현에 분산, 이주시켜 그곳의 토지를 개간 소유하도록 하는 것이었다. 초기 이민계획은 총 1만 3,500호 중 7,500호를 돈화와 액목으로 이주시킨다는 것이었다. 吉東專署는 이번 이민은 "토지를 평균적으로 분배하여 경작자에게 토지를 주자"는 목적에서 추진하는 것이라고 설명하였으나 충분한 준비가 없이 급급히 추진된 이번 이민은 여러 가지 원인으로 말미암아 국내귀환을 포기하고 새로운 개척지에서 행복한 생활을 영위하고자 했던 조선족들에게 예상치 못했던 시련을 가져다주었다. 결과 이 시기 새로운 희망을 품고 이민을 갔던 대부분 조선족들은 수많은 부모형제들을 그곳에 묻은 채 선후로 연길과 화룡지역으로 되돌아왔다.[67)]

4. 맺음말

1881년 청정부는 러시아의 남하정책과 국경도발을 제지하기 위하여 북간도 일대를 개방하고 "이민실변" 정책을 실시하였다. 이를 계기로 조선북부지역의 변민들이 북간도를 비롯한 중국 동북지역에 대량 이주하기 시작하였다. 이 시기 청정부는 한인 월간민들이 "청령"을 경작하기에 청국민으로 간주하다는 방침하에 그들에게 민족

67) 김춘선, 「중국 연변지역 전염병 확산과 한인의 미귀환」, 『한국근현대사연구』 43집, 2007년 겨울호.

동화를 상징하는 '치발역복'을 강요하였다. 그러나 한인이주민들은 청정부의 민족동화 정책에 능동적으로 대처하면서 동북지역에 새로운 생활의 터전을 가꾸어 갔다. 그 후 청정부의 '치발역복' 정책은 1900년의 러시아의 간도침입, 1901년 조선정부의 진위대 및 변계경무서의 설치, 1902년 북간도관리사의 파견 등 일련의 사건을 겪으면서 사실상 유명무실해졌다. 1907년 일제는 이른바 한인들의 '생명, 안전보호'를 빌미로 용정촌에 통감부파출소를 설치하고 공개적으로 한인들의 관할권을 요구하였다. 청정부는 외교부를 통해 강력히 항의하는 한편 귀환한인들은 이미 '치발역복'하였기에 청국국민임을 주장하였다. 이에 일제는 청정부에 그들이 청국국민이라는 증거를 제시할 것을 요구하였고, 청정부는 1890년 총리아문에서 귀화한인들에게 발급한 토지집조가 바로 그 증거라고 주장하였다.

1909년 청정부는 '대청국적조례'를 발표하였다. 이는 동남로도가 근대적인 국적법에 근거하여 한인의 입적 문제를 원만히 해결할 수 있는 하나의 획기적인 계기였다. 이를 토대로 동남로도는 한인들의 입적조건에 알맞은 '입적세칙'을 제정하여 한인들의 입적을 적극 추진시킴과 동시에 '제한세칙'과 '취체세칙'을 만들어 한인들을 이용한 일제의 토지약탈을 미연에 방지하고자 하였다.

중화민국시기 한인이주민들의 국적 문제는 1915년 '만몽조약'체결을 계기로 이른바 '상조권분쟁'에 휘말려 들면서 중일 양국 간의 첨예한 외교문제로 비화되었다. 이 시기 중국 당국은 한편으로는 한인들의 귀화입적을 보다 적극적으로 권장하고 다른 한편으로는 한인들의 토지소유권과 소작권에 대한 관리를 강화하였다. 결과 한인이주민들의 귀화입적자 수는 대폭 증가하였다. 그러나 1929년 새로 수정된 '중화민국국적법'이 공포되고 여기에 1925년 '삼시협정'체결을 계기로 동변도지역에서 실시되던 한인구축 정책이 급속히 전 동북지역으로 확산되면서 한인들에 대한 압박이 강화되어 수많은 한인들이 본국으로 귀환하는 사태가 빚어졌다.

위만주국시기 위만정부는 이른바 '5족공화'를 표방하였으나 한인들은 본인들의 의사와는 관계없이 일본천황의 '신민'으로 생활할 수밖에 없었다. 이 시기 위만주국은 한인을 '만주국 국민'으로 육성하려 했고, 조선총독부는 '내선일체'를 표방하면서 한인을 '일본제국 신민'으로 육성하려 하였다. 결과 재만 한인들은 위만주국과 조선총독부 양자로부터 이중적 탄압과 지배를 받았다.

광복 직후 2백여 만 명의 재만 한인 중 약 80여 만 명이 자유롭게 조선반도로 귀환하였다. 그 후 국공내전이 전개되면서 동북지역은 국민당의 수복구와 공산당의 해방구로 양분되었다. 초기 국민당은 동북지역을 비롯한 재중 한인들을 한교로 취급하여 일본인과 크게 구별하지 않고 적국민 내지 포로에 준하여 처리하였다. 1946년 '한교처리방법대강'을 제정하여 한인들에 대한 구체적인 관리방침을 규정하였으나 중심 내용은 지역별 집중수용와 국내송환이었다. 1946년 2월부터 7월까지 천진을 통해 28,723명의 한인들이 귀환하였다. 동북행원에서도 1946년 12월부터 두 차례에 걸쳐 2만 5천 명의 한인들을 한반도로 송환하기로 계획하였으나 여러 가지 원인으로 겨우 2,484명을 호로도를 통해 인천으로 송환하는데 그쳤다. 이러한 실정에서 동북행원은 한인들에 대한 '잠준거류'를 '준예거류'로 수정하고 3만 4천여 명에게 체류증을 발급하였다.

중국공산당은 1928년부터 동북지역 한인들을 중국 경내 소수민족으로 인정하여 왔다. 광복 후 공산당은 해방구에서 상술한 민족정책을 공유지분배, 토지개혁 등을 통하여 실질적으로 구현하였다. 1945년 9월 중공중앙 동북국은 "동북지역의 조선민족을 중국 경내의 소수민족으로 인정하며 漢族과 동등한 권리와 의무를 향유하도록 한다"고 선포하였으며, 1946년 '신년축사'에서는 "중국국적을 원하는 한국인은 입적하여 중화민국의 국민으로 될 것"을 호소하였다. 한편 중공연변지위는 현 주민 중 귀환을 요구하는 자들은 북조선측과 협의하여 귀환조치를 취했으며 타 지방에서 귀환을 위해 두만강 일대로 몰려온 유민들에 대해서는 소산과 집단이민 등 방법으로 그들의 생활안정을 도모하였다.

1946년 5월 4일 중공중앙의 '5.4'지시가 전달되자 동북해방구의 토지개혁은 본격화되었다. 토지개혁을 앞두고 중공연변지위는 한인들을 두 개의 조국을 가진 이중국적자로 인정하여 토지개혁에 참여시켰다. 그리고 자원적으로 토지개혁에 참여한 한인들에게 호적을 등록해주는 방법으로 중국 경내 소수민족, 즉 중국조선족으로서의 법적지위를 인정하였다. 결과 근 백만에 달하는 한인들이 중국조선족으로 동북지역 해방구에 정착하게 되었으며 1952년에는 연변지역에 조선민족자치구를 설립하여 민족자치를 실현하게 되었다.

[참고문헌]

1. 1차 자료

吉林省檔案館檔案, 「東南路呈報韓人入籍幷調査及善後方法」 檔案番號 1857卷 34號.

吉林省檔案館檔案, 吉林東省, 「東南路呈報韓人入籍幷調査及善後方法」, 檔案番號, 1857卷 34號.

吉林省檔案館檔案, 吉林東省, 「東南路呈報韓人入籍幷調査及善後方法」 檔案所藏番號 1857卷 34號.

吉林東南路道檔案資料, 「詳覆韓民呈墾入籍各情形請示遵行由」, 〈4-1-136〉, 宣統 2年 10月 21日, 延邊檔案館所藏.

延吉府知府檔案資料, 「延吉府詳送巡警局調査韓僑戶口總表請鑒核由」, 〈4-1-62〉, 宣統 2年 12月28日, 延邊檔案館所藏.

延吉道尹公署檔案, 「延吉縣所屬墾民分劈地照辦法繕具簡章」, 1926년 7월, 延邊檔案館所藏.

「朝鮮人請求歸國暫行方法」, 延邊檔案館, 1948년, 제3호 全宗, 3-3호 目錄, 제13호 案卷.

「關於處理日本俘虜兵問題」, 전원공서, 길동보안군사령부, 길동보안군정치부, 1946년 4월 15일, 延邊檔案館, 1946년, 제3號 全宗 3-1號 目錄, 5號 案卷.

주보중, 「연변조선민족문제(초안)」, 1946년 12월, 延邊朝鮮族自治州檔案館編, 『中共延邊吉東吉敦地委延邊專署重要文件彙集』 제1집, 1985, 358쪽.

雍文濤, 「吉林解放區公地問題」, 1946년 12월 11일, 『中共延邊吉東吉敦地委延邊專署重要文件彙編』 第1集, 연변조선족자치주당안관편, 1985년 5월.

「孔原同志在群衆會議上關於土地問題的報告」, 1974년 1월, 『中共延邊吉東吉敦地委延邊專署重要文件彙編』 第1集, 연변조선족자치주당안관 편, 1985년 5월.

張朝柱, 『吉林汪淸縣政治報告書』 2冊, 「沒收韓民崔喜等數十戶私墾地畝保全國土鞏固邊疆文」, 1912.5.11.

劉俊秀, 「在朝鮮族人民中間」, 『연변당사자료통신』, 1987년 제1기, 중공연변쥐위

당사공작위원회편.
「劉政委在延邊地委專署直屬機關新年幹部晩會上報告」, 1949년 1월 1일.
「吉林省延邊行政督察專員公署指示第8號」, 『關於公地分配第3次指示』, 1946년 4월 18일.
謝松泉, 「東北韓僑遣送概況」, 연변대학 민족연구원 소장.
『東北行轅政務委員會韓僑事務處工作報告』, 1948년 4월, 연변대학 민족연구원 소장.
『東北韓僑處理通則』, 연변대학 민족연구원 소장.
南京第二歷史檔案館資料, 全宗171, 卷91, 「東北復員計劃綱要草案」.
天津市檔案館檔案, 『韓僑集中實施辦法』, 全宗號J13, 案卷號119(舊字 13-1-119).
天津市檔案館檔案, 『韓僑處理辦法大綱』, 全宗號J19, 案卷號14(舊字 19-1-14).
天津市檔案館檔案, 『奉令成立韓僑集中管理所』, 全宗號J13, 案卷號89(舊字 13-1-89).
天津市檔案館檔案, 『天津市及各地韓僑集中遣送月逐月統計表』, 全宗號J13, 案卷號123(舊字 13-1-123).
北京古宮博物館 編, 『清光緖朝中日交涉史料』 卷3, 文件番號 98, 「吉林將軍銘安等奏朝鮮貧民占種吉林邊地遵旨妥議覆陳摺」, 臺北: 文海出版社 印本, 1964, 6~7쪽.
中央研究院近代史研究所編, 『清季中日韓關係史料』 3, 泰東文化社, 1972.
吳祿貞, 『延吉邊務報告』, 奉天學務公所, 1907.
『東三省政略』 「邊務 延吉篇」.
『東方雜誌』 第26卷 第4號.
「函送韓僑處理辦法請查照轉陳由」, 1945년 11월 21일, 『중국지역 한인귀환과 정책』 4, 한국학연구소, 2004.
赤塚, 「在滿鮮人問題」, 『朝鮮統治史料』 10卷, 1921, 232쪽.
吉林公署, 「歸化朝鮮人職業別調査(1928年末)」, 『滿蒙事情』, 昭和5年2月號.
朝鮮總督府警務局, 『在滿鮮人ト支那官憲』, 行政學會印刷所, 昭和五年.
日本外務省, 『日本外交文書』 卷42 1冊.
관동군사령부, 「재만조선인지도요강」, 소화 11년 8월 15일.

2. 저서

金正明編, 『朝鮮獨立運動』 2, 原書房, 1968.

김중생, 『조선의용군의 밀입북과 6·25전쟁』, 명지출판사, 2000.

염인호, 『조선의용군의 독립운동』, 나남출판, 2001.

이종석, 『북한-중국관계(1945~2000)』, 도서출판 중심, 2001.

秋憲樹, 『資料 韓國獨立運動』 4卷 下, 延世大出版部, 1971.

玄圭煥, 『韓國流移民史』 上, 三和印刷出版部, 1976.

楊昭全·李鐵環 等編, 『東北地區朝鮮人革命鬪爭資料彙編』 上, 遼寧民族出版社, 1992.

中共中央統戰部, 『民族問題文獻彙編』, 中共中央黨校出版社, 1991.

3. 논문

권석봉, 「淸末 間島地方의 越墾韓民策硏究」(上), 『人文學硏究』 23輯, 中央大人文科學硏究所, 1995.

김승일, 「대한 한교의 역사적 천이상황과 귀환문제」, 『한국근현대사연구』 28, 한국근현대사학회, 2004.

김승일, 「중국 해남도에 강제연행된 한국인 귀환문제」, 『한국근현대사연구』 25, 한국근현대사학회, 2003.

김춘선, 「중국 연변지역 전염병 확산과 한인의 미귀환」, 『한국근현대사연구』 43, 2007.

김춘선, 「광복 후 중국 동북지역 한인들의 귀환과 정착」, 『한국근현대사연구』 28, 한국근현대사학회, 2004.

손염홍, 「해방 직후 북경지역 한인사회와 귀환」, 『한국독립운동사연구』 23, 2004.

서 행, 「전후 화북지구 한교의 안치와 송환」, 『한국근현대사연구』 28, 한국근현대사학회, 2004.

장석홍, 「해방 직후 상해지역의 한인사회와 귀환」, 『한국근현대사연구』 28, 한국근현대사학회, 2004.

김정미, 「해방후 해남도지역 조선인 귀환에 대하여」, 『해방후 중국지역 한인의 귀환문제 연구』(제2회 귀환문제연구 국제학술심포지엄), 국민대학교 한국학연구소, 2003.

손춘일, 「해방직후 재만한인들의 한반도 귀환」, 『해방직후 인구이동과 서울의 도시문제』(제9회 서울향토사학술대회 발표문), 2002.

한시준, 「대한민국임시정부의 환국」, 『해방 후 해외 한인의 귀환문제 연구』(한국학술진흥재단 2002년도 기초학문육성 인문사회분야 한국근현대과제 학술심포지엄 논문집), 2003.

황선익, 「해방 후 대만지역 한인의 귀환」, 『한인의 귀환문제 연구』(한국학술진흥재단 2002년도 기초학문육성 인문사회분야 한국근현대과제 학술심포지엄 논문집), 2003.

李海燕, 「第二次世界大戰後 中國東北地區居住 朝鮮人의 引揚實態에 대하여」, 『一橋研究』 136호, 一橋大學大學院一橋研究編輯委員會, 2002.

염인호, 「조선의용군 연구」, 국민대 박사논문, 1994.

4. 신문

≪만주국정부공보≫, 1932년 3월 1일자.

「新年獻辭」, ≪연변민보≫, 1946년 1월 1일자.

해방 후 중국지역 한인의 귀환과 성격

장석홍
(국민대학교 국사학과 교수)

1. 머리말

1945년 일제 패망 당시 해외 한인의 수는 대략 500만 명에 달했다. 이는 당시 한국인의 20%를 차지하는 규모였다. 이들 중 절반인 2백 5십여 만 명이 귀환하고, 나머지는 해외 각처에서 억류·현지 정착 등을 통해 미귀환하였다. 일제 식민지 지배의 모순으로 발생한 귀환문제는 인도주의적 관점에서도 소홀히 할 수 없는 것이었으나, 오랫동안 방치되어 왔다. 이 분야 연구는 해외 이주사 내지 해외 한인사회의 형성이라는 측면에서 부분적으로 다뤄지다가, 1990년대 들어와서야 몇몇 연구가 발표된 뒤[1] 2002년 8월 국민대학교 한국학연구소가 학술진흥재단 연구과제를 수행하면서 본격화되었다.

한국학연구소 귀환문제연구팀은 6년여 동안 관련 자료의 수집 및 구술 조사 등과 함께 60여 편의 연구논문을 발표한 바 있다.[2] 이를

1) 이들 연구 동향과 성과에 대해서는 장석홍, 「해방 후 귀환문제 연구의 성과와 과제」, 『한국근현대사연구』 25집, 한국근현대사학회, 2003 참조.

통해 '귀환'및 '미귀환' 문제의 연구 기반이 나름대로 조성되었다고 할 수 있으나, 전반적으로 점검하고 해명하기에는 아직도 부족한 실정이다.

일제의 패전과 더불어 해방되었다고 하지만, 국가가 성립된 것은 아니었다. 독립국가를 건설하지 못한 채, 해외 한인의 귀환문제는 우리의 의지와 달리 주변 열강의 이해에 따라 이뤄지고 있었다. 더욱이 해방 후 남북분단과 냉전체제의 현실은 귀환을 더욱 어렵게 만드는 요인으로 작용하였다.

중국 내 한인의 경우는 한인이 돌아오는 문제에 대해서는 일본보다 더욱 어려운 상황이었다. 한인이 가장 많이 살았던 중국 동북지역은 1945년 8월부터 1946년 봄까지 소련이 점령하였고, 그 후 국민당군과 공산당군의 치열한 공방이 전개되는 복잡한 정세 속에서 한인의 귀환이 쉽지 않았다. 미군정과 국민당 당국에 의한 동북지역 한인들의 귀환은 일본이나 중국 관내 한인들의 귀환이 어느 정도 완료되는 1946년 12월에야 시작될 수 있었다.

이 글에서는 중국 지역의 한인들이 어떻게 귀환했던가를 조망해 보고, 귀환의 성격을 규명하기로 한다.

2. 해방 전후 중국 지역의 정세와 한인의 처지

해방 당시 해외 한인의 처지는 자신의 의지와 관계없이 동북아질서의 재편을 구상하는 열강의 정책에 의해 크게 좌우되고 있었다. 그런 점에서 중국도 예외가 아니었다. 최근 발굴된 미국무부 문서에

2) 그동안의 연구 성과는 『한국근현대사연구』(25집, 2003년 여름호; 28집, 2004년 봄호; 29집 2004년 여름호, 한국근현대사학회), 『한국독립운동사연구』(20집, 2003년 8월; 22집 2004년 8월 한국독립운동사연구소), *Korea Journal* Vol. 44 No. 4 Winter 2004(Korean National Commission for UNESCO) 등에서 특집 및 기획주제로 발표된 바 있다.

의하면,[3] 1940년대 초부터 미국은 전후 처리와 관련하여 중국 동북지역(만주)에 깊은 관심을 내보이고 있었으며, 한인의 처리문제에도 특별한 방안을 모색했던 것으로 나타나고 있다.[4]

물론 예상보다 일제가 일찍 항복하면서 중국 지역의 정세가 미국이 원하던 당초의 방향과 달리 이뤄지면서, 한인의 귀환 및 현지 정착도 새로운 양상으로 전개되었다.

전후 동아시아 질서 및 재편을 주도한 나라는 미국이었다. 태평양전쟁이 일어나면서, 미국은 일찍부터 동아시아 지역문제에 대한 커다란 구도를 구상하고 있었다. 당시 미국은 중국을 동북아시아 지역 중심의 축으로 삼고자 하였다. 그와 함께 미국이 전후 동북아시아 정책의 수립에서 가장 중요시 했던 곳은 중국 동북지역이었다. 미국은 한국의 전후 처리를 중국 동북지역에 포함시키거나 종속시켜 파악할 정도로 동북지역을 중시하고 있었다. 이러한 미국의 정책은 해당 지역의 전후 정세변화, 강대국 사이의 관계 및 미국의 이해관계 등을 종합적으로 반영하면서, 중국 동북지역(만주)을 중국에 귀속시키고, 한국은 국제적 보호와 감독에 두는 방향으로 선회하였다. 이때 미국은 중국 대륙은 물론 동북지역·대만 등지를 중국에 귀속시키고, 그 가운데 동북지역은 소련을 견제할 수 있는 전략적 요충지로 주목하였다. 그리고 한국은 미국 주도하에 안보체계를 마련하는 것이 필요하다는 입장을 지니고 있었다.[5] 1942년 3월 미국의 대외관계협의회는 '동아시아 평화체제' 구축이라는 틀에서 한국의 즉각 독립을 외면한 채, 동북지역 문제 해결의 연장선 내지 부차적 차원에서 결정한다는 방침을 세워놓고 있었던 것이다.[6]

---

3) 이 문서는 극동지역분과조정위원회 내 한국소위원회(The Korean Sub-Committee of the Inter-Divisional Area Committee on the Far East)에서 작성한 "Korea: Koreans Outside Korea; Disposition of Koreans in Manchuria"(K-12 Preliminary a, June 27, 1945)이다.

4) 필자는 2005년도 전국역사학대회에서 「해방 전후 미국의 해외한인 정책과 구상」을 발표하는 과정에서 만주 및 연변지역과 관련한 내용을 다룬 바 있다.

5) 정용욱, 『해방 전후 미국의 대한정책』, 서울대학교 출판부, 2003, 31~33쪽.

태평양전쟁에서 확실하게 승기를 잡으면서, 1945년부터 한국 처리 문제에 대한 정책을 밀도 있게 수립해 갔다. 이때 해외 한인의 처리 문제도 주요 안건 중의 하나였다. 특히 한인이 가장 많던 만주 지역 한인에 대한 처리를 놓고 다각도로 궁리했다. 극동지역분과조정위원회 한국소위원회가 1945년 3과 6월 두 차례에 걸쳐 준비하고 검토한 정책의 문건을 살피면, 한인의 귀환과 현지 정착에 대해 미리부터 구상하고 있음이 확인된다.[7]

미국 극동지역위원회는 해외 한인에 관한 문제를 다양한 경우로 상정하면서, 향후 처리문제에 대한 검토를 진행시켜 나갔다. 예컨대, "해외한인은 어느 나라 국적을 취득하게 되는가? 또 어떤 외교기관과 영사기관이 한국의 이익을 책임져야 하는가?" 등이 그것이었다. 이들의 결론은, 첫째, 해외에 있는 한인은 한국의 이익을 책임지는 정부에 의해 외교적 보호를 받을 자격이 있다. 둘째, 공동책임국가들은 입법을 통해 한국 국적을 창출하고, 한국 태생으로 해외에 거주하는 사람들도 취득할 선택권을 부여할 수 있다. 셋째, 한국의 해외공관과 영사관이 세워질 때까지 공동책임 국가들은 한국 국적을 취득한 해외 한인을 보호해야 한다. 넷째, 한국정부가 그러한 책임을 스스로 수행할 수 있을 때까지 공동책임국가 중 한 국가가 해외 한인을 보호할 수 있도록 책임을 양도하는 것이 편리할 것이다.[8] 즉 4개국 신탁통치 실시가 전제된 가운데 해외 한인의 지위와 권익을 규정하고 있었던 것이다. 그러나 이는 원론적 수준에서 해외 한인의 지위를 규정한 것일 뿐 실제 해외 한인의 문제를 다루는 과정에서는 그 정책과 인식이 관철되지 않았다.

---

6) 구대열, 『한국 국제관계사연구 2: 해방과 분단』, 역사비평사, 1997, 48~49쪽.

7) 두 개의 문건은 다음과 같다. "Korea: Political Problem; Koreans Outside Korea"(K-3 Preliminary, March 28, 1945)와 "Korea: Koreans Outside Korea; Disposition of Koreans in Manchuria"(K-12 Preliminary a, June 27, 1945).

8) K-1 Preliminary a, "Korea: Protetion of Koreans Abroad", 1945.7.20, Ibid..

미 국무부는 1943년 5월, 전후 처리와 관련하여 해외 한인 문제를 다루면서,[9] 전후 중국 동북지역의 한인의 거취를 놓고, "방대한 수의 한인이 귀환할 경우 한국내 인구 과잉이 극히 악화될 것이기 때문에 중국인의 한인에 대한 차별이 없다면 한국 귀환을 강요하기보다는 잔류시키는 것이 득책"이라는 결론에 이르렀다.[10] 즉 귀환보다는 현지 정착을 유도해야 한다는 것이 미국의 입장이었다. 그같은 미국의 입장은 종전 직전인 1945년 3월과 6월의 문서에서 더욱 구체화되었다.

이들 문서에 의하면, 재중 한인의 처리는 크게 동북지역과 중국본토로 구분되고, 동북지역은 다시 연변과 그 밖의 지역으로 구분되고 있다. 그리고 한인문제와 관련하여 연변의 한인역사 및 한중간의 국경문제, 일제침략으로 인한 영토분쟁과 한인의 처지, 한인의 강제이주 등 비교적 정확한 정보를 바탕으로 재중 한인의 역사적 위상 및 실상을 직시하고 있음을 확인할 수 있다. 그러나 이들이 제시하고 있는 한인 정책 및 대안적 해법의 요지는 대부분의 한인을 현지에 정착시켜야 한다는 것으로 귀결되고 있었다. 즉 한인의 의지에 따라 귀환을 보장해주는 것이 아니라, 만주의 질서 및 중국의 입장이 우선되고 있었던 것이다.

중국지역 특히 동북지역 한인의 거취는 해방 이전부터 미국이 희망하는 '동아시아 평화체제' 내지 '중국의 만주'를 기준으로 향방이 결정되고 있었음을 살필 수 있다. 그리고 대부분의 한인이 미국의 정책에 의해 귀환 길조차 봉쇄되고 있음도 확인된다. 한국문제가 전후 처리와 관련하여 자신의 의지와 관계없이 '신탁통치' 내지 '남북분단'으로 획정되어 갔던 것처럼, 해외 한인의 운명 역시 미국의 정책이라는 틀에서 결정지어진 단면을 잘 보여주고 있다. 이는 전후

---

9) T316, "Korea: Territorial and frontier problems", 1943.5.25, Occupation Part1, 1-B-3.
10) 金太基, 『戰後日本政治と在日朝鮮人問題』, 勁草書房, 1997, 27~29쪽.

처리에서 인도주의가 열강의 패권주의에 유린되고 말았던 사실을 극명하게 말해주고 있다.

미국의 예상과 달리 동북아정세는 소련군의 대일선전포고 직후 일본의 조기 항복으로 인하여 전연 다른 양상으로 전개되어 갔다. 특히 소련군 점령지역인 중국 동북지역은 국민당과 공산당의 대결 각축장으로 전화되면서, 한인의 귀환 문제 역시 복잡한 양상을 띠었다.

중국 동북지역은 소련·한국 등과 인접한 지리적 특수성으로 인하여 2차 국공내전 당시 군사적 요충지로 부상하였다. 즉 중국공산당이 동북을 장악할 경우 국민당의 포위를 벗어나 광범한 지역에서 해방구를 건설할 수 있을 뿐 아니라, 소련·한국 등의 지원과 협조를 받을 수 있는 이점을 지니고 있었다. 때문에 동북지역은 중국에서 국민당과 공산당의 승패를 결정짓는 대결장이 되었다.

3. 동북지역 한인의 귀환

연변지역은 지리적으로 북조선과 두만강을 사이에 둔 지리적 관계로 중국 관내지역과 달리 언제든지 국내로 귀환할 수 있는 유리한 이점을 지니고 있었다. 특히 해방 직후 무정부 상태에서 한인의 국내 귀환은 자유롭게 이뤄졌다. 이 시기 연변지역에서 한인이 얼마나 귀환했는가 밝히기 어렵지만, 통계로 미루어 대략 20여 만 명 정도가 귀환한 것으로 추산된다. 통계에 의하면 해방 직전 동북의 한인은 216만 명에 달했으나 광복과 더불어 약 80여 만 명이 귀환하면서 약 140여 만 명이 남아 있게 되었다. 그런데 80여 만 명의 한인 가운데 60여 만 명이 안동을 경유한 것으로 나타나[11] 두만강 연안을 통해 귀환한 한인의 수는 20여 만 명 정도 되었던 것 같다. 실

11) 「東北收復區全僑民代表大會報告各地韓僑現況要記」.

제로 80여 만 명에 달하던 간도지역 한인의 수가 대략 60여 만 명에 이르렀던 것은 그러한 정황을 말해주고 있다.[12)]

해방 직후 동북지역 한인의 초기 귀환은 중국 공산당의 정책에 의한 것이라기보다 대부분 자의적으로 이루어졌던 것으로 보인다. 그리고 이들 가운데는 주로 지주 내지 일제 협력자 출신이 주류를 이루었던 것으로 파악된다. 연변지역 현지인의 증언에 의한,[13)] 귀환 사례는 대략 다음과 같이 정리될 수 있다. 먼저 함경도 등지의 북쪽 출신은 대부분이 현지에 정착했던 반면에 전라도 등지의 남쪽 출신 사람들은 대부분이 해방 직후 국내로 귀환했다는 점이다. 그리고 이들은 대체로 중농 이상의 부농이었던 것으로 알려지고 있다.[14)] 또한 소련군이 점령하는 과정에서 적지 않은 한인들이 희생당하기도 했다. 이때 한인의 희생은 일본인과 구별되지 않았던 때문이라고 한다.[15)] 또한 남쪽 출신이라도 1930년대 말이나 1940년대 초에 이주한 사람들의 귀환율이 높았음도 확인된다. 그리고 귀환의 중심지는 도문에서는 국내로 들어가려는 사람들이 쇄도하자, 이들로부터 돈을 받고 강을 건네주는 일이 빈번했다고 한다.[16)] 그리고 광복이 되

12) 「延邊地委關於延邊民族問題」, 1948.8.15, 간도조선족자치주당안관 편, 『中共延邊吉東吉敦地委延邊專署重要文件彙編』 1, 1986, 388~389쪽. 연길, 화룡, 왕청, 훈춘, 안도 5현을 포함하여 인구가 767,512명인데, 그중 중국인이 176,441인으로 총인구의 30%를 차지하고 조선인은 591,071인으로 총인구의 77%를 차지한다.

13) 한국학연구소는 연변대 민족연구소와 함께 2002년부터 2004년에 걸쳐 연변조선족자치주 화룡시 숭선향, 숭성진과 용성향 우심촌, 연길시·용정시 일대의 조선족 30여 명을 대상으로 구술 조사를 실시한 바 있다.

14) 간도 화룡현 숭선향 東京坪 하천에 1942년 4월 개척부락이 생겨났으며, 세 마을로 구성된 이곳에는 1백 호 이상이 거주하고 있었는데 이들 대부분은 전라도 출신이었다고 한다(2002.9.13~14. 간도조선족자치주 화룡시 숭선향 숭성진과 용성향 우심촌 거주, 이수원(1910년생), 이학인(1937년생, 허일남(1925년생), 김금돌(1924년생) 등 9명의 증언).

15) 1935년 왕청현 계관향 華家營에 개척단의 이름으로 이주한 邊東俊(1924년생, 남, 충북 충주 출생)의 증언, 그는 충주와 음성 등에서 이민 모집에 따라 90호 정도가 왔다고 한다. 화가영은 소련군이 나자구로 나오는 통로였기 때문에 소련군을 볼 수 있었으며, 당시 나자구에서 한인이 소련군에 의해 상당한 피해를 받았다는 소문을 들었다고 한다.

16) 용정시에 거주하던 南永哲(1931년생, 남, 함북 종성 출신)은 1920년대 부모가 이주, 도문시 오룡촌에 정착했다고 한다. 그는 광복된 후 조선에서 건너온 사람은 없었다고 증언하고 있다.

자, 국내를 다녀온 경우가 있으나 국내로 영구 귀국할 생각은 없었다.[17] 함경도 출신의 귀환 사례는 이보다 늦은 시기인 1950년대 말과 1960년대 초에 상당수가 북으로 넘어갔음도 확인할 수 있다. 이들의 귀환은 소위 조선 건설의 명목이었으나, 이들은 3,4년 뒤 대부분이 다시 돌아왔다고 한다.[18] 이 밖에도 지방 당국과 토비, 불량배 등의 핍박에 의해 귀환한 한인들도 적지 않았다.

당시 연길은 길림성·송강성·흥안성 일대의 한인들이 귀환을 위해 집결하던 곳이었다. 간도지역에서는 1946년 1월 도문해관을 설치하고, 훈춘·용정 두 곳에 분관을 설치했으며, 그 아래 34개의 분소 및 검사소를 설치하여 한인의 귀환 업무를 처리하였다. 그리고 이런 상황은 1947년 말까지 지속되었던 것으로 파악된다.

그런데 1948년 중공군의 군사적 공세로 동북근거지가 확대되면서, 국민당 점령지역에 거주하던 피난민들과 유민들이 한국으로 귀환하기 위해 목단강시를 거쳐 대거 간도로 몰려들게 되었다. 간도지역의 한인들 중에도 지방정부에 귀국을 신청하는 사례가 늘어났다. 이에 지방정부 및 貧雇農團 등에서는 한인들에게 천거증명을 발급해 주었다. 그러나 당시 북조선 측은 한인의 대거 입국을 절대 금한다는 입장을 취하고 있었다.

중공 당국은 한인 귀환문제가 북조선 관계에 영향을 미칠 것으로 우려하고 있었다. 이무렵 연길, 용정 등지에서는 지방정부와 빈곤농단 등이 한인들이 대거 귀국을 요구해 옴에 따라 천거증명을 발급해 준 바 있었다. 한 예로 연길시 新興鄕에서는 한인들이 조국으로 돌아가기 위해 대규모로 이주를 원하였으며, 이에 따라 지방정부가 천거증명을 발급해 주었다. 그러나 북조선측에서는 한인들의 귀환을 절대 금지하는 입장을 취하였다. 한인의 귀환문제가 이렇게 되

---

17) 1937년 만주로 넘어 와 해방 당시 연길에 거주하던 金時(1927년생, 여, 경북 안동 출신)의 증언(2004년 5월 13일).

18) 중국에서는 당시 이들에 대해 문제를 삼지 않았다고 한다.

자, 중공 당국에서는 특별한 이유 없이 귀환을 허락하지 않는다는 방침을 세우게 되었던 것이다. 그리고 천거증명을 발급할 때는 그 자격을 엄격하게 제한하였다.

그럼에도 연변지역에서 한인의 귀환 신청이 급증하자, 중공 동북 행정위원회는 1948년 8월 5일 '조선인청구귀국잠행방법'을 반포하여, 한인의 귀환문제를 처리하도록 하였다. 이에 따르면 한인이 귀환을 신청하는 경우 반드시 사전에 縣정부의 비준을 받아야 하며, 귀국신청서를 작성해야 했다.

그런가 하면 중국 동북지역에서 국민당 관할 구역의 한인은 대부분 귀환을 희망하였다. 그 규모를 정확히 밝힐 수 없지만, 이들 중 상당수는 북한과 접경한 지역을 통과하여 귀환하거나, 그렇지 못한 지역의 한인 귀환은 주로 미국과 국민당 당국의 협의아래 이뤄지고 있었다. 중국 국민당 당국은 중국내 한인의 집결과 수송을 담당했고, 미국은 귀환에 필요한 선박을 제공하는 형태로 추진되었다.[19)]

동북지역 한인들의 귀환은 일본이나 중국 관내지역 한인들의 귀환이 어느 정도 완료되는 1946년 12월에야 시작될 수 있었다. 이는 해방된 지 1년 4개월이 지난 시점이었다. 일본지역의 경우, 해방 직후부터 한인의 귀환이 이뤄져 이 무렵에는 귀환이 거의 마무리되던 상황이었다. 중국지역 특히 동북지역 한인의 귀환이 늦어진 원인은 여러 가지로 찾아볼 수 있지만, 국민당과 공산당이 대립하던 중국내 정세와 더불어 한인 귀환의 결정권을 쥐고 있던 미국 당국의 방침에서 비롯되었던 것으로 보인다. 당시 미국은 종전 후 동북아정세의 향방을 예측하면서, 일본의 안정을 유지하고, 중국에서는 국민당을 지원하여 자유주의 진영의 우위를 지켜가고자 했다. 해외 한인의 귀환 역시 그와 같은 구도위에서 진행되었던 것으로 파악된다. 일본에서는 일본 내 치안 및 안정을 위해 한인의 귀환을 1945년 11월부터

19) 국민대학교 한국학연구소, 「東北韓橋遣送概況」, 『중국지역 한인 귀환과 정책』 3권, 역사공간, 141~146쪽.

정식으로 진행시켰던 것에 반해, 중국에서는 국공내전이 재개되는 상황에서 국민당 점령지역의 확대에 주력했던 관계로 한인의 귀환은 그 다음의 문제로 처리되었던 것으로 보인다.[20]

4. 북경지역 한인의 귀환

중국 관내지역은 약 10여 만 명의 한인이 있었던 것으로 알려지고 있다. 관내지역의 한인은 대부분이 국민당 관할구역에 속해 있었다. 때문에 국민당 방침에 의해 귀환할 수 있었는데, 여기에서 주목할 것은 한인들을 '적국민'인 일본인과 크게 구별하지 않은 채 처리했던 점이다. 즉 각처의 한인들이 일본인과 같이 취급되면서 재산을 몰수당하거나, 강제로 수용되는 일이 적지 않았다. 중국 국민당과 우호적 관계를 유지하던 대한민국임시정부의 노력으로 한인에 대한 처우가 다소 개선되기는 했으나,[21] 한인은 귀환 과정에서 어려움을 겪어야 했다. 한인들은 1946년 초부터 중국 동해변의 당고(塘沽)·청도·상해 등 항구로 집결하여 대부분 미군 선박을 이용하여 인천과 부산을 통해 귀환할 수 있었다.[22]

북경지역에는 해방 당시 4만여 명의 한인이 거주했던 것으로 알려져 있다. 이들 한인은 일제가 패망하자 한국으로의 귀환을 희망하였지만, 자신의 의지대로 자유스럽게 귀환할 처지가 못 되었다. 당시 북경지역의 한인은 북경을 장악하고 있던 국민당 정권의 방침에 따라 귀환의 향방이 결정되었다. 국민당 정권은 기본적으로 한인을

20) 장석흥, 「해방 직후 상해지역의 한인사회와 귀환」, 『한국근현대사연구』 28집, 한국근현대사학회, 2004년 봄호, 281~282쪽.

21) 김정인, 「임정 주화대표단의 조직과 활동」, 『역사와 현실』 24, 1997; 정병준, 「1945~48년 대한민국 임시정부의 중국내 조직과 활동」, 『史學硏究』 55·56合集, 1998.

22) 장석흥, 「해방 직후 상해지역의 한인사회와 귀환」, 『한국근현대사연구』 28집, 한국근현대사학회, 2004년 봄호; 서행, 「전후 화북지구 韓僑의 안치와 송환」, 같은 책.

전부 송환한다는 방침을 세우고 있었지만, 한인의 처우문제와 재산 및 산업 처리, 또한 친일성향의 유무에 따라 구분하여 취급하였다. 그러나 실제 실행 과정에서 지방 당국은 한인과 일본인을 크게 차별하지 않은 채, 敵國民 내지 포로에 준하여 처리하였다. 때문에 한인은 여러 면에서 불이익을 받아야 했을 뿐 아니라, 심지어는 강제추방당하는 곤혹을 치르는 경우도 속출하였다. 이 같은 한인에 대한 부당한 처리는 임시정부의 주화대표단과 한교선무단의 활약으로 개선되어 갔다.

북경지역의 한인들은 당시의 혼란스러운 정세 속에 자신의 생명과 재산을 보호하고, 또한 조국으로의 귀환을 추진하기 위해 저마다 자치단체를 조직하였다. 각종 한인단체는 20여 개가 넘을 만큼 난립하였다. 뿐만 아니라 광복군과 조선의용군의 조직이 한인사회에 관여되면서 대립과 갈등도 적지 않게 표출되었다. 북경의 한인사회는 1945년 11월 중순 대한민국 임시정부가 북경에 화북선무단을 설치하기까지 어수선한 분위기를 벗어나지 못하였다. 화북선무단이 북경에서 활동을 개시하면서 난립하던 한인단체도 정리되었다. 화북선무단은 한국교민회를 통하여 한인을 조사 구제사업과 귀환업무를 하면서, 건국을 위한 청년활동을 전개하였다.

화북선무단은 북경 한인사회의 안정을 꾀하면서 국민당과 협의를 통해 한인의 귀환 문제를 해결하고자 하였다. 북경 한인의 귀환은 국민당 정책의 변화에 따라 대략 세 단계로 나누어 볼 수 있다. 첫 단계는 일제패망 직후부터 국민당 정부가 한인들을 강제 소집 송환시키던 1945년 12월까지이다. 이 무렵 국민당 정부 정책의 핵심은 전국을 수복하고 공산당을 숙청하는데 집중되었기 때문에, 한인의 관리와 송환에는 많은 신경을 쓰지 못했다. 그래서 국민당 정부가 먼저 임시법을 제정하여 한인들의 자발적 환국을 허용하였다. 한인들은 북경 당국에서 여행증명서를 발급받아 동북지역의 육로를 통해 귀환하였다. 여행증명서는 한국교민회가 국민당 정부에 신청하여 받았다. 국민당 정부가 한인들을 집결, 송환시켰던 1945년 12월 말부터 1946년 5월 말까지이다. 앞서 자발적 귀환을 허용했던 국민당 정부는 북경을 완전히 장악한 후 정식으로 『韓僑韓俘處理辦法』을 공포하여 한인을 집결, 송환한다는 기본 정책을 세웠다. 이 방법의 실행 과정에서 주화대표단과 화북선무단의 반대와 북경 한인들의 반발로 한인들의 집결 시기가 연기되었고, 많은 한인들이 면제되기도 하였다. 그러나 국민당 정부의 명령에 따라 임시정부는 최종 북경의 한인들에게 집결명령을 내릴 수밖에 없었다. 강제 집결된 1만 6천여 명의 한인들은 1946년 2월 13일부터 1946년 5월 24일까지 3개월 남짓한 기간에 천진의 塘沽港을 통해 귀국하였다. 이 시기에 국민당이 임시정부 주화대표단과 화북선무단의 반대에도 불구하고 한인의 송환을 서둘렀던 것은 세 가지 이유에서 비롯되었다. 하나는 미군정이 국민당 정부에 1946년 6월까지 한인을 운송할 선박을 제공한다고 하였기 때문이다. 두 번째로는 당시 북경의 주변에서 선전활동을 전개하고 있던 중국 공산당과 조선의용군에 한인들이 가입하는 것을 두려워했기 때문이었다. 세 번째로는 북경사회의 치안을 유지하기 위해서였다.

마지막 단계는 '韓僑處理辦法'이 반포된 1946년 6월 말부터 대한민국이 수립된 1948년 8월까지이다. 이 시기에는 임시정부의 요구로 국민당 정부가 모든 한인의 송환이라는 이전의 정책에서 한발 물러나 戰犯혐의와 불법행위가 있는 한인만을 처벌·송환시키고, 한인들의 거주를 허용하며 이들의 재산을 보호해준다는 것으로 개선하였다. 그래서 이 무렵 한인들의 거주와 귀환은 비교적 자유로웠다. 그러나 국민당 정부가 한인 거류증의 발급은 직업이 있고 일정한 경제적 기반을 가진 사람에 한하였다. 당시 북경에 남아 있던 한인들은 주화대표단 화북판사처의 직원, 상인, 유학생, 회사원, 범죄자 등과 기타 재산 때문에 귀환하지 못한 자들이었다. 대한민국이 수립된 후 1948년 8월 20일 주화대표단이 철수되면서 원래의 한인

업무는 한국교민회에 인계되었다. 하지만 국민당 정부가 1949년 초에도 한인들을 전부 송환한다는 정책을 견지했던 것으로 보아 북경에는 극소수의 한인들이 남아 있었던 것으로 판단된다.

5. 상해지역 한인의 귀환

해외독립운동의 중심지였던 상해지역은 일제 패망 이후 한인 귀환과 관련해서도 주요 무대가 되었던 곳이다. 임시정부와 광복군 등 중국 관내 지역에서 활동하던 독립운동세력들이 대부분 이곳을 통해 귀환했으며, 중국 화남지역의 한인들이 귀환하기 위해 집결하였던 곳이기도 하다.

상해지역 한인의 귀환은 초기에는 임시정부 기관인 선무단과 주화대표단, 상해교민협회 등이 주도하였다. 그러다가 1946년 7월 24일 한인들이 대부분 귀국하면서, 임시정부는 각지에 파견된 선무단을 철수하고, 대신 주화대표단 辦事處를 설치하여 한인 관련 사무를 처리하도록 했다.[23] 판사처는 북경과 상해에 설치되었으며, 상해 책임자는 閔石麟이었다.[24]

그러나 1946년 말에 이르러 국내 정세에 의해 임시정부가 사실상 해체 상태에 이르면서, 중국 내 주화대표단의 역할과 위상도 축소될 수밖에 없었다. 이에 주화대표단은 1947년 1월 1일부터 명칭을 대한민국임시정부주화대표단에서 한국주화대표단으로 변경했으며, 이 같은 상황에서 주화대표단 대표 민석린은 1947년 5월 19일 한중 친선을 위해 중국 국민당 정부에 다음과 같은 4개항을 요청하였다. 첫째 소련의 한국에 대한 托管에 대하여 반대할 필요가 없으나 한국

23) 「韓國臨時政府代表團撤銷各地宣撫團」, 1946.7.24, 『중국지역 한인 귀환과 정책』, 54쪽.
24) 「韓國臨時政府代表團致行政院秘書處函抄件」, 위의 책, 58~67쪽.

의 독립을 촉진시켜야 할 것, 둘째 한국독립당의 역사와 우의를 유지하고 각 당파를 연락하여 한국의 통일을 이루어야 할 것, 셋째 재중국 한인의 이익을 보호하고 이들을 귀환시키는 과정에서 한인의 중국에 대한 反感을 피하여 중한의 우의를 촉진할 것, 넷째 주화단표단은 임시정부의 인원이 귀환하고 새로운 정부가 수립하기 전까지 한국 혁명을 대표하는 중국에 대한 연락기관이라는 점이었다.[25]

1945년 9월 8일 상해를 접수한 국민당 제3방면군은 1945년 11월 16일 일본군에 속한 한인 사병 및 한인들에 대한 집중방법을 선포하였다. 이때 중국국민당은 일본군·일본인과 마찬가지로 한적사병·한인교포 역시 한곳에 집중시켜 관리한다는 방침을 취했다.[26] 국민당의 이 같은 집중방침이 선포되자 한인 중에는 포로로 취급되는 것이 두려운 나머지 공산당 관할 구역으로 탈출하는 경우도 속출하였다.

마침 국내에 환국하기 위해 상해에 머물던 임시정부 주석 김구는 상해시장에게 일방적인 집중을 취소할 것을 요구하는 한편 한인 처리에 관한 사업을 담당할 임시정부 대표단이 설치된 사실을 알렸다.[27] 임시정부는 상해 한인에 관한 사무를 화남선무단과 상해교민단이 협의하여 처리하도록 방침을 세워 나갔다.[28] 임시정부의 노력으로 한인에 대한 일방적인 집중은 원만하게 타결될 수 있었으며, 임시정부는 상해시정부의 협조로 4칸짜리 사무실과 숙소를 얻을 수 있었다.[29]

중국 당국은 임시정부의 노력을 인정하여 1945년 12월 22일 군사위원회의 명의로 한인을 각 省과 市에서 집중관리하되 선무단과 상의하여 처리할 것을 지시하여 한교선무단을 공식 인정했다.[30]

---

25) 「對韓政策之原則」, 1947.5.19, 위의 책, 88~101쪽.

26) 「修改韓僑集中辦法」, 1945.11.16, 위의 책, 3~5쪽.

27) 「通知朴純爲韓國臨時政府駐華代表團團長等」, 위의 책, 14~15쪽.

28) 「請求與鮮于爀洽商韓僑事務」, 위의 책, 16~18쪽.

29) 「要求撥房屋四間供臨時政府使用」, 1945.11.16, 위의 책, 8~10쪽.

제3방면군이 日僑管理處를 설치하여 상해 거주 일본인을 집결시켜 관리했던 것과 달리 처음에는 한인에 대한 별도의 관리기구를 조직하지 않았다.[31] 그 같은 상황에서 상해시정부는 1946년 3월 한인의 송환방법을 다음과 같이 규정하였다. 첫째, 豫蘇浙皖湘鄂贛 各省의 모든 한적 관병 및 한인을 上海에 집결시킨다. 둘째, 집결 후 한적사병은 제3방면군 한국관병소로부터 집중 보급을 받으며 교민은 상해시교민관리소로부터 집중보급 받는다. 셋째, 수송일시와 한인 수는 수시로 회보한다는 것이었다.[32] 즉 하남성·강소성·절강성·안휘성·호남성·호북성·강서성 등 화남 일대의 한적 사병과 한인들을 상해로 집결시키고, 군인은 제3방면군의 관할하에 두고, 일반 한인은 상해시에서 관장하며, 한인의 이동 및 규모를 파악한다는 방침이었다.[33]

그런데 한인에 대한 중국인들의 박해가 심해지자 1946년 4월 한국주화대표단 박순은 국민당 중앙위원회 비서장 오철성에게 한인 학대에 대한 개선을 요구하였고, 상해시정부는 중한양국의 전통우의와 전도를 고려하여 한인에 대한 실상을 조사하고 행정 당국에 개선할 것을 시달하였다.[34] 그리고 1946년 4월 제3방면군의 日僑管

---

30) 정병준, 「1945~1948년 대한민국임시정부의 중국내 조직과 활동」, 『사학연구』 55·56합집, 881쪽. 중국군사위원회의 令二宮 제1655호는 종전 한교한부처리판법을 수정한 보다 상세한 처리방안이었다. (1) 일본인포로와 한인포로는 구별해서 각전구(방면군) 단위로 집중관리하며, 인원수의 과다를 살펴 전부관리처 예하에 한국관병관리소를 설립해 그를 수용한다. 아울러 광복군 파견원의 참가·組訓을 허가한다. (2) 한국광복군이 일본투항 이후 각지에서 편성·수용한 한인은 각전구(방면군)를 거쳐 사정을 참작해 집중적으로 통일관리한다. 역시 광복군 파견원의 참가·조훈을 허가한다. (3) 각지 한국광복군의 지구분대는 본 군사위원회를 경유해 이미 허가받은 경우는 그 원상태를 유지하며, 이후로 비준·허가를 받지 않은 한국광복군의 활동은 응당 금지한다. (4) 한국교포는 이에 각 성과 시를 통해 일본교포와 분별해 집중관리하며, 아울러 한국임시정부가 파견한 각지의 선무단과 상의해 관리한다.

31) 「台人及韓僑集中辦法俾便遵行由」, 앞의 책, 150쪽.

32) 「韓籍俘僑應分別集中待遣駐華各軍政機關暫不遣送」, 위의 책, 25쪽.

33) 중국 정부는 한인들에 대하여 비교적 상세한 정보를 수집하고 있었던 것으로 보인다. 1946년 12월 상해시 경찰국은 한인 590여 명에 대한 주소, 나이, 성별 등의 인적상황을 조사하여 표를 작성하였다. 「上海市警察局調査韓國僑民姓名住址淸冊」, 위의 책, 8~68쪽.

理處 아래 한교관리사무소를 따로 설립하였다.[35]

한편으로 국민당 정부는 공산주의자에 대한 경계를 늦추지 않았다. 1946년 3월 국민당 중앙 조직부는 상해시정부에 귀환 한인 중 공산주의자를 색출하여 귀환에서 제외시키라는 명령을 내린데 이어,[36] 1946년 4월 15일 공산주의자들의 정보와 관련하여 비밀 지령을 내렸다. 1946년 봄 중경에서 상해로 온 朴健雄·申基彦·李海鳴 등이 한국구제총회를 조직하고, 2백여 명의 회원을 확보하여 환국을 시도하고 있다는 정보를 파악한 중앙조직부는 한국 국내의 안정을 위하여 이들의 귀한을 막도록 하였다.[37] 이는 미군정과 사전 협정에 의해 미군정청이 요청하는 정치색 있는 한인의 귀국을 거부하였던 것과 연관된 조치였다.

국민당 정부는 1946년 5월 귀환 한인들의 지참물과 관련하여 1인당 250파운드의 물품을 휴대할 수 있으며, 휴대할 수 있는 돈에는 제한받지 않도록 미국 측과 협상하였다.[38] 아울러 1946년 6월 5일 국민당정부 외교부는 상해시정부에 임시정부 대표단 및 선무단에서 근무하는 한인에 대한 각별한 보호를 요청하는 등[39] 호의를 내보였다.

한인의 귀환이 상당부분 진행되는 가운데, 1946년 6월 22일 국민정부 외교부 주호판사처는 한인처리방침과 관련하여 상해시정부에 "韓僑處理方法大綱"을 내려 보냈다. 이에 의하면, 전쟁혐의가 있거

34) 「要求改善韓僑待遇」, 1946.4.30, 위의 책. 이때 시달된 서함의 내용은 다음과 같다. "장개석은 이미 한교와 한적 사병의 처리방법을 제정하여 각 戰區에 명령하였다. 그러나 각지의 당국은 이 방법대로 하지 않고 한인들을 학대하고 있다. 한인들이 분분 주화대표단에 원망을 신고하였다. 이에 주화대표단은 국민당정부와 협상하였으며, 국민당정부도 각지에 한교 대우의 개선을 명령하였지만, 한인에 대한 학대는 날로 심해지고 있다. 중한양국의 전통우의와 전도를 고려하여 각지 한교의 실제 상황을 조사하고 국민당 二中全會에 보냈다."

35) 「何應欽致上海市政府電」, 위의 책, 182쪽.

36) 「請對返國韓僑中之共黨分子加以防犯勿使混入韓國由」, 위의 책, 571쪽.

37) 「爲防範韓僑中共産黨假藉名義進行詐騙」, 1946.4.15, 위의 책, 31~34쪽.

38) 「松滬警備總司令部致上海市警察局訓令」, 위의 책, 427쪽.

39) 「爲保護在韓國臨時政府及宣撫團有職務之韓僑事」, 1946.6.5, 위의 책, 13쪽.

나 기타 불법행위가 있는 자는 마땅히 법에 따라 처벌하거나 본국에 압송해 보낸다는 것, 행위가 착하고 정당한 직업이 있거나 한국대표단 및 기타 각지 선무단에서 임직하고 있는 한인은 본인의 의지에 따라 중국에 계속 체류할 수 있으며 지방 당국에서 체류증을 발급해주고 단지 필요시에는 여전히 명령을 받고 넉넉한 상점보증을 찾을 수 있다는 것 등을 규정하였다.40)

상해에 남아 있는 한인에 대한 재산처리문제와 관련하여 국민당 정부는 행정원 명의로 1946년 11월 19일 "수복지역한교산업처리방법"을 선포하고, 상해시정부에 다음과 같은 지시를 내렸다. 그 주요 내용은 한인이 합법적으로 획득한 산업을 일제가 몰수하여 사용했거나 혹은 접수자가 조사하여 증거가 확실할 경우 원 주인에게 돌려줄 것, 이미 차압했거나 혹은 지방 공사기관에서 사용하고 있는 한인산업이 법에 의하여 처분할 수 없는 것은 원 업주가 증명서를 제출하여 적위산업처리기관에 신청을 하고 행정원에서 사정한 후 보증인을 세워 원 주인에게 돌려준다는 방침이었다.41)

국민당 정부는 일제 패망 직후 한인에 대한 처리를 일본군 및 일본인과 같이 집중관리한다는 방침을 세웠으나, 임시정부와 주화대표단의 노력으로 한인에 집중을 취소하고 한인 귀환에 대하여 우호적 태도를 보였다.

한편 미군정은 1947년 4월 5일 申國權을 미국 주상해총영사관 연락처 주임연락관으로 파견하여 한인 관련 업무를 보도록 조치하였으며,42) 중국 측은 한인의 귀환문제를 미국 영사관 연락처를 대상으로 해결해 가고자 주호판사처에 연락처와 연락하도록 체계를 설정하였다.43) 그 같은 상황에서 1947년 6월 10일 주화대표단의 판사

---

40) 「爲抄錄韓僑處理辦法大綱一分電請查照」, 위의 책, 265~267쪽.

41) 「韓僑産業處理辦法」, 위의 책, 185~188쪽.

42) 「關于申國權辦理美國駐韓軍政府在華行政事務」, 위의 책, 367~377쪽.

43) 「關于韓人申國權地位, 美駐韓軍政廳駐滬聯絡處備案」, 위의 책, 377~378쪽.

처가 해산되었고, 각기 교민회 내에 특파원·연락원이 주재하면서 귀환업무를 담당해 갔다. 주화대표단은 대한민국정부가 수립되면서 1948년 8월 10일 해산하였다.[44)]

대한민국정부가 수립된 직후인 1948년 10월 한국정부 외교부 주화연락처는 申國權을 주상해 총영사로 임명하여 주화 연락사무를 처리하도록 했다.[45)] 담당 단체와 부서가 위와 같이 변천되는 가운데에서도 1945년 11월 임시정부 요인의 귀환을 시발로, 한인의 귀환은 1949년까지 계속적으로 진행되었다.

상해지역 한인의 귀환은 1945년 11월 임시정부 요인의 귀환을 시발로, 대한민국 수립 이후인 1948년 말까지 3년여에 걸쳐 이루어졌다. 이를 단계별로 나누면, 대략 1945.11~1946.7(선무단 철수), 1946.8(판사처 설치)~대한민국 수립 이전, 대한민국 수립 이후~중국공산당 정권의 수립까지 세단계로 구분할 수 있다. 그리고 귀환한 인원은 3만여 명에 달하고, 그 중에서 2만 5천여 명이 1946년 전반기 즉 선무단이 활동하던 시기에 집중적으로 귀환했음을 살필 수 있다. 초기에는 3천~5천여 명의 대규모로 이뤄지던 귀환이 1947년에 가서는 대체로 수백 명의 규모로 작아지고, 1948년 중국 내 전세가 공산당 쪽으로 기울면서는 천진, 청동 등지의 한인들이 상해를 경유하여 귀환하는 것도 살필 수 있다.즉, 상해는 임시정부와 광복군의 귀환이 이뤄졌을 뿐 아니라, 중국 관내지역에서 가장 많은 한인이 이곳을 통해 귀환했으며, 국민당이 대만으로 물러가기까지 한인 귀환의 보루로 역할한 곳이었다.

해방 후 화남 일대의 한인이 몰리면서 많을 때는 2만여 명에 달하는 한인이 집결되었다. 이러한 상해 한인사회는 임시정부 주호판사처와 상해교민협회가 주도하였다. 그러나 귀국촉진위원회와 같이

---

44) 정병준, 「1945~1948년 대한민국임시정부의 중국내 조직과 활동」, 『사학연구』 55·56합집, 876~877쪽.

45) 「關于申基俊爲韓國駐滬總領事本部已臨時同意」, 앞의 책, 386~389쪽.

주호판사처와 상해교민협회에 반발하는 단체들도 생겨나면서 대립과 갈등도 적지 않게 표출되고 있었다.

상해지역의 한인 귀환과 관련해 주목되는 것은 광복군잠편지대와 한국부녀공제회, 교민협회의 수용소 등이었다. 광복군잠편지대의 경우 1천 3백여 명의 일본군 출신 한인 사병들을 수용하였고, 한국부녀공제회는 7백여 명의 '위안부' 출신의 한인 여성들을 집단 수용했다. 교민협회는 선무단과 유대를 이루며 자체 수용시설을 갖추고 1천여 명의 한인들을 수용하기도 했다. 그런데 이들 한인의 집단수용은 중국에 의한 수용이 아니라, 한인의 자치적 수용이라는 점에서 의미를 찾을 수 있으며, 한인 자체의 수용은 국민당과 유대가 깊은 임시정부와 광복군의 영향력과 함께 한인사회가 발달한 상해지역의 특성에서 찾아질 수 있다.

6. 청도지역 한인의 귀환

청도는 북경과 상해에 비해 한인들의 규모가 크지 않았지만, 산동성 일대 한인들의 집결지였다. 1941년 무렵 청도시 통계자료에 의하면, 당시 외국인은 11,085호, 36,323명이었는데, 그중 일본인이 31,895명, 한인은 2,577명이었다.[46] 그런데 일제 패망 직전 일본군에서 탈출하는 한인이 적지 않았다. 이들은 중국 자위단에 투항하거나[47] 다른 지역으로 도망치는 경우가 많았다.

일제가 패망한 직후 청도에 거주하던 한인들은 1천여 명에 불과

46) 青島市政協文史資料委員會 編, 『青島文史擷英』(民族宗教部分), 新華出版社, 2000, 269쪽.

47) 민국 34년 1월 9일 청도시 자위단장 孫象渙이 峰山前에서 일본군 景山寬宰를 체포하였는데, 그는 한인이었다. 원명은 任寬宰로, 충청남도 瑞山郡 音岩面 壽在里이었다. 그는 한국에서 소학교를 졸업한 후 京城 兵工場에 2년간 일하고, 그 후 大阪商船에서 3년간 일했다. 귀국 후 鎭海에서 海兵團에서 1년간 복무했으며, 도망시에는 青島日本海軍航空整備兵 上等兵으로 있다가 滄口飛機場에서 도망한 것으로 기록되어 있다.

했다. 1941년의 한인 수보다 줄어들었는데, 그 이유가 어디에 있었는지는 명확치 않다. 당시 청도의 한인들은 武城區, 夏津區, 臨淸區, 淸平區 4路 등지에 400여 명이 집중 거주하고 있었으며, 그밖에 지역에 700여 명이 산재하고 있었다. 중국 국민당 당국은 이들 한인들의 집중 관리를 위해 네 개 지역을 집중구로 획분하였다.[48] 이무렵 청도의 한인들은 한국민회를 조직하고 한인들의 권익을 위해 힘을 쏟았다. 또 이들은 중국 당국에 대하여 한인들에 대한 무차별적 집중 관리를 자제해 줄 것을 요구하기도 했다.

그런데 일제 패망과 함께 제남 등지에서 청도로 집중하는 한인들의 수가 늘어나면서, 1945년 10월 경에는 3천 5백여 명으로 한인들의 규모가 늘어났다. 여기에 광복군 잠편지대가 활동하면서, 일본군에서 넘겨온 광복군도 5백여 명에 달했다. 이 과정에서 한인들은 의식주를 해결하기 어려운 상황이었다. 심지어 굶어 죽은 사람이 생겨날 정도였다. 그 같은 상황에서 한국광복군 제3지대 지대장은 청도 시정부가 이들 한인을 구제해 줄 것을 다음과 같이 요청한 바 있다.

1) 한교 중 범죄의 흔적이 없는 사람은 한교선무단에서 방법을 대여 구제하며, 될 수 있는 한 집중관리하여 금후 송환에 편리를 도모한다.

2) 광복군은 일본이 투항하기 전에 성립되었고, 또 軍委會에서 核准하였기에 인원수에 따라 양식과 복장을 공급해야 한다.

3) 韓籍軍民들이 수요하는 비용은 등록하였다가 한국의 借款으로 처리한다.

광복군의 요청에 근거하여 청도시 日僑集中管理處는 한인 관리와 관련하여 청도시장에게 다음과 같은 내용을 보고하였다.

48) 「爲擬定韓僑集中區鑒核示由」, 중화민국 35년 1월 10일.

○ 본시 1구에 집중관리하는 청도시 한교는 1,177명으로 4개 수용소에 수용하고, 제남에서 청도로 온 한교는 1,268명임.

○ 현재 경찰국에서는 군용탄자 1천여 개를 발급, 본처에서 미군 민사처와 상론한 후 1월 21일부터 우선 7일간의 양식을 1인당 입쌀(혹은 밀가루)을 하루에 1근, 매주에 콩 1근, 2주일에 얼음사탕 1근을 발급함.

○ 1월 29일까지 한교 2,109명을 송환하였음. 수용소에서 병으로 귀환하지 못한 사람은 일률로 집중구에 입주시켰음. 집중구내에 임시의원치료소를 설치하였음.

○ 본처에서는 救濟總署魯靑分署에 보리 1,980공근을 구제해주기를 요청하였음. 현재 집중구에는 336명이 남아 있음.49)

1946년 1월 무렵 청도에는 4개의 수용소가 설치되어 있었다. 流亭路8號의 第一收容所, 鐵山路58號의 第二收容所, 肥城路5號의 第三收容所, 桓台路59號(57號在內)의 第四收容所가 그것으로, 1월 15일 전까지는 449명이던 한인의 수가 15일부터 19일까지 820명이 수용되면서 이들 수용소에는 1,269명의 한인이 수용되어 있었다. 이들 한인들로 편성한 한교대는 7개대로 편제되었는데, 1~2대는 1수용소, 3~4대는 2수용소, 5~6대는 3수용소, 7대는 4수용소에 거주하였다.

당시 청도에는 한국광복군 국내정진군 청도지단이 조직되었다. 曲阜路 13호 大和旅館에 72명, 鐵山路83호에 위치한 숙영소에 98명 浙江路 5號의 숙영소에는 39명 등이 수용되어 있었다. 집단소는 鐵山路 華北煙草 제1공장에 위치하고 있었다. 김익삼이 주임을 맡고 있었으며, 일본해군에서 인도한 95명을 포함에 125명이었다. 일본육군에서 접수할 예정자 250명을 포함해 대략 5백여 명에 달했다. 대한민국 임시정부는 청도시 시장에게 공문을 보내 주화대표단 화북구한교선무단이 대한민국 1946년 3월 28일부터 정식으로 활동함

49) 「爲呈覆本處辦理韓僑集中收容及救濟遣送經過情形由」, 中華民國 35年 1月 31日.

을 통보하였다.[50] 청도지역 한인의 귀환에는 청도시 한국민회가 힘을 보태었다.

청도지역에서 귀환은 확북구 한교선무단이 활동하기 전인 1946년 1월부터 시작되었다. 19461월 29일 1,829명을 1단계로 귀환시킨 뒤, 4월 12일에는 1,428명을 귀환시켰다. 2단계에는 광복군 26명과 일본군 출신자 369명도 포함되어 있었다.[51] 이들은 한국적 상선을 타고 귀환하였다. 그리고 두 단계의 귀환으로 청도지역 한인의 귀환은 어느정도 마무리 지을 수 있었다.

이때 미처 귀환하지 못했던 한인들은 6월 11일 187명, 7월 5일 17명, 11월 22일 22명 등이 후속 조치에 의해 귀환할 수 있었다. 1947년에 들어와 한인의 규모가 작아진 상황에서 15명의 한인이 귀환을 위해 천진으로 옮겨 갔으며, 10월 25일에는 10명이 작은 기선에 의해 귀환했다.[52] 1948년에는 韓國駐華代表團青島分事務所의 요청에 의해 2월 26일 57명의 한인 선원들이 한국 상선 隆昌丸號를 타고 추가로 귀환했으며,[53] 9월 22일 21명의 선원들은 대련으로 간 뒤 신원검사를 마치고 한국 상선 興星丸號를 이용하여 국내로 귀환하였다.[54]

청도지역 한인 귀환의 경우, 한국교민회의 활동이 북경이나 상해에 비해 비교적 활발한 활동을 보이는 것으로 판단된다. 그것은 한인의 규모가 작고, 또 한인단체들이 난립하지 않은 가운데, 교민회가 한인의 중심적 역할을 수행한 때문이 아닌가 한다.

---

50) 「韓國臨時政府駐華代表團華北區韓僑宣撫團青濟分團」, 公函 중화민국 35년 3월 28일.

51) 「呈爲呈報檢查遣送韓僑人數卽殘留人數情形祈鑒核飭轉由」, 중화민국 35년 4월 23일.

52) 「警局查送. 電送國防部歷次遣送日俘僑韓國士兵僑民及台胞人數調查表」.

53) 「青島市警察局民國三十七年二月二十六日遣送韓僑(韓籍船員)金成淳等五十七人經過案」.

54) 「九月二十二日遣送韓籍船員韓南植等21名返國案」, 중화민국 37년 9월 22일.

7. 맺음말

중국 내 한인의 경우는 적어도 한인이 돌아오는 문제에 대해서는 일본보다 더욱 어려운 상황이었다. 한인이 가장 많이 살았던 중국 동북지역은 1945년 8월부터 1946년 봄까지 소련이 점령하였고, 그 후 국민당군과 중공군에 의하여 차례로 장악되는 등 복잡한 정세 속에서 한인의 귀환이 쉽지 않았다. 미군정과 국민당 당국에 의한 동북지역 한인들의 귀환은 일본이나 중국 관내 한인들의 귀환이 어느 정도 완료되는 1946년 12월에야 시작될 수 있었다.

해외 한인 중 귀환하지 않고 현지에 정착한 수가 가장 많은 곳은 중국 동북지역이었다. 미귀환한 동북지역 한인은 130~140만 명에 달했다. 이들의 대부분은 토지에 기반을 둔 농민이었으며, 북한지역 출신이 많았다. 그리고 국민당의 세력권인 '수복구'의 한인보다는 토지분배의 혜택을 받았던 중국 공산당의 '해방구'에 속한 사람들이 많았으며, 이들의 대부분은 귀환하지 않은 채 현지에서 정착의 길을 걸어갔다.

일제가 패망한 직후 북경에는 주변의 한인들이 몰리면서 많을 때는 4만여 명이나 되었다. 북경지역의 한인들은 당시의 혼란스러운 정세 속에 자신의 생명과 재산을 보호하고, 또한 조국으로의 귀환을 추진하기 위해 저마다 자치단체를 조직하였다. 각종 한인단체는 20여 개가 넘을 만큼 난립하였다. 뿐만 아니라 광복군과 조선의용군의 조직이 한인사회에 관여되면서 대립과 갈등도 적지 않게 표출되었다.

광복되었다고는 하지만, 북경의 한인사회는 1945년 11월 중순 대한민국 임시정부가 북경에 화북선무단을 설치하기까지 어수선한 분위기를 벗어나지 못하였다. 화북선무단이 북경에서 활동을 개시하면서 난립하던 한인단체도 정리되었다. 화북선무단은 한국교민회를 통하여 한인을 조사 구제사업과 귀환업무를 하면서, 건국을 위한 청년활동을 전개하였다.

상해지역의 한인 귀환과 관련해 주목되는 것은 광복군잠편지대와 한국부녀공제회, 교민협회의 수용소 등이었다. 광복군잠편지대의 경우 1천 3백여 명의 일본군 출신 한인 사병들을 수용하였고, 한국부녀공제회는 7백여 명의 '위안부' 출신의 한인 여성들을 집단 수용했다. 교민협회는 선무단과 유대를 이루며 자체 수용시설을 갖추고 1천여 명의 한인들을 수용하기도 했다. 그런데 이들 한인의 집단수용은 중국에 의한 수용이 아니라, 한인의 자치적 수용이라는 점에서 의미를 찾을 수 있으며, 이 같은 한인 자체의 수용은 국민당과 유대가 깊은 임시정부와 광복군의 영향력과 함께 한인사회가 발달한 상해지역의 특성에서 찾아질 수 있다.

청도지역의 경우도 북경이나 상해와 크게 다르지 않았다. 다만 한인의 규모가 작았던 관계로 한인의 귀환이 비교적 원활하게 이루어졌던 것으로 파악된다.

한인의 귀환은 초기에는 임시정부 기관인 선무단과 주화대표단, 상해교민협회 등이 주도하였다. 그러다가 1946년 7월 24일 한인들이 대부분 귀국하면서, 임시정부는 각지에 파견된 선무단을 철수하고, 대신 주화대표단 辦事處를 설치하여 한인 관련 사무를 처리하도록 했다. 1946년 말 임시정부가 사실상 해체되면서, 주화대표단은 1947년 1월 대한민국임시정부주화대표단에서 한국주화대표단으로 명칭을 변경했으며, 1947년 6월 주화대표단의 판사처가 해산된 이후 중국은 미군정과 한인 귀환문제를 조정해 갔다.

[참고문헌]

1. 1차자료

간도조선족자치주당안관 편, 「延邊地委關於延邊民族問題」(1948.8.15), 『中共延邊吉東吉敦地委延邊專署重要文件彙編』 1, 1986.

青島市政協文史資料委員會 編, 『青島文史擷英』, 新華出版社, 2000.

The Korea Sub-Committee of the Inter-Divisional Area Committee on the Far East, Korea: Political Problem; Koreans Outside Korea(K-3 Preliminary, March 28, 1945).

The Korea Sub-Committee of the Inter-Divisional Area Committee on the Far East, Korea: Koreans Outside Korea; Disposition of Koreans in Manchuria(K-12 Preliminary a, June 27, 1945).

The Korea Sub-Committee of the Inter-Divisional Area Committee on the Far East, Korea: Protetion of Koreans Abroad(K-1 Preliminary a, 1945.7.20).

T316, "Korea: Territorial and frontier problems", 1943.5.25, Occupation Part1, 1-B-3.

2. 저서

구대열, 『한국 국제관계사연구 2: 해방과 분단』, 역사비평사, 1997.

국민대학교 한국학연구소, 『중국지역 한인 귀환과 정책』 3권, 역사공간, 2004.

정용욱, 『해방 전후 미국의 대한정책』, 서울대학교출판부, 2003.

金太基, 『戰後日本政治と在日朝鮮人問題』, 勁草書房, 1997.

3. 논문

김정인, 「임정 주화대표단의 조직과 활동」, 『역사와 현실』 24집, 1997.

서　행,「전후 화북지구 韓僑의 안치와 송환」, 한국근현대사학회,『한국근현대사연구』 28집, 2004년 봄호.
장석홍,「해방 직후 상해지역의 한인사회와 귀환」, 한국근현대사학회,『한국근현대사연구』 28집, 2004년 봄호.
장석홍,「해방 후 귀환문제 연구의 성과와 과제」, 한국근현대사학회,『한국근현대사연구』 25집,　2003.
정병준,「1945~48년 대한민국 임시정부의 중국내 조직과 활동」,『史學研究』 55·56合集, 1998.

朝鮮 師團의 在中國 活動과 北韓 移動*

中國人民解放軍 第156師團을 중심으로

염인호(廉仁鎬)
(서울시립대학교 국사학과 교수)

1. 연구대상과 시각

1) 연구대상

1949년 여름과 1950년 봄에 입북한 만주 조선인 부대들은 각각 북한 인민군 5사단, 6사단, 12사단, 그리고 18연대(제4사단 휘하)로 개편되었다. 1950년 6월 25일 아침 38선에서 남진한 보병 21개 연대 가운데 47%인 10개 연대가 만주 조선인 부대였다.[1)]

이 만주 조선인 부대는 대체로 전투력이 대단히 뛰어난 것으로 평가되어 왔다. 화이팅(Allen S. Whighting)의 저서(1960)에 의하면, 1949~1950년 사이에 중국에서 북한으로 전입한 부대는 그 용감성으로 인해 중국 내전 기간 중 상당한 명성을 얻었다고 했다.[2)] 장준익은

* 이 논문은 염인호, 『또 하나의 한국전쟁』 제6장을 부분 수정·보완한 것임을 밝혀둔다.
1) 김중생, 『조선의용군의 밀입북과 6·25전쟁』, 명지출판사, 2000, 273쪽.
2) 國防部戰史編纂委員會, 『中共軍 鴨綠江을 건너다』, 1989, 65쪽.

당시 남진했던 여타 인민군 부대의 전투력을 1로 평가할 때 만주 조선인 사단은 1.5로, 인민군 예비사단은 0.5로 평가했다.[3] 한 일본인 학자는 만주 조선인 부대가 "중국의 국공내전에서 항상 중국군의 선두에 서서 돌격로를 개설하고 전투의 대세를 결정했으며, 1개 소대로 1개 대대를 포로로 하는 일이 보통이었고, 특히 1948년의 장춘·사평가(四平街)전투에서는 결정적인 역할을 했다"고 평했다.[4]

만주 조선인 부대의 입국과 한국전쟁 개전은 밀접한 관련이 있다고 주장되어왔다. 장준익은 한국전쟁 전에 조선의용군 출신으로 구성된 중공군 사단들이 북한 인민군으로 편입되어 북한 인민군 전력이 강화되었고, 이에 김일성은 '남침전쟁'에 자신감을 갖게 되었으며, 당연히 인민군으로의 편입은 남침전쟁 결심의 중요한 요인으로 작용했다고 주장했다. 그는 조선인 부대원 5만 병력의 입북이 없었다면 김일성은 6·25 남침전쟁을 연기했거나 포기했을지 모른다고 했다.[5]

이렇듯 만주 조선인 부대의 입북은 중요하게 평가되고 있지만, 정작 만주 조선인 부대 자체에 대한 연구는 많지 않다. 그런 가운데 개혁개방 이후 중국 조선족에 의한 체험록 수준의 글들이 많이 나오고 있다.[6] 이 경험자들의 글은 매우 귀중하며 연구의 중요 자료가 되고 있다. 하지만 다음과 같은 점들을 한계로 지니고 있다.

첫째, 이 글들은 문헌자료로 뒷받침되지 못했기 때문에 어디까지 사실로 인정해야 하는지 판단해야 하는 어려움이 있다. 둘째, 이 글들은 반우파투쟁·민족정풍운동·문화대혁명을 겪은 뒤 조선인사회

---

3) 張浚翼, 『北韓 人民軍隊史』, 韓國發展硏究院, 1991, 464쪽.

4) 平松茂雄, 黃仁模 역, 『中共과 韓國戰爭』, 兵學社, 1989, 51쪽 참조.

5) 張浚翼, 앞의 책, 399쪽.

6) 주홍성 외, 『리홍광지대』, 심양: 요녕민족출판사, 1985; 리희일·서명훈 주편, 『조선의용군 3지대』, 흑룡강조선민족출판사, 1987; 최해암, 『조선의용군 제1지대사』, 심양: 료녕민족출판사, 1992; '156師實戰錄'編委會 編, 『156師實戰錄』, 연변인민출판사, 1997('156사 실전록'편찬위원회 편, 『156사 실전록』, 연변교육출판사, 2002).

에 정착된 역사관에서 벗어나지 못하고 있다. 만주 조선인 부대를 중국혁명을 위한 부대로만 파악할 뿐, '조국 한반도' 통일을 준비하는 무력의 성격은 부각되지 못하고 있다. 조선인 간부나 대원들의 조국관은 논외의 대상이었고, 입북하여 조선 인민군에 편입된 사실은 거론조차 되지 않는 경우도 있다.

만주 조선인 부대에 대한 한국 내의 연구로는 장준익·김중생의 성과가 돋보인다.[7] 그중에서도 김중생은 인민군 제대 장교들의 증언을 청취하여, 만주 조선인 부대의 규모, 만주에서의 주요활동, 이들의 입국과정, 이들 부대가 조선 인민군에 편입되는 과정, 한국전쟁에서 행한 역할 등을 폭넓게 다뤘다. 본고를 작성하면서 김중생의 글을 많이 참조했다. 그러나 문헌자료의 뒷받침이 없다는 점은 한계로 지적될 수밖에 없다. 또 한 권의 책에서 조선의용군의 창설(1938)부터 한국전쟁에서 행한 역할까지, 그리고 의용군 출신 개인의 이력과 한국전쟁과 관련된 몇 가지 쟁점까지 다 다루다 보니, 만주 조선인 부대를 깊이 있게 분석하지 못했다.

이 장에서는 연변 출신 부대를 모체로 했던 중국 인민해방군 156사단을 다룬다. 중국 관내지방에서 국민당 군대의 추격을 맡았던 조선 사단인 156사단(부사단장은 조선인 전우)은 이후 여타 소소한 부대들을 받아들여 중국 인민해방군 중남군구 독립 15사단(사단장 전우)으로 개편되었다. 독립 15사단은 입북해 조선 인민군 제12사단(사단장 전우)으로 개편되었다. 이 장에서 살펴볼 중국 인민해방군 제156사단은 인민군 제12사단의 중심을 이룬 부대였다.

조선 인민군 제12사단은 1950년 6월 25일 개전 당시 중부전선에서 밀고 내려왔다. 국방군사연구소가 펴낸 『한국전쟁』(상)에 따르면, 북한 인민군 제2군단은 중·동부지역의 공격을 담당해서 공격 당일 춘천을 점령한다는 계획을 가지고 있었다. 2군단은 이를 위해 예하

7) 張浚翼, 앞의 책; 김중생, 앞의 책.

의 제2사단을 화천-춘천 축선에 투입하고 제12사단은 인제-춘천 축선으로 투입했다. 제2군단은 조기에 춘천·홍천을 점령하고, 서울 포위를 위해 이천-수원으로 우회기동을 할 계획이었던 것이다.[8] 하지만 6월 25일 당일 비가 많이 내려 소양강 물이 불어났기 때문에 제12사단은 주어진 임무를 달성하지 못했다. 이후에도 인민군 제12사단은 낙동강 전선을 돌파하기 위한 전투에 투입되어 국군과 격렬한 전투를 벌였다.

2) 연구시각과 자료

중국의 국공내전과 한반도에서 진행된 한국전쟁을 연계시켜 파악하는 연구는 대단히 많다. 와다 하루키(和田春樹)는 중국내전과 조선혁명은 하나의 연속체로 의식되었다고 했다.[9] 그런데 사실 만주에서 조선인 군대를 이끌고 중국 국공내전에 참전했던 조선인 지휘관들에게 이런 연속성은 너무나 자명한 일이었다. 그들에게 중국내전 참전은 조국통일전쟁을 위한 준비의 의미를 가졌던 것이다. 지휘관들의 이런 생각은 조선인 사병들에게도 반복적으로 교육되었고, 그에 따라 이는 조선인 부대의 방향이 되었다.

본고에서는 조선인 장병들이 국공내전에 임했던 태도와 그들의 조국관을 중점적으로 살펴볼 것이다. 만주 전장에서 사병들이 품고 있었던 생각들은 현재 확보한 자료로는 잘 알 수 없다. 그러나 공산당의 만주평정 직후 혹은 관내지방에 들어가 활동할 당시의 생각들은, 사단에서 발간한 ≪전선≫을 통해 어느 정도 파악할 수 있다. 아울러 이 전쟁에 임했던 조선인 고위급 간부(장교)들의 태도와 의지에도 주목하고자 한다. 그들의 조국관은 무엇이며, 중국 국공내전

8) 국방군사연구소, 『한국전쟁』 상, 1995, 131쪽.

9) 와다 하루키, 『한국전쟁』, 창작과비평사, 2001, 41쪽.

전장에 참여해 무엇을 얻으려 했고, 중국 간부들에게 무엇을 요구하고자 했는지, 그리고 조선 사병들을 어디로 인도하려 했는지 추적해 볼 것이다.

필자는 조선인 고위급 간부의 생각을 파악하기 위해 특히 156사단의 부사단장이었던 전우의 발언에 주목하고자 한다. 전우는 156사단을 중심으로 중남군구 독립 15사단이 결성되면서 사단장에 취임했으며, 이 독립 15사단을 이끌고 한국전쟁 발발 직전인 1950년 봄에 압록강을 건너 입북했다.

전우는 1914년 연변 훈춘에서 태어나 16세 때부터 항일운동에 투신했다. 18세 때는 항일유격대에 가담했으며, 1936년에는 당 조직의 추천을 받아 모스크바 동방대학에 입교하여 수학했다.[10] 이로 인해 그는 러시아어에 능통했고, '또꼬브'라는 러시아식 이름도 가지게 되었다.[11] 1939년에는 신강(新疆)을 거쳐 연안으로 들어와 팔로군 359여단에서 활동했다. 1943년부터는 연안 조선혁명군정학교에서 일했으며, 8·15 이후에는 조선의용군 제5지대 참모장이 되어 부대를 이끌고 연변에 들어왔다.[12] 동북항일련군, 모스크바 동방대학, 팔로군, 조선의용군 등 다양한 경력을 가진 전우는 국제주의 전사의 조건을 다 갖추고 있었다. 같은 조선의용군 간부였지만 박효삼(朴孝三)·이익성(李益星)·이상조 등 중국 국민당 군관학교에서 교육받고 조선의용대(조선의용군)에 가담해 이후 공산당지역으로 넘어온 이들과 차이를 보여준다.

전우와 같은 경로를 밟은 조선의용군 간부로는 주덕해와 이덕산(이상 조선의용군 3지대), 방호산(方虎山, 조선의용군 1지대) 등이 있다. 박

10) 리동섭, 「자랑찬 민족 장군: 전우」, '156사 실전록'편찬위원회 편, 『156사 실전록』, 연변교육출판사, 2002, 301쪽.

11) 김웅삼·김환, 「조선의용군 제5지대」, 중국 조선민족 발자취총서 편찬위원회, 『승리』, 북경: 민족출판사, 1992, 81쪽.

12) 리동섭, 앞의 글, 301쪽.

효삼 등 국민당 군관학교 출신들이 8·15 이후 만주에 들어왔다가 일찍이 입북했던 것과 달리, 전우·주덕해·이덕산·방호산 등은 입북하지 않고 오랫동안 만주에 남아 조선인 부대를 이끌고 국공내전에 참전했다.

8·15 이후 전우는 연변의 조선의용군 제5지대 15연대 정치위원, 길동 경비 1여단 2연대와 길동군분구 3연대의 정치위원, 연변군분구 부사령(1947.2~1947.10), 길동군분구 부사령(1947.10~1948.2)을 지냈다. 길동군구 부사령 시기에는 중공 길동지방위원회 위원을 겸직했는데 8명의 위원 가운데 유일한 조선인으로서 길동, 곧 연변에서 조선인을 대변하는 위치에 있었다. 그리고 연변을 나와서 길림군구 독립 6사단과 중국 인민해방군 156사단의 부사단장을 역임했다.[13] 이후 1950년 독립 15사단을 이끌고 입북했다.

8·15 이후 연변에 들어온 조선의용군의 간부로는 조선의용군 부사령관 박일우, 조선의용군 제5지대장 이익성, 그리고 문정일과 김흠(金鑫) 등이 있었다. 항일련군 간부로는 강신태, 박낙권, 최명석, 그리고 이후의 김광협 등이 있었다. 이들 가운데 문정일은 지방행정공작에 참여했고, 박낙권은 일찍 전사했으며, 나머지 모두는 일찍 북한으로 들어갔다. 때문에 전우는 연변 출신 군대 내에서 조선인들을 대표하는 처지에 있었다.

특히 전우가 1947년 5월 북한을 다녀왔다는 점이 주목된다. 연변군분구 사령원과 부사령원이었던 김광협과 전우는 중공 "동북군구와 성군구를 대표하여 조선 건군절"을 축하하기 위해 북한에 갔었다. 김광협은 남았고 전우는 연변으로 다시 돌아왔다.[14] 북한의 군대와 당에는 과거 조선의용군 동지들이 많이 있었을 것이다. 그는 나름대로 북한 수뇌부들과 교감도 가졌을 것으로 보인다. 그는 한편

13) 리동섭, 위의 글, 301~302쪽; 중공 연변주위조직부 외 편, 『중국공산당 연변 조선족 자치주 조직사(1928.2~1987.11)』, 연변인민출판사, 1991, 150쪽, 185~187쪽.

14) 김형직 주필, 『격정세월: 문정일 일대기』, 북경: 민족출판사, 2004, 141쪽.

으로 중국공산당의 입장을 대원들에게 전해야 했고, 다른 한편 조선인 대원들의 의견을 중국공산당에 전달해야 하는 위치에 있었다.

이 장을 작성하면서 매우 긴요하게 활용한 자료는 일부 군사 문서 그리고 중국 인민해방군 156사단 당위원회가 발간한 신문 ≪전선≫ 한글판이다. ≪전선≫은 엄밀한 검사를 거쳐 발간되었겠지만, 여기에는 156사단 조선인 대원들의 동향들을 어느 정도 엿볼 수 있다. 이 신문은 당시 물자가 부족했기 때문에 156사단 내에서도 개인들에게 배포되지는 못했고, 1개 중대에 두 부씩 배부되었다. ≪전선≫에는 적에게 알려지면 곤란한 사실들이 많이 실려 있었기 때문에 읽고 난 다음에는 잘 처리해야 하는데 특히 신해방구에서는 소각 처분하였다.[15]

이 신문은 1948년 6월 창간되었는데[16] 현재 필자가 확보한 것은 1949년 1월 22일자(77기)부터 1950년 1월 23일자(168기) 및 165사단 모 2중대에서 발간한 소량(3~12기)이다. 당보인 ≪전선≫은 '매개 시기 당의 뜻을 전사에게 전달하고 당이 부대를 건설하는 데 없어서는 안 될 무기인 동시에 지휘관과 전사가 자기를 개조하며 자기를 제고시키는 좋은 학교'로 규정되었다.[17] 다른 사단의 조선인 대원들에게도 배부되었던 만큼[18] ≪전선≫의 영향력은 비교적 컸다고 할 수 있다.

---

15) 「사론: 당보를 존중하며 당보를 애호하자」, ≪前線≫, 1949.3.31.

16) ≪前線≫, 1949.4.10.

17) 「사론: 당보를 존중하며 당보를 애호하자」, ≪前線≫, 1949.3.31.

18) ≪前線≫ 1949년 4월 10일자 기사에 따르면, 만주에 있을 때 ≪前線≫ 한글판은 우수하다는 평판을 받았다. 그래서 조선부대인 독립 11사단에서도 사람을 보내 견학시키기도 했다. 한편 만주에 있을 때는 ≪前線≫ 한글판을 연길의 연변일보사와 하얼빈의 민주일보사에도 보냈으며 "요즘에는 군부 각사 조선 동무들에게까지 보내게 되었다"고 했다.

2. 만주에서의 활동

중국공산당이 동계공세를 전개하면서 한창 승승장구하고 있던 1948년 1월 18일, 장춘과 길림 사이에 위치한 길림성 구태현(九台縣城)에서 '조선사단'인 독립 6사단의 창설이 선포되었다.[19] 이 사단은 1948년 11월 중국 인민해방군 제156사단이 되었다. 독립 6사단은 길동분구(吉東分區) 제3연대와 제6연대, 그리고 길남분구(吉南分區) 71연대가 합해져 창설되었다. 이때 3개 연대는 각각 독립 6사단의 16연대, 17연대, 18연대로 개편되었다. 각 연대의 내력을 살피면 아래와 같다.

독립 6사단 16연대의 뿌리는 조선의용군 제5지대 제15연대였다. 1945년 12월 연변에 들어온 조선의용군 제5지대 간부들은 현지 경비대 일부를 끌어들여 각각 조선의용군 제5지대 15연대, 16연대, 17연대를 조직했다. 그중에서도 조선의용군 제5지대 제2중대가 연길현 명월구에서 현지 경비 3연대를 끌어들여 조선의용군 제5지대 15연대가 되었다. 연대장은 남창수, 정치위원은 전우가 맡았다. 참모장은 김영만, 정치주임은 고상철이었다.[20]

이 부대는 1946년 3월 왕청에서 현지의 경비 제7연대와 합쳐 길림군구 보안군 제2연대가 되었다. 연대장은 항일련군 출신의 최명석이었고, 전우는 정치위원을 담당했다.[21] 조선의용군이라는 명칭은 공식적으로는 떨어져 나갔지만, 다수의 대원들은 이 부대를 여전히 조선의용군으로 불렀다. 이 부대는 1946년 9월 연길에서 용정 경비 3연대와 합쳐져 동북민주련군 길림군구 연변(吉東)분구 독립 3연대가 되었다. 연대장은 중국인 이평야(李平野)였고 정치위원은 전우였다. 1948년 1월 구태에서 독립 6사단이 창설되면서 이 부대가 그

19) '156師實戰錄'編委會 編, 『156師實戰錄』, 연변인민출판사, 1997, 19쪽.

20) 「獨立六師第16團內朝鮮族幹部情況」.

21) 위의 글. 최명석, 곧 최광은 이후 입북해 북한 인민군의 고위간부를 역임했다.

사단 휘하의 제16연대가 되었다.[22] 1948년 7월에는 간부 조정이 있었는데, 연대장은 동숭빈(董崇彬), 정치위원은 장휘(張輝)가 맡았다.[23] 모두 중국인이었다. 1948년 7월 당시 16연대의 총인원은 2,193명이었고,[24] 1948년 11월 당시 16연대에는 조선인 대대 2개, 중국인 대대 1개가 있었다.[25]

이상에서 보듯이 16연대의 뿌리는 조선의용군이었고 비록 연대 내에 중국인으로 편성된 1개 대대가 있었지만 조선인이 연대원의 다수를 점했다. 조·중 장병 다수는 연변 출신 청년들이었다.

다음으로 독립 6사단의 17연대를 보면, 그 뿌리는 8·15 직후 요녕성 안산(鞍山)에서 철강노동자들을 조직한 공산계 중국인 부대였다. 이 부대 일부가 1946년 3월 돈화로 들어와 활동했는데, 여기서 조선 대원들을 많이 흡수했다. 1946년 7월에는 417명(모두 조선인)으로 이루어진 길림보안연대를 흡수했고, 9월에는 돈화 남부 대포시하(大蒲柴河)에서 정편(整編)을 단행했다. 이때 1개는 중국인 대대였고, 2개는 조선인 대대였으며, 총인원은 2,300여 명이었다.[26] 돈화에서 흡수된 조선인 중 다수는 연변 출신이었을 것이다.

1947년 3월에는 신참(新站)에서 개편해서 길동분구 독립 6연대가 되었고 1948년 1월 독립 6사단의 제17연대가 되었다. 1948년 3월에는 '해방전사' 곧 국민당 포로 출신 300여 명이 이 부대에 편입되었다. 그 무렵에도 17연대의 2개 대대는 조선인 대대였고, 1개가 중국인 대대였다.[27] 17연대 역시 16연대와 마찬가지로 조선인이 다수를 점하는 부대였다.

---

22) 위의 글.

23) 위의 글.

24) 위의 글.

25) 「東北民主聯軍 第一五六師 朝鮮族 指戰員情況」.

26) 「獨立六師第十七團部隊狀況」.

27) 위의 글.

반면 독립 6사단의 제18연대는 중국인 연대였다. 그 뿌리는 8·15 직후 항일련군 간부가 장춘에서 조직한 하나의 대오였다. 이 부대는 몇 번의 변천을 거쳐 1948년 1월 독립 6사단 제18연대가 되었다. 1948년 11월 당시 이 연대 내에는 조선인이 100여 명 있었다.[28)]

창설 당시 독립 6사단의 사단장은 등극명(鄧克明), 정치위원은 종인방(鐘人仿), 부사단장은 전우와 마일비(馬逸飛), 부정치위원은 축세봉(祝世鳳), 참모장은 유소(劉蘇), 정치부주임은 강학빈(江學彬)이었다. 16연대의 연대장은 이평야, 정치위원은 장휘였고, 부연대장은 동승빈과 지병학(池丙學, 조선인), 부정치위원은 최채(조선인)였다.[29)] 제17연대의 연대장은 뢰만방(賴万芳), 정치위원은 팽세성(彭世盛), 부연대장은 유기(劉奇), 부정치위원은 오국화(吳國華), 참모장은 장악(張鄂), 정치처주임은 이일홍(조선인)이었다. 제18연대 간부는 모두 중국인이었다. 여기서 보듯이 사단장과 사단 정치위원, 각 연대장과 연대 정치위원 등 핵심요직은 모두 중국인 차지였다. 이 점에 대해서 조선인 간부들은 불만을 지녔다.

「독립 6사단 내 조선족 간부전사 정황」에 따르면, 사단 직속병력이 2,129명, 16연대가 2,219명, 17연대가 2,261명, 18연대가 1,971명으로 합계 8,580명이었다.[30)] 이 수치는 1만 2천 명으로 밝히고 있는 강학빈의 그것과 차이가 난다.[31)] 아마도 전자가 창설 당시의 수치이고 후자가 1950년 초 상황이 아닌가 짐작된다.

앞서 언급한 대로 독립 6사단이 창설될 당시는 중국공산당 군대의 동계공세가 한창 진행 중이었다. 독립 6사단은 창설된 뒤 길장선(吉長線)·심길선(瀋吉線) 일대에 분산되어 운동전을 벌임으로써 농촌지역에 나와 교란하는 국민당 군대에 타격을 가했다. 제16연대는

28) 「東北民主聯軍 第一五六師 朝鮮族 指戰員情況」.

29) 「獨立六師第16團內朝鮮族幹部情況」.

30) 「獨立六師內朝鮮族幹部戰士情況」.

31) 강학빈, 「잊지 못할 전호 속의 추억」, 『156사 실전록』, 63쪽.

1948년 1월 오마둔(五馬屯)에서 국민당군 제60군 21사단 3연대와 싸웠는데, 200여 명을 섬멸하고 포로 130명을 잡았으며 다수의 무기를 노획했다.[32]

그러나 대량의 희생자도 발생했다. 독립 6사단은 1948년 2월 중순에 화피창(樺皮廠)지구에 집결해 길림 서역(西域)과 고점자(孤店子)의 국민당 보안연대를 치려 했다. 그러나 정찰에 오차가 생겨 문제가 발생했다. 국민당 군대는 밤에 길림 서역, 고점자 일선에 다른 부대를 바꾸어 넣었던 것이다. 고점자·오가자(五家子) 일선에서 국민당군 잠편 21사단의 2개 연대, 잠편 52사단의 1개 연대가 불시에 나타나자, 독립 6사단은 수세에 몰렸다. 16연대는 적의 지원부대를 제때 신속하게 저격하지 못해 7시간에 걸친 격전을 벌여야 했다. 이 전투에서 7백여 명의 사상자가 발생했다.[33] 고점자·(전)오가자전투에서 16·17연대의 몇 개 중대가 거의 전부 희생되었다.[34]

중공 길림군구에서는 고점자·(전)오가자의 전투에서 희생된 대원들을 기리기 위한 열사능원과 기념비가 화피창에 세워졌다.[35] 열사묘가 만들어진 것은 1948년 4월 15일이었다. 이 묘지에 안장된 이들은 대부분 1948년 2월 16일 단 하루 동안 고점자·(전)오가자에서 국민당 군대와 싸우다 희생된 독립 6사단의 530명(전부 조선인)이었다. 여기에 길림-장춘 구간의 다른 전투에서 희생된 100여 구의 유체가 합쳐져 독립 6사단의 654명의 희생자가 묻혔으며, 이 숫자는 4년간의 전투에서 희생된 독립 6사단·156사단 희생자 수의 절반에 해당되었다.[36]

기념비에는 동북군구 부사령관 겸 길림군구 사령관 周保中, 중국

32) 「獨立六師第16團內朝鮮族幹部情況」.

33) 강학빈, 앞의 글, 64쪽.

34) 최명세, 「화피창 열사능원을 찾아서」, 『156사 실전록』, 230쪽.

35) 강학빈, 앞의 글, 64쪽.

36) 최명세, 앞의 글, 227~228쪽. 한편 기념탑에는 이 묘역에 묻힌 173명의 이름과 나이, 본적지가 새겨졌다. 희생자 명단을 다 적을 수 없었던 사정에 대해서는 같은 글, 230쪽 참조.

공산당 길림성위원회 서기 겸 길림군구 정치위원 陳正仁, 길림군구 부사령 陳奇涵, 독립 6사단 사단장 등극명, 독립 6사단 정치위원 鐘人仿, 독립 6사단 부사단장 전우 등의 친필 비문(題司)이 새겨졌다.

부사단장 전우는 "영용한 열사들이 중·조 인민의 철저한 해방을 위하여 흘린 피는 역사에 기리 빛나리!"라고 한글로 써서 추모했다.[37] 전우는 비문을 통해 독립 6사단 같은 조선 사단은 중국의 인민해방뿐만 아니라 조선의 인민해방을 위한 부대였음을 일깨웠다. 6개의 비문 가운데 전우의 비문만이 이 무덤의 주인들이 조선인들임을 짐작케 한다. 이 무덤의 주인들 대부분은 중국말을 하지 못하는 사람들로서, 어디까지나 한반도를 조국으로 생각했을 것이다.[38]

어떤 이들은 만주에 부모형제를 두고 있었겠지만, 부모형제들이 한반도에 있는 경우도 있었을 것이다. 무덤의 주인들 다수는 전투에 참전하는 것이 만주 조선민족의 삶의 터전을 지키는 것이라고, 혹은 그 활동이 조국 한반도의 독립과 해방을 이루기 위한 것이라고 믿었을 것이다. 중국에서 조선 '열사'들이 가장 많이 묻힌 이 화피창 열사능원은 중국혁명을 위해 몸 바친 조선인들의 무덤이기도 하지만, 조·중 연대의 상징물이기도 하다. 오랜 세월이 흘러도 조선인과

---

37) 위의 글, 229쪽. 여타의 제사를 소개하면 아래와 같다. "불후의 이름, 정의의 기개 빛나리!"(주보중), "인민 영웅들의 정신은 영구 불멸하리라!"(진정인), "인민해방을 위한 열사는 영원히 빛나리!"(진기함), "토지개혁을 위해 희생된 열사들은 영생불멸하리라!"(등극명), "동북 장개석 비적을 섬멸하는 길장간의 전투는 천고에 전해지고 인민해방을 위한 장렬한 희생은 영원히 빛나리!"(종인방).

38) 만주 조선청년들은 8·15 이전에는 학교에서 외국어로 일본어를 배웠고, 8·15 이후에는 학교교육이 파행을 겪었기 때문에 중국말을 제대로 배울 기회를 갖지 못한 것으로 보인다. 자연히 부대 내 조선인들의 중국어 능력도 뛰어나지 않았을 것이다. 이를 보여주는 사례로 아래와 같은 것이 있다. 인민해방군 38군단 모사단 산포대대 1중대 1소대는 1946년 3월 조선인들로 조직된 부대였다. 그런데 1949년 2월 당시에도 이 소대에서는 소대장이 중국어를 좀 할 줄 알았던 것을 제외하면 기타 대원들은 거의 다 중국어를 모르는 형편이었기 때문에 평상시 행군, 작전, 학습과 생활에서 모두 조선말을 사용했다고 한다(리경림, 「간고한 3천리 진군 길에서」, 『승리』, 645쪽). 한편 연변의 토지개혁운동 당시 작성된 한 문서는 한국인과 중국인의 단결을 위해 몇 가지 주의점을 나열했다. 그중 하나는 중국인·한국인 간부와 군중이 함께 집회를 개최할 때 통역을 두어야 한다는 것이었다(「민족문제」, 국민대 한국학연구소, 『중국지역 한인 귀환과 정책 (6)』 역사공간, 2006, 346쪽).

중국인들의 발길을 멈추게 할 것이다.

이후 독립 6사단은 장춘 포위전에 참전했다.[39] 장춘 포위전 때 크게 벌어졌던 싸움은 1948년 7월 6일 장춘 서남방에 위치한 맹가둔(孟家屯)의 전투였다.

이날 새벽 3시 국민당군 1개 사단 이상의 병력이 안개가 자욱한 틈을 타서 대포사격의 엄호하에 중공 동북 인민해방군의 포위를 뚫고 심양 방면으로 도망치려 했다. 독립 6사단 17연대 2대대와 3대대 7중대의 진지에만 2 개 대대의 국민당 군인들이 덮쳐왔다. 이 전투에서 17연대의 제2대대, 제3대대의 조선 장병들은 국민당 군대의 여러 차례 포위 돌파기도를 좌절시키고, 국민당 군인 424명을 살상하거나 포로로 잡았다. 소총 34자루 등 다수의 무기도 노획했다.[40] 장춘 포위전에서 17연대 53명의 조선 장병들이 희생되었다.[41]

이상과 같이 중국공산당 측에 가담해 중국 인민해방전쟁에 투신하고 있던 조선인들의 현실인식은 어떠했을까? 이 점을 본격적으로 보여주는 자료는 아직 발견되지 않았다. 그러나 당시 조선인, 그중에서도 간부들을 대변하고자 했던 전우의 생각은 잘 알려져 있다.

길림군구 사령관 주보중은 요심전역 발동 직후인 1948년 9월 20일, 하얼빈에 있던 중공 중앙 동북국에 제출하기 위해 하나의 보고서를 작성했다. 주보중은 1948년 7월 초순 장춘 전선을 시찰했는데, 이때 독립 6사단의 부사단장 전우가 상관인 주보중에게 항의가 담긴 문제점을 제기했다. 문제점을 수록한 보고서의 글자는 매우 흐리고 판독이 불가능한 부분도 적지 않다. 판독 가능한 부분을 정리하면 아래와 같다.

전우는 ① "오늘에 이르러 동북의 조선인은 소수민족인가, 교민인

---

39) 장춘 포위전의 주요내용과 조선인 부대가 행했던 보다 상세한 활동은 염인호, 『또 하나의 한국전쟁』(역사비평사, 2010), 제11장 참조.

40) 오형모, 「장춘 포위전에서의 독립 6사 17퇀」, 『승리』, 343쪽.

41) 위의 글, 343쪽.

가? 지위가 확정되지 않았다.” ② “왜 조선 독립사단에 이렇게 많은 중국 간부가 주요 지위를 차지하는가? 조선 간부는 자격이 없는가? 조선인은 8·15 이래 해방전쟁과 토지개혁에 적극 참가했다.” ③ “무엇 때문에 조선 부대 10종대가 철산(撤散)되었는가? 무엇 때문에 금년 봄 보충된 주력의 전투기초 있는 조선 연대가 ○○(판독불-인용자).” ④ “무엇 때문에 연변분구의 군정영도(軍政領導)에 조선 간부가 없는가?” ⑤ “무엇 때문에 조선인은 부(副)인가?” ⑥ “무엇 때문에 연변 조선 농민이 안심하지 못하는가? 일찍이 많은 사람이 북조선으로 도망하지 않았는가?”라고 문제를 제기했다. 나아가 “조선 간부가 안심하지 못하고 조선으로 돌아가려는 ‘귀국병(回朝鮮病)’은 여기에 원인이 있다”고 지적했다.[42]

전우는 이상이 한두 사람의 의견이 아니라 “기타 조선 간부들이 똑같이 가지는 의견”이라고 말함으로써, 그의 의견이 조선인 간부들을 대변하고 있음을 보여주었다. 전우가 제출했던 항의성 의견은 조선 간부 일반이 가졌던 현실인식이었다.[43]

소수민족 출신 주보중은 조선인들을 이해하고 조선인 입장에 서려고 노력했던 사람이었다. 그는 국공내전 시기 김일성이 이끄는 북한 지도부와도 좋은 관계를 유지하고 있었다. 주보중은 보고서에서 위와 같은 전우의 말을 전하면서 “전우 동지는 한 사람의 좋은 민족 간부이다. 그러나 그가 나에게 제출한 문제 입장과 방식에는 민족 편견이 있다. 또한 많은 것을 오해하고 있다”고 하면서 자신은 그를 “엄격히 비평했다”고 밝혔다.[44] 주보중 역시 전우에게 허심탄회하게 충고하고 비판했던 것이다.

---

42) 周保中, 「關於少數民族及邊境通商問題向東北局的報告」(1948.9.20). 본문에는 “害朝鮮病”으로 표기되어 있지만 필자가 “回朝鮮病”으로 바로잡았다.

43) 전우가 북한 측 입장을 대변했는지도 모른다. 그가 북한 건군절에 김광협과 함께 북한에 들어간 적이 있기 때문이다. 김형직 주필, 『격정의 세월: 문정일 일대기』, 141쪽.

44) 周保中, 「周保中同志關於少數民族及邊境通商問題向東北局的報告」(1948.9.20).

그러면 불만사항 ①을 먼저 보자. 당시까지도 조선인들의 지위가 명확히 확정되지 않아 조선인에 대한 중공의 정책이 일관성이 없고 혼선을 빚었던 것으로 보인다. 1946년 12월 길림성 민족사업회에서 연설을 하면서 주보중(당시 길림성 정부 주석)은 다음과 같이 말했다. 당 간부들 가운데 어떤 이는 연변 출신이고, 또 어떤 이는 관내의 각 지방에서 와, 조선민족 문제에 대한 이해가 심하게 불일치하고, 어떤 이는 추상적으로 이해하고 어떤 이는 경험만 가지고 이해하고 또 어떤 이는 경험이 없다고 했다.[45)]

1948년 9월 14일자 조선인 신문인 『민주일보』(하얼빈)에서는 "교민이라면 왜 토지분배 해주는지?"라고 하는 조선인 독자의 질문을 싣고는 그에 대한 답도 아울러 싣고 있다. 조선인은 "형식상은 교민이지만 실제 내용에 있어서는 국민"이라는 답이었다.[46)] 신문이 중국공산당의 동북행정위원회 민족사무처(처장 주덕해)의 기관지라는 점에서 볼 때 이 답변은 당시 동북에서 조선인들을 대표하고 있던 주덕해·민족사무처의 견해로 볼 수 있는데 여기서 교민과 국민(공민) 사이에서 방황하고 있음을 알 수 있다. 토지를 분배하면서도 차별하는 경우도 없지 않았다. 이를 테면 1946년 하반기 연변지방의 경우가 그것이다.[47)]

이런 점들에서 볼 때 지위가 명확하지 않은 만큼 조선인들은 불안할 수밖에 없었을 것이다. "무엇 때문에 연변 조선 농민이 안심하지 못하는가? 일찍이 많은 사람이 북조선으로 도망하지 않았는가?" 라는 ⑥의 문제제기도 그런 맥락이었을 것이다.

한편 ②와 ⑤에서 제기한 문제, 즉 조선인 부대이면서 주요간부는 중국인이라는 점, 조선인 간부들은 실권 없는 '副'자 직책을 맡았던

45) 周保中, 「延邊朝鮮民族問題(草案)」(1946.12), 延邊朝鮮族自治州檔案局(館) 編, 『中共延邊吉東吉敦地委延邊專署重要文件彙編』 第1集, 1985, 327쪽.

46) 「문답: 재동북 조선인에게」, ≪前線≫, 1948.9.14.

47) 이에 대해서는 염인호, 앞의 책, 제3장 참조.

점은 앞서 살핀 독립 6사단의 간부진들을 보면 자명해진다. 전우 본인도 연대의 정치위원이었다가 이후 지휘라인에서 벗어나 실권이 없는 독립 6사단 부사단장이 되었다. 이런 점들은 1948년 봄에 창설된 또 하나의 조선 사단 길림군구 독립 11사단의 경우에도 동일했다.

③에서 제기하고 있는 "조선 부대 10종대 철산" 문제가 무엇인지 현재로서는 정확히 알기 어렵다. 동북민주련군 10종대(군단)는 1947년 8월 18일 돈화지구에서 원 동북군구 독립 1사단, 독립 3사단, 동만 독립사단을 모아서 편성한 부대였다.48) 위의 3개 사단은 모두 조선인 집거구역에서 건립된 사단이었다.49) 전우의 발언을 보면 10종대는 "조선 종대"로 불리기도 했던 것 같다. 그 이유는 조선인 수가 그만큼 많았거나,50) 아니면 중국공산당이 이 종대를 조선 종대(군단)로 발전시키려 했기 때문일 것이다.

그러나 이후 몇 번의 부대개편과정에서 10종대는 조선 종대로 발전되지 않았던 것 같다. 조선 종대는 철산=무산되었으며, 전우를 비롯한 조선인 군 간부들은 거기에 불만을 품었던 것 같다. 1948년 상반기 조선 사단인 독립 6사단과 독립 11사단이 창설되었지만, 10종대 소속으로 하지 않고 독립사단으로 만들었다. 전우를 비롯한 조선 간부들은 조선 군단 건립을 소망했으나 그 꿈이 좌절되자 불만을 품었던 것으로 짐작된다.51) 비슷한 처지에 있었던 몽고인들은 대규

---

48) 「吉林軍區 軍史」; 류병호, 「장백산 기슭에서 아미산 기슭까지」, 『승리』, 616쪽.

49) 류병호, 위의 글, 616쪽.

50) 독립 1사단은 동북에 진주한 팔로군 120사단 359여단 남하지대의 3,000여 명 장병들이 북만의 오상·상지·방정·연수·탕원 등지에서 토비를 숙청하는 과정에 많은 조선인 청년들을 받아들여 점차 확대 발전한 부대였다. 독립 3사단은 교하 조선의용군 300여 명을 포함해 서란·영길·유수현의 보안대대에 있던 조선 장병들을 편입시켰다. 동만 독립사단은 원 길림군구 경비 1여단 1연대, 경비 2여단 4연대, 경비 24여단 70, 72연대를 합병해 건립된 부대인데, 그중 길림군구 경비 1여단 1연대의 두 개 대대는 모두 조선 장병들로 구성되었다. 류병호, 위의 글, 616~617쪽.

51) 조선인 사이에 민족 단위의 군대를 창설·유지하려는 경향은 이후에도 있었던 것 같다. 문화대혁명 당시 주덕해의 죄상 가운데 하나는 민족군대 건립을 도모했다는 것이다. 한 팸플릿에 의하면 주덕해는 중화인민공화국 건국 초기 팽덕회와 결탁해서 '민족군대' 건립을 음모했다고 했다. 특히 1955년에 주덕해는 중공 연변자치주위원회 상무위원회 회

모 민족군대를 유지하고 있었다.

또 ④에서 보듯이 전우는 연변군분구의 군정 간부에 조선인이 왜 없느냐고 항변했다. 강신태가 1946년 7월 귀국한 뒤 그 자리는 김광협이 채웠다. 김광협은 1947년 5월 귀국했다. 전우는 1948년 2월까지 각각 연변군분구 부사령, 길동군분구 부사령을 지냈으나, 그가 전방으로 온 뒤 연변군분구의 사령원·부사령원·정치위원 등 최고간부들은 모두 중국인이 맡았다.[52] 연변의 지방군대가 조선인들에 의해 해방 후 최초로 건설되었다는 점을 볼 때, 이런 점은 조선인 간부들에게 불평요소가 될 수밖에 없었을 것이다. 연변의 군대와 정권을 세우는 데 공헌했던 현지 조선인 간부들은 1948년 여름 당시 대부분 동북군정대학 길림분교 고급간부학습반(1947.5~1948.8)에 입교하여 혹독한 시련을 당하고 있는 중이었다.

1946년 하반기부터 1948년 초까지 연변에서 전개된 청산투쟁과 토지개혁과정은 조선인 지도자들을 숙청하는 과정이기도 했다. 자연히 연변군분구 내에 조선인 지도자들은 거의 없어졌다. “조선 간부가 안심하지 못하고 조선으로 돌아가려는 ‘귀국병(回朝鮮病)’은 여기에 원인이 있다”는 지적도 그런 맥락에서 이해할 수 있다.

비록 1948년 봄에 들어서 중공도 행정책임자인 연변전원공서의 전원을 북한에서 온 조선인 임춘추로 임명하는 등 개선의지를 보이기는 했다. 하지만 조선인 간부들의 불만을 가라앉히기에는 부족했다. 김광협의 후임으로 연변에 들어온 임춘추는 “연변은 중국공산당의 식민지”라고 불만을 쏟아냈다.[53] 이는 조선인들의 위상을 존

의석상에서 “헌법규정에 근거하여 우리들은 민족군대 건립을 요구해야 한다. 현재 신강·서장은 모두 민족군대를 가지고 있다. 우리들 또한 장래 민족공안부대를 건립해야 한다”고 발언했다. 市委開新宇, 市人委紅色革命大批判專欄, 「朱賊陰謀建立民族軍隊 妄圖以武裝暴亂分裂祖國」, 『新延邊』 7, 1968.6.25.

52) 중공 연변자치주주위조직부, 『중국공산당 연변조선족자치주 조직사(1928.2~1987.11)』, 188쪽.

53) 이에 대해서는 염인호, 앞의 책, 제4장 참조.

중하지 않는 데 대한 불만이었다.

연변에서 길림성 민족사무위원회 주임으로 활동하고 있던 김광협이 조선인들이 많은 피를 흘린 대가로 연변을 북한에 귀속시켜달라고 요청했던 점이나, 김광협을 대신해서 연변에 온 임춘추 역시 같은 주장을 했다는 점을 생각하면, 당시 많은 조선인 간부들은 조선인들이 중국혁명에 가담해 많은 피를 흘린 만큼 중국공산당에 대해서 조선인들도 보장받을 것은 보장받아야 한다는 생각을 했던 것 같다.[54] 전우의 항의성 문제제기도 같은 차원에서 이루어졌다고 할 수 있다.

전우는 김광협이나 임춘추와는 달리 연변의 북한귀속을 요구하지는 않았다. 하지만 군인으로서 그는 조선인들을 차별하지 말라는 것, 특히 조선인 간부들에게도 군대지휘권을 달라는 것, 조선인들을 흩어놓지 말고 조선 군단을 창설해달라는 것을 주장했다. 아마도 전우를 비롯한 조선인 군 간부들은 군단규모로 양성된 군대를 이끌고 북한에 들어가 조국을 위해 헌신하고자 했던 것 같다. 본고의 제4장에서 살피겠지만, 국공내전이 끝나면 조선인 부대는 한반도로 귀국한다는 생각을 했던 것 같다.

만주에서 벌어진 국민당과 공산당 최후의 전투는 '요심전역'으로 일컬어진다. 만주의 중국공산당 군대는 먼저 관내지방으로 통하는 통로 격이었던 금주를 점령해 퇴로를 막고, 국민당 군대를 만주에 가둔 채 섬멸한다는 전략을 취했다. 1948년 10월 9일부터 개시된 금주전투는 곧 공산당의 승리로 끝났다. 퇴로를 차단당하자 심양과 장춘의 국민당 군대는 극도로 동요했다. 그 결과 먼저 장춘의 국민당 군대가 1948년 10월 21일 공산당 측에 투항했다. 그에 따라 장춘 포위부대였던 독립 6사단은 요심전역에서 큰 전투를 치르지 않게 되었다. 한편 마지막까지 남았던 심양 역시 인민해방군의 공격을 받아

54) 위의 책, 제4장 참조.

1948년 11월 초에 함락되었다. 이로써 만주는 중국공산당의 장악하에 들어갔다.

요심전역 종결 후 독립 6사단은 遼河를 건너 黑山에서 반개월 휴식하고 정돈했다. 이때 정식으로 제12병단 43군(구 6종대) 소속이 되었고 인민해방군 제156사단이 되었다.[55] 동북인민해방군은 중국 인민해방군 제4야전군으로 바뀌었다. 그리고 독립6사단의 16, 17, 18연대는 각각 466, 467, 468연대가 되었다.

3. 관내지방에서의 활동

요심전역이 중국공산당의 완승으로 끝나자 중국공산당 중앙군사위원회는 만주의 주력부대(중국 인민해방군 제4야전군)에게 만리장성 너머 관내지방으로 진격할 것을 명령했다. 그리하여 휴식·정돈의 시간을 제대로 갖지 못한 채 만주의 공산당 주력부대는 이른바 진관(進關)을 시작했다. 黑山에서 약 반 달간 정돈기간을 가졌던 156사단은 명령에 따라 1948년 11월 24일부터 주둔지를 떠나 관내로 진군하기 시작했다.

만주의 제4야전군은 화북 야전군과 합세하여 부작의(傅作義)가 이끄는 평진지구의 국민당 대군을 포위·고립시켰다. 156사단이 소속된 43군은 다른 4개 군과 함께 북평성 포위 임무를 맡았는데 특히 43군은 香河－安平 일선에서 북평 국민당 군대가 남으로 도망하는 것을 저지하는 임무였다.[56] 1949년 1월 중순, 그들은 먼저 천진을 공격하여 함락시켰다. 이에 동요된 부작의의 북평(북경) 군대는 인민해방군에게 투항했고, 인민해방군은 1949년 1월 31일 북경에 입성

55) '156師實戰錄'編委會 編, 『156師實戰錄』, 26쪽.

56) '156師實戰錄'編委會 編, 『156師實戰錄』, 26쪽.

했다. '평진전역'이 이처럼 마무리되자 하북성 서백파(西柏坡)에 있던 중국공산당 중앙기구들이 북경으로 들어왔다. 아울러 만주에 있던 제4야전군 사령부도 북경 천안문 오른쪽에 위치한 북경반점으로 이동했다.

요심전역과 평진전역, 그리고 서주(徐州) 일대에서 벌어진 회해전역(淮海戰役)에서 완패를 당하자 국민정부 내부의 동요는 극심해졌고 장개석은 하야했다. 국민정부의 총통대리 이종인(李宗仁) 등은 공산당에게 화평담판을 제의했다. 그들의 제의는 전쟁에 지친 중국민중으로부터 어느 정도 지지를 얻었던 것 같다. 더구나 당시 중국공산당의 강력한 후원세력이었던 소련마저 제3차 대전 발발을 우려해 인민해방군의 장강도하를 찬성하지 않았다.[57)]

이에 모택동은 전쟁범죄자 처벌을 포함한 8개 항의 화평담판 조건을 역으로 제안했다.[58)] 국민당으로선 받아들이기 어려운 조건들이었다. 1949년 4월 초부터 북경에서 국·공간 화평담판이 개최되었지만, 장강을 사이에 둔 남북조시대의 개막을 원치 않았던 중국공산당은 일찍부터 제4야전군을 남하시켰다. 4야전군 가운데 40군단과 43군단으로 1개 선견병단(先遣兵團, 사령관 蕭勁光)을 조직했고, 명령에 따라 선견병단의 선견대는 1949년 2월 23일부터 남하를 개시했다. 이어서 선견병단 본대도 2월 25일부터 남하를 시작했다. 이 선견병단에는 43군단 소속이던 '조선인 부대' 156사단도 포함되었다. 156사단은 1949년 2월 27일 통현 마투진을 출발해 매일 30~40킬로미터의 속도로 걸어서 남하했다.[59)]

이렇듯 서둘러 선견병단을 조직하고 남하시켰던 데는 이유가 있었다. 당시 인민해방군 제2, 제3야전군은 장강도하를 준비하고 있었

57) 와다 하루키, 『한국전쟁』, 78쪽.

58) 8개 항의 화평담판 조건에 대해서는 傅靜·鐵軍·宣村 著, 『四野 1949』, 濟南: 黃河出版社, 2002, 15쪽 참조.

59) 강학빈, 「잊지 못할 전호 속의 추억」, 97쪽.

고, 국민당은 장강에 의지해 방어태세를 갖추고 있었다. 장개석 직계부대는 호구(湖口) 이동의 장강방어를 담당했고, 방계부대인 광서계 백숭희(白崇禧) 부대는 호구에서 서쪽의 무한(武漢) 일대까지의 장강방어를 담당하고 있었다. 남경·상해지구를 목표로 도강을 준비했던 인민해방군은 백숭희 부대가 장개석 직계부대를 돕지 못하도록 현재의 전선에 묶어놓으려 했다. 그 임무를 담당한 것이 4야전군의 선견병단이었다.[60)]

1949년 4월 7일, 제4야전군 사령관 임표는 제4야전군 주력의 남진을 명령했다.[61)] 주력을 남진시킨 최대의 목적은 백숭희 부대와 여한모(余漢謨) 부대를 섬멸하여 하남·호북·강서·광동(廣東)·광서 등 6개 성을 점령하고 경영하는 것이었다.[62)]

이 진관(進關), 그리고 남하에 대해 156사단 조선인 대원들의 태도는 어떠했는가. 우선 조선인 대원들은 이 부대를 중국 군대가 아니라 조선 군대로 생각했을 것이다. 이 점은 조선의용군 제1지대의 후신부대인 독립 제4사단의 경우에서 짐작할 수 있다.

요심전역 직후 작성된 한 군사문서에 의하면, 이 부대는 사단장과 정치부 부주임 등 2명을 제외한 나머지가 모두 조선인이었다고 한다. "귀국(회국)사상은 보편적인데, 일반은 조만간 귀국할 것이라고 인식"하고 있었다. 같은 문서에 의하면 "과거 요녕 요북 영도들"은 "조선을 대신해 간부를 배양한다", "조선 건군을 위해" 이 부대는 "조선의 국방사"라고 말했다고 한다. 또 이 부대는 "장백산에서 생장했고 줄곧 북조선노동당과 직접 관계가 있었다"고 했다. 나아가 조선노동당은 "이전에 직접 간부의 북조선 귀국을 주선(소개)했는

60) 실제로 4월 하순 인민해방군 제2·3야전군이 장강을 도하하고 국민정부 수도 남경을 함락시켰을 때 4야전군의 견제를 받았던 백숭희 부대는 장개석 직계 군대를 지원하지 못했다.

61) 傅靜·鐵軍·宣村 著, 앞의 책, 60쪽.

62) 위의 책, 14쪽.

데" 중공 당원이 가면 "노동당 당원"이 될 수 있다고 했다. 당뿐만 아니라 "북조선 내무부 또한 늘 사람을 파견해 자료를 수집"해 갔다고 한다.[63)]

진관에 대한 156사단 조선 장병들의 태도를 보자. 1948년 12월 9일자 ≪전선≫에 의하면, 156사단 467연대 내의 8중대는 12월 1일 폭로회를 개최했다. 이 폭로회에서 남정남은 "동북혁명이 완성되었으니 집으로 돌아갈 생각을 했으며 집에 처가 홀로 있는데 어떻게 생활하는지 하는 고민을 가지고 행군했다"고 자백했다.[64)] 또 같은 지면에 따르면, 467연대 2기(機) 8반(분대) 김복근은 행군하면서 도망을 기도하기까지 했다. 그가 속한 대대에서는 군인대회를 열어 김복근에 대한 비판을 수행했고, 이후 교정이 이루어졌다고 한다. 또 어떤 이는 조선에 계신 늙은 부모를 생각하고 공작에 수동적이었다고 한다. 한편 17지대(연대) 7중대 김덕선은 진관행군이 시작되자 행군 중에 불만을 품고 발이 아프다고 꾀병을 부려 대원들을 고생시키기도 했다.[65)]

그러면 이제 남하에 대한 태도를 보자. 공간된 체험록들은 특히 남하행군을 매우 장엄하게 묘사하고 있다.[66)] 그러나 실제로 남하과정에서 대원들은 심하게 고민하고 갈등했다.

156사단 장병들은 평진전역 종결 이후 얼마동안 북경 인근의 한 지점에서 정돈운동을 진행했다. 그 기간 동안 남하를 거부하고 한반도로 귀국하려는 풍조가 만연했던 것 같다. 1949년 2월 12일자 ≪전선≫에 따르면, 467연대 ㅇ포 중대의 경우 '귀국사상'을 가진 병사가 64명이나 되었다. 한반도로 돌아가고 싶어 했던 이가 드러난 수

63) 「獨立四師中的朝鮮族」.

64) ≪前線≫, 1948.12.9. 한편 원문에는 17지대로 나와 있지만 이는 독립 6사단의 17연대로, 곧 156사단의 467연대를 지칭하는 것이므로 본문에 그렇게 썼다.

65) 「해방전사 김덕선 동지 낙후 사상 검토코, 행군에 적극」, ≪前線≫, 1948.1.8.

66) 리경림, 「간고한 3천리 진군 길에서」, 『승리』, 645~652쪽; 김지한, 「43일간의 행군」, 『승리』, 653~654쪽.

만 해도 절반이나 되었던 것이다. 2반 전사 태상욱은, 국민당 군대 병력과 인민해방군 병력을 비교해보면 이제는 조선 부대가 없어도 능히 혁명을 완성할 수 있으니 조선으로 돌아가면 좋겠다고 생각했다.[67] 다른 중대 대원들의 생각도 유사했을 것이다.

≪전선≫ 1949년 2월 15일자를 보면, 467연대 9중대의 어떤 사람은 화북이 해방되었으니 중국 문제는 중국 동무들에게 맡기고 조선 동무들은 만주로 돌아가면 좋겠다고 생각했다. 또 466연대 5중대 8반 이차승은 이제 북평이 해방되었으니 만주로 돌아갈 것이라고 생각했다. ≪전선≫ 1949년 2월 25일자는 467연대 3중대의 사례를 싣고 있는데, 여기서는 귀국하고자 하는 이유가 아래처럼 상세히 나열되었다.

① 조선에 가면 호의호식할 수 있고 소대 이상 간부는 숙사가 있다.

② 조선에 집이 있는 동무는 남조선의 반동파를 쳐야 한다. 특히 경상도 동무들은 남조선까지 쳐들어가서 집에도 한번 가보자고 한다.

③ 우리들이 중국혁명에 몇 해 동안 참가한 역사가 있으니 조선에 가면 반장(분대장－인용자) 쯤이야 시켜주겠지(이런 생각은 노전사들 사이에서 많았다).

④ 중국혁명의 승리가 멀지 않은데 이제 승진하면 얼마나 하겠나, 조선에는 간부가 부족하니 그곳으로 가자.

⑤ 조선 사람은 중국의 일군사리한 코 꿴 송아지처럼 끌려 다닌다.

⑥ 중국 땅에서 피를 흘리면 알아줄 사람이 없다.[68]

①, ③, ④에서 알 수 있듯이 조선, 곧 북한으로 가면 더 나은 대

67) ≪前線≫, 1949.2.12.

68) ≪前線≫, 1949.2.25. 조선인들의 불만이 이렇게 공간된 신문지상에 공표되었다는 점은 한편으로 불만이 그만큼 심각하다는 점을 말해주지만, 다른 한편 불만을 공론의 장으로 끌어와서 공개적인 토론과 비평을 통해 극복하고자 하는 중국공산당의 뛰어난 대내 정치교육의 실상을 보여주는 것이기도 하다.

우를 받을 수 있다는 기대가 작용했다. 또한 ②, ⑤, ⑥에서 알 수 있듯이 중국에서 피를 흘려야 할 이유를 발견하지 못하고 있었던 것도 이유가 되었다.

단편적인 자료에서 드러난 것을 보면, 관내지방의 일반 중국인들은 조선인들에게 그렇게 우호적이지 않았다. 조선인들을 그저 일본인이나 일본인의 앞잡이 정도로 간주했던 것 같다. 8·15 이전에 그들이 보았던 것은, 항일투쟁에 헌신하는 조선인의 모습이 아니라 일본인을 위해 충성하는 조선인들의 모습이었다.69)

마찬가지로 인민해방군 소속 조선 병사들 역시 관내지방 중국인들에게 우호적인 감정을 느끼지 못했을 것이다. 그러므로 중국인민의 해방을 위해 자신의 소중한 피를 흘려야 한다는 사명감을 느끼기는 쉽지 않았을 것이다. ②에서 짐작할 수 있듯이 특히 한반도에 집(가정)이 있는 경우 더욱 그러했을 것이다. 그들은 굳이 혁명을 하려면 귀국해서 조국, 곧 한반도에서 해야 한다는 생각을 가졌을 것이다.

당시 중국인 부대에도 염전풍조가 있었다. 제4야전군을 다룬 한 저서에 따르면, 요심·평진전역에서 대승을 거둔 뒤 "4야전군 내부 일부 동지들 가운데는 해이(和平松弛)하고 향락을 탐하고 희생을 두려워하는 사상이 출현했는데, 동북·화북 등 해방구의 일부 전사와 기층간부들은 집을 그리워하는 정서를 지녔다. 어떤 이는 남하를 원

69) ≪前線≫ 1948년 12월 14일자에 따르면 156사단 산하 모 부대의 7구대가 든 집 노인은 이 조선 대원들에게 "조선 사람도 항일했는가?"라고 물은 뒤 "조선 사람은 나의 원수다"라고 말했다. 듣고 있던 한 대원이 온순한 말로 만주국과 일제에 대한 이야기를 상세히 선전하자 노인은 그제야 도리를 깨달았다고 한다. 그때 노인이 말하기를 "나는 위만시대에 이 부근에 왜놈의 통역 특설부대 조선 사람들에게 많은 압박을 받았기 때문에 태도가 좋지 못했는데 동무의 말을 듣고 잘 알았소"라 하고 이어서 "동무들 태도는 과거 조선 사람의 태도가 아니오"라고 했다. ≪前線≫ 1949년 1월 28일자에 따르면 466연대 김성범 중대의 제5분대가 숙영지의 어느 집에 들어갔을 때 그 집 식구들은 이 조선 부대를 보고 "수군수군하며 우리들의 행동만 살피고 저것이 '꼬리 군대'라고 대단히 무서워"했다. 같은 지면에 의하면 "우리 조선 부대가 처음 도착한 부락의 백성들은 일본 사람이 왔다고 하며 또는 '꼬리군대'다 라며 몹시 무서워했고, 우리들에 대한 인상이 좋지 못했다"고 했다.

하지 않고 집으로 돌아가 장가 들기(娶媳婦)를 꿈꾸었고" 문화수준이 비교적 낮은 이는 "무식자는 대우받지 못한다"고 생각하여 사람을 찾아 출로를 마련하려 했으며, 어떤 사람은 후방공작을 생각하고 전방에서 싸우기를 원하지 않았다. 이런 사상은 비록 보편적인 것은 아니었지만 암암리에 조장되었고, 남하작전에 하나의 장애가 되었다고 한다.70)

조선인 장병들은 정도가 좀 더 심했다. 남하를 거부하고 한반도로 돌아가고 싶어 했던 것은 156사단뿐 아니라 여타 남하 조선 부대에도 퍼져 있던 일반적인 현상이었다. 러시아 학자 예프게니 바자노프 부부가 국내 ≪서울신문≫에 게재한 기사에 따르면, 제4야전군 조선인 병사들 사이에서는 자신들이 중국 남부로까지 가게 되자 조국으로 돌려보내달라는 소요가 일어났다고 한다. 특히 평진전역 이후 조선인 부대들에는 "이제 중국혁명이 이 정도 진행되었으니 조선으로 나가자"는 분위기가 팽배했으며, 47군단(구 10종대) 내 조선인 부대에서는 병사들이 총을 묶어놓고 더 이상 진격을 거부하는 사태까지 발생했다.71)

조선인 대원들을 설득할 필요성은 매우 컸다. 156사단 내에서는 부사단장 전우가 그 역할을 했다. 부대 남하가 개시되기 직전인 1949년 2월 25일자 ≪전선≫에서 전우는 첫째, 남하는 무산계급 국제주의정신의 실천이기 때문에 '협애한 민족관념', 즉 좁은 민족정서를 가지고 판단해서는 안 된다고 설득했다. 그는 "협애한 관점에서 무산계급의 위대한 국제주의정신과 그 작풍을 명백히 이해치 못하고 모호하며 협애한 민족관념에서 이해하는 것은 옳지 못하다"고 비판하면서, "협애한 귀국사상을 내던지고 소련 홍군의 국제주의정신을 학습하여 남하의 광영한 임무를 완성하자"고 호소했다.72)

70) 傅靜·鐵軍·宣村 著, 앞의 책, 8쪽.

71) 「6·25내막: 모스크바 새 증언 (6)」, ≪서울신문≫, 1995.5.28.

72) 「광영한 전통을 보지하고 남하 임무를 완수하자!: 전우」, ≪前線≫, 1949.2.25.

둘째, 남하작전에 참가하는 것은 조선혁명의 역량을 기르는 것이라고 설득했다. 즉 "계속적으로 많이 학습하며 장차 중국혁명을 완성하고 귀국하는 날 남조선에 있는 반동파를 타도하는 데 필요한 전술적 기초를 세우기 위하여 노력하자!"고 호소했다.[73]

8·15 직후 일부 조선의용군·조선독립동맹 고위간부들은 남북한이 38선으로 갈라져 대치하고 있는 상황을 심각하게 받아들이고, 38선을 철폐하고 남북통일을 이룰 역량은 만주에서 길러야 한다는 소위 동북기지론을 제창한 바 있었다. 그들은 중국내전 시기에 중국공산당 편에 가담하여 혁명무력을 길러야 한다는 방침을 제기했던 것이다.[74] 남하작전에 참여하여 학습하고 남조선 반동파를 타도하는 기초를 닦자는 전우의 호소는 동북기지론의 정신과 부합되는 것이었다. 전우의 발언에서 특히 주목되는 점은, 중국혁명이 끝나면 '귀국'한다는 점을 공개적으로 밝혔다는 사실이다. 앞에서 봤지만 귀국은 조선 대원 다수의 소망이었다. 한편 전우의 호소는 당시 사단 당위원회를 대표한 발언이었고 따라서 중국공산당 또한 조선인들의 이러한 지향에 묵인하거나 동조하였음을 알 수 있다.

4. 귀국

남하한 조선 부대원들은 제4야전군의 작전목표이기도 했던 광서계 백숭희 국민당 군대를 공격·섬멸하는 데 투입되었다. 156사단의 경우를 소개하면 아래와 같다.

선견병단에 소속되었던 156사단은 무한 인근에 있는 양자강 북안의 호북성 단풍진(團風津) 탈취작전에 참전했다. 백숭희는 장강 이북

73) 위와 같은 곳.

74) 이에 대해서는 염인호, 앞의 책, 제10장 참조.

의 군대를 점차 장강 이남으로 이동시키고 있었다. 인민해방군은 도강하여 이 백숭희 군대를 추격했다. 장강 북안에 먼저 도착해 있던 제4야전군 선견병단이 심양 도강작전(九江에서 무한까지)을 개시한 것은 1949년 5월 14일이었다. 먼저 구강에서 무한 동쪽의 단풍진까지 백숭희 군대가 지키는 300리 장강 방어선을 돌파하고자 했다. 이때 특히 필요했던 것은 선박이었다. 백숭희 집단이 남으로 선박을 끌고 가거나 파괴하기 전에 빼앗아야 했다. 단풍진의 선박을 탈취하는 임무가 156사단에게 주어졌다.

156사단 간부의 한 사람이었던 강학빈에 의하면, 156사단은 5월 14일 밤 23시 30분에 단풍진을 지키는 적에 대한 공격을 개시했다. 단풍진은 백숭희가 강북에 남긴 마지막 거점으로, 국민당 군대 126군단 304사단 926연대의 1개 대대와 황강 보안연대가 지키고 있었다. 단풍진은 비교적 큰 부두도시로서 6개의 부두와 7개의 토치카를 중심으로 방어진지가 구축되어 있었다. 156사단의 466연대는 예정된 배치대로 공격을 개시했다. 조선인들로 이루어진 3대대가 주공격을 맡았는데, 그중에서도 2개의 돌격중대가 토치카를 맹렬히 공격해 2분 만에 1호 토치카를 격파하고 26분 만에 2호 토치카를 점령했으며, 29분 만에 3호 적진을 격파했다. 6시간의 격전을 거쳐 국민당 군 1개 대대와 황강 보안연대를 전부 섬멸했다. 이 전투에서 국민당 군인 400여 명을 포로로 잡고 68척의 선박을 노획했다.[75]

해방군출판사에서 발간한 권위 있는 전사(戰史)도 제156사단의 2개 연대가 단풍과 도성(堵城)을 습격했던 사실, 그리고 단풍과 도성에서 목선(木船) 백여 척을 탈취해 장강도하의 조건을 만들었다는 사실을 기록하고 있다.[76] 단풍전투에서 156사단은 43명의 전사자를 냈으며, 그 가운데는 중대장 1명, 중대 지도원 1명도 포함되어 있었

75) 강학빈, 「잊지 못할 전호 속의 추억」, 99쪽. 자세한 전투 경과는 ≪前線≫ 1949년 5월 18일자에 실려 있다.

76) 第四野戰軍編寫組, 『中國人民解放軍第四野戰軍戰史』, 北京: 解放軍出版社, 1998, 481쪽.

다.[77]

장강 도하 후 156사단은 주력 부대에서 빠져 나왔다. 156사단은 두 개의 군분구로 나뉘었는데, 조선인이 다수를 이루었던 466연대와 467연대는 강서군구 산하의 남창군분구에 속했다.[78] 1949년 6월 7일 17연대 전 연대 사병 대표대회가 개최되었는데 이 자리에서는 "주력에서 지방부대로 강하하였다고 낙심"하는 옳지 못한 정서가 있다는 지적이 있었다.[79]

야전군에서 빠져나온 156사단은 남창 위수업무와 국민당 잔여세력 숙청을 하였다. 156사단은 1949년 6월 9일 강서성 성도 남창시(南昌市)에 입성했다. 당시 강서성의 국민당 군대는 대부분 소멸되었지만 잔여세력들이 각처에서 준동하고 있었다. 특히 당시는 우기여서 강과 호수가 범람하여 교통이 두절되는 경우가 많았다. 이틈을 타서 이곳 지리에 익숙한 국민당 잔재세력(토비)이 준동했다. 156사단은 위수업무와 토비 숙청을 담당했다.

1949년 7월 6일 남창군분구에 토비 숙청의 임무가 하달되었다. 466연대는 남심로·파양호·감강(贛江) 일대의 육지와 강호(江湖)의 토비를 숙청함으로써 순조로운 수륙교통을 확보하라는 명을 받았다. 467연대에는 남창시의 치안과 군사관제 임무가 맡겨졌다.[80] 이후 466연대는 1~3차에 걸친 숙청임무에 종사했다.[81]

아직도 해남도를 비롯한 각지에서 중국 국민당 군대가 잔류하여 활동하고 있었지만, 중화인민공화국 성립이 선포되었던 1949년 10월 1일 무렵에는 국공내전은 기본상 끝난 상태였다. 이제 그동안의 공적들을 조사·평가하고, 많은 수의 군인들은 민간인으로 돌아가야

---

77) '156사 실전록'편찬위원회 편, 『156사 실전록』, 41쪽. 이 43명이 전부 조선인인지 여부는 알 수 없다.

78) '156사 실전록'편찬위원회 편, 『156사 실전록』, 41~42쪽.

79) 「62대대: 사병대표대회 열고」, ≪前線≫, 1949.6.14.

80) 강학빈, 「잊지 못할 전호 속의 추억」, 100쪽.

81) 최명, 「강서 땅에 남긴 조선족 관병들의 발자취」, 『승리』, 660~668쪽 참조.

했으며, 전쟁으로 파괴된 생산시설을 복구해 경제를 건설하는 것이 중요한 임무가 되었다. 인민해방군 내의 조선인 대원들의 임무도 달라질 수밖에 없었다.

중화인민공화국 수립 1개월 뒤인 1949년 11월 4일자 ≪전선≫에는 군중영웅대회(群英大會)에서 선발된 '전투영웅'과 '공작모범'들을 대상으로 한 전우의 연설문이 실려 있다. 당시 156사는 사단 창설 이래 처음으로 군영대회를 개최했다. 각 기초부대에서 대원들이 자신들이 생각하는 '전투영웅'과 '공작모범' 대원을 선출해 상급부대로 보내면, 상급부대는 이를 다시 추려내 그 위의 상급부대로 보냈다. 그래서 최상급부대인 사단에서 군영대회를 개최하고, 다시 그들 가운데 전투영웅과 공작모범을 확정했다. 이때 전투영웅과 공작모범뿐 아니라 '열사영웅'도 함께 선출되었다. 전우는 군영대회 첫날 개막식에서 연설하기로 되어 있었지만, 시간이 없어 연설은 하지 못하고 연설문만 ≪전선≫에 게재했다.[82] 연설대상은 전투영웅과 공작모범으로 선발된 사람들이었지만, 연설문의 내용이 ≪전선≫에 실림으로써 사실상 사단 내 전체 조선인 대원들을 대상으로 한 기고문이 되었다.

전우는 사단의 첫 번째 군영대회를 중국 인민해방군의 탄생지인 남창에서 열게 된 것은 큰 의의가 있다고 서두를 열었다. 그는 "특히 조선 동무들이 중국 인민해방전쟁에 참가하여 많은 전투영웅, 공작모범을 쟁취했다는 것은 156사 조선 동무들의 영광일 뿐만 아니라 중국에 있는 전체 조선인 부대의 영광이며, 또한 중국에 있는 전 조선인민의 영광이며 자랑할 바로써 국제주의 역사상 빛나는 한 페이지를 적어놓은 것"이라고 자평했다.[83] 조선인들의 참전을 국제주의의 한 실천으로 간주하고 있음이 주목된다.

82) 「모주석 깃발 밑에 굳게 뭉쳐, 계속 전진하자」, ≪前線≫, 1949.11.4.

83) 위의 글.

전우는 중국공산당의 배려로 많은 조선인 간부들을 배양할 수 있었다는 점을 강조하고, 그 보답으로 중국혁명을 위해 애써야 한다고 했다. 즉 배려를 해준 모택동과 주덕(朱德) 총사령관, 제4야전군 사령관 임표와 정치위원 나영환(羅榮桓) 등에게 감사를 표하는 한편 "우리들은 중화인민의 철저한 해방을 위해 모든 곤란을 극복하며 끝까지 혁명을 진행하며 혁명을 위하여 인민을 위해" 복무해야 한다고 했다.[84]

특히 전우는 한반도로 돌아가 조국통일을 위해 싸워야 한다고 호소했다. 그는 "우리 조선 부대의 장래 임무는 더욱 위대하고도 중요"하다고 전제하고 한반도 정세를 분석했다. 미군은 광대한 인민의 반항과 국제적인 압력에 못 이겨 1949년 6월 남한에서 철퇴하기는 했지만, 군사고문단과 많은 무기·탄약을 남한에 남겼으며, 이승만 정부를 원조하고 국방군을 조직했으며, 한반도에서 전쟁도발을 기도하고 있다고 했다.[85]

결론에서 전우는 "미국 제국주의 주구 이승만 반동정권을 타도하고 독립·민주·자유·통일된 조선을 건설하기 위하여 반드시 장개석 비적(蔣匪)의 나머지 세력을 견결히 철저히 전부 소멸한 후 승리의 깃발을 높이 들고 조국으로 돌아가서 조선의 반동파를 타도하고 조선인민을 해방하기 위해 분투해야 한다"고 했다(고딕 강조-인용자).[86] 먼저 장개석 국민당 잔여세력을 토벌하고, 이어서 '조국'으로 '돌아가' 조선인민해방을 위해 싸우자는 것이었다. 그에게 '조국'은 물론 한반도였다. 조선 부대의 입북이 실현된다면, 그것은 중국공산당에 의한 파병이 아니라 '조국'으로의 '귀환'이었다.

전우가 이처럼 공개적으로 조국으로 돌아가 싸워야 한다고 호소했기 때문이기도 했겠지만, 이후 사단의 조선인 대원들은 귀국을 당

84) 위의 글.

85) 위의 글.

86) 위의 글.

연한 일로 생각했던 것 같다. 한 예로, 1950년 들어 156사단은 생산운동을 전개했다. 그 취지는 군인들이 자신들의 먹는 문제를 스스로 해결함으로써 정부와 인민의 부담을 덜기 위해서였다. 그런데 조선 대원들은 생산운동에 소극적이었다. 1950년 1월 23일자 ≪전선≫에 따르면, 조선 대원들 사이에서는 "생산하다가 조선으로 가게 되면 아무것도 못 가지고 갈 것인데 그리 힘들여 할 필요가 있는가?"라는 생각이 만연했다.

사실 당시에는 조선 부대의 북한 이전에 관한 협의가 비밀리에 진행 중이었다. 북한 지도부는 조선 대원들을 북으로 데려오기 위해 3인의 대표를 중국으로 파견했다.[87] 그리고 얼마 뒤 1950년 1월 23일, 중국 중앙인민혁명군사위원회는 관내지방에서 활동하고 있던 조선인들을 모아서 북한으로 보내기로 결정했다.[88]

중국이 이처럼 결정한 데는 북한의 요청도 작용했지만, 다른 한편 조선 대원들 스스로가 귀국을 열망했기 때문이었다. 제4야전군 사령관 임표는 1950년 1월 초 모스크바에 보낸 전문에서, 중국 인민해방군 산하에 1만 6천 명 이상의 조선인이 있음을 밝혔다. 그는 중국 인민해방군이 장강 남안으로 도하한 뒤 조선인 병사들의 동요가 시작되었으며, 그들 중 일부는 고국으로 돌아가기를 원했다고 보고했다. 이어서 임표는 이들의 요청을 들어줄 것을 제의했다.[89] 얼마 뒤

---

87) 「6·25眞相」, ≪朝鮮日報≫, 1994.7.23.

88) 6·25전쟁 개전 당시 중국군 총참모장 대리 섭영진(聶榮臻)의 회고록에 의하면, 1950년 1월 김일성이 김광협을 중국에 파견하여 해방군 제4야전군 내의 1만 4천여 조선인 병사를 귀국시키는 교섭을 했다고 한다. 이를 받아서 1950년 1월 21일 중국 인민해방군 총참모부가 회담 결과에 근거하여 조선인 병사의 귀국에 관한 안을 중앙인민혁명군사위원회(중앙군위)에 보고했고, 1월 23일 중앙군위가 허가하여 이후 1만 4천여 조선인 병사가 무기장비를 지닌 채 귀국했다고 한다. 朱建榮, 『毛澤東の朝鮮戰爭』, 東京: 岩波書店, 1999, 26쪽.

89) 「6·25眞相」, ≪朝鮮日報≫, 1994.7.23. 이 전문은 러시아 정부가 공개한 한국전쟁 비밀문서 중 하나이며 작성된 날짜는 1950년 1월 8일이었다. 임표의 보고는 소련 모스크바에 머물고 있던 모택동에게 한 것으로 여겨진다. 1949년 12월 16일부터 1950년 2월 17일까지 모택동은 중소우호동맹조약의 체결을 교섭하기 위해 모스크바에 머물렀다. 毛里和子, 『中國と蘇聯』, 東京: 岩波書店, 1989, 24쪽.

중국공산당 중앙군사위원회는 그들을 귀환시킬 것을 결정했다.

이후 관내지방의 각종 조선인 부대들이 하남성 정주(鄭州)에 집결하여 중국 인민해방군 중남군구 독립 15사단을 결성했다.[90] 이 부대가 북한으로 떠날 무렵, 제4야전군 사령관 임표는 하나의 깃발을 이 조선 부대에게 건네주었다. 그 깃발에는 다음과 같은 글자가 수놓아져 있었다. "조선의 지휘관과 전사들은 중국 인민해방전쟁에 참가하여 고도의 국제주의정신을 보여주었으며, 인내심 강하고 용감하며 기율을 잘 준수하고 학습을 열심히 하는 등 우수한 자질(品質)을 보여주었다. 우리들은 조선 동지들이 중국혁명에 바친 공헌에 대해 심심한 감사를 표시하는 바이며, 아울러 조선해방이 전부 성공하기를 마음 깊이 바라마지 않는다."[91]

임표는 그간 조선인들이 중국에서 싸웠던 것을 국제주의정신의 발로라고 표현했다. 그리고 떠나가는 옛 부하들에게 "조선해방"의 위업도 달성하기를 축원해주었다.

5. 맺음말

한국전쟁이 발발했을 때 중국에서 건너온 조선 부대들의 활약상은 단연 돋보였다. 중국 인민해방군 제4야전군 제47군단 소속 조선 대원들로 이루어진 북한 인민군 제18연대(제4사단 휘하)는 서울을 3일 만에 점령하는 데 선봉부대의 역할을 다했다. 그들은 이후 '서울 18연대'로 불렸다. 중국 인민해방군 166사단이 북한에 와서 개편된

90) 김중생에 의하면 전우가 강서군구 사령관으로부터 156사단 내 조선인 대원들을 이끌고 정주로 가라는 명령을 받은 것은 1950년 2월 12일이었다(김중생, 『조선의용군의 밀입북과 6·25전쟁』, 151쪽). 정주에 우선 12,000여 명이 집결했다. 정주에서 제4야전군 47군단 소속 조선인 5천여 명을 기다렸지만 그들의 도착이 늦어지자 이 12,000명으로 먼저 독립 15사단이 결성되었다. 나중에 도착한 47군단 조선 병사들은 따로 부대를 편성했다(김중생, 같은 책, 150~154쪽).

91) 「朝鮮同志參加中國人民解放戰爭的英雄事蹟」.

인민군 제6사단은 개성과 남한 서남부를 점령하는 데 큰 역할을 했다. 인민군 6사단장 방호산은 '이중 영웅칭호'를 수여받기까지 했다.

그런데 조선인 부대의 입북을 중국의 파병으로 보는 관점이 있다. 일본인 학자 와다 하루키는 "중국에서 조선인 부대가 북한으로 이동한 것은 조선인의 귀국이 아니고 분명히 중국 동북을 고향으로 하는 사람들이 중국혁명을 한반도로 확대한 행동"이었으며, 그것은 "중국공산당 군사위원회의 명령에 따른 행동"이었다고 했다.92)

와다 하루키는 부대이동을 조선인의 '귀국'으로 보지 않았다. 그는 이어서 조선 대원들은 "중국 국적, 중국 당적을 보유한 채로 북한으로 갔다가 전쟁이 끝난 뒤 산 채로, 혹은 유골이 되어 귀국"했다고 했다. 또한 부대의 이동을 개전에 대비한 중공의 '파견'이라고 규정했다. 그는 "이 사람들에게 명령을 내려 북한에 파견한 중공당이 한반도에서 일어나는 사태에 대해 의식하지 않았을 리 없다"고 했다.93)

그러나 앞에서 살핀 것처럼 조선인 장병들은 스스로 귀국을 열망하고 있었다. 이는 소수의 열망이 아니라 광범위한 사람들 속에 펴져 있던 감정이었다. 중국공산당으로서는 조선 부대원들의 귀환열망이 늘 골치 아픈 문제였다. 특히 전우 등의 조선 간부들의 언행 속에서, 우리는 부대이동의 성격을 확인할 수 있었다. 그들은 조국으로 돌아가 조국의 통일해방에 종사해야 한다는 점을 줄곧, 그것도 공개적으로 조선 대원들을 향해 주장했다.

물론 당장은 중국의 인민해방사업에 적극 가담하는 것이 전제였다. 조선인 군 간부들에게 중국 인민해방전쟁 참여는 한편으로 공산주의자로서 국제주의를 실천하는 일이었다. 그것은 또한 만주 조선인들의 삶을 온정시키는 데 중요한 역할을 하는 것이기도 했다. 하

---

92) 와다 하루키, 『한국전쟁』, 93쪽.

93) 위의 책, 93쪽.

지만 보다 중요한 것은 조국의 통일이고 해방이었다. 그들에게 국공내전의 참전은 조국통일과 해방역량의 강화라는 데 더 큰 의의가 있었다.

일찍이 8·15 직후 만주의 일부 조선의용군 간부들은 38선을 사이에 두고 조국이 갈라져 있는 현실을 엄중하게 받아들였다. 그래서 38선을 철폐하고 조국을 통일할 역량을 조선인이 많이 사는 만주에서 양성하자는 만주(동북)기지론을 제창한 바 있었다.[94] 전우를 비롯해서 내전에 참전한 조선인 고급간부들에게, 조선인의 내전 참전은 동북기지론을 실천하는 하나의 과정이었다. 중국공산당 당국이 조선인 간부들을 지휘라인에서 배제하고 조선 군단 창설에 소극적인 태도를 보이거나 이를 비판했던 것은, 그것이 조선혁명역량 강화에 역행하기 때문이었을 것이다. 이처럼 조선인 주체의 입장에서 보면, 부대이동은 중국공산당의 '파견'이기에 앞서 '귀환'이었다.

와다 하루키의 주장대로, 조선 대원들은 '중국 국적, 중국 당적'을 보유한 채 북한에 들어왔다. 그러나 뒤에서 보겠지만, 그들은 들어오자마자 조선인으로서 국적을 회복했으며, 중국 당적을 버리고 조선노동당 당적을 갖게 되었다. 물론 와다의 지적대로 "북한으로 갔다가 산 채로, 혹은 유골이 되어 귀국"한 사람도 적지 않을 것이다. 북한으로 들어왔던 이들 중 얼마만큼이 산 채로 혹은 유골이 되어 중국에 돌아갔는지는 향후 규명해내야 할 부분이다. 그러나 북한으로 들어올 때는 부대 단위였음에도, 부대 단위로 돌아간 경우는 없다. 그 점이 항미원조를 위해 들어왔다가 부대 단위로 돌아간 중국 인민지원군 부대와 다른 점이다. 오랫동안 중국 정부는 개전 이전에 입북하여 조선 인민군으로 참전했다가 부상 등의 이유로 중국으로 귀환한 사람들에게 보상을 해주지 않았다. 이는 인민지원군으로 종군했다가 돌아온 사람과 다른 점이었다. 나중에야 조선 인민군 출신

94) 이에 대해서는 염인호, 앞의 책, 제10장 참조.

에게도 보상이 이루어졌다고 한다.[95]

유엔군이 참전하지 않고 북한 지도부의 의지대로 전쟁이 승리로 끝났다면, 중국에서 역량을 쌓아 귀국하여 '통일전쟁'에 기여한 조선 부대원들의 이야기는 영웅담으로 전해졌을 것이다. 그러나 그들은 성공하지 못했고, 부대를 앞장서서 이끌었던 간부들은 전쟁 때 전사하거나 연안파 숙청의 와중에 희생되었다. 영웅담은 형성되지 못했다.

1950년 9월 18일 유엔 안전보장이사회에서 미국 대표 오스틴은 중국이 "오랜 전투경험을 가진 대량의 조선 국적 군대"를 북한에 들여보낸 사실을 규탄했다.[96] 조선 부대를 입북시킴으로써 전쟁이 발발했다고 본 것이다. 당시 중국은 오스틴의 주장에 맞서 조선인들이 자발적으로 자기 조국으로 되돌아간 것이라고 공개적으로 반박했다.[97] 결론적으로, 조선인의 입장에서 볼 때 조선 부대는 파병되어 들어온 것이 아니라 조국으로 귀환했던 것이었다.

마지막으로, 독립 15사단의 결성과 입북, 그리고 한국전쟁 참전에 대해 첨언하겠다. 156사단의 최고지휘관들이 강서군구 사령관으로부터 조선인만 따로 편성해 전우로 하여금 지휘하도록 하라는 명령을 받은 것은 1950년 2월 12일이었다. 그 명령에 따라 별도로 편성된 조선 부대가 남창을 출발한 것은 2월 22일이었다.[98] 156사단 대원들은 하남성 정주에 집결한 여타 부대와 합쳐 중남군구 독립 15사단을 결성했다. 독립 15사단 병력은 12,000여 명이었고, 그 가운데 156사단 출신은 8,000여 명이었다고 한다. 독립 15사단의 사단장은 전우가, 그리고 참모장은 역시 156사단 출신 지병학이 맡았다.[99]

---

95) 현재 연길시에 거주하고 있는 조선 인민군 출신 인사의 증언.

96) ≪人民日報≫, 1950.9.25. 사설(행정자치부 정부기록보존소 편, 『한국전쟁과 중국 (1)』, 2002, 37쪽).

97) 「外交部發言人關于居留中國的朝鮮人民有權利回去保衛祖國的聲明(1950.9.20)」(행정자치부 정부기록보존소 편, 『한국전쟁과 중국 (1)』, 2002, 36쪽).

98) 강학빈, 「잊지 못할 전호 속의 추억」, 103~104쪽.

독립 15사단은 1950년 4월 열차 편으로 정주에서 대대별로 출발하여 같은 해 4월 16일 압록강 건너 신의주에 일단 도착했다. 그 뒤 북한 인민군 복장으로 갈아입고 다시 열차를 타고 4월 18일 원산에 도착했다. 원산 갈마반도에 있는 비행장에 주둔한 뒤 일부 병력과 장비를 보충 받아 1950년 4월 25일 민족보위상 최용건의 참석하에 인민군 제12사단 창설식을 가지게 되었다. 독립 15사단의 제1연대는 인민군 보병 제12사단의 30연대, 제2연대는 31연대, 3연대는 32연대, 포병연대는 제12포병연대로 명명되었다.[100]

조선 인민군으로 개편되면서 대원들은 "조선민주주의인민공화국 공민으로서 조국 앞에 신성한 의무를 이행하여 조선 인민군에 입대하면서 나의 조국과 인민과 민주주의 인민정부에 나의 생명의 마지막 순간까지 충실할 것을 명예롭고 위대한 선조들의 이름으로 엄숙히 맹서"했다. 또 "인민의 뜻으로 창건된 민주제도를 헌신적으로 충실히 수호하며" "힘과 생명을 아끼지 않고 모든 적들을 반대하며 손에 무기를 잡고" "조국과 민족의 자유와 독립을 방위하기 위하여 항상 준비되어 있을 것을 맹서"했다.[101] 대원들은 확실한 북한 공민이 되었다.[102]

---

99) 김중생, 앞의 책, 150쪽; 최희택, 「독립 15사가 편성되던 때」, 『승리』, 692쪽. 한 자료에 따르면 새 과업을 맡은 사단장 전우는 중국공산당 중앙군사위원회의 초청을 받았다. 전우는 "북경에 가서 주은래 총리를 비롯한 중앙 영도 동지들의 친절한 접견을 받았다. 이는 전체 지휘관과 전투원들에 대한 관심이며 고무였다. 전우는 중국 인민해방전쟁의 시련을 겪은 영웅적 조선족부대를 이끌고 역사적 의의를 가진 새 전투 과업을 맞았다"(리동섭, 「자랑찬 민족 장군: 전우」, 310쪽). 지병학(1917.5.24~1977.2.28)은 화룡현에서 성장, 1931년부터 혁명에 참가했으며, 1934년에 유격대에 입대해 소대장, 중대 지도원으로 활동했고 해방 후 중국내전에 참가했다(김광운, 『북한 정치사 연구 (1)』, 선인, 2003, 122쪽).

100) 張浚翼, 『北韓 人民軍隊史』, 458쪽.

101) 高麗書林, 『北韓解放直後極秘資料 (3)』, 1998, 129쪽. 이들은 제4야전군 독립 15사단이 창설될 때도 맹세를 했다. 그들은 "혁명전쟁에 장렬하게 피 흘리고 돌아가신 선열 동지와 계급의 적에게 압박받고 학살당한 세상의 가난뱅이의 복수를 하며" "전세계 반인민무장을 소멸"하기 위해 "끝까지 견결히 싸울 것" "중국혁명 승리과정에 있어서 중국공산당과 중국 인민의 보귀한 경험과 교훈을 배우며 맑스레닌주의와 모택동사상을 계속 학습하며 계급각오를 일보 더" 높이겠다고 했다.

102) 북한에서는 '국민'이 아닌 '공민' 개념을 사용하고 있는데, 이에 대해서는 김성보, 「남북

중국공산당 당원은 조선노동당 당원으로 이적했다. 북한 정부 민족보위상 최용건과 인민군 총참모장 강건(강신태)의 명의로 1950년 5월 17일자 명령서가 발해졌다. 이 명령서는 이번에 중국공산당 당원을 북조선노동당 당원으로 전당(轉黨)시키는 사업(등기)에 종사하는 사람들은 다른 일에는 동원하지 말 것을 지시했다. 그래서 전당등기사업이 6월 5일까지 완료될 수 있도록 하라고 했다.[103)]

5월 27일자로 12사단 문화부사단장 김강(金剛, 조선의용군 출신)이 예하연대와 각 독립대대에 발한 지령문에는, 당성이 강하고 당사업에 대한 책임감이 높은 사람으로 출신경력 등을 고려하여 한 부대에 한 명씩 당(노동당) 서기를 선발해달라는 지시가 담겨 있었다.[104)] 외양도 중국 인민해방군에서 조선 인민군으로 바뀌었다. 12사단의 지병학은 1950년 5월 14일자로 예하부대에 내린 지시를 통해, 만주에서 가져온 해방군 군복은 훈련이나 작업, 식당근무 등에서 작업복으로 착용하도록 하고, 휴일이나 경축일, 그리고 출장이나 위병근무 시에는 새로 지급받은 인민군 정복을 착용하도록 했다. 이를 즉시 실천에 옮겨 17일까지 그 상황을 보고하라고 했다.[105)]

인민군 제12사단은 1950년 6월 상순에 기동훈련 명령을 받고 38선으로 이동해 양구·인제 부근 38경비부대의 진지를 인계받았다. 6월 25일 이 부대는 국군 6사단과 8사단의 접경지점을 중심으로 공격을 개시했다.[106)]

국가수립기 인민과 국민 개념의 분화」, 『한국사연구』 144, 2009 참조.

103) 高麗書林, 『北韓解放直後極秘資料 (3)』, 131쪽.

104) 위의 책, 133쪽.

105) 위의 책, 132쪽.

106) 김중생, 앞의 책, 189쪽.

[참고문헌]

1. 1차자료

市委開新宇, 市人委紅色革命大批判專欄, 「朱賊陰謀建立民族軍隊妄圖以武裝暴亂分裂祖國」, 『新延邊』 7, 1968.6.25.

高麗書林, 『北韓解放直後極秘資料』 (3), 1998.

周保中, 「關於少數民族及邊境通商問題向東北局的報告」, 1948.9.20.

2. 저서

'156師實戰錄'編委會 編, 『156師實戰錄』, 연변인민출판사, 1997.

'156사 실전록'편찬위원회 편, 『156사 실전록』, 연변교육출판사, 2002.

국민대학교 한국학연구소, 『중국지역 한인 귀환과 정책』 6권, 역사공간, 2006.

국방군사연구소, 『한국전쟁』 상, 1995.

國防部戰史編纂委員會, 『中共軍 鴨綠江을 건너다』, 1989.

김광운, 『북한 정치사 연구』 (1), 선인, 2003.

김중생, 『조선의용군의 밀입북과 6·25전쟁』, 명지출판사, 2000.

김형직 주필, 『격정세월: 문정일 일대기』, 민족출판사, 2004.

리희일·서명훈 주편, 『조선의용군 3지대』, 흑룡강조선민족출판사, 1987.

염인호, 『또 하나의 한국전쟁』, 역사비평사, 2010.

와다 하루키, 『한국전쟁』, 창작과비평사, 2001.

張浚翼, 『北韓 人民軍隊史』, 韓國發展研究院, 1991.

주홍성 외, 『리홍광지대』, 료녕민족출판사, 1985.

중공 연변주위조직부 외 편, 『중국공산당 연변 조선족 자치주 조직사(1928.2~1987.11)』, 연변인민출판사, 1991.

중국 조선민족 발자취총서 편찬위원회, 『승리』, 민족출판사, 1992.

최해암, 『조선의용군 제1지대사』, 료녕민족출판사, 1992.

행정자치부 정부기록보존소 편, 『한국전쟁과 중국 (1)』, 2002.
第四野戰軍編寫組, 『中國人民解放軍第四野戰軍戰史』, 北京: 解放軍出版社, 1998.
傅靜·鐵軍·宣村 著, 『四野 1949』, 濟南: 黃河出版社, 2002.
延邊朝鮮族自治州檔案局(館) 編, 『中共延邊吉東吉敦地委延邊專署重要文件彙編』 第1集, 1985.
平松茂雄, 黃仁模 역, 『中共과 韓國戰爭』, 兵學社, 1989.
朱建榮, 『毛澤東の朝鮮戰爭』, 東京: 岩波書店, 1999.
毛里和子, 『中國と蘇聯』, 東京: 岩波書店, 1989.

3. 논문

김성보, 「남북 국가수립기 인민과 국민 개념의 분화」, 『한국사연구』 144, 2009.

4. 신문

「6·25眞相」, 『朝鮮日報』, 1994.7.23.
「6·25내막: 모스크바 새 증언(6)」, 『서울신문』, 1995.5.28.
「해방전사 김덕선 동지 낙후 사상 검토코, 행군에 적극」, ≪前線≫, 1948.1.18.
「문답: 재동북 조선인에게」, ≪前線≫, 1948.9.14.
「광영한 전통을 보지하고 남하 임무를 완수하자!: 전우」, ≪前線≫, 1949.2.25.
「사론: 당보를 존중하며 당보를 애호하자」, ≪前線≫, 1949.3.31.
「62대대: 사병대표대회 열고」, ≪前線≫, 1949.6.14.
「모주석 깃발 밑에 굳게 뭉쳐, 계속 전진하자」, ≪前線≫, 1949.11.4.

1920년대 후반 만주정세와 조선공산당 만주총국의 자치운동*

조춘호

(전 中國해양대학교 한국연구소 전임연구원)**

1. 머리말

1919년 3.1운동이 좌절된 후, 특히 1920년대에 들어오면서 중국 동북지역의 한인사회는 새로운 이념의 전파와 운동노선의 갈등 속에서 조선독립문제를 놓고 서로 엇갈리고 있었다. 이 같은 상황에서 일제는 재만 한인사회의 분열을 조장하고, 한인독립운동에 대한 탄압을 한층 강화하기 위한 목적으로 1920년대 중후반에 들어와서 田中義一내각이 제정한 소위 '만몽적극정책'을 적극 추진하면서 자신들의 세력을 넓혀갔다. 이는 일제가 반일독립운동을 탄압하려는 이유도 있겠지만 더욱 중요한 것은 그들이 하루빨리 동북지역을 점령하기 위해 큰 장애거리인 한인독립운동을 사전에 방지하고 소멸하기 위한 일환이기도 하다. 한편 동북지역의 봉계군벌 당국은 재만 한인을 일제가 동북을 침략하는 데 있어서의 '선봉'[1]으로 보고 1925

* 이 글은 『한중인문학연구』 30(2010)에 게재되었던 글을 수정보완한 것이다.

** 현 상해제2공업대학교 외국어대학 전임강사.

년의 '삼시협정'과 1927년 중국 내의 국권회복운동을 계기로 전 동북지역에서 한인들을 제한하고 구축하기 시작하였다.

이렇듯 1920년대 중후반에 들어오면서 중·일 양국이 각자 자신들의 이해관계로 재만 한인에 대한 탄압과 구축이 더욱 심해져 그들은 정치·경제·사회적으로 더욱 어려운 처지에 놓이게 되었다.

이러한 상황에 직면하여 재만 한인사회 내부의 각 세력들은 역동적으로 움직이고 있었다. 그들은 자신들이 처한 사회경제적 환경과 정치이념에 따라 제각기 대응책을 내와 한인사회가 직면한 위기국면을 극복하고자 노력하였다. 예컨대 민족주의자들은 주로 귀화입적을 통한 합법적 자치운동으로 한인사회의 안녕을 도모하고자 하였고, 조선인민회는 한인자치를 표방하면서 일제와 중국관헌을 도와 독립운동가와 공산주의자들의 검거에 적극성을 보이면서 친일세력을 보존하고자 하였다.[2)]

한편, 1926년 5월 중국 동북지역에서 건립된 조선공산당 만주총국(약칭 만주총국)[3)]은 이 시기 사회주의운동을 주도하였다. 만주총국은 1920년 초의 동북지역에 전파된 사회주의 사상을 수용하여 분산적으로 설립된 공산주의그룹[4)]을 통합하면서 상응한 대응책을 내와 한인의 위기국면을 극복하고자 하였다.

지금까지 조선공산당 만주총국에 대한 연구는 주로 만주총국의 조직과 활동과정·내부 각 파별 간의 싸움 혹은 향후 중국공산당으

1) 李勳九, 『滿洲와 朝鮮人』, 成進文化社, 1979, 241쪽.

2) 金春善, 「'북간도'지역 한인사회의 형성 연구'」, 국민대 박사논문, 1998, 277쪽.

3) 조선공산당 만주총국은 1926년 5월 16일에 주하현 일면파에서 성립되어 일련의 활동을 전개하다가 1930년 3월 20일에 발표한 「해체선언」을 계기로 종말을 고한다. 만주총국은 4년여 동안을 존재하면서 많은 활동을 전개하였다. 하지만 1928년 '12월테제'이후 조선공산당이 해체됨으로 하여 만주총국의 대부분의 정력은 국내의 조선공산당 재건설운동에 많은 심혈을 기울이게 된다. 따라서 본 논문에서는 재만 한인사회를 인식하고 그들에 대해 다양한 활동을 전개하였던 1926~1928년 사이에 초점을 맞춰 살펴보려고 한다(김준엽·김창순, 『한국공산주의운동사』 4, 청계연구소, 1986).

4) 임경석, 「총론: 공산주의운동사 연구의 의의와 과제」, 『역사와 현실』 제28호, 1998, 22~23쪽.

로의 노선전환에 초점을 맞춰 많이 이루어진 반면,[5] 초기 한인공산주의자들이 실시한 활동가운데서 재만 한인사회의 생활상과 관련한 자치운동의 일환으로 만주총국을 다룬 논문은 많지 않다.[6] 하지만 기존의 논문에서는 한인공산주의자들이 중국공산당과 제휴하여 일제와 동북 봉계군벌을 타도하고 조국의 독립과 계급해방을 동시에 이룩하고자 반제반봉건투쟁을 전개한 활동에만 주목한 나머지 만주총국이 당시 동북의 한인사회에 어떠한 영향을 주었으며 그들이 직면한 상황에 대응하여 어떠한 구체적인 활동을 전개하였는지에 대한 본격적인 연구는 이루어지지 않았다.

따라서 본 논문에서는 기존의 한계점을 극복하면서 우선 먼저 일제와 봉계군벌의 압박과 통치하에서 재만 한인들의 상황을 살펴봄으로써 만주총국이 결성될 수 있었던 사회적 배경에 대해 접근해 보고자 한다. 또한 이러한 상황 속에서 재만 한인들을 어떻게 조직하고 관리하였으며 그들이 나름대로 어떠한 자치를 실시하였는지에 대해 초점을 맞춰 살펴봄으로써, 궁극적으로 초기 공산주의자들이 재만 한인에 대한 이해의 폭을 넓히는 데 기여하려고 한다.

---

5) 김준엽·김창순, 『한국공산주의운동사』 2·4, 청계연구소, 1986; 李命英, 『재만한인공산주의운동연구』, 성균관대학교 출판부, 1975; 유기철, 「만주지방 한인민족운동의 성격변화에 관한 연구: 1920년대 후반을 중심으로」, 학위수여기관 延世大 大學院, 1987; 고준석, 김영철 역, 『조선공산당과 코민테른』, 공동체, 1989; 辛珠栢, 「1926~28년 시기 간도지역 한인 사회주의자들의 반일독립운동론: 민족유일당운동과 청년운동을 중심으로」, 『한국사연구』 78, 한국사연구회, 1992; 신주백, 「1929~31년 시기 재만한인 민족운동의 동향」, 『역사학보』 151집, 1996; 황민호, 「1920年代 後半 在滿韓人共産主義者들의 路線轉換과 間島蜂起에 관한 硏究」, 『國史館論叢』 79집, 國史編纂委員會, 1998; 박창욱, 「조선공산당만주총국의 혁명 활동」, 서굉일·동암, 『간도사신론』, 서울도서출판, 1993; 유병호, 「국외 민족주의 운동에 대한 역사적 평가: 滿洲지역을 중심으로」, 『한국민족운동의 역사와 미래』, 국학자료원, 2000; 孫艶姝, 「朝鮮共産黨滿洲總局的革命活動概述」, 『東方史地』(1), 2007.

6) 신주백, 『만주지역 한인의 민족운동사(1920~1945): 민족주의운동 및 사회주의운동 계열의 대립과 연대를 중심으로』, 아세아문화사, 1999; 金春善, 「'북간도'지역 한인사회의 형성 연구」, 국민대 박사논문, 1998; 金亨燦·崔厚澤, 「朝鮮族初期共産主義團體'民族自治'運動」, 『연변대학학보』(第33卷 2期), 2000.5.

2. 1920년대 후반 중국 동북지역 한인사회 상황

1920년 일제가 일으킨 '간도참변'으로 인해, 중국 동북지역의 한인사회는 크나큰 변화를 가져왔다. 1910년대 동북지역 반일운동의 중심이었던 동만의 민족주의세력은 '간도참변'을 피해 북만과 러시아로 피신하였다가 그 이듬해에 동만(북간도)이 아닌 남만과 북만지역을 중심으로 자신들의 기반을 구축해 갔다. 결과 민족주의세력의 주요 활동무대가 남만·북만으로 이동하면서 동만지역에는 사회주의사상이 침투를 보이기 시작하였다.[7] 따라서 장기적인 역사행정을 거쳐 온 동북지역의 한인사회는 1920년대로 들어서면서 북만과 남만은 민족주의 활동지역, 동만[8]은 사회주의사상 전파지역으로 분포되어 있으면서 상대적으로 비교적 견고한 집단적 공동체를 형성하였다. 하지만 이러한 상황은 1920년대 중반에 들어오면서, 일제와 동북 당국이 재만 한인에 대한 탄압과 구축의 강화로 그들의 처지는 더욱 열악해졌다.

일제는 중국동북을 침략하기 시작한 초기부터 재만 한인을 일본의 신민으로 보고 중국법률과는 관계없이 일본법률로 그들을 통치하는 '치외법권'을 행사하려고 했다.[9] 따라서 동북에 26개소의 일본영사관, 387개소의 경철서와 파출소, 보조기관인 73개소의 "조선인민회"를 통해 재만 한인을 통치하고 강화하였다.[10] 하지만 20년대 중반에 들어오면서 북만과 남만에는 3부가 설립되고 동만에는 사회주의사상이 침투되면서 일제의 동북침략을 저애하였다.

따라서 이 시기에 오면 일제는 만주침략의 확대와 조선독립단체

---

7) 金正柱, 『朝鮮統治史料』 8, 한국사료연구소, 1971, 67쪽.

8) 1920년대에 동만의 연길, 화룡, 왕청, 훈춘 등 4개현의 인구가운데 70~80%가 한인들이었다(김동화·김승철, 「당대중국조선족연구」, 집문당, 1995, 14쪽).

9) '치외법권' 실시이유는 첫째, 만주에 있는 한인을 통치하지 않으면 그들이 반일독립기지를 형성하고 역량을 확대시켜 그들의 "만몽침략"을 저애하기 때문이다. 둘째, 동북에서 조선인들의 거주권, 토지소유권, 경작권 등을 이용하여 동북에서의 저들의 세력권을 확대하였다.

10) 「불씨」, 『중국조선족민족발자취총서』 2, 민족출판사, 4쪽.

의 소멸을 위해 각종 정책과 협정을 체결하였는데 그 대표적인 사실을 열거해 보면, 1925년 「三矢協定」[11]을 이유로 실시된 한인독립운동세력에 대한 탄압, 이를 빙자한 각종 핍박행위,[12] 일본 田中義一 내각의 「만몽적극정책」의 일환으로 1927년 9월부터 1928년 1월까지 전 동북에서 행해진 한인에 대한 압박행위 등을 들 수 있다.[13]

1925년 6월 봉천경무국장 于珍과 조선총독부 경무국장 三矢宮松 사이에 이른바 「雙方商定取締韓人方法」, 즉 「三矢協定」이 체결되었는데, 이는 중국 당국이 한인들을 구축하는 주요한 법적 근거로 작용되었다.[14] 이 체결로 일본 측의 목적은 국민정부세력의 동북진입에 대응하여 보다 확고한 기득권을 유지하기 위해 본격적인 동북개발에 착수하였다. 그들은 한인통제를 이용해 이주한인의 경제적 예속과 독립운동의 탄압이라는 두 가지 목적을 달성하려 했다. 한편 중국동북군벌의 목적은 역시 항일이라는 전제하에 이주한인의 상황을 자국의 정책기조 입장에서 처리하고자 하였기에 이주민의 열악한 경제상황은 전혀 개선되지 않았다.[15]

삼시협정의 체결에 대해 당시 ≪동아일보≫[16]는 다음과 같이 보

---

11) 「삼시협정」의 주요내용: ① 中國居住 韓人은 中國官憲이 淸鄕章程에 의해 戶口를 嚴査하고 牌로 編成하여 서로 保證하고 連帶責任을 지게 한다. ② 中國官憲은 韓人이 武器를 携帶하고 朝鮮에 侵入하는 것을 嚴禁하고 이를 犯하는 者는 逮捕하여 朝鮮官憲에 引渡한다. ③ 不逞團體를 解散시켜 所有한 銃器를 搜査하여 沒收하고 武裝을 解散한다. ④ 韓人 所有의 銃器 火藥은 隨時로 嚴重 搜索하여 이를 沒收한다. ⑤ 朝鮮官憲이 指名한 不逞團體의 首領을 逮捕하여 朝鮮官憲에 引渡한다. ⑥ 中日 兩國官憲은 不逞韓人 取締의 狀況을 隨時로 서로 通報한다. ⑦ 中日警察은 함부로 越境할 수 없고 必要할 때는 대신 處理토록 請求한다. ⑧ 從前의 懸案은 雙方 誠意로 解決한다(『日本外交年表및主要文書』 下, 原書房, 昭和 41년 1월, 75쪽).

12) ≪중외일보≫ 1926년 7월 23일자에서는 미쓰야협정 이후 중국 당국이 조선인들에게 과중한 과세, 교육시설의 불허, 거주 거절, 경제 탈환, 부당한 체포 및 살육 등을 자행하였다고 보도하고 있다.

13) 金三民, 「재만조선인의 窮狀과 그의 해결책」, 新大陸社, 1931, 65~66쪽.

14) 김춘선, 앞의 논문, 243쪽.

15) 金周溶, 「1920年代 滿洲에서의 韓人青年運動 硏究: 社會主義 系列을 중심으로」, 『國史館論叢』 第84輯, 國史編纂委員會, 1999, 77쪽.

16) ≪동아일보≫, 1925년 6월 15일자.

도하고 있다.

1925년 6월 12일 삼시 총독부 경무국장이 귀임한 후 신문기자에게 향하여 발표한 바에 따르면, 봉천성 경무처장 겸 우진씨와 삼시씨 간에 (…중략…) 상의한 결과, 전문 7개조로 된 각서를 서로 교환하였는데 금후로는 우진씨가 책임을 충실히 이행할 터이라는 굳은 약속이 있었다 한다. 그리하여 각서의 내용에 이르러서는 비밀이니 발표할 수가 없다 하고, 다른 조선인도 중국인과 같이 호구를 조사할 것과 무장단체 취체를 잘하도록 하였다는 데에 힘을 들여서 언명하였을 뿐이라고 한다.

한편 삼시협정의 체결에 대해 당시 한 저자[17)]는 아래와 같이 논급하고 있다.

중국관헌이 참으로 효과있게 조선인을 제한하는 것은 1925년 7월 8월부터이니, 그때에 조선인제한법 강제실행법이 유효하게 된 것이다. (…중략…) 이 협약은 만주에서, 특히 봉천성 동부지방에서 조선○○을 위하여 획책하고 있는 조선인 민족주의자를 제재하기 위함이 목적이었다. 협약의 내용은 발표되지 않아서 국외자는 그 내용을 알 길이 없으나, 여하간 중국측에서 조선인 민족주의자를 축출하고 체포하여 일본관헌에게 인도할 것을 협약한 것은 사실 (…중략…)

위의 두 기사에서 알 수 있듯이, 당시 중·일 양국의 목표는 모두 재만 한인 혹은 재만 항일 무장단체를 단속하는데 역점을 두었다. 하지만 일제가 한인무장단체의 단속임무는 중국정부에 부하시킨 듯하나, 중국 쪽은 그런 의무를 수행하기보다 한인에 대한 여러 가지 압박과 부담을 가함으로써, 한인의 동북이주를 제한하였다. 그리하

17) 이훈구, 『만주와 조선인』, 성진문화사, 1979, 240~241쪽.

여 1927년에는 동북에 이주한 사람보다 동북에서 조선반도로 귀환한 사람이 4,152명이나 더 많은 역조현상을 보이기까지 하였다.[18)]

또한, 1925년 三矢協定의 체결로 중국은 상당한 경비를 부담하게 되었는데, 그 조달방법은 이주한인에게 각종 세금을 부과하는 방식을 택하였다.[19)] 1928년 일제의 조사에 의하면 동만을 제외한 남북만주의 이주한인 가운데 농업 종사자의 대부분은 소작인이었으며 토지구입자금의 부족과 중국관헌의 압박 등으로 토지소유의 실현은 매우 어려웠다고 지적하였다.[20)]

[표 1] 1927년 이주한인이 중국 당국에 의해 구축당한 건수(남만철도회사의 조사)

사 례	건 수
居住權剝奪	94
小作權剝奪	17
不法徵稅	12
移住許可證剝奪	7
强制入籍 및 風俗變更	42
兒童教育의 妨害	6
不法逮捕 및 不法科料	3
총계 181건	

[표 1][21)]은 남만지역의 이주한인이 유형에 따라 중국 당국에 의해 驅逐당한 사례이다. [표 1]에서 알 수 있듯이 당시 한인들이 제일 많이 쫓겨난 사항은 거주권과 입적 문제를 둘러싸고 이루어 졌음을 알 수 있다.

한편 중국 당국 측은 재만 한인을 압박하는 제반 법규들을 연이

---

18) 현규환, 『한국유이민사』, 1967, 226쪽.

19) 依田喜家, 「만주에 의한 조선인이민」, 『일본제국주의의 만주이민』, 龍溪書舍, 1976, 507~508쪽.

20) 『滿洲及間島琿春概況』(齊藤實文書 11), 고려서림, 22~23쪽.

21) 「중국관헌으로 인한 조선농민구축의 례 및 토지박탈」, 1929년 10월, 남만철도회사조사국발표; 이훈구, 『만주와 조선인』, 243쪽.

어 제정·발표하게 되는데, 조사된 것만 보더라도 1928년까지 총 66가지의 협정·규칙·훈령 등을 발표하였다.22) 특히 그 가운데 매달 평균 2건씩 모두 50건이 제정되었다.23) 더구나 이러한 분위기에 편승하여 하급 관헌 및 군경들이 잡부적인 수탈로 한인들을 압박하였다. 몇 가지만 열거해 보아도, 군경무전취식, 우마차 징발, 연료, 소금, 조, 토지조사원에 대한 잡비, 보위단 군복보조금, 군경 기타 관공리 여비 등 온갖 봉건적 약탈을 감행하고 있었다.24)

[표 2] 1927~1928년 사이 재만 한인이 중국경관에게 탄압을 당한 사례(1929년 12월 만철조사과에서 조사)

연도	지역	피해 상황
1927.01.06	임강현 2도구	1927년 1월 6일 임강현 2도구에 중국군경이 와서 동지에 거주하는 조선인 60여 호에 대하여 동월 20일까지 경외로 퇴거하라 엄령하였다. 조선인 가장인 安鳳國氏는 동포들과 상의하고 同地 경찰과 保長에게 大洋 7백여 원을 뇌물을 주어서야 겨우 무사하였다.
1927.01.13	안동현 3道浪頭	1927년 1월 13일 안동현 3道浪頭에 거주하는 梁啓鴻에게 군경이 와서 즉시 철거를 명하고 이에 불응할 때 군경 등은 동인의 집을 파괴하고 이 一家를 즉시 당일 철퇴시켰다.
1927.04.01	임강현	1927년 4월 1일 임강현지사는 영사관설치문제가 있던 모아산에 거주하는 조선이민 26호 118명에 대하여 즉시 철퇴를 명하였다. 그래서 이민 등은 할 수 없이 본적지로 귀환하였다.
1927.12.26	관전현 下甸子	1927년 12월 26일 관전현 下甸子에 거주하는 金龍之에게 중국관헌으로부터 내일 중으로 퇴거하라고 명받고 만일 기일 내에 철퇴하지 않으면 방화하겠다고 협박함으로 급급히 가족을 배동하여 조선 내로 귀환하였다.
1927.11.12	길림성 榆樹縣 五常縣 依蘭鎮	1927년 11월 12일 길림성 榆樹縣 五常縣 依蘭鎮 관내에 거주하는 이주농민에게 대하여 급히 귀환하기를 명하고 보위단 및 순경 등은 다수농민을 구타하였을 뿐 아니라 심지어 가산을 약탈하였다.
1927.11.27	雙湍縣 趙家屯	1927년 11월 27일 雙湍縣 趙家屯 거주이민인 李章燁에게 중국순경이 와서 (귀화치 아니한 한교에게는 거주를 불허한다)는 상급자의 명령이 있으니 곧 퇴거하라 명령하고 가정재물을 밖에 버리고 강제로 가족을 마차에 태워 장춘성내까지 호송하였다.

22) 吳世昌, 「在滿韓人의 社會的 實態(1910~1930): 中國의 對韓人 政策을 中心으로」, 『백산학보』 9호, 1970, 144~148쪽. 한인단속에 관한제반 훈령·밀령·정보 등의 내용은 조선총독부 경무국, 「在滿鮮人과 支那官憲」, 1930, 165~194쪽 참조.

23) 방향, 『조선족에 대한 봉계군벌정부의 압박구축 정책과 '대책강구회'의 활동』, '중국조선족역사족적'총서편위원회 편, 『불씨』, 민족출판사, 1995, 48쪽.

24) 유기철, 앞의 논문, 22쪽.

1928.04.06	本溪湖縣 제4구	1928년 4월 6일 本溪湖縣 제4구 保長은 補用 8명을 인솔하고 동지 조선농민 금춘경 등에게 와서 급히 철거를 명함으로 본래 허가가 있어 거주하는데 지금 와서 퇴거명령은 부당하다고 하자 동인 등은 구타모욕하고 만일 명령을 위반할 경우에는 각 호에 大洋 30원씩 제출하라고 협박하였다.

[표 2][25]에 열거된 사례는 만철조사과에서 발행한 중국관민이 재만 한인을 추방하고 그 경지를 몰수한 사례에서 축출한 것이다. 지역적으로 보면 모두 남만지역의 사건들이 다수를 차지했지만 당시 이와 같은 사례는 조선 내의 신문과 잡지를 통해 내국인에게 대량 전달됨으로 하여 그들을 흥분시켰다. 그 결과 조선 내의 각 도시에서는 조선에 거주하는 중국인을 구타 폭행하는 사례가 수없이 발생하기도 하였다.[26]

이 상의 두 도표는 모두 만철조사과에서 조사한 한인들이 탄압받고 구축당한 극소수의 사례에 불과한 것이다. 하지만 이러한 통계를 통해 1920년대 후반 특히 삼시협정이 체결된 후, 주로 동변도지역을, 중심으로 실시되었음을 알 수 있다. 그러나 삼시협정을 계기로 한 한인들에 대한 단속은 1927년 중국 내의 국권회복운동과 더불어 배일운동의 일환으로 확대되면서 전 동북지역에서 이른바 한인구축 조치가 이루어졌던 것이다.[27]

1920년대 중반, 중국동북지역에 사는 재만 한인의 상황에 대해 당시의 경험자는 다음과 같이 서술하고 있다.

25) 이훈구, 『만주와 조선인』, 244~245쪽.

26) ≪동아일보≫, 1929년 5월 3일자.

27) 이 당시 동만에서 한인구축 방식은 「間島協約」에서 한인들의 거주권과 귀화입적자들에 대한 토지소유권이 인정되었기에 東邊道地域과 같이 무력으로 축출하거나 易服을 강요한 것과는 구별되었다. 중국 당국이 북간도 지역에서 취한 한인구축 조치는 대체로 두 가지 방식으로 진행되었는데, 하나는 귀화조건을 강화하여 한인들을 중국민으로 완전 동화시키는 것이었고, 다른 하나는 중국인의 이주를 적극 추진시켜 한인들의 생활환경을 악화시킴으로써 한인들 스스로 일제의 지배권에서 이탈하여 진정으로 귀화입적 하거나 아니면 고국으로 되돌아가게 한다는 간접적인 구축방법이었다(김춘선, 앞의 논문, 245쪽).

(…중략…) 삼시협정의 파동은 全滿的으로 확대되어 재류형제들은 경작권의 박탈을 당하고 거주의 자유를 잃고 교육시설은 폐쇄를 당하게 되었다. 심한 지방에 있어서는 이것을 기회로 토착인들의 행동이 필설에 옮기지 못할 사실까지 있었다. 정당한 이유의 요구도 효력을 보지 못하게 되었고 양심의 호소도 쓸 데가 없었다. 종교의 국제성을 갖고 인도, 정의를 말하려 하였으나 이것도 우이독경이 아니면 마이동풍으로 돌아가고 말았다. 조선인의 비애는 더 말할 수 없고, 생사관두에 처한 그 정경은 神明이나 알는지 동정의 손길을 볼 수 없었다.

정치운동이 있고 혁명사업이 진전되고 있었으나, 都鄙를 통하여 전면적으로 다가오는 이 박해와 고통은 일시에 완화시킬 방도가 없고, 운동자의 꼬리를 물고 다니는 일본의 세력과 군벌의 마수는 그들로 하여금 寸進尺退의 자유도 허치 않았다. 어찌 이뿐이랴, 조선인 정치운동자와 혁명가의 머리에는 거액의 상금이 붙어 暗昧한 土軍의 공리심을 자아내어 인명의 살상도 두려워하지 않았다. 이것은 1926~7년경의 일로 吾人은 정히 수난의 와중에서 호흡이 막히게 되었다.[28)]

삼시협정의 체결로 동북지역 한인의 생활환경은 더욱 어렵게 되었다. 그들은 일제와 중국 당국의 압박과 탄압을 받아 이리저리 쫓기다가 나중에는 다시 귀향하는 사람이 적지 않았다.

1920년대 당시 중국 재만 한인의 90% 정도는 농업에 종사하였는데 그들은 동북 봉계군벌의 잔혹한 압박과 착취를 받았다. 따라서 정치상에서는 권리가 없고 경제상에서는 기아에 허덕이는 빈궁한 생활을 영위하였다. 하지만 동만 같은 경우는 조금 달랐다. 1928년 12월 한 통계에 의하면 당시 동만의 한인농호는 58,245호인데 그중 자작농, 반자경농이 33,325호로 전체 농호의 57%를 차지하였다.[29)]

---

28) 崔衡宇 著, 『해외조선혁명운동소사』 제1집, 동방문화사, 1945, 4~5쪽.

29) 『朝鮮總督齊藤文書』 11, 152쪽.

이 통계에서 동만지역의 절반 이상 한인농민들은 토지소유권 및 거주권이 허용되었음을 알 수 있다. 따라서 동만지역의 대부분 농호들은 경제가 상대적으로 안정되었기에 기타 지방에 비해 자치에 대한 요구가 강렬했을 것이라고 생각된다. 왜냐하면, 동만의 한인이주는 다른 지역에 비해 훨씬 빨리 이루어졌기에 이 시기에 와서 대부분 청년층들은 어렸을 때 이곳에 이주했거나 혹은 동만에서 태어난 2세였을 것이다. 그들은 비록 조선민족의 독립이 중요하다고 생각했겠지만 그것보다도 중국에서 자신들의 처한 환경에 더욱 신경을 썼을 것이고 그에 따라 나름대로의 자치권리에 대한 요구가 강렬했을 것이라고 생각된다.

이 시기 중국 당국이 재만 한인을 탄압하고 구축할 지경까지 간 이유에 대하여 이훈구는 『재만 조선인』에서 다음과 같이 기술하고 있다. (1) 중국인은 조선인을 일제의 주구라고 생각하였기 때문이다. (2) 일제는 장차 동북을 침략하는 과정에서 조선이주민을 이용하게 될 것이라고 판단. (3) 중국은 세계에서 가장 많은 인구를 소유하고 있다. 특히 양자강지역을 포함한 남방은 인구밀집도가 가장 강하다. 때문에 정부에서는 남방의 인구압력을 완화시키기 위해 인구가 상대적으로 적은 동북지역에 중국인을 이주시킬 것이다. 그 목적은 동북의 광활한 미개간지를 개간하여 국가의 이익을 도모하려는데 있다. (4) 동북의 존재는 중국정부로 하여금 외교상의 곤란을 가져오게 한다. 일제는 동북의 불령선인을 해산한다는 구실 밑에 동북에 군대를 파견하여 다양한 외교사건을 일으킨다. (5) 동북 오지에 있는 조선인만 위험하다는 것이다. 일본인은 조선인을 보호한다는 미명하에 만철지역 외의 중국지역에까지 군대를 주둔하기 때문이다.[30] 이훈구의 지적처럼 중국 측이 한인 구축에 나선 것은 주로 한인을 일제의 '走狗'로 간주하였기 때문이다.

30) 이훈구, 『만주와 조선인』, 241~242쪽.

한편 이 시기 중국본토로부터 동북지역으로의 중국인 이민이 증가하였기 때문에 이들을 수용하기 위해서 또 매년 늘어나는 조선이민을 대비해 재만 한인을 구축하는 경향이 높아졌을 것이다.[31] 더구나 1927년 국공합작이 붕괴되고 또 1928년 말에는 동북의 새로운 통치자인 장학량이 국민당 정부와 연결되는 변화로 인해 동북에서 중국정부가 공산주의자에 대한 단속이 점차 강화되었고 이것은 공산주의 운동이 침투하기 시작한 동만과 북만을 중심으로 한 재만 한인사회에도 그 영향을 미치게 되었다는 점도 지적할 수 있다.[32]

이상에서 살펴본 바와 같이 1920년대 후반에 들어오면서 봉계군벌은 재만 한인을 일제가 동북을 침략하는 '先驅'이고, 중·일 외교갈등의 '화근'이며, 관내 중국인들이 이민하여 오는 장애이기에 동변도를 중심한 남만지방을 시작으로 전 동북지역에서 재만 한인을 구축하고 탄압하였다. 때문에 중·일 반동통치의 압박과 착취를 받은 한인들은 동북 당국의 박해와 구축 하에 정치상에서 아무런 권리가 없고 경제상에서 더욱 빈곤하였다. 따라서 한인들이 정치, 경제, 사회상에서 합법적인 권리를 쟁취하는 투쟁은 급선무로 대두되었다.

3. 조선공산당 만주총국의 재만 한인 인식

1920년대 초반 동북지역에는 동만과 북만을 중심으로 새로운 사상인 사회주의사상이 유입되면서 공산주의그룹들이 많이 형성되었다. 이들은 좌파적인 운동을 주로 청년운동을 중심으로 점차 확산해 나갔지만, 그러한 조류들은 아직 분산적이고 국부적인 상태에 처해 있었다. 따라서 이들은 공산주의운동을 통일적으로 지도 할 당이 필

31) 吳世昌, 앞의 글(「在滿韓人의 社會的 實態(1910~1930): 中國의 對韓人 政策을 中心으로」), 23쪽.

32) 김정명 편, 앞의 책, 501쪽.

요했다.[33)]

이러한 시대적 흐름에 따라, 1925년에 4월에 결성된 조선공산당은 당시 동아시아 정세를 분석하면서 중국의 정세와 동북지역 특수성에 주목하였다. 즉 동아시아에서 혁명의 열쇠는 중국에 있다고 보았다. 왜냐하면, 당시 중국은 국공합작으로 북벌을 진행하여 승승장구로 군벌을 타도하면서 북쪽으로 발전해 장작림의 북경정부로 세력을 확장하고 있었다. 때문에 그들은 좌우연합한 중국혁명이 곧 성공할 것이라 예견하고 장차 북경과 동북지역도 국민혁명군의 손에 회수될 것이라 전망하였다.[34)] 그리고 이 과정에서 외국자본을 구축하는 즉시, '사회주의'국가를 건설할 수 있을 것으로 낙관하였다.[35)]

한편, 이 당시 수많은 재만 한인들은 일제와 봉계군벌의 탄압과 압박 속에서 아무런 사회적 지위도 없는 비참한 생활을 영위해야만 하였다. 이러한 형세 하에 조선공산당 중앙위원회에서는 처음에는 조선공산당의 해외부로서 당조직을 정리·확대하기 위해 동북에다 조선공산당 만주총국을 결성하려고 계획하였으나 그 해, 11월 22일 신의주사건으로 이 계획은 무산되고 말았다.[36)]

하지만 그들은 주저하지 않고 끊임없는 노력 하에 끝내 1926년 5월 16일 상해에 체류하던 金燦으로부터 만주총국의 설립을 책임 맡은 曺奉岩은 崔元澤·김동명과 함께 길림성 주하현 一面波의 하동에 있는 김철훈의 집에 도착하여 블라디보스토크에서 온 尹滋英·金鐵勳·金河球 등과 회합하여 조선공산당 해외부로서 동북지역에 조선공산당 만주총국을 설립하였다. 초기에 책임비서는 조봉암이 담임

33) 1922년 베르흐네우진스크에서 개최된 고려공산당 통합대회나 1924년 3월 조선국내의 각 공산주의그룹 대표자들로 구성된 통일조선공산당창립대회 역시 공산주의그룹 간의 정책적·노선적 대립에도 불구하고 통합된 당을 결성하려는 시도였다(박종린, 「1920년대 '統一'조선공산당의 결성과정」, 『한국사연구』 102, 1998 참조).

34) 「동만지방의 운동개황」, 梶村樹秀·姜德相 編, 『현대사자료』 29, 512쪽.

35) 신주백, 『만주지역 한인의 민족운동사(1920~1945): 민족주의운동 및 사회주의운동 계열의 대립과 연대를 중심으로』, 아세아문화사, 1999, 146~147쪽.

36) 金俊燁·金昌順, 앞의 책, 284쪽.

하고, 조직부장에 최원택, 선전부장에 윤자영이 당선되었다. 만주총국의 거점은 녕고탑에 두기로 하였다.[37] 그리고 만주총국은 산하에 동만, 남만, 북만구역국 등 3개 구역국[38]을 두었으며 후에 요하특별국을 조직하기도 하였다. 한편 만주총국을 조직하여 책임비서가 된 조봉암은 곧이어 상해로 떠나고 이후 1927년 10월까지는 吳義善이 책임비서로 있었으며 중간에 자주 崔元澤이 대행하기도 하였다.[39]

조선공산당 만주총국이 조직됨과 때를 같이하여 '고려공산청년회 만주총국(이하 공청 만주총국)'도 조직할 것을 결정하였다. 이에 따라 동북에 산재하는 공산주의 청년그룹들을 정리하고 공청 만주총국을 조직하였다. 김동명은 공청 만주총국의 간부로 자신을 포함하여 金海一·姜宇·洪源錫·韓震·田承旭雨·崔東旭·李周和·金勳 등 9명을 선임하였다.[40] 당시 공청 만주총국은 동·남·북만에 각각 특별기관을 배치하였지만 공청의 조직은 역시 동만지역 외에는 구체적 활동이 없었던 것 같다.[41]

1920년대 전반기 동북지역 한인 사회주의운동은 주로 소련과 인접한 북만지역에서 시작되었지만 1926년의 만주총국의 결성으로 북만지역뿐만 아니라 남만과 동만지역, 특히 동만지역에서 사회주의운동이 활성화되는 계기가 되었다.[42]

이처럼 1926년부터 중국 동북지역에는 만주총국과 공청 만주총국이 각각 조직되어 동북지역을 일정한 구역으로 나누어서 활동을 전개하였다. 하지만 이 당시 조선공산당은 해외부로서 중국 동북지역

---

37) 「金洛俊(金燦)豫審終結決定」, 『思想月報』 제2권 제2호, 1932, 1896~1897쪽; 유기철, 앞의 논문, 30쪽.

38) 구역국은 1927년 9월 총국의 지시에 따라 '道幹部'로 개편하고 道 이후에 구역국을 두는 것으로 되었다(강덕상 편, 『현대사자료』 29, 476쪽).

39) 金俊燁·金昌順, 앞의 책, 289~296쪽.

40) 「김동명통신문」, 『압수역문철』, 121쪽.

41) 유기철, 앞의 글, 30쪽.

42) 辛珠柏, 「1926~28년 시기 간도지역 한인 사회주의자들의 반일독립운동론: 민족유일당운동과 청년운동을 중심으로」, 『한국사연구』 78, 한국사연구회, 1992, 120쪽.

에다 만주총국을 설립한 이유는 그 당시 분산적이고 국부적인 동북지역 공산주의그룹들을 통일하고 조선혁명의 승리를 위해 민족주의 단체들을 흡수하자는데 목적이 있었겠지만 이러한 목표를 달성하기 위해서는 우선 중요시되는 것은 당시 재만 한인이 처한 위기국면을 극복하는 것이었다.

만주총국이 인식하기를, 동북지역은 다른 지역과 달리 특수성43)을 가지고 있다고 보았다. 즉 이 지역은 본래 항일민족주의의 터전이었기에 1926년 조선공산당이 동북지역에 들어오면서 해결해야 할 문제는 3.1운동 이후 러시아의 영향을 받아 설립된 좌경단체들을 본격적으로 공산화시키는 것과 아울러 한편으로는 전통적 민족주의 단체와의 관계를 어떻게 조정하는가의 문제였다. 전자는 자체조직에 속하는 문제이기 때문에 당내문제로서 해결해 나가면 되는 일이지만 후자는 당외 문제이기 때문에 일정한 노선과 방침이 있어야 했다.

따라서 만주총국은 1927년 1월 내려진 '黨滿總指令 제4호'에 아래와 같은 지침을 명시하였다. 민족기관조직에 관하여: (1) 통일적 민족유일당을 전체로 하고, 이에 개인 본위로서 전 동북의 정예분자를 망라하여 전만단일기관으로 한다. 국내외를 통하여 민족유일당이 성립되는 날에는 무조건으로 이에 참가할 것, 그 조직방법은 당조직방법에 준거하여 비밀조직으로 할 것, (2) 앞항의 민족유일당을 신중히 조직하기 위하여 민족기관 조직위원회를 총국지도아래에 설치할 것44) 등이다.

이 지침에서 알 수 있듯이 만주총국은 동북에서 민족유일당의 설립을 원칙적으로 동의하나, 그 조직방법은 공산당조직방법에 준거하여 비밀조직으로 하려고 했다. 왜냐하면, 조선공산당 중앙은 본래

---

43) 만주지역은 예전부터 많은 한인의 이주가 시작되었고 또 각종 사상과 이념이 복합적으로 작용된 지역이기 때문이다.

44) 「崔元澤等 第1次間島共產黨事件押收文書譯收綴」, 81쪽; 김창순·김준엽, 앞의 책, 340쪽.

동북지역에다 신간회지회를 두려고 생각했으나, 동북은 국내와 달라서 친일적 내지 반일적인 단체가 아니고서는 좌우익 간에 존재할 수 없음을 간파하였다. 따라서 신간회와 같은 단일당을 결성한다는 것은 무의미한 일이라 생각하고 동북지역의 특수성을 고려해 원칙적으로 비밀조직의 민족유일당을 조직하고자 하였다. 즉 동북지역에 이미 군림하고 있는 유력한 민족주의단체들의 세력을 저지하기 위해서는 단체본위가 아닌 개인본위로 민족유일당을 설립하려고 했음을 알 수 있다.

이상에서 볼 수 있듯이 만주총국이 초기 재만 한인에 대한 인식도 민족진영과 크게 다를 바 없이 항일이라는 전제하에 모든 민족문제를 해결하고자 하였다. 하지만 당시 중·일 양국의 탄압과 구축을 받는 재만 한인 처지에서 볼 때, 항일을 전제한 사회주의사상을 받아들이기보다 급선무로 필요 되는 것은 생활상의 안정이었다. 즉 중국에서 안정적인 삶을 영위할 수 있는 자치권리를 획득하는 것이다. 예컨대, 동만[45] 같은 경우 이 지역에 사는 대부분의 인구는 한인농민으로서 그들은 1910년대부터 민족주의단체의 항일을 지지하기 위해 인적·물적으로 모든 것을 민족주의단체에 지원하였다. 하지만 1920년대에 들어오면서 여러 가지 상황변화에 의해 그들의 처지는 개변되기는커녕, 더욱 열악해졌다. 따라서 그들이 인식하건대, 최종 목적은 항일하여 나라의 독립을 찾는 것도 중요하겠지만 그보다도 현재 착취받고 압박받는 현실에서 벗어나 동북에서 안정한 생활을 보장할 수 있는 민족자치 권리를 가지는 것을 첫째 목표로 생각하였을 것이다.[46]

45) 1926년의 통계에 의하면 북간도의 조선족총인구는 351,727명이었는데 이는 연변총인구의 80%를 점하였으며 농업에 종사하는 자는 조선족총인구의 90%를 점하였으나 그들의 경작하고 있는 토지소유면적은 경작면적의 47%밖에 안 된다. 한인내부의 계급관계를 보면 지주와 부농이 한인 총인구의 8%이고, 고농, 소작농과 한자작농이 56%였고 30%나 되는 중농들도 분분히 분화되어 빈농 또는 파산되며 류랑의 길을 걷게 되었다(조선총독부경무국, 「간도문제경과와 이주선인」, 68쪽).

46) 1920년대 중반이후로 오면 북간도지역의 대부분 한인들은 어려서 중국에 이주했거나 혹

그들은 동북지역에서 살면서 불가피면적으로 2중 사명을 짊어지게 되었다. 즉 한국의 독립을 완성하는 것과 중국에서 자신들의 민족자치를 실현하는 것이다. 이러한 사명은 재만 한인으로 하여금 한국독립운동에 투신해야 할 뿐만 아니라 중국의 반제반봉건혁명에도 적극 참가하여야만 했다. 하지만 만주총국은 재만 한인들의 이러한 사명을 진정으로 인식하지 못하고 '조선연장주의'에 입각하여 한인들한테 독립만 요구하고 그들의 생활환경 즉 자치에 대해서는 단지 조선독립의 일환으로 보았다.

자치문제는 재만 한인의 정치적 지위와 경제생활의 향상을 도모하여 반일운동의 장기화에 대응하려는 목적에서 비롯된 것이기도 하지만 객관 상에서 재만 한인이 조선의 독립을 희망할 뿐만 아니라 중국에서 자신의 정치적, 경제적, 문화적인 해방을 요구하는 2중성을 갖고 있기도 하다.[47]

4. 만주총국의 자치운동

1) 동북지역 한인자치 특징

1926년 조선공산당 만주총국이 설립되면서 동북지역에서 한인들이 자치권리를 위한 요구는 조직적이고 대중적으로 전개되었다. 그러한 요구에 따라 만주총국도 상응한 자치운동을 전개하였다. 여기에서 만주총국이 전개한 자치운동을 서술하기 전에 우선 먼저 이 시기 동북지역 한인자치에 대한 이해부터 알아보기로 하겠다.

소위 자치란 국법의 준수를 전제로 특정 지역에서 자치법에 의한

은 중국에서 태어나 성장한 재만 한인 제2세대였을 것이다(김춘선, 앞의 논문, 278쪽).

47) 유병호, 앞의 글, 210쪽.

자아관리를 의미한다.48) 즉 자치의 특징은 합법성에 있다. 합법적이라는 의미에서 자치운동을 규명한다면 단연히 자치단체들도 합법적인 단체여야 한다.

이러한 차원에서 1920년대 동북지역의 자치운동을 살펴하면 정의부를 비롯한 반일단체에서 건립한 3부 지방행정조직은 종래로 중국정부의 법적인 승인을 받은 적이 없었기에 자치기구로서 역할을 충분히 할 수 없었다. 반일단체에서 건립한 지방정권은 비록 민족사회 내부의 민사, 법규, 세금, 교육 등 면에서 한정된 자치권을 행사하였다고 하지만, 중국의 지방행정조직과 중첩되어 중국인과 필연적으로 발생하는 일체 민사갈등은 물론, 지방정부의 府民에 대한 처분에 대하여 간섭할 수 없었다.49)

이에 대해 신주백은 동북지역 자치운동의 이해에 있어서 비록 자치는 특정한 영토와 그곳에 거주하는 사람들에 대해 상부 조직으로부터 위임받은 권한 내에서 독자적인 권력을 행사에 있지만 이 시기 동북지역의 자치문제는 특수하기 때문에 재만 한인의 자치문제를 언급하면서 친일 내지 독립에 기초한 운동으로서의 자치운동 즉 항일운동 차원에서 전개된 자치운동으로 봐야 한다고 주장하였다.50)

즉 자치운동은 반일민족운동의 일환으로써 무장항일투쟁과 더불어 재만민족주의운동의 제2전선을 이루고 있다. 만약 무장항일을 통한 한국독립을 첫째 목적으로 하였다면 자치운동은 재만 한인의 해방을 주요 목적으로 한 것으로, 재만 한인의 이중성을 체현한 것이라고 하겠다. 예컨대, 정의부가 반일무장투쟁과 동시에 한교동향회와 같은 외곽단체의 합법투쟁의 작용을 보다 일찍이, 충분히 발휘하였다면 1920년대 중기의 남만지역의 한인자치운동은 기필코 다른 양상을 보여 주었을 것이다.51)

---

48) 김춘선, 앞의 논문, 159쪽.

49) 유병호, 앞의 글, 225쪽.

50) 신주백, 「1929~31년 시기 재만한인 민족운동의 동향」, 『역사학보』 151집, 1996, 110쪽.

당시 동북지역의 한인자치는 시기에 따라 조금씩 서로 다른 양상을 보이기도 하였지만 중국과 같은 다민족국가에서 한인들이 진정한 자치를 얻으려면 법적인 보호를 받는 전제하에서 민족자치 혹은 민족구역자치의 형식으로 진행되어야 한다.52) 하지만 본 논문에서 다루려는 자치는 〈늘 더 높은 전체로의 편입과 그 틀 속에서의 자기결정을 전제로〉(칼 렌나) 하는 정의에 착안점을 두고 서술하겠다.

2) 자치운동의 전개

조선공산당 만주총국은 설립되어서부터 내부 각파들 사이 갈등과 외세의 영향으로 많은 곡절을 겪었다. 만주총국이 존재한 4년 동안의 활동을 살펴보면 크게 2개 단계로 나누어 볼 수 있다. 즉 1928년 12월 테제를 계기로 그 전에는 재만 한인을 지도하여 많은 활동을 전개한 시기이고 1928년 12월 이후부터는 조선공산당 각파들이 각기 재건설위원회를 조직하여 활동한 시기이다. 전자는 주로 재만 한인들의 삶과 안정을 위해 본격적으로 활동을 전개한 시기였다면 후자는 조선공산당 내부의 모순과 갈등으로 싸우던 시기였다.

따라서 본 논문에서는 시기적으로 1926년 5월 만주총국의 건립부터 1928년 12월 테제가 전달된 기간에까지 초점을 맞추어 그들이 전개한 자치운동에 대해 살펴보겠다.53) 이 시기를 다시 세분화하면, 만주총국의 건립부터 1927년 10월 제1차간도공산당사건까지를 한

51) 유병호, 앞의 글, 225쪽.

52) 위의 글, 225쪽.

53) 박창욱은 자신의 쓴 「조선공산당만주총국의 혁명 활동」의 논문에서 조선공산당들이 중국공산당에 가입하기까지 크게 3개 단계로 나누어 보았다. 즉 제1단계는 1920년 초부터 1926년 상반년까지인데 이 시기는 여러 조기공산주의소조들이 한인집거구에서 맑스주의와 사회혁명사상을 전파한 시기이다. 제2단계는 1926년부터 1928년 말까지인데 이 시기는 조선공산당만주총국이 재만 한인을 지도하여 혁명운동을 진행한 시기이다. 제3단계는 1929년 초부터 1930년 3월까지의 시기인데 이 시기는 조선공산당 각파들이 각기 재건설위원회를 조직하여 활동하던 시기였다(박창욱, 「조선공산당만주총국의 혁명 활동」, 서굉일·동암, 『간도사신론』, 서울도서출판, 1993, 79쪽).

단계로 보고 1927년 10월 이후부터 1928년 12월까지 다른 한 단계로 나누어 볼 수 있다. 그것은 1927년 10월의 제1차간도공산당사건 이후 만주총국은 파벌투쟁에 의하여 화요파 만주총국, ML파 만주총국, 서울·상해파 만주총국 등으로 구분되어 활동하였기 때문이다. 하지만 이 두 시기에 전개한 활동이 약간의 차이를 보이고 있으나 대체로 좌경화경향을 보이기에 시기로 나누지 않고 동북지역의 지리적 특점에 따라 동만, 남·북만으로 나누어 살펴보겠다. 왜냐하면 만주총국에서 실시한 자치운동은 각 지역에 성립한 구역국 및 그 산하의 세포조직을 통해 이루어졌기 때문이다.

(1) 동만지역 자치운동

1926년 10월 28일 만주총국에서는 韓應甲과 全龍洛을 용정촌에 파견하여 당지의 각파 대표들과 함께 동만구역국을 건립하고 아래에 17개 세포조직[54]을 건립하였다. 구역국 중에서 동만구역국의 혁명역량이 가장 강대하였는데 1927년의 통계에 의하며 모두 19개 기층당조직과 116개 외각 단체에 9776명의 혁명단체성원이 있었다[55] 특히, 1920년대 후반에 들어오면서 동만지역 사회주의운동은 사실상 조선공산당 만주총국,[56] 즉 동만구역국에 의해 주도되었다. 1927년 중국 당국의 구축정책으로 인하여 한인들의 피해사례가 속출하자 동만지역에서는 민족유일당의 결성을 위주로 한 남만과 북만의 자치운

---

54) 동만구역국이 건립된 후, 그들은 연변의 각파조직들을 정리하고 새롭게 용정, 평강, 화룡, 국자가, 동불사 명월구, 왕청, 라자구 훈춘 등지에 17개 세포조직을 건립하였다.

55) 강덕상, 『현대사자료』, 535쪽.

56) 조선공산당은 1926년 5월 16일 珠河縣一面坡에서 曹奉岩·崔元澤 등을 중심으로 조선공산당만주총국을 성립하고, 산하에 동만구역국, 남만구역국, 북만구역국 등 3개 구역국을 설치하여 당 조직을 확대시키면서 각종 활동을 전개하였다. 그중 東滿區域局은 1926년 10월 28일 용정촌에 건립되었는데, 집행위원으로는 李周和·金素然·全龍洛, 선전부장에는 李淳, 檢閱部員에는 蔡世振 등이 임명되었다(金俊燁·金昌順 共著, 『韓國共産主義運動史』 4卷, 앞의 글, 372~373쪽).

동과 달리 '합법적인' 자치권리 획득을 위한 향약운동과 반일운동의 일환으로 전개된 시위운동을 중심으로 적극 대응하고자 하였다. 왜냐하면, 당시 동만지역의 한인들은 중·일 반동파와 봉건지주의 3중의 압박과 착취를 받았기에 일체의 반제역량을 단합하여 자치운동과 항일혁명투쟁을 전개할 군중적 기초가 구비되었기 때문이다.

당시 봉계군벌정부는 농촌에서 향약제도를 실시하였다. 鄕約이란 중국지방정부의 농촌기층행정조직기구로서 향에는 향약, 농촌 社에는 사장, 촌에는 甲長 등이 정부의 지시에 의하여 호구관리, 각종 잡세의 징수를 집행하였다. 향약은 주로 봉건지주, 지방유지와 부분적으로 입적한 한인지주들이 담당하였다. 각 구역국에서는 농민들을 발동하여 자체로 민의를 대표하는 지방인사들을 선거하며 또 한인집거구의 향장, 또는 부향약을 한인이 담당하도록 향약선거운동을 전개하였다. 특히 동만지역에는 인구의 76.2%(1929)가 한인이고 특별히 광대한 농촌에는 대부분이 한인으로 향촌을 구성하였다. 때문에 회장·사장과 갑장은 오직 귀화한 한인만이 책임질 수 있으며 지방 당국에서는 중국인을 파견하여 담당할 수 없었다.[57]

따라서 1927년경부터 동만지방에서는 중국의 최말단 행정자치기구인 鄕, 社, 甲을 장악하고, 한인의 안정성을 확보하는 데 유리한 조건을 만들려는 '합법적인' 정치운동의 일환으로 향약운동을 일으켰다.[58] 그들의 목적은 鄕, 社, 甲과 같은 중국의 행정기관에 적극 참가하여 중국의 법률이 허락하는 범위에서 반봉건투쟁을 전개하며 한인의 일상적 이익을 옹호하려고 하였다.[59] 아울러 항일운동 차원에서 중국의 행정기관에 참가하여 친일단체인 조선인민회를 반대한다는 구상이었다.

57) 金亨煜·崔厚澤, 앞의 글, 63쪽.

58) 梶村樹秀·姜德相 編, 「동만지방의 운동개황」, 『현대사자료』 29, 502쪽; 『제1차 간도공산당탄압사건 압수문서』, 92쪽.

59) 「고려공산청년회 만주총국 사업보고(1927.1~10)」, 4쪽.

1928년 들어와서는 향약운동을 정치운동의 일환으로 보고 재만 한인의 당면한 이익을 보호하는 방안도 내놓았다. 즉 1) 향·갑의 임원 선거에 노력하고, 2) 土豪, 非紳士의 비행을 폭로하며, 3) 공민권 획득에 노력하고, 4) 조선인거류민회를 배격하며, 5) 향·갑의 모든 조건을 이용하면서 대중이익을 흡수하고 조선인민회가 필요 없음을 대중에게 인식시킬 것을 행동방침으로 규정하였다.[60] 이처럼 향약운동은 전연변간민대표회의 지도아래 대중적인 기반과 보호막을 마련하여 새로운 자치기관을 결성하려는 중요한 활동의 하나였다.

한편, 1928년 만주총국 동만구역국 산하의 고려공산청년회 동만구역국[61]의 「사업방침」[62]에서도 동만지역에서 "전 민족적 각계각층을 망라한 전간도조선인단체협의회를 소집하여 대중들에게 ① 일본제국주의의 정체를 폭로할 것, ② 중국적, 봉건적, 반동적 군벌의 非行을 인식시킬 것, ③ 중국국민혁명과 재만 우리동포와의 관계 등을 인식시킬 것"을 요구하였다.

이에 따라, 1928년 8월 2일, 전간도조선인단결회의에서 초기 공산주의단체들은 기독교, 대종교 등 종교단체를 쟁취하고, 또 문예연토회, 여관조합, 학생회, 음식조합, 용정여자청년회, 용정소년회, 민주중학기성회 등 단체들은 모아 협의회를 성립하였다. 그들은 이를 동만지역의 정치투쟁단체로 보고 군중성적인 '합법적인'정치활동을 벌였다.[63]

그리고 협의회는 자치문제 상에서 향약운동으로 자치운동을 대체하여 정부형식의 조직을 성립하는 것을 피면하였다. 그들은 각 단체

---

60) 金俊燁·金昌順, 앞의 글, 382~383쪽.

61) 고려공산청년회 동만구역국은 만주총국 동만구역국의 외각단체이다. 1926년 설치시 고려공산청년회 동만구역국의 책임비서는 李正万, 조직부장에는 金世俊, 선전부장에는 林允基 등이 임명되었다.

62) 이 문서는 1928년 9월 고려공산청년회 동만도 간부 선전부장 林允基가 보관하고 있던 것을 일제가 압수한 것이다(金俊燁·金昌順 共著, 앞의 글, 381쪽)

63) 金亨燈·崔厚澤, 앞의 글, 63쪽.

에서 鄕, 社長의 선거에 적극 참가하여 이러한 조직기구를 통해 토호렬신의 죄행을 폭로하고 공민의 권리를 쟁취하며, 선전을 통해 민중들로 하여금 친일적인 조선인민회의 죄행을 인식하게 하는 것이다. 또한, 향·사의 기능을 발휘하여 민중의 이익을 도모하였다.[64) 그들은 남만과 북만이 '구축대책위원회'에 호응하여 북간도간민대표대회를 열어 각 단체에 적극적으로 향·사 운동에 참가하도록 호소하였다.

요컨대 당시 한인 공산주의자들은 중국 당국의 한인구축정책에 반대하는 투쟁을 정치운동의 일환으로 인식하고 있으면서, 한편으로는 일본제국주의 침략음모를 폭로하고 반동군벌의 비행을 대중들에게 인식시키고 다른 한편으로는 동만지역에서 한인의 합법공간을 확보하고 공민권을 획득하며 여론의 주도권을 장악하려는 대중적인 자치운동으로서 항일운동이자 동시에 합법성 획득운동이라고 보았다.[65)]

만주총국은 또한 민중을 발동하여 연속적인 반일데모를 단행하였다. 1927년 5월 1일 노동절을 계기로 동만 구역국에서는 용정을 중심으로 인근의 수백 명 청년학생을 동원하여 반일시위운동을 전개하여 비교적 순리로운 성과를 거두었다. 이에 고무되어 이들은 공판대회를 반대하여 보다 큰 반일시위를 단행하기로 결정되었다. 하지만 정보를 탐지한 일제군경에게 체포되었다. 이번 사건으로 원 화요파세력이 영도권을 장악하고 있던 만주총국과 동만구역국의 역량은 중대한 손실을 받아 쇠약해졌다.[66)]

그리고 반일투쟁에서 조선공산당 각파들은 일제의 죄행을 폭로했

64) 김준엽, 『한국공산주의운동사자료』 제2권, 258쪽.

65) 신주백, 『만주지역 한인의 민족운동사(1920~1945): 민족주의운동 및 사회주의운동 계열의 대립과 연대를 중심으로』, 아세아문화사, 1999, 188쪽.

66) 박창욱, 「조선공산당만주총국의 혁명 활동」, 서굉일·동암, 『간도사신론』, 서울도서출판, 1993, 86쪽.

을 뿐 아니라 당시 창궐하였던 친일조직이나 밀정들을 타격하고 혁명조직을 보위하기 위해 모연금징수와 반일투쟁을 진행하였다. 특히 1928년 9월 3일 동만에서는 국제청년절을 계기로 ML파가 주최로 용정 국자가를 중심으로 부근 수천 명 청년 당시들이 반일시위를 단행하여 일제세력타도와 조선 절대독립구호를 부르면서 그들의 침략행위를 성토하였다. 일제는 이번 데모를 계기로 72명의 당시청년들을 체포하였다.67)

이는 만주총국이 가지고 있는 '조선혁명연장론'의 구체적인 실현이기도 하다. 그러나 만주총국의 이 같은 노선방침은 조선국내의 반일운동을 성원하고 재만 한인들의 반일의식을 고양시키는 데는 일정한 효과를 볼 수 있었으나, 당시 중국 당국의 한인구축으로 인하여 재만 한인사회가 직면하고 있는 참혹한 현실문제에 적시적으로 대응하지 못한 한계를 가지고 있었다고 볼 수 있다.

(2) 남·북만지역 자치운동

1920년대 중반에 오면, 남만과 북만은 주로 민족주의 진영인 3부가 건립되면서 이 지역을 장악하였다. 또한 당시 중국의 국공합작의 영향 하에 만주총국은 남만과 북만지역에서 좌우연합을 전제한 민족유일당의 건립을 통해 한인들이 당면한 위기국면을 극복하고자 하였다. 구체적으로 보면 한편으로는 남·북만에 설립한 각 구역국과 그 산하의 세포조직을 통해 농민조합과 청년조직을 건립하는데 주력하였고 다른 한편으로는 항일구국이라는 전제하에 민족주의단체와 연합하여 한인들의 귀화입적하는 합법적인 도경을 이용해 '민족자치'를 쟁취하려고 하였다.68)

67) 위의 글, 89쪽.

68) 金亨煜·崔厚澤, 앞의 글, 63쪽.

1926년 만주총국이 건립된 후, 동북의 한인지역의 농촌마다 농민조직과 청년조직들이 건립하여 〈일제침략세력의 타도 조선의 절대적 독립〉, 〈불합리한 사회제도의 개혁〉을 주장하고 나왔는데 어떤 지방에서는 비단 학교뿐만 아니라 농촌의 야학과 성인식자반에서까지도 공개적으로 여론되었고 혁명가곡을 보급시키면서 광범한 농민들 속에 사회혁명사상을 침투시켰다.69)

특히, 제1차 간도공산당사건 이후, 만주총국은 각파별로 분산되어 활동하였지만 그들은 조선의 독립과 항일이라는 전제하에 각자의 노력을 진행해왔다. 화요파의 김찬은 민족유일당의 건립을 위해 직접 남만으로 가 정의부에서 주체하는 회의에 참석하였다. 회의에서 그는 당면의 형세를 분석하면서 좌우진영이 상호 합작하여 일제를 소멸하고 조선의 독립을 쟁취하기 위해 공동이 노력할 것을 제창하였다. 따라서 그는 정의부 중앙집행위원 19명 중의 일원으로 활동하면서 좌우합작의 모범으로 당시 제일 시급한 문제인 한인농민들의 생활안정을 위해 흥경현에 농민조합을 건립하여 청년조직을 정돈하며 강습소와 야학들을 꾸리고 농민들과 청년들에게 정치상식과 시사학습을 시킬 것을 허락받았다. 이에 따라 남만의 각 한인부락마다 조직된 농민조합은 56개 단체에 달하였으므로 이것을 3개의 농민연맹으로 하고 그 위에 다시 북만조선인농민총동맹을 만들었다. 이 사무소는 阿城縣 海溝에 설치하고 책임자는 李昇權으로 하였다. 북만의 농민총동맹의 회원은 약 700명이었고 간부는 5명이었다.70)

하지만 김찬은 조선공산당 만주총국에서 제기한 개인 신분으로 가입한다는 원칙을 위반하였기에 1929년 6월에 해임처분을 받았다. 결국 〈결렬성명〉까지 발표하게 되었다.71) 이는 김찬이 당시 민족유일당 결성을 둘러싸고 좌우익이 영도권 쟁취를 둘러싼 만주총국의

---

69) 박창욱, 앞의 글, 97쪽.

70) 『金燦調書』, 99~100쪽.

71) 박창욱, 앞의 글, 88쪽.

기본원칙을 어긴 것이 원인이겠지만 중요한 것은 당시 일제와 중국 당국의 탄압과 구축 하에 있는 남북만의 한인농민들을 생활을 보장해주고 사상교육을 시켰다는 점이다.

한편, 1927년 11월 길림에서는 길림재류동포임시대회를 열고 만장일치로 韓僑問題對策講究會를 조직하였다. 이 조직은 신민부와 정의부가 주도로 설립되었지만 조선공산당 만주총국의 ML파도 이 한교문제대책강구회를 지지하였다. 그들의 목적은 당시 한인들이 처한 상황에 비추어 합법적인 방법으로 중국에 귀화입적하여 재만 한인들의 교육과 산업을 진흥시키고 그들의 생활안정과 자치역량을 강화하려고 하였다. 이는 조선연장주의 방침의 기조 위에서 재만 한인의 문제를 풀어가려고 했던 사회주의운동의 활동방향이었다.[72]

1928년 9월에는 재만 한인의 귀화입적 등을 담당하는 자치기관을 표방한 동성귀화한족동향회를 결성하였다.[73] 1928년 12월에 ML파는 재중국한인청년동맹과 재만농민동맹을 통해 동성귀화한족동향회를 상정하고 이를 지지한다는 선언까지 발표하였다.[74] ML파의 목적은 삼부를 해체하고 독자적인 교육권을 갖는 등 중국에서 한인의 특수한 권리를 인정받는 가운데 한인을 귀화시키고자 하였다. 그리고 귀화한 한인은 토지 등 부동산을 합법적으로 소유할 수 있으므로 "住民組合的"으로 토지를 구입하여 부락을 형성하고 "민중적으로 통일된 산업기관과 금융기관"을 설치한다는 것이었다.[75] 결과 1929년 4월에 오면 중국에 귀화입적한 한인수는 길림성에 약 10만 명, 봉천성에 약 1만 명, 흑룡강성에 약 5천 명에 달하였다.[76]

요컨대, 이 시기 만주총국은 남·북만지역에 구역국을 설립하여

---

72) 신주백, 앞의 책, 181~182쪽.

73) 김준엽·김창순, 앞의 책 4, 175~176쪽.

74) 「在支朝鮮人ノ民族運動ト工産運動トノ關係」, 『경찰사: 길림총영사관 외편』, 9628~9629쪽.

75) 『고려공산청년회의 당면문제 연구자료』, 106~109쪽.

76) 황용국, 「'조선혁명군'의 역사에 대하여」, 『국사관논총』, 1990, 148쪽.

당지 한인들의 안정을 도모하려고 노력하였으나 워낙 이 지역은 3부를 포함한 민족주의자들의 세력범위였기에 자신들의 주도로 각종 활동을 전개할 수 없었다. 때문에, 이 시기 만주총국이 한인자치를 위한 노력은 민족주의진영이 주도로 전개된 '동성귀화한족동향회'의 활동이나 혹은 귀화입적운동을 지지하거나 합류하는 방식으로 전개되었다. 하지만 당시 봉계군벌의 정권하에 재만 한인농민의 근본문제인 토지문제를 해결하려면 봉건착취제도를 폐지하고 토지혁명을 일으키며, 감조감식을 통한 경제생활의 향상을 도모해야만 했다.[77] 그러나, 이 시기 초기 한인 사회주의자들은 민족주의진영이 주도로 전개한 각종 활동에만 지지, 성원하였을 뿐이지 당시 중국이 처한 근본적인 문제인 반제와 반봉건을 인식하지 못했기에 자신들이 바라던 한인의 진정한 자치를 실현 못했다.

5. 맺음말

지금까지 만주총국에서 실시한 자치운동에 대해 살펴보았다. 초기 조선공산주의자들은 동북지역의 광범한 한인군중에 의거해 그들의 실제문제를 해결해야만 견고한 반일혁명기지를 건립할 수 있다고 보았다. 이에 따라 그들은 정치상에서 한인들의 합법적 지위와 권리를 해결하고, 경제상에서 그들의 안정적인 생활을 보장하며, 문화상에서 교육을 진흥시킴으로써 그들의 문화수준과 반일민족의식을 제고하여 민족인재를 육성하려고 생각하였다.

또한 만주총국은 자치기관과 반일혁명기관을 갈라 자치기관으로 하여금 중국의 행정기구에 소속되고, 혹은 중국정부의 승인을 획득하여 중국법률이 허용하는 범위에서 감조감식을 전개 및 토지영주

77) 박창욱, 「論本世紀 20년대부터 30년대동북조선족자산계급민족주의자들의 반일민족운동」, 『중국조선족역사연구』, 연변대학출판사, 1995, 366쪽.

권을 쟁취 등 반봉건투쟁과 한인들의 생활향상을 도모한 활동을 전개함으로써 자치를 실현하려고 하였다. 아울러 친일조직인 거류민회를 배척하는 투쟁을 전개해 중국정부의 옹호를 얻었다. 즉 중국정부가 허용하는 범위에서 한인의 '합법적인' 자치를 실시하고 반일투쟁을 전개하려고 하였다.

하지만 만주총국은 줄곧 '조선연장론'이라는 민족의식으로 출발하였기에 첫째는 중국혁명의 구체적인 실제와 결부시켜 활동을 진행하지 못했다. 왜냐하면 그들은 모두 조선공산당의 지방조직으로써 상급의 방침, 노선을 교조적으로 동북에서 관철하였기 때문이다. 결과 반일투쟁에서 동북실정과 재만 한인의 실제를 탈피하고 그들의 혁명운동을 정확히 지도할 수 없었으며 급격한 정세에 적응할 수 없었다.[78] 다른 하나는 동북에서 재만 한인의 자치권 획득은 중국인 노동자, 농민의 혁명투쟁을 이탈하게 되었다. 만약 동북의 3천만 인구에서 겨우 100여 만밖에 안 되는 재만 한인이 인구의 절대수인 중국인과의 연대성을 잃는다면 일제를 물리치고 민족해방을 얻을 수 없게 된다.[79]

당시 재만 한인은 철저한 해방을 얻으려면, 비단 일제를 소멸해야 할 뿐만 아니라 자신을 직접 통치하며 압박 착취하는 중국군벌세력도 반대하며 불합리한 사회제도를 개혁하해야 한다. 그러나 만주총국은 조선혁명연장론에 구속되어 투쟁의 예봉을 단지 일제침략의 타도에만 두고 중국군벌세력이나 봉건지주를 반대하는 것은 제출도 하지 못했다. 결과 재만 한인의 근본적이고 절박한 문제인 반봉건문제를 해결할 수 없었으며 점차 민중을 탈피하게 되었다.

요컨대, 조선공산당 만주총국은 아직 성숙되지 못한 당이기에 봉계군벌정권의 통치하에 재만 한인을 이끌고 진정한 민족자치권을

78) 박창욱, 「조선공산당만주총국의 혁명 활동」, 서굉일·동암, 『간도사신론』, 서울도서출판, 1993, 99쪽.

79) 고준석, 앞의 글, 164~168쪽.

쟁취할 수 없었다. 이는 동북지방정부가 大漢族主義로부터 출발하여 재만 한인의 존재를 승인하지 않았을 뿐만 아니라, 귀화입적을 중국국적에 가입하는 표준으로 삼고 민족적 멸시와 차별을 실시하였다. 특히 일제가 재만 한인에 대해 '통제'와 '이용'정책을 실시하면서 봉계군벌정부는 재만 한인을 '일제가 동북을 침략하는 선봉', '중일외교갈등의 화근'이라고 오해하면서 박해와 구축정책을 실시한데도 원인이 있다.

[참고문헌]

1. 저서

고준석, 김영철 역, 『조선공산당과 코민테른』, 공동체, 1989.

김정주, 『朝鮮統治史料』 8, 한국사료연구소, 1971.

김준엽·김창순, 『한국공산주의운동사』 2·4, 청계연구소, 1986.

신주백, 『만주지역 한인의 민족운동사(1920~1945): 민족주의운동 및 사회주의운동 계열의 대립과 연대를 중심으로』, 아세아문화사, 1999.

이명영, 『재만한인공산주의운동연구』, 성균관대학교출판부, 1975.

이훈구, 『滿洲와 朝鮮人』, 成進文化社, 1979.

현규환, 『한국유이민사』, 語文閣, 1967.

2. 논문

김춘선, 「'북간도'지역 한인사회의 형성 연구」, 국민대 박사논문, 1998.

김형욱·최후택, 「朝鮮族初期共産主義團體'民族自治'運動」, 『연변대학학보』 第33卷 2期, 2000.

박창욱, 「조선공산당만주총국의 혁명 활동」, 서굉일·동암, 『간도사신론』, 서울도서출판, 1993.

신주백, 「1926~28년 시기 간도지역 한인 사회주의자들의 반일독립운동론: 민족유일당운동과 청년운동을 중심으로」, 『한국사연구』 78, 한국사연구회, 1992.

신주백, 「1929~31년 시기 재만한인 민족운동의 동향」, 『역사학보』 151집, 1996.

유기철, 「만주지방 한인민족운동의 성격변화에 관한 연구: 1920년대 후반을 중심으로」, 연세대 석사논문, 1987.

유병호, 「국외 민족주의 운동에 대한 역사적 평가: 滿洲지역을 중심으로」, 『한국민족운동의 역사와 미래』, 국학자료원, 2000.

황민호, 「1920年代 後半 在滿韓人共産主義者들의 路線轉換과 間島蜂起에 관한 研究」, 『國史館論叢』 제79집, 國史編纂委員會, 1998.

3. 신문

≪동아일보≫ ≪중외일보≫ ≪조선일보≫

해방 직후 한국소설에 나타난 귀환과 정주의 선택과 그 의미*

만주 지역에서의 귀환과 정주를 다룬 소설을 중심으로

최병우
(강릉원주대학교 국어국문학과 교수)

1. 서론

천오백 년이 넘는 기간 동안 한반도 내에서 공동체를 이루며 살아온 한민족은 19세기 후반부터 경제적인 궁핍을 극복하기 위하여 만주로 이동하는 자발적 이산이 시작되었다. 이후 근대화와 함께 닥친 일제의 강점은 이산을 촉진시켰고, 만주국 건립에 따른 일제의 기획 이민과 태평양 전쟁에 필요한 인력의 징용과 징병으로 이산이 더욱 심화되었다. 그 결과 500만 명에 이르던 이산된 한민족[1]은 해방과 함께 여러 가지 경로를 통해 귀환하여 절반 정도가 돌아오고 나머지는 돌아오지 못하거나 않아[2] 현금 재외 한민족의 뿌리가 되

* 이 글은 『현대소설연구』 46호(2011)에 게재되었던 것을 수정보완하였다.

1) 당시 한반도에 살고 있던 조선인이 2,000만 명에 미치지 않은 것을 생각하면 불과 50년 정도의 기간 동안에 전체 인구의 20% 이상이 이산되는 비극적인 상황이었음을 알게 된다.

었다.

연합군 측이 전쟁을 끝내고 계획을 수립하기 이전에 이미 엄청난 규모의 사적인 귀환이 이루어지고 있었다.[3] 미 군정청 외무처의 기록에 1946년 10월 2일까지 남한으로의 귀환 인구가 2백 20만에 달한다[4]고 한 것으로 보아 조선인의 귀환은 미국무부의 예견[5]대로 남한 내의 인구 과잉을 낳았고 또 주택 문제를 비롯한 많은 사회 문제를 유발하였다.

해방 직후 조선인의 귀환이 이러한 여러 문제를 가지고 있음에도 불구하고 이에 관한 연구는 비교적 소루한 편이다.[6] 이는 해방 직후 혼란된 시기에 많은 조선인들이 개인적으로 귀환을 감행[7]하여 귀환의 규모나 양상이 불분명한 점과 해방 이후 한국 사회가 정치적·사회적 불안 속에 '나라 세우기'에 치중함으로써 귀환의 문제가

---

2) 장석홍, 「해방 후 연변지역 한인의 귀환과 현지 정착」, 채영국 외, 『연변 조선족 사회의 과거와 현재』, 고구려연구재단, 2006, 99쪽. 해방 당시 이산 조선인의 수나 해방 이후 귀환인의 수에 대한 정확한 통계는 존재하지 않는다. 대체로 중국 지역에 있던 230만 명 중 100만 명 정도가 귀환하고 130만 정도가 남았고, 일본에 있던 200만 명 중 140만 정도가 돌아오고 60만 정도가 남았으며, 기타 러시아, 사할린, 미국 등지에 있던 조선인들의 귀국은 별로 이루어지지 않은 것으로 이야기되고 있을 뿐이다.

3) 종전 당시 연합군은 해외에 거주하는 조선인들을 귀국시킨다는 일반 방침을 가지고 있었으나, 연합군이 재일 조선인에 대한 귀환 정책을 수립하기 전에 개인적인 선편 귀환이 이루어졌고, 또 만주 지역의 조선인들의 귀환 문제에 대해 미국이나 중국 측은 신중한 입장을 가지고 있었지만 해방 직후 많은 재만 조선인들은 육로로 귀환을 서둘렀다.

4) 김윤식, 「우리 문학의 만주 탈출 체험의 세 가지 유형」, 『한국학보』 44집, 1986, 168~169쪽 재인용.

5) 미국무부는 1943년 5월, 전후 처리와 관련하여 해외한인 문제를 다루면서 전후 만주지역의 한인의 거취를 놓고 "방대한 수의 한인이 귀환할 경우 한국 내 인구 과잉이 극히 악화될 것이기 때문에 중국인의 한인에 대한 차별이 없다면 한국 귀환을 강요하기보다는 잔류시키는 것이 득책"이라는 결론에 이르고 있음을 볼 수 있다(장석홍, 앞의 글, 104쪽).

6) 해방 직후 조선인의 귀환 문제에 관한 연구 성과와 앞으로의 연구 전망에 대해서는 장석홍, 「해방 후 귀환문제 연구의 성과와 과제」(『한국근현대사연구』 25집, 2003.6)와 이연식, 「해방직후 조선인 귀환연구에 대한 회고와 전망」(『한일민족문제연구』 6집, 2004)에 잘 정리되어 있다.

7) 이연식, 「해방 직후 해외동포의 귀환과 미군정의 정책」, 서울시립대 석사논문, 1998, 8~11쪽 참조.

묻혀 버린 점에 기인한다.

마찬가지로 해방 직후 한국문단에는 귀환의 문제가 문학의 한 문제로 등장하나 해방에 따른 정치적 혼란과 경제적 궁핍 그리고 사회적 불안의 문제가 이슈화되면서 문학의 중심 주제로 자리 잡지 못하였다.[8] 해방 직후 귀환한 염상섭, 김만선, 허준, 안회남 등의 작가들에 의해 귀환을 다루는 작품들이 발표되기는 하지만 곧장 귀환인들의 궁핍한 삶이나 이념의 갈등 등이 소설의 주제로 자리 잡게 된다. 귀환의 문제는 그 역사적 의의에 비해 소루하게 다루어진 것이다.

이는 귀환소설의 연구에서도 마찬가지 양상을 보인다. 귀환소설에 대한 본격적인 연구는 1980년대에 이르러 김윤식에 의해 시작되었다. 김윤식[9]은 귀환의 유형을 심정적 귀소본능, 타인의 설득에 무작정 따라 나선 귀환, 역사와 현실에 대한 어느 정도 객관적 진실을 보여주는 지식인의 귀환으로 나누어 살펴 이후 귀환소설 연구의 한 방향을 제시하였다.

이후 여러 논자들에 의해 귀환소설의 특성이 논구된 바 김태운[10]은 비평적 읽기를 통해 귀환성 유이민소설의 특성은 자아정체성 내지 민족 동일성 회복에 바탕을 두고 있음을 밝혔으며, 임희종[11]은 외국에서의 돌아옴을 다룬 귀환소설과 내국인이 고향으로 돌아가는

---

8) 권영민은 "당시의 상황으로 보면, 정치 사회적인 불안과 사상적인 갈등, 경제의 혼란 등을 수습할 수 있는 민족적 역량이 충분한 상태는 아니었다. 문단의 경우에도 사태는 마찬가지여서, 정치적 이데올로기의 주장이 문단을 압도하였으며, 작가들 자신도 대부분 스스로 현실에 직면하여 그것을 바르게 인식하고 작품의 세계 속으로 끌어들일 만한 정신적인 여유를 갖지 못하였다. 그러므로 해방 직후의 소설들은 대체로 무엇을 쓸 것인가 하는 근본문제에서부터 상당한 망설임을 드러낼 수밖에 없었다. 주제의 빈곤이라고 할 수 있는 이러한 현상은 작가가 주체적인 세계관을 확립하지 못하고 있다는 사실에서 비롯되는 것이었다."고 이러한 상황의 근본 요인을 분명히 제시하고 있다. 권영민, 『해방직후의 민족문학운동연구』, 서울대학교출판부, 1986, 174~175쪽.

9) 김윤식, 「우리 문학의 만주 탈출 체험의 세 가지 유형」, 『한국학보』 44집, 1986.

10) 김태운, 「해방기 귀환소설 연구」, 『어문연구』 25집, 1994.

11) 임희종, 「해방기 귀로형 소설 연구」, 『현대문학이론연구』 7집, 1997.

귀향소설을 모두 묶어 귀로형 소설로 함께 고찰했다. 이 두 논문은 작품에 대한 정치한 이해로만 끝나고 귀환소설의 특성을 밝히지 못한 한계를 보인다. 정종현[12]은 해방기 일본과 중국 등지에서 귀환이라는 제재를 다룬 귀환소설을 중심으로 귀환의 양상을 다루면서 국민국가의 형성, 새로운 정체성의 구성 그리고 심상지리의 축소 과정 등을 살펴보았다. 그러나 이러한 귀환의 의미 해석이 다소 평면적이라는 한계를 보인다.

이들의 업적을 바탕으로 정재석은 그의 석사학위논문[13]에서 해방기 귀환소설에 나타나는 주제적 특징을 이주의 기억과 해방의 인식, 결별과 조우의 과정에 나타나는 귀환의 의례, 귀환으로 나타나는 생활의 상실과 국가 건설과 통합의 문제 등으로 나누어 심도 있게 논구하였다. 이 논문은 해방기 귀환소설의 주제적 특징을 시대적 상황과 관련하여 다양한 측면에서 심도 있게 논의한 점은 높이 살 만하나 각각의 주제들이 상호 긴밀한 논리적 연관을 맺지 않은 아쉬움을 보인다. 또 오태영[14]은 일본으로부터의 귀환서사를 통해 민족국가를 형성하지 못하고 있었던 조선인의 귀환은 '조선인 되기'라는 민족적 제의를 겪어야 함을 밝히고 있다. 이는 일본에서의 귀환의 경우 해당하나 중국에서의 귀환을 다루는 경우에는 해당되지 않을 개연성이 있다. 최정아[15]는 귀환소설을 일본에서의 귀환과 중국에서의 귀환으로 나누어 살펴 해방기 귀환소설이 '조선인 되기'의 귀환서사였음을 해명하고 그것이 정화와 재생, 회복과 결속의 상상력에 의해 전개되는 순혈주의와 가부장제의 이데올로기에 의해 작동되고 있음을 밝혀 귀환소설의 내적 의미망을 의미 있게 정리했으나 작품 읽기에만 한정된 점은 귀환소설의 연구로서 일정한 한계를

12) 정종현, 「해방기 소설에 나타난 '귀환'의 민족서사」, 『비교문학』 40집, 2006.
13) 정재석, 「해방기 귀환 서사 연구」, 연세대 석사논문, 2006.
14) 오태영, 「민족적 제의로서의 '귀환'」, 『한국문학연구』(동국대) 32집, 2007.6.
15) 최정아, 「해방기 귀환소설 연구」, 『우리어문연구』 33집, 2009.1.

보인다.

이상 살핀 바와 같이 귀환소설에 대한 연구는 전반적으로 소루하였고, 그간 이루어진 연구 성과 역시 작품 내적 범주 내에서만 귀환의 의미를 연구한 한계를 보인다. 더욱이 귀환소설을 연구함에 있어서 귀환인(전재민)들의 삶의 조건과 이념의 혼란 그리고 이후의 국가 만들기 등에 치중한 것은 이주와 귀환과 정주의 선택이라는 귀환인들에게 있어 본질적이고 절박한 문제에 대한 천착이 없었다는 한계를 보인다. 이러한 점에 착안하여 본고는 귀환소설을 연구함에 있어 역사학계의 연구를 적극 참조하여 500만 명에 이르는 이주 조선인들이 절반은 귀환하고 절반은 정주를 선택하는 원인과 그 과정에서 겪게 되는 갈등의 양상을 파악하고자 한다. 이는 귀환의 선택이 혼란 속에 있는 타민족의 공간에서 있을 고난과 아직 국가가 세워지지 않은 고향 땅에서의 고통을 선택하는 행위였기 때문이다.

해방 이후 아시아 각지와 하와이 등지에서 조선인의 귀환이 이루어지지만 그 규모가 가장 큰 것이 일본, 중국에서의 이동이어서 집중적인 연구의 대상이 된다. 그러나 일본으로의 이주와 중국으로의 이주가 그 역사나 이유가 같지 않으며, 일본에서의 귀환이 주로 미군의 주도 하에 비교적 체계적으로 이루어진 것임에 비해 만주에서의 귀환은 거의 개인적인 것이었다는 점에서 그 양상은 보다 복잡하고 다양한 층위를 지닌다.16) 따라서 본고는 해방 이후 중국에서의 귀환과 그것을 형상화한 귀환소설을 대상으로 귀한과 정주의 선택 과정에 나타난 이주민들의 심적 갈등의 양상과 그 의미를 해명하고자 한다. 이러한 연구가 이후 조선인의 이주와 귀환 그리고 정주의 문제를 연구함에 있어 새로운 시각을 만들어 줄 것으로 기대한다.

16) 해방 이후 조선인의 귀환에 나타나는 거주 지역 별 양상은 이연식, 「해방 직후 해외동포의 귀환과 미군정의 정책」(서울시립대 석사논문, 1998, 14~24쪽)에서 비교적 상세하게 고찰된 바 있다.

2. 만주 지역의 혼란과 조선인의 불안

일본이 연합국 측에 항복하였을 때 만주에 살고 있던 조선인들은 이제 해방이 되었다는 기쁨에 젖어들었겠지만 동시에 만주인들의 움직임에 대해 불안감을 갖지 않을 수 없었다. 일제의 만주에 대한 정책에 따라 이주해 왔고 일본인들의 보호 아래 비교적 안정된 삶을 유지하며 만주인들을 약간은 내려다보던 조선인들로서는 14년간이나 일제의 억압을 받은 만주인들의 일제의 패망에 따른 반응이 두려울 수밖에 없었다. 치안을 유지하고 있던 일본군과 경찰력이 힘을 상실해 버리고 아직 소련군이든 국민당이든 공산당이든 치안을 담당할 권력이 만주 지역을 장악하지 않은 현실에서 자신들을 억압하던 일본인이나 그 아류로 인식되던 조선인에 대한 개인적 분풀이나 약탈은 충분히 예견될 수밖에 없는 상황이었기 때문이다.

더욱이 일본인이 장악한 언론사들이 활동을 중지하게 되자 정보는 단절되고 확인되지 않은 루머들이 주민들 사이에 떠돌게 된다. 이러한 불안정한 상황에서 패전국민인 일본인들은 숨을 죽이고 사태의 추이를 바라보며 귀국을 서둘렀겠지만, 조선인들은 자신들도 일제에 나라를 빼앗기고 박해를 받은 민족이라는 생각을 하면서도 만주인들과 소련군의 반응에 대해 불안한 마음을 감출 수가 없었을 것이다. 해방 직후 만주 지역의 조선인들이 갖고 있었던 해방에 대한 기대감과 현실에 대한 불안감은 아래 인용문에 잘 드러난다.

> 일본이 항복하기는 미국과 영국한테 뿐이요, 만주에 있는 일본군은 눌러서 그대로 소련과 전쟁을 한다더라.
>
> 항복하기를 거절한 일본 군대가 만주에서 각지로 흩어져 약탈을 하고 조선 사람을 함부로 죽인다더라.
>
> 아무데서는 만인이 들고 일어서서 조선 사람의 집들을 엄습하고 재물을 뺏고 여자를 겁탈하였다더라.

옛날의 만주처럼 처처에 마적이 굉장히 많이 퍼져 함부로 다니지를 못한다더라.

고국에는 벌써 정부가 서 상해·중경(上海重慶)에 가 있던 임시정부의 김구(金九)가 대통령으로, 김일성이 육군 대신으로 모두들 들어앉았다더라. (…중략…)

전자에 조선 사람들이 일본의 세력을 믿고 덩달아 만인을 핍박한 그 분풀이를 만인들은 이 계제에 하여치우려고 벼른다더라

소련군은 조선이 일본과 협력하여 전쟁을 했다고 조선도 일본과 같이 적국으로 인정을 하기 때문에 조선 사람에게 대단히 가혹히 군다더라[17]

사람들을 불안하게 만드는 것은 직접 당하거나 목격한 사건이기보다는 소문인 경우가 더 많다. 소문은 어디선가 만들어져 모르는 사이에 주변으로 퍼져나가 사람들 사이에 널리 알려져 그 이야기를 들은 많은 사람들의 의식을 마비시킨다. 소문은 확인하기도 쉽지 않고 또 확인이 된다고 하여도 그 사실 여부를 확인할 수 없다는 점에서 두려움을 배가시키며, 그 두려움이 새로운 소문을 만들어내기 마련이다. 조선인들은 일본제국주의에 의해 나라를 빼앗겨 만주로 일본으로 러시아로 이산되어 고난에 찬 삶을 살고 있었다. 그러나 식민지 치하이기는 하나 일제의 정책에 따라 만주 지역으로 이주해 와서 일본의 보호 아래 생활하고 있었던 조선인들로서는 일제의 패망이란 잃었던 나라를 되찾는 일이어서 환희에 차야 할 일이기는 하였지만, 만주라는 타자의 공간에서 자신들을 어느 정도까지는 보호해 주리라 믿었던 일본이 항복하였다는 수용하기 어려운 상황이기도 할 터였다.

앞의 인용에서 첫 번째 소문은 일본이 완전히 패배해서 일본열도로 돌아간다는 사실이 믿기지 않는 조선인들의 마음을 그대로 보여

17) 채만식, 「소년은 자란다」, 『채만식전집』 6, 창작과비평사, 1989, 309쪽.

준다. 이는 일본이 망하여야만 잃었던 나라가 독립이 되는 것이겠지만 그것이 현실로는 다가오지 않는 이중적인 심리상태에 다름 아닌 것이다. 이어지는 세 소문은 재만 조선인들의 마음을 더욱 불안하게 만드는 것들이다. 일본 군대가 만주 각처로 흩어져 약탈을 일삼고 조선인들을 마구 죽인다는 소문은 경신참변 이후 수없이 많은 일본군에 의한 학살을 경험한 조선인들에게는 엄청난 공포가 아닐 수 없었을 것이다. 일본인들이 패전의 책임을 조선인들에게 전가하고 학살을 할지도 모른다는 불안감이 이러한 흉흉한 소문들을 만들어 내고 민심을 불안하게 하는 요인이 된 것이리라. 또 일본군을 몰아내고 만주 지역으로 들어온 소련군 역시 소문의 대상이 되지 않을 수가 없었다. 한치 앞을 바라볼 수 없는 상황에서 소련군이 일본 국적을 지닌 조선인들을 일본인들과 마찬가지로 적국민으로 여겨 가혹히 대한다는 소문은 충분히 공감을 가지고 퍼져나갔을 것이며 조선인들이 만주를 떠나 고향으로 귀환하여야 하는가를 고민하게 하는 불안 요인이었을 것이다.

만인들이 일어나 조선인들을 공격하고 여자를 겁탈한다는 세 번째 소문도 만주에 살고 있던 조선인들로서는 믿지 않을 수 없는 소문이었을 터이다. 위 인용문의 여섯 번째 소문에서 보듯이 재만 조선인들은 일본인들의 보호 아래 만인들과 경쟁하였고 그런 사실들은 만인들의 조선인에 대한 적개심을 만들어내기 충분했다. 더욱이 만인들로서는 만보산사건에서 보듯이 일본인들의 정책을 믿고 만인들에게 우월감을 가지고 대하였던 조선인들에게 핍박과 수모를 당했다는 느낌을 가지게 되었을 것이다. 일제 패망 직후 조선인들이 만인들의 공격을 두려워 한 것은 이러한 역사적 사실에 기인한 바 없지 않다. 특히 만주국을 실제로 장악하였던 일제의 치안이 부재하자 앞의 소문처럼 마적들이 다시 움직이기 시작하기도 하였다. 실제로 일제가 패망한 직후 만주 지역의 치안은 매우 불안하여 토비들이 들끓었고 그들에 의한 조선인들의 피해가 이만저만이 아니었음은 해방 직후의 일들을 회상하는 아래 글에도 잘 나타나 있다.

> 1945년말, 북만의 3분의 2이상 지역이 리화당, 사문동, 최대강, 강봉희, 마회산, 조홍무, 정은봉, 장락산(독수리) 등 토비들의 수중에 장악되었다. 그 자들은 우리 군의 군정간부를 살해하고 백성의 재물을 빼앗았으며 제멋대로 사람을 죽이고 불을 지르는 등 갖은 나쁜짓을 다하였다.
>
> 그속에서도 더욱 위협을 받는 것은 조선민족이였다. 원래부터 조선족을 눈에 든 가시처럼 여기던 토비들은 국민당반동파와 결탁하여 조선이주민들을 저들의 로략질 대상으로 삼고 더더욱 못살게 굴었다.
>
> 하여 토비들의 등쌀에 견디다 못해 지어는 논판에 누렇게 익은 벼마저 모두 버리고 살길을 찾아 떠났는데 석가툰(오늘의 화성촌)같은 곳에는 100여세대중 근근히 6세대밖에 남지 않았다. 방정현에서 연수로 통하는 토목다리우에는 피난민의 대렬이 줄지었는데 중도에서 토비들의 습격을 받기도 하였다. 그리하여 고향을 찾아가다가 도중에 재물을 빼앗기고 목숨마저 잃은 사람들이 얼마인지 모른다.[18]

인용문은 채만식의 「소년은 자란다」에 등장하는 소문이 전혀 헛된 것만은 아니어서 일제가 패망한 후 불과 반 년도 안 되어 북만주의 거의 전부가 토비들의 수중에 들어가고 그들의 약탈과 박해가 엄청나게 심하였음을 말해주고 있다. 이 글에 따르면 북만 지역을 장악한 토비들은 일본의 비호 아래 나대었던 조선인들을 더욱 미워하여 주된 공격 대상으로 삼아서 어쩔 수 없이 북만 지역의 많은 조선인들은 살길을 찾아 추수도 포기하고 고향을 찾아 이동하였으며 이 과정에서 수많은 사람들이 재물을 빼앗기고 목숨을 잃었다는 것이다. 실제로 이 지역 촌로들의 기억에 따르면 일제가 패망한 후 치안이 취약하던 농촌지역에서 공동체를 이루고 살던 조선인들은 이

18) 연수현민족종교사무국, 『연수현 조선족 100년사』, 민족출판사, 2005, 84~85쪽.

시기 대다수가 상지나 하얼빈 같은 대도시로 이주하였고 이 과정에서 엄청난 핍박을 당했고 목숨도 많이 잃었다[19]고 한다.

이 같은 만인들의 조선인들에 대한 핍박은 여러 귀환소설에 소재로 등장하고 있다. 만인들의 폭력적인 행위는 더 이상 조선인들이 만주에서 살기가 불안하게 만들어 귀환을 결심하게 되는 중요한 요인으로 작용하는 것으로 그려진다.

> 수십 명의 폭도들이 한패가 되어 박노인이 사는 뒷편에 어쩌다 외롭게 살던 일인 가옥을 습격했다. 돌아나오던 폭도 중의 한 자가
>
> "저 집두 쳐라! 조선눔의 집이다!"
>
> 이렇게 외치자 험한 기세로 우루루 걸음을 빨리하는 꼴들을 여태까지는 일인 가옥을 습격했으니 만약 일인이 집에 있었다면 얼마나 참혹한 짓들을 했고 또 그런 끝에 뭣들을 약탈해 오나 하는 것을 구경삼아 엿보려 집앞 골목 옆에 나서 있던 박노인은 그런 꼴들임을 발견하고서는 기겁을 해 집안으로 뛰어 들어갔다.
>
> "얘들아 큰일났다. 큰일났어! 모두들 뒤곁 방공호 속으로 어서 가 숨어라!"
>
> 박노인은 얼떨김에 이렇게 식구들에게 소리쳤다.
>
> 박노인의 아들 명환과 그의 며느리는 무슨 까닭이란 걸 직감했다. 그렇게 때문에 왜 그러느냐는 반문을 하는 법 없이 새파랗게 질린 낯으로 잽싸게 여섯 살 난 계집아이와 세 살 난 사내아이를 제각기 한 아이씩 들쳐업고서는 뒤곁으로 통한 부엌문을 발길로 열어 제끼며 도망쳤다.[20]

이 글에 등장하는 박노인은 일본국적과 만주국적을 가진 이중국적자이다. 그는 만주국민으로서 주위의 만인들과 좋은 관계를 맺고 살았다. 해서 일제가 패망한 다음에 만인들이 일본인들의 가옥을 공

19) 2006년 6월 28일 오후 3시 연수현 조선족 원로들과의 대담.

20) 김만선, 「이중국적」, 『압록강』, 깊은샘, 1989, 114~115쪽.

격하고 재물을 약탈할 때에 약간의 불안감을 느끼기는 하였지만, 그것은 일본인들에 대한 만인들의 분풀이에 지나지 않을 것이므로 자신에게는 아무런 위해가 없을 것이라 위안을 하고 있었다, 그러나 일본인의 집을 습격하고 돌아나오던 만인 폭도 중 하나가 자신의 집을 가리키며 조선놈의 집인 저 집도 치라고 외치자 험한 기세로 우루루 자신의 집으로 폭도들이 몰려들자 기겁을 한다. 그는 가족들에게 위험을 알리고 몸을 감추고, 박노인의 고함소리를 들은 아들과 며느리 역시 상황을 짐작하고 부엌문을 박차고 피신한다. 자신의 주위에서 사이좋게 살던 이웃들이 돌변하여 자신을 공격하는 상황에서 몸을 피해 달아난 박노인 가족이 느끼는 것은 단순한 공포가 아니었을 것이다. 자신이 살 곳이 위협받는 상황에서 일단 친지의 집에 몸을 감추었지만 다시 집으로 돌아오기가 두려워지는 말할 수 없는 공포에 사로잡히고 만다.

만주 지역에서의 이러한 만인들의 일본인과 조선인에 대한 공격은 만인들이 만주국 시절 경험한 민족적 수모를 갚으려 한 만주 지역에서만의 특수한 사건이라 이해할 수는 없다. 나치 독일이 패망한 후 프랑스에서는 독일인에 대한 공격도 있었고 독일인에게 부역한 자들에 대한 사적인 린치가 적지 않았으나 짧은 시간 안에 법적인 절차에 의해 처리되는 과정을 밟게 된다.21) 그러나 사적인 판결에 의한 사형집행이 법적인 절차에 의한 것보다 훨씬 많았음은 공권력에 의한 치안 부재가 공포스러운 상황을 만들게 된다는 것을 알게 해준다. 일제 패망 직후 만인들의 폭력적 행위 때문에 조선인들이 겪었을 불안하고 절박한 심정은 치안 부재 상태에 노출된 패전국민

21) 1944년 8월 프랑스가 해방된 후 부역자 처벌을 위한 재판부가 만들어진 11월까지 부역자에 대한 개인적 처벌이 약식 재판에 의해 진행되어 약 만 명 정도가 처벌된 것으로 파악된다. 그리고 정식 재판부가 설립된 후 부역자재판부에서 55만 명을 판결하여, 6763명에게 사형을, 3만 8천 명에 대해 징역을 선고했고, 사형선고자 중 767명의 사형이 집행되었다. 이용우, 「프랑스 대독협력자 숙청」, 안병직 외, 『세계의 과거사 청산』, 푸른역사, 2005, 94쪽 이하 참조.

과 그와 같은 존재로 분류된 소수자들이 겪을 수밖에 없는 일이었다. 위의 인용문은 당시 재만 조선인이 경험한 사적 린치의 현장을 극적으로 보여준다고 평가할 수 있을 것이다.

일본 패망 직후 만주 지역에서 발생한 조선인에 대한 폭력은 수모에 대한 분풀이라는 점도 있지만 중국 정부 측의 정책에도 어느 정도 그러한 결과를 노정할 근거가 마련되어 있었다. 1945년 8월 국민당 정부 측에서 작성한 동북수복에 관한 「東北復員計劃綱要草案」에 만주국의 모든 기관을 접수하고 일한이민의 농장을 접수하며, 일본적 이민은 일률로 경외로 축출하고, 일본이 동북 점령 시 이주한 한인들에 대해서는 귀환을 명하고, 재산은 조례에 따라 처리한다[22]고 규정되어 있기 때문이다. 이러한 국민당의 정책이 만인들의 조선인들에 대한 공격을 권장한 것은 아니지만 방임하는 듯한 인상을 지울 수 없게 한다. 물론 일제가 물러난 만주 지역에서는 내전이 시작되어 국민당의 정책이 제대로 시행되지는 못하였겠지만 이러한 국민당의 정책은 일본 패망 직후 재만 조선인의 불안감을 형성하는 데 커다란 빌미를 제공한 것이라 아니할 수 없다.

3. 귀환과 정주, 그 갈등과 선택

전 장에서 살펴보았듯이 일제가 패망한 후 재만 조선인들의 미래는 불투명했다. 일제의 패망을 승전으로 받아들여 환희하며 잔치를 벌이는 만인들과는 달리 조선인들은 사태의 추이를 바라볼 수밖에 없었다. 만인들이 해방을 축하하기 위하여 축제를 벌이는 것을 보면서도 거기에 참가하지도 못하고 불안한 마음으로 지켜보아야만 하는 조선인들의 마음 속 저 깊은 곳에서부터 공포가 밀려나올 수밖

22) 조례의 내용에 대해서는 김춘선, 「광복후 중국 동북지역 한인들의 정착과 국내귀환」(『한국근현대사연구』 28집, 2004.3, 194쪽)을 재인용함.

에 없었을 것이다.

> 만주반점 앞 넓은 마당을 중심으로 벌써 사흘 낮 사흘 밤을 두고 뚱땅거리고 삐삐거리는 「까오쟈오」(高脚舞=만주인의 춤)는 오늘도 훤하면서부터 또 질번질번히 벌어졌다. 승전 축하의 거리의 잔치다. 팔 월 십오 일 저녁부터 시작된 이 탈춤은 언제나 그칠 줄 모른다. 신구 시가의 교차점이 이 거리에서 남편인 신시가에 사는 이민족의 불안과 공포에 싸인 눈에는 얼마나 부럽게 보이고 아직도 무더운 한 밤을 시달리고 난 고달픈 새벽잠이 몇 번이나 그 피리 소리와 갈채 소리에 소스라쳐 깨었던지 모른다.
>
> 치안유지회가 신구 시가의 교통을 원칙적으로 금지도 하였거니와 신시가의 일본 사람은 말할 것도 없고 조선 사람도 치안 상태가 염려되니까 구시가에는 접근하길 꺼리고 다만 원광으로 그 질탕히 노는 거리의 국민제전을 멀거니 바라볼 뿐이었다.23)

구시가지에 거주하는 만인들은 일제가 패망 한 날부터 승전 축하의 잔치를 벌여 삼박사일을 쉬지 않고 나발을 불고 북을 치며 춤을 추고 있는 이 잔치는 언제 끝날지 모르게 지속된다. 그러나 구시가 남쪽의 신시가지에 거주하는 조선인들은 불안과 공포에 싸여 마음 놓고 축제를 벌이는 만인들의 모습을 부럽고 불안스러운 마음으로 바라본다. 밤새 시끄러운 피리 소리와 갈채 소리에 잠이 깨면서도 그들은 불만을 드러내지 못하고 조용히 거취를 살펴 볼 뿐이다. 그들은 얼마 전까지 거리를 사이에 두로 이웃으로 살아왔지만 상황은 전변하여 치안을 위하여 교통조차 금지되어 있는 실정이다. 일인도 만인도 아닌 조선인들로서는 만인들이 축제를 하며 밤새 쏟아내는 소음이나 지독스럽게 조용한 신시가지의 모습이나 모두 가 다 견디기 어려운 상황일 뿐이다. 그래서 그들은 몸을 낮추고 구시가지 만

23) 염상섭, 「혼란」, 『염상섭전집 10: 중기단편』, 민음사, 1987, 152쪽.

인들의 동향을 살필 수밖에 없다.

> 만주서 살지 말라는 법은 없었다. 중국 사람들은
>
> "한국도 이젠 독립했죠. 우리 나라하군 옛날부터 형제국이었으니까 앞으로도 형제같이 지냅시다."
>
> 했고
>
> "만주의 벼농살 위해서도 조선 사람은 만주서 살아야 한다."
>
> 고 어떤 소련 장교가 말을 했다고 한다. 하지만 대부분 조선 사람들은 만주서 그대로 살아나갈 자신을 잃었고 생활이 불안해만 갔다. 이러한 현상은 도시에서 보다도 법이 멀고 집단생활이 아닌 촌에서 더 심한 까닭으로 만주땅과 몇십 년씩 씨름을 했던 농사꾼들이 대부분 피난민 열차에 몸을 실어 압록강을 다시금 건넜고 앞으로도 수없이 건널 것이다.[24]

국민당 정부가 마련한 「東北復員計劃綱要草案」에서는 조선인들을 귀환시킨다는 방침이 천명되어 있지만, 중국 정부나 연합국 측에서나 조선인의 귀환에 대해서는 다소 부정적인 시각을 가지고 있었다. 한국이 독립했지만 중국과는 형제국이니까 함께 살자거나 벼농사를 위해서 조선인들이 만주에 거주해야 한다는 위의 인용문의 말들은 모두 당시 만주 지역의 조선인에 대해 가지고 있던 시각을 대변한다. 일본이 항복하기 이전에 미군은 이미 만주 지역이 해방되었을 때 대다수의 조선인들이 귀환할 경우 한국 통치에 경제적 어려움이 발생할 것을 예견하고 귀환보다는 잔류로 유도해야 한다[25]는 입장을 보였고 또 재외한인의 갑작스런 귀환은 급작스런 인구 증가를 가져와 식량이나 주거 등에 대한 부담이 가중될 것을 우려[26]하

---

24) 김만선, 「압록강」, 『압록강』, 깊은샘, 1989, 146~147쪽.

25) 장석흥, 「해방 후 연변지역 한인의 귀환과 현지 정착」, 채영국 외, 『연변 조선족 사회의 과거와 현재』, 고구려연구재단, 2006, 109쪽.

26) 이연식, 앞의 논문, 17쪽.

기도 하였다. 즉 여러 측면에서 중국이나 연합국 측에서는 재만 조선인의 잔류를 더 나은 해결 방법으로 인식하고 있었다.

하지만 조선인들은 앞의 몇몇 인용문에서 본 바와 같이 만인들에 의한 조선인에 대한 폭력이나 토비들의 만행과 같은 불안 요소들은 만주에서의 생활에 자신을 잃게 하기에 충분했다. 그 결과 조선인들은 농촌보다는 치안이 안정된 도시로 이주하거나 조선으로의 귀환을 결정하게 된다. 짧게는 몇 년 길게는 몇 십 년을 살아온 곳을 떠나 낯설고 물선 조선으로 귀환한다는 일이 그리 쉬운 일이 아니었을 것이다. 무엇보다 경제적인 조건들은 그들의 결정을 어렵게 하는 중요한 요인이 되었다.

> 집이라야 물론 옛 이야기책의 흥부의 집만도 못한 알량한 것이지만, 그렇더라도 다만 몇 푼이라도 받고 팔아야 하는 것이지, 아까와서 차마 그대로 내버리고 떠날 수는 없었다.
>
> 고국에는 왜사람들이 살다가 내놓고 간 좋은 집들이 많은 터이었다. 독립이 된 고국에서는 순사가 전같이 딱딱거리고 함부로 때리고 하지 않고 친절한 것처럼, 일반 동포들도 친절하여 그런 일본 사람들이 살다가 내놓고 간 집은 타국에서 고생하던 동포에게 사양하기를 인색치 아니할 터이었었다. 그러므로 고국으로 돌아가 당장 몸을 담을 집은 걱정이 아니었다. 그러나 고국 동포가 아무리 친절하게 하여 줄지라도, 그래도 되도록 돈을 다소라도 마련을 해가지고 가야만 돌아가는 당장이든지 장차 농사를 시작하는 데든지 옹색이 덜할 것이었다.
>
> 세간 나부랭이도 그래서 손 가벼운 것이야 헌 누더기나마 옷과 함께 가지고 간다지만, 부피 큰 것이며 무거운 것은 팔아야 하였다.
>
> 금년 농사한 것도 거진 다 익어서 멀지 않아 거두게 되었으니 이왕 거두어서 돈을 장만하여야망정이지, 그것을 들에다 내버리고 일어선다는 것은 아깝기도 하려니와 손복할 노릇이었다.27)

옹색하기는 하나마 그들이 살고 있는 집과 세간들을 그대로 버리고 살던 곳을 떠난다는 것은 쉽지 않은 일이었다. 조선에 돌아가면 일인들이 버리고 간 집들이 적지 않을 것이고 고향을 떠나 만주에까지 이주하여 간고하게 살다온 자신들을 홀대하지 않을 것이라는 막연한 기대[28]를 가져보지만 그것도 자신이 있는 것은 아니고, 고향에 돌아가서 자리 잡을 때까지 당장 필요한 돈을 만드는 일이 필요하다는 생각을 하지 않을 수 없다. 부피가 큰 세간들을 팔고 땅을 팔아야 하고, 추수철이 다 된 마당에 추수를 하여 돈을 만들어야 한다는 사소한 일들이 그들이 귀환을 결정하더라도 쉽게 실행에 옮기지 못하게 하였을 것이다. 그럼에도 불구하고 일제 패망 직후 재만 조선인들은 귀환을 서둘러 1945년 말까지 약 80만 명에 가까운 인원이 육로를 통하여 귀환한다.

일제 패망 직후의 만주 지역의 치안 부재에 따른 불안감과 해방된 조국이 주는 기대감 그리고 고향에 대한 그리움 등이 재만 조선인들이 귀환을 선택하는 중요한 한 이유였을 것이다. 그러나 많은 재만 조선인들은 이미 떠나온 고향으로 되돌아가기보다는 현재 자신이 살고 있는 만주를 고향으로 만들려는 생각을 갖기도 한다. 땅뙈기 하나 없어 낯선 만주로 떠나왔던 그들은 고향으로 돌아가는 것에 대해 회의적일 수밖에 없었던 것이다.

"우리 중국에는 조선족을 내놓고도 수많은 형제민족들이 있지요. 한족도 그렇고 다른 형제민족들두 다 그 대부분은 가난속에서 고생하는 사람들입니다. 가난한 사람들은 어느 민족에 속해있거나 모두 한집안 사람들입니다.

27) 채만식, 「소년은 자란다」, 『채만식전집』 6, 창작과비평사, 1989, 308쪽.

28) 「소년은 자란다」에 보이는 이러한 기대는 너무나 순진한 것이었다. 해방 이후 한국에서 일인들이 버리고 간 적산가옥의 문제는 매우 심각한 사회문제를 야기했고, 만주에서 돌아온 귀환인들에게는 방 한 칸도 차례지지 않아 방공호나 땅굴 속에서 살고 겨울을 나기도 했다. 이러한 귀환인의 간고한 삶은 김동리의 「혈거부족」, 계용묵의 「별을 헨다」 등 해방 후 귀환소설의 중요한 한 제재가 된다.

우리가 반동통치배들을 때려엎고 우리 자신의 로동자, 농민의 나라를 세우는 날이면 모든 문제들은 저절로 풀려질겁니다. 그때가 되면 민족적압박도 없어지고 민족적기시도 없어질 것입니다."

"그 말이 정말이시우?"

"정말이구말구요. 공산당은 민족평등을 주장하니까요."

"그런 세월이 온다면야 얼마나 좋겠습니까!"

그래도 치백령감은 반신반의하면서 탄식도, 감탄도 아닌 일종 이름할수 없는 낯빛을 지으며 후유 하고 긴숨을 내쉬었다.[29]

조선족 일세대로서 조선인들의 마을인 서위자촌의 정신적 지주이기도 한 김치백 영감은 일제의 패망 이후 국민당과 공산당 사이의 내전과 그 사이에 들여오는 수없이 많은 소문들 속에 마음을 정하지 못한다. 마을 사람들 중 일부는 국민당을 지지하며 조선으로 돌아갈 것을 주장하고, 일부는 공산당과 힘을 합쳐 지주를 몰아내어 자신의 땅을 가진 조선인 농민 마을을 만들자고 한다.[30] 조선으로 돌아가는 일에 대해 회의적이고 또 지주들을 몰아내고 난 다음에 조선인들이 만주에서 다른 여타 민족들과 평등하게 살 수 있는가에 대해서도 의문을 지닌 김치백 영감은 결국 공산당 지역 간부인 왕위민을 찾아가 자신의 심중을 말하고 그에게서 진실한 답변을 듣고자 한다.

여기서 김치백 영감은 왕위민에게서 분명한 답을 듣게 된다. 가난한 사람들은 모두 한 민족이라는 것과 중국 공산당은 가난한 사람을 위하여 투쟁하고 반동 세력을 몰아낸 후 평등하게 살 것이라는

29) 리근전, 『범바위』, 흑룡강조선민족출판사, 1986, 123쪽.

30) 리근전은 자신이 『범바위』를 수개하게 된 것은 초판을 발행한 뒤, 1946년 봄부터 해방될 때까지 심양에 주재하고 있으면서 민족분열을 일삼았던 남조선 반동기구들에 대한 자료를 발견하여 조선인들이 그 진실을 소설화할 필요를 느꼈기 때문이라 지적한 바 있다. 리근전, 「시대감과 주제사상: 장편소설 『범바위』를 수개하면서」, 『문학예술연구』, 1982. 9, 34~35쪽 참조.

확실한 답을 들은 것이다. 민족적 압박도 없고 계급적 압박도 없는 사회 즉 조선인 농민들이 자기 소유의 농토에서 농사를 짓고 한인들과 어울려 차별받지 않고 살 수 있다는 말은 일제강점기를 만주에서 살며 온갖 차별을 경험한 김치백 영감으로서는 쉽게 믿기지는 않는 말이지만 왕위민의 말에 큰 기대를 갖게 된다. 이 대화 이후 김치백 영감은 마을 사람들과 함께 공산당을 도와 혁명투쟁에 나서고 결국 서위자촌을 자신들의 고향으로 만들기에 이른다.

만주 지역으로 이주해 간 조선인들의 거의 전부는 경제적인 궁핍을 극복하겠다는 목적을 가지고 있었다. 19세기 말과 20세기 초에 개별적으로 간도에 가서 사이섬 농사를 짓다가 월경한 세대들로부터 만주국 수립 이후 일제의 이민 정책에 의해 만주로 건너간 사람들까지 그들은 모두 만주의 농토에 기대어 기아를 면하겠다는 뚜렷한 목적을 가지고 있었고, 조선에 있을 때보다는 경제적 상태가 조금은 나아져 있는 경우가 대부분이었다. 그런 이력을 가진 조선인들로서는 농민들에게 무상으로 농토를 분배한다는 공산당의 정책은 거부하기 어려운 유혹이었을 것이고, 그들은 고향으로 돌아가기보다는 공산당과 함께 무장투쟁을 하고 농토를 획득하는 방법을 선택하였을 것이다. 이런 점에서 미국무부 비밀자료(1945.6.27)의 “현재 간도에 있는 한국인들의 대다수는 그들이 고향에 있을 때보다 더 나은 재정 상태에 있고 만주와 한국이 해방될 때 간도에 남기를 선택할 것으로 보인다. 이러한 선택의 중요한 이유는 간도의 한국인들 대부분이 농부라는 사실이다”31)라는 지적은 재만 조선인들의 처지와 현실인식을 정확히 파악한 것이라 하겠다.

일제 패망 후 재만 조선인들은 공산당의 토지 무상 분배 정책에 따르면 자신의 토지를 소유할 수 있다는 기대를 갖게 되어 귀환을 포기하기에 이른다. 자기 땅이 없어 고향을 떠나온 사람들에게 자기

31) 장석흥, 앞의 글, 104쪽 재인용.

소유의 토지가 생긴다는 것은 거부할 수 없는 유혹이었을 것이다. 토지가 생길 수만 있다면 그들은 떠나온 고향보다는 자신이 이미 터 잡은 만주에 고향을 만드는 것이 낫다는 판단을 하게 된 조선인들은 공산당과 협력하고 혁명투쟁에 앞장서서 참여하여 큰 공을 세운다.[32] 그 결과 많은 재만 조선인들은 중국 공산당이 주재하는 토지 분배에 참여하고 자기 소유의 토지를 획득하기에 이른다. 일례로 1946년 7월부터 1948년 4월까지 진행된 연변지역의 많은 조선인들이 참여하여 자신의 토지를 가지게 된다.[33]

만주 지역 조선인들의 대다수는 토지를 분배 받은 후 조선으로의 귀환을 포기하게 된다. 만주 지역에서의 귀환이 일제의 패망 직후에 집중적으로 이루어지고 1946년이 지나면서 현격히 줄어들게 되는 것은 공산당의 정책에 따른 이러한 경제적인 문제와 밀접히 관련된다. 이로 보아 일제가 패망하고 불안한 정치적, 사회적 상황이 계속되던 만주 지역에서 조선으로 귀환할 것인가 만주에 정주할 것인가는 재만 조선인들에게 많은 갈등을 불러일으키는 문제였다. 그러나 조선인의 40% 정도는 귀환을 선택하고 나머지는 정주를 선택하였다. 이러한 귀환과 정주의 선택의 문제는 만주에 이주한 기간과 그로 인한 각각의 처지에 따라 만주와 고국에 대한 선호가 달랐다는 데 기인하기도 하겠지만,[34] 경제적인 이유가 더 중요한 결정의 요인이었음을 간과할 수는 없는 일이다.

---

32) 리근전의 『범바위』에는 이러한 해방 후 재만 조선인의 고향 만들기 과정이 잘 그려져 있다.

33) 그 구체적 양상에 대해서는 김춘선, 앞의 글, 215쪽을 참조할 것.

34) 당시 만주 이주 1세대와 2세대는 고국인 한국과 거주지인 만주에 대한 심리적 거리가 달라 귀환과 정주를 선택하는 중요한 요인이었을 것으로 짐작되나 작품에서 그 구체적인 양상이 확인되지는 않았다.

4. 결론

일제의 패망과 함께 조선인들은 고국으로 귀환할 것인가 하는 선택의 문제에 빠진다. 조선인들은 일제의 억압이나 정책에 의해서이기는 하지만 각기 다른 이유로 세계 여러 지역으로 이산되었고 그들은 나름의 이유로 귀환과 정주를 선택하게 된다. 귀환의 문제는 해방 직후 한국의 중요한 사회 문제였기에 적지 않은 문학 작품들이 이를 제재로 삼았다. 그러나 한국에서의 귀환 문제는 해방 이후 한국 사회에 몰아닥친 이념의 갈등과 나라 세우기라는 커다란 이슈들에 묻혀 버리고 만 느낌이다.

대부분의 귀환소설들은 귀환 이후 한국에서 정주하는 과정을 다루고 있다. 정치적, 사회적 혼란 속에서 귀환인들에 대한 관심은 전무하여 집도 없이 걸식하는 상황에 빠져 귀환하기 전의 삶이 나았다는 인식을 보여주기도 한다. 그리고 다른 한 편으로는 귀환인들이 한국 사회에 적응하지 못하여 떠돌게 되는 문제나 이념의 갈등 속에서 이러지도 저러지도 못하는 귀환인들의 모습이 그려지기도 한다. 대부분의 귀환소설에 대한 연구가 이러한 문제에 천착한 것은 한국의 귀환소설이 지닌 제재상의 특징에서 비롯된 것이라 하겠다.

본고는 만주 지역의 조선인들의 경우를 다룬 한국 귀환소설에 나타난 귀환과 정주의 선택 문제에 대해 초점을 맞추어 보았다. 일제가 패망한 후 조선인들은 자신이 이산되어 온 지역에 정주를 할 것인지 고국으로 귀환할 것인지에 대해 갈등하고 선택하여야 하는 상황에 빠진다. 그들은 불안한 사회 분위기와 만인들의 폭력 등으로 공포스러운 분위기에 빠져 도시로 나가거나 귀환을 선택하기도 한다. 그러나 경제적인 이유들이 선뜻 귀환을 선택하기 어렵게 만들고 토지 분배와 민족 평등을 내세우는 공산당의 정책에 따라 정주를 결정하기도 한다. 이러한 귀환과 정주의 선택은 상당히 내밀한 것이었기에 어느 하나로 그 원인을 정리할 수는 없다.

본고는 이러한 한계를 수용하여 한국 귀환소설에 나타난 재만 조선인들의 귀환과 정주의 갈등과 선택 양상을 살펴보았다. 그 결과 그들의 선택에는 경제적인 요인이 가장 중요한 요인이었음을 알 수 있었다. 그리고 만주에서 거주한 기간도 선택의 중요한 원인이었을 것임을 짐작할 수 있었다. 이는 전체 만주 지역에서 귀환한 조선인의 대다수가 안동을 경유[35]한 것으로 나타난다는 점에서 추측해 볼 수 있는 일이다. 초기 이주자들이 많은 연변 지역 귀환인들이 선택하였을 두만강 연안에 비해 만주국 수립 이후 이주자들이 많이 거주한 심양, 장춘, 하얼빈 지역의 귀환인들이 선택하였을 안동을 경유한 귀환인들이 많다는 것은 초기 이주자들의 경우 이미 2세가 만주에 거주하고 있어 고국으로의 귀환을 선택하기 어려웠을 것이라는 짐작을 가능하게 한다.[36] 이와 함께 일제의 패망으로 치안력이 붕괴된 만주에서의 불안스러운 치안 상황이 공포감을 유발하여 한국으로의 귀환을 결심하게 된 경우도 적지 않았을 것이다.

그러나 본고는 만주 지역 조선인의 귀환과 정주의 갈등과 선택만을 대상으로 하여 몇 가지 한계를 지닌다. 먼저 중국 관내에서의 귀환과 일본에서의 귀환 역시 해방 이후의 귀환소설을 연구하기 위해서는 필수적인 부분이다. 이 지역 조선인들은 만주 지역의 조선인에 비해 귀환의 비율이 높았다는 점, 대부분의 인원이 연합군에 의해 배로 귀환되었다는 점에서 만주 지역의 조선인과는 다른 귀환의 양상을 보인다. 이들을 다룬 작품에 대한 연구가 병행될 때 이 연구는 보다 완전한 의미를 지닐 것으로 생각된다. 또 본고가 귀환의 과정과 귀환 이후 한국에서의 정주 과정의 소설적 형상화 양상을 다루

35) 통계에 의하면 해방 직후 만주 지역에서 귀환한 80여 만 명의 한인 가운데 60여 만 명 이상이 안동을 경유한 것으로 나타나 두만강 연안을 통해 귀환한 한인의 수는 20여 만 명 정도 되었던 것 같다. 장석흥, 앞의 글, 120쪽.

36) 이 문제를 귀환소설을 통해 확인하기 위해서는 연변지역 조선인의 귀환과 정주를 다룬 작품들을 검토할 필요가 있다. 한국에서 발표된 작품들 중에는 이런 작품들이 전무하여 중국 조선족 소설 중에서 그 가능성이 기대된다. 이를 다룬 중국 조선족 소설에 대해 제대로 검토하지 못한 것은 본고의 한계임을 밝힌다.

지 않은 것은 한국 귀환소설의 전모를 밝히지 못했다는 한계를 스스로 노정한다. 본고가 이러한 선택을 한 것은 논문의 통일성을 위한 것이었지만 추후 이 부분에 대한 연구를 통해 한국 귀환소설의 전모를 밝혀야 한다는 것은 본고가 가질 수밖에 없는 책무이다.

[참고문헌]

1. 자료

계용묵 외, 『별을 헨다 외』, 푸른사상, 2006.
김만선, 『압록강』, 깊은샘, 1989.
리근전, 『범바위』, 흑룡강조선민족출판사, 1986.
안회남, 『불』(『북으로 간 작가선집』 2), 을유문화사, 1988.
염상섭, 『염상섭전집 10: 중기단편』, 민음사, 1987.
채만식, 「少年은 자란다」, 『채만식전집』 6, 창작과비평사, 1989.
허준 외, 『잔등 외』, 푸른사상, 2006.
『개벽』, 『백민』, 『문학』, 『문예』, 『신천지』, 『대조』, 『우리문학』.

2. 논저

국민대학교 한국학연구소 편, 『중국지역 한인귀환과 정책』 6, 역사공간, 2006.
권영민, 『해방직후의 민족문학운동연구』, 서울대학교출판부, 1986.
김윤식, 「우리 문학의 만주 탈출 체험의 세 가지 유형」, 『한국학보』 44집, 1986.
김윤식 편, 『해방공간의 문학운동과 문학의 현실인식』, 한울, 1989.
김윤식, 『해방공간 한국작가의 민족문학 글쓰기론』, 서울대학교출판부, 2006.
김춘선, 「광복후 중국 동북지역 한인들의 정착과 국내귀환」, 『한국근현대사연구』 28집, 2004.
김태운, 「해방기 귀환소설 연구」, 『어문연구』 25집, 1994.
리근전, 「시대감과 주제사상: 장편소설 『범바위』를 수개하면서」, 『문학예술연구』, 1982.9.
연수현민족종교사무국, 『연수현 조선족 100년사』, 민족출판사, 2005.
안미영, 「해방직후 황순원 소설에 나타난 귀환전재민의 의의」, 『현대문학이론연구』 40집, 2010.

안병직 외, 『세계의 과거사 청산』, 푸른역사, 2005.
안한상, 『해방기 소설의 현실인식과 구조 연구』, 국학자료원, 1995.
오태영, 「민족적 제의로서의 '귀환'」, 『한국문학연구』(동국대) 32집, 2007.
이대규, 『한국 근대 귀향소설 연구』, 이회출판사, 1995.
이동하, 『한국소설의 정신사적 연구』, 일지사, 1989.
이연식, 「해방 직후 해외동포의 귀환과 미군정의 정책」, 서울시립대 석사논문, 1998.
이연식, 「해방직후 조선인 귀환연구에 대한 회고와 전망」, 『한일민족문제연구』 6집, 2004.
임희종, 「해방기 귀로형 소설 연구」, 『현대문학이론연구』 7집, 1997.
장석흥, 「해방 후 귀환문제 연구의 성과와 과제」, 『한국근현대사연구』 25집, 2003.
장석흥, 「해방 후 연변지역 한인의 귀환과 현지 정착」, 채영국 외, 『연변 조선족 사회의 과거와 현재』, 고구려연구재단, 2006.
전흥남, 『해방기 소설의 시대정신』, 국학자료원, 1999.
정원채, 「김만선 문학세계의 변모 양상 연구」, 『현대소설연구』 30집, 2006.
정재석, 「해방기 귀환 서사 연구」, 연세대 석사논문, 2006.
정종현, 「해방기 소설에 나타난 '귀환'의 민족서사」, 『비교문학』 40집, 2006.
차희정, 「해방기 소설의 탈식민성 연구: 잡지 게재 소설을 중심으로」, 아주대 박사논문, 2009.
최정아, 「해방기 귀환소설 연구」, 『우리어문연구』 33집, 2009.
淺野豊美(아사노 도요미), 이길진 역, 『살아서 돌아오다: 해방공간에서의 귀환』, 솔, 2005.

해방 직후 조선족문학에서 보여진 거주지와 고향의식의 관계

리광일(李光一)

(中國 연변대학교 조선-한국학학원 교수)

1. 문제의 제기

1945년 8·15광복이 일제의 패망과 함께 민족의 해방이면서 동시에 중국에서 생활하던 조선족에게는 거주지에 대한 문화적인 차원에서의 선택이었다는 점이 주목된다. 해방 전 조선족은 3개의 이주단계를 겪으면서 디아스포라적인 존재로 형성되었음을 알 수 있다. 19세기 1960~70년대로부터 19세기 말까지 진행된 초기의 생계이민단계에서는 생명에 위협을 주는 청나라의 봉금령(封禁令)을 무릅쓰고 중국으로 이주하였으며 이주 후 어려운 개척과정을 통해 중국 동북지역의 수전개발의 시조로 되였다. 1905년 을사늑약으로부터 1920년까지 진행된 두 번째 정치이민단계에서는 많은 애국지사들과 독립군들이 중국으로 망명하였는데 정치인, 교육자, 문인, 독립군들이 포함되었다. 유명한 정치인이면서 동시에 교육자였던 이상설은 1906년 중국 용정으로 이주하여 용정에 처음으로 근대식 학교인 서전서숙을 세워 많은 민족인재들을 양성하였는데 이들은 그 후 중국 동북지역의 사립학교창시자로 되었다. 한국문학사에서 한자리를 차지하는 김택영, 신채호 등 문인들도 1905년부터 1910년 사이에 망국의 울분을 참지 못해 중국으로 이주하여 강소성 남통시, 중국 북경, 상해 등지에서 문필로 항일투쟁을 진행하였다. 특히 신채호는 1936년 대련 여순 감옥에서 옥사하기까지 하였다. 이외 김좌진, 홍범도 등 독립군들이 연변지역에서 활발하게 활동하였는바 세상에 널리 알려진 봉오동전투와 청산리전투에서 일본의 정예부대라고 일컬어지는 관동군을 여지없이 괴멸하기도 하였다. 9·18사변부터 광복까지 진행된 강제이민단계에서는 일제의 기만과 강압에 의해 많은 조선농민들이 강제로 중국에 이민하였다. 낯선 이국땅에 이주당한 이주민들은 말할 수 없는 극심한 생활고에 시달렸고 귀중한 생명까지 잃어야 했다.

근 백년간에 3차례의 대규모 이주를 거친 후 1945년 일제가 패망하기 직전에 중국 동북지역에서 생활하던 조선족 인구는 216만 명 좌우이다.[1] 해방과 함께 근 절반이 귀국했는바 해방 전 중국에서 활동하던 문인가운데서 소설가 김창걸, 시인 이욱을 제외한 그 외의 사람들은 모두 한반도로 돌아갔다. 문제는 이주민 절반이 귀국했다는 점에 대해서는 학계에서 관심을 가지고 주목하기도 하였지만 나머지 절반이 중국에 왜 남았는가 하는 점에 대해서는 학계의 깊은 관심을 가지지 못한 것 같다.

광복 전 자의가 아니라 타의에 의해 고향을 떠나 이민하였던 이들이 해방과 함께 중국에 남게 된 이유에 대해 학계에서 아직까지 주목을 하지 않은 상황에서 이에 대한 해명이 바람직한 작업이 아닐까 한다. 하여 본고에서는 문학사회학적인 연구방법과 사회역사적인 연구방법을 활용하면서 해방 직후 조선족문학작품을 연구대상으로 하려고 한다. 아직까지 신문이나 보관된 서류에 이들이 중국에

1) 朴昌昱,『中國朝鮮族歷史研究』, 延邊大學出版社, 1995, 30쪽 참조. "到了1945年, 日本投降前的朝鮮族人口竟達到216萬左右."

남은 이유를 명확히 밝히지 않은 상황을 감안하면서 본고에서는 중국에 남은 작가층의 양상을 살피고 이어서 문학작품에 드러난 거주지와 고향의식의 관계를 해명하는 것을 일차적인 작업으로 하면서 이를 통하여 간접적으로 중국에 남은 이유를 밝히는 것을 목적으로 하려고 한다.

2. 해방 직후 작가층의 신분적 특징과 미귀환

해방 전 동북에서 항일투쟁을 진행하던 항일연군의 간부들과 조선의용군의 간부들이 건국 후 조선족사회의 주요한 지도자로 활약하였다. 일제를 몰아내고 조국을 해방하는 것이 혁명에 참가할 때 이들의 목표였지만 중국 경내에서 항일투쟁을 진행하는 과정에서 이들의 사상은 공산주의에로 경도되었고 중국공산당의 지도하에서 중국혁명과 조선혁명을 함께 한다는 투쟁목표를 가지게 되었다. 그리고 해방 후 귀국하지 않은 이들은 중국공산당의 일원으로 중국혁명에 참가하였다. 때문에 사회주의국가를 건립하는 것은 이들이 바라마지 않은 것이었다.

해방 전 재중조선인문학의 중심지는 용정과 신경(장춘)이였다. 용정은 이주민이 제일 많이 살던 곳이면서 동시에 강경애, 안수길 등 문인들이 거주하면서 문학 활동을 하던 곳이며 『북향』 동인지, 민성보, 간도일보가 간행되었고 만선일보 간도지국이 있던 곳이다. 그리고 신경에는 만선일보가 간행되고 또한 유일한 문학발표지로 되면서 문인들이 신경에 모이게 되였다. 염상섭을 비롯해 박팔양, 안수길, 황건, 현경준, 신영철 등과 그 외에도 많은 문인들이 신경에 모이게 되면서 문단중심의 역할을 하게 되였다. 하지만 해방과 함께 이들 대부분은 귀국하였다. 작가마다의 정치적 입지와 심미적 관점 그리고 가치 관념의 차이에 따라 이들이 선택한 곳도 서로 달랐다.

염상섭, 안수길 등은 한국을 선택했고 현경준, 김조규 등은 조선을 선택했다. 작가 나름대로의 가치관에 의해 귀국했고 또 정치적 견해의 차이에 의해 그들이 선택한 곳도 달랐지만 이들의 귀국은 해방 후 조선족소설문학에 큰 영향을 주었다. 특히 이들의 귀국으로 하여 조선족소설문단은 거의 공백상태와 다름없게 되였다는 점을 간과할 수 없다.

원래 간도지역의 정치·경제·문화의 중심지가 용정이었지만 해방 후 중국공산당조직과 행정부서들이 연길에 터를 잡으면서 연길은 서서히 용정을 대체하여 연변의 중심지로 부상하였다. 당·정 조직이 연길에 운집했고 각지에서 활동하던 문인들도 연길에 모이기 시작하였다. 조선의용군성원으로 연안에서 활동하던 최채, 고철이 부대의 이동과 함께 동북으로 진출했고 후에 연변에 나왔으며, 조선의용군 3지대에서 활동하던 임효원, 백호연과 목단강, 할빈 등지에서 활동하던 김례삼·김태희·이홍규·최현숙·황봉룡 등이 건국전야에 연길로 이동하였다. 조선의용군 1지대에서 활동하던 백남표가 연길에 나왔고, 해방 전후 조선에 나갔다가 건국 후 귀국한 김학철·최정연·주선우·정길운 등이 선후로 연길에 자리 잡았다. 이들은 오랫동안 연변에서 문학창작에 몰두해온 이욱·김창걸·채택룡·설인·김창석·홍성도·최형동 등 문인들과 역사적인 회합을 이루었다.

이런 회합을 거친 후의 조선족문단의 주요한 문인들을 살펴보면 소설가로는 김창걸·김학철·김동구·리홍규·백호연(목일성)·백남표·이근전·최현숙·마상욱, 시인으로는 이욱·주선우·임효원·김례삼·설인, 극작가로는 최정연·황봉룡·홍성도, 민간문학가로는 정길운이다. 그 외 문단에서 지도자적역할을 한 이들로는 최채·배극·현남극·김순기·임호(임효원) 등이다.

이들은 대부분이 문인이 기전에 우선 중국공산당의 각 조직과 당의 지도하에 있는 부대의 선전대에서 활약하던 간부들이였다. 때문에 혁명가이면서 동시에 문인이라는 이중적 신분을 가진 것이 이들의 신분적 특징이다. 해방 후 조선족문학의 지도자로 있으면서 문단을 리드한 사람은 최채·배극·정길운·김창걸·최정연·이욱성·김동구 등이다. 이 가운데서 최채·배극·정길운·최정연 등이 모두 조선의용군 출신들이다. 그리고 김창걸은 해방 전부터 공산당 외곽조직에서 활동하던 작가이다. 이 시기 문인들의 신분은 크게 두 갈래로 볼 수 있는바 하나는 조선의용군 선전대 출신, 하나는 조선족중학교 교원 출신이다.

최채는 40년대 조선의용군총부 선전간사, 조선독립동맹 진수분맹 주임, 해방 후 할빈위수사령부 8연대 3지대 정치대장, 연변 군분구 독립연대 부정치위원 등을 지냈다.

배극은 해방 후 길림지구 청년동맹위원장, 길림지구 해방동맹 선전부장, 화전군정학교 과장, 길림군정대학 4대 정치위원, 정치부 조직과 부과장, 토지개혁공작대 대장 겸 구위서기 등을 역임했고 자치주성립이후에는 주당위선전부 부부장, 부장을 지냈다.

정길운은 1944년에 강소성 회음현에서 신사군에 입대했고 해방 후 조선의용군 7지대 정치처 선전교육 간부, 화전보안연대 정치처 선교고장, 동북민주연군 독립 11사에서 정치교도원, 중국인민해방군 164사단 490연대 정치처 주임, 164사가 조선에 나간 후 조선인민군 5사단 10연대 문화 부연대장, 공군사령부 신문사 편집부장을 역임하다가 1953년에 연변에 돌아왔다.

최정연은 1944년 일본대학 문과를 수료하고 귀국, 해방 후 매화구 민주연맹 선전위원, 이홍광지대 군정학교 분대장, 이홍광지대 문공단 창작원, 중국인민해방군 제166사 선전대 창작원, 조선인민군 예술단 전속작가 등을 지내다가 1952년에 귀국하였다.

이외 연변의 여러 문예단체들에서 활약한 주요한 문인들과 예술인들을 보면 김학철·김순기·이홍규·이근전·주선우·백호연·김태희·최현숙·황봉룡·정진옥·조득현 등이다.

김학철은 작가이기 전에 혁명가이고 투사임은 잘 알려진 바이다.[2)]

이근전은 1943년 소학교를 졸업한 후 해방 후 동북민주연군 20여단 60연대 의용련에 참가하며 무장 공작대, 토지개혁공작대를 거쳐 길림시 용담보안대 대장, 중공 길림시 강북구위 선전위원, 중공 길림시교위원회 위원, 중공 길림시위 판공실 비서과 과장을 지냈다. 주로 당무활동에 종사했었다.

주선우는 리홍광지대 선전대 창작조에 있었고 정진옥은 선전대 악대지휘였으며 조득현은 조선의용군 3지대 선전대 무용지도였고 백호연은 선전대 문화교원이었다.

부대와 관련이 없는 문인들은 김순기·리홍규·김태희·최현숙·황봉룡이다.

김순기는 해방 후 동성중학, 용정중학 등 학교에서 교직에 있었고 해방 후 문학에 발을 들여놓게 된다.

리홍규는 흑룡강 동녕현에서 소학교교원을 지내다가 신문사 기자, 편집을 거쳐 점차 문예계의 지도자로 부상하였다.

최현숙은 용정 명신여고를 졸업한 후 목단강 신안진소학교교원, 신문사 기자, 편집사업을 하며 동시에 목단강 조선족여성동맹 선전부 부장을 지냈다.

황봉룡은 일본에서 와세다 상업학교를 고학한 후 귀국하여 목단강시 민맹 문공단, 할빈 송강 노신문공단에서 창작사업을 하였다.

상술한 당시 문단의 주요한 문인들의 경력을 통해서 알 수 있듯이 해방 후 초기 조선족문학단체 및 조직의 지도자들과 위원들 가운데는 조선의용군이나 기타 부대의 출신들이 대부분 이였고 교원사업을 하던 사람들이 그 다음으로 많았다. 그리고 교원출신의 문인들도 그 후 대부분이 문학조직이거나 당 조직의 간부로 활약을 했다. 문학을 먼저 선택한 것이 아니고 혁명사업에 참가하면서 점차

---

2) 김학철의 생애는 다음의 저서에서 잘 알 수 있다. 연변문학예술연구소 편, 『김학철론』, 흑룡강조선민족출판사, 1990; 김학철 자서전, 『최후의 분대장』, 문학과지성사, 1995; 김학철, 『나의 길』, 민족출판사, 1996.

문학창작에 종사했기에 이들에게 있어서 공통적인 특징은 당시 중국공산당의 문예정책의 기본핵심인 "문예는 혁명사업의 한 개 부문이며 수단"이라는 관념을 철저히 받아들이고 에누리 없이 집행하는 것이었다. 말하자면 당 조직의 문예정책과 문학이념을 무조건적으로 접수할 수 있는 내적여건들이 이미 마련되어 있었다.

3. 해방 직후 농민의 토지분여와 미귀환

토지소유권은 한반도에서 생계와 직결되고 생명과 관련되는 중요한 문제일 뿐만 아니라 중국에서도 그와 흡사한 양상이다. 거기에 중국에서는 모택동의 혁명에 있어서 가장 핵심적인 요인의 하나로 되었다. 중국공산당의 혁명사를 살펴보면 1920년대부터 시작하여 건국까지 드팀없이 추진했던 작업의 하나가 토지혁명이다. 그동안 1920~30년대 중국공산당과 국민당이 대결, 1930~40년대의 항일전쟁, 1940년대 후반의 국공재대결 등 성격을 달리하는 시대를 거쳤지만 토지혁명이란 작업은 시종 변하지 않았다. 농민이 80~90%을 차지하는 중국의 형편에서 토지혁명은 모택동이 장개석을 무너뜨릴 수 있었던 중요한 무기의 하나였다.

해방 직후 조선족의 93.3%는 농민이었는데[3] 전반 중국의 상황과 비슷하다. 연변지역에서 토지혁명은 1946년 7월부터 시작하여 1948년 4월에 끝났는데 대체로 세 개 단계를 거쳤다. 첫째 단계는 매국노, 주구를 반대하고 재산몰수를 하는 것으로부터 제1차 토지분배에 이르는 단계(1946년 7월부터 1947년 6월까지), 둘째 단계는 "큰 놈을 치고 감춘 재산을 찾아내는" 단계(1947년 7월부터 10월까지), 셋째 단계는 재심사, 정리정돈으로부터 토지를 고루 나누는 단계(1947년 11월부

3) 요작기, 남대명, 「연변에서의 토지개혁」, 『중국조선족민족발자취총서⑤ 승리』, 민족출판사, 1992, 406쪽.

터 1948년 4월까지)이다.4) 이와 같은 토지혁명을 통해 연변지역의 589,486명 인구가운데 550,167명이 토지를 분여 받았다.5) 개인의 땅이 생겼다는 것은 조선족에게 주는 심리적인 영향이 중차대하였다. 땅의 주인이 되었고 나의 땅이 있다는 희열과 함께 이 땅을 지키고 가꾸어야 하겠다는 사명감이 생기게 되었으며 이런 정감은 이 시기 조선족의 소설과 시작품에 나타났는데 제일 많은 비중을 차지한다.

①

오곡이 온들을 뒤덮고
제무에게 고개숙여
풍양(豊穰)으로만 이겨낼때
八一五의 감격은 새삼스러히
가슴벅차 쏟아질듯
토지얻은 기쁨 겹쳐겹쳐
아침노을 처럼 희망으로 들래이다6)

②

'갓마흔에 첫버선'이라더니
마흔하고도 세해만인
올해에야 생전 처음으로
내땅에 내곡식을 지었고나。

붉은 군대가 갖다준 해방도
공산당이 나눠준 땅과
가난뱅이에 안겨준 권세도

4) 위의 논문, 403~404쪽 참조.
5) 위의 논문, 406쪽.
6) 김태희, 「八·一五」, ≪동북조선인민보≫, 1948.8.15, 3면.

어리석게도 꿈으로만 여겼던 나。

밭이란 곡식그루에 걸쳐앉아
곰방대 부시담배 두어목음삼켜
반나절 묶어쌓은 조 조백헤여
내살림 주먹구구하는 오늘의 나。7)

③

4, 땅을 찾던 날
세월은 하냥 정의를 향해 흘러 흘러
청송 두 그루에
해마다 어김없이 년륜이 들어앉듯
와야할 그날은 오고야 말았다

고향으로 돌아오는 빨찌잔들의
우렁찬 노래소리와 발굴음 소리
이 마을에 다시 못 올
어젯날의 쓰라림을 가셔버렸다
(…중략…)
천지도 환호하는
토지개혁의 대령이 내려
다시 찾은 이 땅에
먹물도 싱싱한 말뚝을 박던 날

우리의 이 기쁨을 자자손손 전하자고
심산유곡 바위틈을 뽈뽈이 뒤져가며

7) 蔡澤龍, 「내땅에 내곡식: 신세고친 ××의 하로」, 『연변문화』 1~3(1948년 12월), 31~32쪽.

애솔모 포기포기 떠다가
청송 두 그루 두레에 빈따없이 심었다
一九五〇、二[8)]

인용문 ①②③은 작품발표시간 순으로 살펴보았다. ①은 8·15해방과 함께 토지를 얻게 되었다는 단순한 정감을 토로하고, ②는 땅을 갖게 된 원인은 붉은 군대와 공산당이라고 명시하였고, ③은 공산당의 토지혁명 때문에 땅을 얻게 되었음을 더욱 구체적으로 지적하였다. 한마디로 농민들이 땅을 얻게 된 것은 8·15해방과 공산당의 덕분이라고 인정하면서 토지를 분여 받은 기쁨만을 보여주고 다른 의미는 부여하지 않았다.

④
머-ㄹ리
가까이
밭속에선
검실검실한얼굴들
그는땅의 주인
밤이면 가마니 짷기
낮이면 새몰이
모두 로동모범을 겨누는사람들이다[9)]

⑤
의로운 너의 마음은
헐벗고 굶주린 농민의 슬픔이 아팠고

8) 서헌, 「청송 두 그루」, 중국작가협회 연변분회 편선, 『창작선집』, 연변교육출판사, 1956, 95쪽.

9) 오태순, 「가을」, ≪둥북조선인민보≫, 1949.9.23, 3면.

말없는 너의 뜻은
시대의 암운(暗雲)을 노리고 있었거늘

드디여 오고야만
위대한 八·一五 조국해방과 함께
어둡던 이나라 방방곡곡에도
인민해방군의
슬기로운 서광 비최일때
"땅은 밭가는 농민에게로"
진리의 외침 우렁차게 울렸고
기쁨에 부프는 너의 넓은 가슴은
승리의 개가 높이 불러주었더니라

하여
내땅을 내가 가는 벅차오르는 환희는
논밭 이랑 이랑마다 깃들고
보람진 추수를 약속하는
증산의욕은
전인민이 다 잘 살수있는
민주 새중국 건설에로 줄달음치나니10)

⑥
오늘
국경절!
모주석이시여
당신의 령도로 해서

10) 靜海, 「海蘭江畔에서」, 『문화』 제3호, 1949.9, 45~47쪽.

우리는 땅의 주인이되고
당신의 가르침으로 해서
해마다 더 우리는 행복하나니
모주석 당신은 진정 인민의 어버이[11]

인용문에서 단순한 토지획득이 아니라 그에 기초하여 다른 의미가 부여됨을 볼 수 있다. ④는 토지를 분여 받은 기초에서 다시 노동모범을 목표하고 있으며, ⑤에서는 토지획득에 이어 새 중국의 건설이라는 국가적 차원으로 상승하고, ⑥에서는 수령에 대한 찬미로 이어지고 있다.

시뿐만 아니라 소설에서도 토지혁명의 내용이 드러나고 있다.

천 구백 사십 오년、우리의 머리 위에 두껍게 낮게 드리웠던 검정 구름은 벗겨지였소. 그리고 얼마 아니하여 우리는 흙의 노예로 부터 일약 그 땅의 임자로 변하였소.[12]

『우리는 이밭의풀을 깨끗이 매야하구 씨도 같은거리에 넓게 세워 잘 보호해야 합니다. 풀이 많다고 밭을 묵여 버린다든가 매밀을 재갈이 하는것은 낡은 사회에서 하던 겉둥치기 농사법입니다. 오늘날 떳떳한 땅의 주인이 되였고 나라의 주인이된 우리 농민들이 어찌 한치 땅이라두 묵일수 있으며 한 포귀의 곡식을 소홀히 할수있겠습니까?』하고 숨을 돌린다음 다시 계속해서 곡식한알이라도 더 많이내면 모두다 자기살림을 잘 꾸릴수 있을뿐만아니라 나라도 부강해진다.[13]

도시근처로 이사 오라는 친구의 초청에 농촌에서 계속 살아갈 것

11) 이종암, 「아름다운 내일을 위해」, ≪동북조선인민보≫, 1952.10.1, 3면.
12) 김학철, 「뿌리박은 터」, ≪동북조선인민보≫, 1953.7.17, 3면.
13) 마림, 「'세투리'밭」, ≪동북조선인민보≫, 1953.7.30, 3면.

이라는 의지를 밝히는 김학철의 작품에서도 땅의 주인이 되었다는 긍지를 보여주었다. 마림의 작품은 주인공 영숙의 말을 빌면서 땅의 주인, 나라의 주인이 되었음을 역점을 두고 자기살림을 잘 꾸려가야 한다는 강한 정착의지를 밝혔다.

이와 같이 농민의 생명과 직결된 땅을 획득하게 된 것은 단순한 기쁨의 초기 단계에서 차츰 의미가 가미되면서 나중엔 이 땅을 지키면서 이 땅에서 살아가고 정착해야 한다는 강한 의지가 내비치는데 이는 해방 후 조선족이 귀환하지 않은 중요한 포인트의 하나라는 방증이 되기도 한다.

4. 거주지와 고향의 혼동으로 인한 미귀환

해방 전까지 조선족의 이주는 80년의 시간에 걸쳐 크게 세 개 단계를 지나면서 진행되었다. 말하자면 단시일에 많은 사람들이 동시에 이주한 것이 아니라 시간적인 흐름을 따르면서 진행되었다. 그리하여 여러 가지 이민양상을 보여주었는바 이민 1세라고 하여 같은 시간대에 이주한 것이 아니라는 점을 주목하여야 한다. 이민시간이 길수록 이민 2세, 3세는 중국에서 태어났을 가능성이 크고 이민시간이 짧으면 짧을수록 그 후세가 중국에서 태어날 가능성이 희박하다.

이런 이주상황 때문에 조선족에게는 거주지와 고향이 혼동되는 현상이 존재하였다. 이민시간이 짧은 이주자에게 있어서 거주지와 고향은 확연히 구분된다. 즉, 고향은 한반도에 있는 출생지이고, 중국에서의 거주지는 말 그대로 거주지 일뿐이다. 하지만 이민시간이 길면 거주지와 고향의 관계는 미묘해진다. 이주민가정의 이민1세에게 있어서 고향은 한반도의 출생지이고 이민 2세에게 있어서 고향은 부모의 출생지인가, 아니면 본인의 출생지인가 하는 혼동이 오고 이민3세에게 있어서 고향은 조상에게서 들은 심리상의 고향과 본인의 고향이 대립되는 양상이 존재한다. 특히 조상이 타계했을 경우, 고향은 본인의 출생지로 확정되게 된다.

6년간 중국에 유랑했던 작가 최서해도 이 문제를 예리하게 지적하고 있다.

오늘이나 나올까 내일이나 나올까 하여 大旱에 雲霓보다 더 초조하게 바라건마는 병고는 조금도 덜리지 않는다. 고적한 내 생활은 병마에게 붙들린 뒤로부터 더욱 고적하게 되었다. 고국에 있을 때에는 찾아갈 만한 곳도 있었고 찾아 줄 만한 벗들도 있어서 마주 앉아 肝胆을 토로하면 달지고 해 뜨는 줄을 몰랐으나 한번 天涯에 방랑하여 胡地 孤客이 된 뒤로는 늘 숙연한 심사를 금할 수 없었다.

시시로 찾아오는 사람이 있으나 그것은 전혀 여기서 농사짓는 사람들이다. 그네들은 오는 때마다 나에게 고국 이야기를 청한다. 내가 고국 이야기를 하면 그네들은 재미있게 듣는다. 자기네 생활 이야기도 한다. 그네들 가운데는 조선이 어디가 붙었는지 어느 때에 이 땅으로 들어왔는지 모르는 이가 많다. 그러나 그네들은 자기의 나라는 조선이요 자기는 조선사람이며 백두산은 자기 나라의 가장 높은 산인 것을 기억한다. 그네들 가운데는 별별 인물이 다 있다. 살인·강도·협잡으로 도주하여 온 사람도 있고 망명객도 있다. 마치 水滸伝 중의 梁山泊 같은 느낌을 가지게 한다.

그러나 생활 곤란을 못 이기어 男負女戴로 들어온 사람이 그 대부분이다. 그렇게 와서 갖은 풍상을 다 겪어 가면서 나무를 베고 밭을 내어서 자자손손이 대를 물려서 아주 중국 사람이나 다름없이 되고도 늘 백두산을 바라보고 고국을 생각한다. 피(血)란 무서운 것이다. 이 지구가 부서져서 인류가 전멸되기 전에는 우리 사람의 피가 흐를 것이다. 나는 그네들을 대할 때마다 늘 이러한 생각을 하고 눈물을 뿌린다. 그러나 그네들은 내 눈물을 모른다. 어떤 때는 병고가 심하여 우는 줄로 믿는다. 오오 고적한 이 생활! 누구를 보고 웃으며 누구를 보고 울어 볼거나?[14)]

이주민이 민족정체성은 분명하다. 물론 조선 사람이고 조국이 조선인 것은 알고 있지만 조선이 어디에 붙어 있는지 모르는 사람이 많다. 최서해가 중국으로 유랑한 시간이 1918년이라는 점을 감안하면 상기 글에서 지적되는 사람들은 초기 이민의 후손임이 틀림없다.

해방 전 중국 동북지역 조선족 인구수의 변화양상

년도	인구수(명)	증가율(%)
1908	323,808	
1917	358,425	10
1920	459,400	22
1930	607,119	24
1936	854,411	29
1939	1,065,523	20
1944	1,658,572	36
1945	2,160,000	23

표[15]에서 볼 수 있듯이 조선족인구가 100만 명이 된 것은 1939년이다. 말하자면 해방당시 절반인구는 1939년 이후에 이주한 사람이라는 말이 된다. 이 절반에 달하는 사람들은 거주지와 고향이 구분되지만 다른 절반의 사람들에게 있어서 거주지와 고향은 혼동을 일으키며 고향은 본인의 출생지인 중국 동북지역의 어느 고장일 수 있는 가능성은 충분하며 이를 외면할 수 없다.

나는 살기 좋은데를 찾어다닐 그 노력으로 내가 이미 뿌리 박은 이 터전을 더욱 더 살기 좋게 만들 작정이요. 그것은 나를 낳고 길러낸 이 마을을 내가 비길데 없이 사랑하는 때문이요. 그것은 우리 할아버지가 삼십 칠년전에 삭풍 거친 이 땅에 첫 괭이 날을 박던 그때로부터 오늘에 이르기까지 우

14) 최서해, 「呻吟声: 病床日記에서」, 郭根 編, 『崔曙海全集』 下, 문학과지성사, 1987, 221쪽.
15) 朴昌昱, 『中國朝鮮族歷史研究』, 延邊大學出版社, 1995, 27~30쪽 참조.

리 집안 삼대의—할아버지의, 아버지의, 그리고 나의—흘린 땀과 눈물이 그 어느 한 줌 흙에도 심배여 있지 않은 데가 없기 때문이요.[16)]

할아버지
또 자랑하세요
맨삽으로 二천평개간했다니
남들은 그삽이 무슨쇠냐고 물었지만
실상 할아버지에겐
그삽보다 더굳은 마음이 계셨답니다[17)]

모아산 높은 봉에 새날이 밝아
가벼히 내려 앉은 안개를 걷우고
부르하통 물결 더욱 랑랑히 흐르는데
이땅의 오랜 력사 지니고
거인처럼 일어서는 우리의 도시-
연길이여!
(…중략…)
이렇듯 우리의 도시는
우리와 더부러 생활하고
우리와 더부러 전진한다
오늘 푸른 기상을 이고 으젓이 자라가는
민족의 학부 연변대학에서
로동의 능수들은 쏟아져나오고
그리고 전원에서
집단농장들이 움트고 있다

16) 김학철, 「뿌리박은 터」, ≪동북조선인민보≫, 1953.7.17, 3면.
17) 채옥이, 「할아버지: 연길현 제二차 로모대회에 드림」, ≪동북조선인민보≫, 1950.1.18, 3면.

아 우리의 자랑 연길이여!
너는 조국과 더부러 성장하고
우리와 더부러 숨쉰나니
너의 전야에는 집단농장이
즐비즐비 일어서고
너의 품에는 더 많은 사회주의 건물들이
차 넘치리라18)

인용문에서 볼 수 있는바, 이들은 중국의 거주지를 고향으로 인정하면서 해방을 맞이하여도 귀환하지 않고 중국에 거주하면서 생을 이어갔는바, 현재에 이르러 200만 명의 시대를 이루었다. 뿐만 아니라 귀환했던 일부 사람들이 역 이주를 하였다는 점도 간과할 수 없다.

5. 맺는말

1945년 해방이 되고 1949년 새 중국이 건국되면서 중국조선족에게도 새로운 생존환경이 마련되었다. 조선족의 대표로 주덕해가 제1차 정치협상회의에 참석하였고 전반 조선은 진심으로 새 나라의 건립을 옹호하고 환영하였다. 수억에 달하는 중국인이 나라의 주인이 되였다는 긍지감과 성취감을 만끽하게 한 건국이기도 하였지만 동시에 조선족에게도 그에 버금가는 흥분을 가져다 준 건국이기도 하였다. 그만큼 조선족은 새로운 사회에 동조하였고 이 사회의 주인이 되였다는 자부심을 감추지 않았다. 이와 같이 수동적이 아니라 주동적으로 새로운 생존환경에 적응할 수 있었던 원인을 몇 가지

18) 박응조, 「우리의 도시: 연길」, 『연변문예』, 1954.9, 18~19쪽.

면에서 그 원인을 찾아볼 수 있다.

첫째, 해방 전 동북에서 항일투쟁을 진행하던 항일연군의 간부들과 조선의용군의 간부들이 건국 후 조선족사회의 주요한 지도자로 활약하였다. 일제를 몰아내고 조국을 해방하는 것이 혁명에 참가할 때 이들의 목표였지만 중국 경내에서 항일투쟁을 벌리는 과정에서 이들은 공산주의를 수용하고 중국공산당의 지도하에서 중국혁명과 조선혁명을 함께 한다는 투쟁목표를 가지게 되였다. 그리고 해방 후 귀국하지 않은 이들은 중국공산당의 일원으로 중국혁명에 참가하였다. 때문에 사회주의국가를 건립하는 것은 이들이 바라마지 않은 것이었다.

둘째, 동북의 조선인집거구에는 해방 전부터 독립군과 항일부대들이 많이 활약하였다. 그리하여 백성들은 항일의식이 다른 곳에 비해 높았고 특히 조선공산당과 중국공산당의 영향과 교육으로 하여 이들은 일찍이 공산주의사상을 접촉하였다. 계급모순, 계급투쟁 등 관념들은 이들에게 낯선 개념들이 아니었다. 때문에 이들은 사회주의제도에 금방 익숙할 수 있었다.

셋째, 해방 후 중국공산당의 토지혁명이 조선족에게 끼친 영향이 심각하다. 이주민의 절대부분이 농민이고 이들에게 있어서 땅은 일생의 꿈이었다. 그런데 해방 후 토지혁명을 거치면서 이들에게 땅이 차례지게 되였다. 땅의 주인이 되었다는 것은 오랜 숙망이 실현되는 시점이면서 동시에 주인공의식이 발생하게 된 근본적인 이유이기도 하다. 이리하여 이들은 세세대대로 개척해온 이 땅을 지켜야 한다는 사명감을 갖게 되었다.

넷째, 조선족은 해방과 함께 선택을 거쳐 중국에 남은 사람들이다. 해방직전 200만 명이던 이주민이 해방과 함께 절반이 한반도를 선택했지만 동시에 나머지 절반은 중국을 선택했다. 중국이라고 말하기보다는 거주지를 선택했다. 이주지를 선택한 원인은 확실치 못하지만 거주지가 고향이라는 생각이 중요한 포인트가 아닌가 한다.

고향이라는 심리 때문에 이들이 이젠 이 땅에서 살아야 한다는 마음의 준비가 되었다는 점을 긍정할 수 있다.

현재 새로운 귀환의 문제가 초미의 관심사로 부각되고 있는 상황이지만 이는 본고의 연구범위를 벗어나기에 이후의 관심사로 남기려고 한다.

[참고문헌]

1. 저서

김학철 자서전, 『최후의 분대장』, 문학과지성사, 1995.
김학철, 『나의 길』, 민족출판사, 1996.
朴昌昱, 『中國朝鮮族歷史研究』, 延邊大學出版社, 1995.
연변문학예술연구소 편, 『김학철론』, 흑룡강조선민족출판사, 1990.
요작기, 남대명, 「연변에서의 토지개혁」, 『중국조선족민족발자취총서⑤ 승리』, 민족출판사, 1992.
서 헌, 「청송 두 그루」, 중국작가협회 연변분회 편선, 『창작선집』, 연변교육출판사, 1956.
최서해, 「呻吟声: 病床日記에서」, 郭根 編, 『崔曙海全集』 下, 문학과지성사, 1987.

2. 논문

박응조, 「우리의 도시: 연길」, 『연변문예』, 1954.
蔡澤龍, 「내땅에 내곡식: 신세고친 ××의 하로」, 『연변문화』 1~3, 1948.
靜海, 「海蘭江畔에서」, 『문화』 제3호, 1949.

3. 신문

김태희, 「八·一五」, ≪동북조선인민보≫, 1948.
오태순, 「가을」, ≪동북조선인민보≫, 1949.
이종암, 「아름다운 내일을 위해」, ≪동북조선인민보≫, 1952.
김학철, 「뿌리박은 터」, ≪동북조선인민보≫, 1953.
마 림, 「'세투리'밭」, ≪동북조선인민보≫, 1953.
채옥이, 「할아버지: 연길현 제二차 로모대회에 드림」, ≪동북조선인민보≫, 1950.

1960년대 초반 중국 조선족 장편소설에 나타난 민족의식의 내면화*

리근전의 장편소설 『범바위』를 중심으로

이해영·곽효민
(中國 해양대학교 한국어학과 교수·中國 해양대학교 한국어학과 석사과정)

1. 들어가기

리근전은 김학철과 함께 1950년대에 등단한 중국 조선족 제1세대의 대표적인 작가이다. 김학철이 1954년 중국 조선족의 첫 번째 장편소설 『해란강아 말하라』를 출간한데 이어 리근전은 1962년, 중국 조선족의 두 번째 장편소설 『범바위』를 출간하였고, 정치적 동란이 결속된 뒤, 문단에 복귀하여 두 편의 장편소설과 함께 『범바위』의 개정판을 내는 등 왕성한 창작활동을 진행하였다. 그러나 김학철이 그의 의용군 경력과 강렬한 민족의식, 중국 현실에 대한 예리한 비판 등으로 하여 최근 중국 조선족 문단의 산맥으로, 거장으로 평가받으면서[1] 그에 대한 중국 조선족 학계 및 한국 학계의 연구가 점

* 이 논문은 2009년 정부(교육과학기술부)의 재원으로 한국학중앙연구원 지원을 받아 수행된 연구임(AKS-2009-MB-2002).

1) 김호웅, 「중국 조선족 문학의 산맥: 김학철」, 『민족문학사연구』 21호, 2002, 218쪽.

점 활발하게 진행되고 있는 데 비해, 리근전은 거의 학계의 관심 밖에 있으며 그에 대한 연구도 소략하다. 그 원인은 주로 다음과 같은 두 가지 측면으로 볼 수 있다.

하나는 리근전이 작품을 창작할 정도의 한국어 실력을 갖추지 못하여 절대대부분의 작품을 중국어로 창작한 뒤, 다른 사람을 시켜 한국어로 번역하여 발표하였다는 언어적 측면의 문제 때문이다. 민족문학의 범주를 이루는 기본적인 조건의 하나가, 그것도 아주 중요한 조건의 하나가 민족어 창작이라는 것을 염두에 두면 생각하기에 따라서 중국어로 창작되어 번역된 리근전의 작품들은 민족문학이라는 범주에서 즉 조선족 문학이라는 범주에서 논의되기 어렵다는 것이다. 물론 민족문학의 범주를 설정함에 있어서 민족어로의 창작이 가장 기본적이고 중요한 조건이기는 하지만, 일본의 재일동포문학이나 러시아의 고려인 문학이 대부분 거주국의 언어로 씌어 짐에도, 내용적 측면에서 민족의 삶과 정서를 반영한다는 것 때문에 민족문학의 범주로 분류된다는 측면에 비추어 볼 때 중국 조선족의 삶과 역사를 반영한 리근전의 문학 또한 예외가 될 수 없다. 더구나 리근전의 중국어 창작이 외적인 압력이나 강압에 의해 강요된 글쓰기이거나 또는 한국어 창작이 가능함에도 불구하고 일부러 중국어로 창작한 것이 아니라는 점에서 더욱 그러하다.

다른 하나는 바로 민족적 삶과 정서, 민족의식이라는 내용적 측면과 연관되는 부분인데, 김학철이 분명한 민족의식과 역사적 시각을 갖고 중국 현실에 대해 비판적 거리를 유지하고 있었던 것에 비해, 리근전은 중국 공산당의 유력한 지방 간부로, 작가로, 당의 각종 정책과 문예정책을 충실히 집행하고 작품 창작에 반영해왔으며 중국 주류사회로의 편입을 위해 끊임없이 노력했기 때문이다.[2] 이러한 당 중심의 사고와 중국 지향성 때문에 리근전의 작품은 "우리가 이

2) 최병우, 「『범바위』의 개작 양상과 그 의미」, 『리근전 소설 연구』, 푸른사상, 2007, 81쪽.

미 배운 력사교과서와 모종 근사성을 보여주고 있다"[3]는 혹평을 받기도 했고, 해방 후 조선족 소설문학에서 자주 나타난 "당의 영도하에서 인민들이 계급적으로 각성하고 자각적인 투쟁에로 궐기한다"는 패턴이 리근전 문학에서 처음 시작된 것이며 리근전 문학의 주요한 패턴으로 되었다[4]는 평가를 받기도 하였다. 특히 1990년대 이후, 중국 조선족 사회의 문화적 다원화와 함께 민족 정체성의 문제가 그 어느 때보다 강조되었는데, 이는 당 중심주의로 일관되었던 리근전과 그의 작품에 대한 조선족 학계의 비판과 소외를 야기 시켰다.

그러나 이러한 비판과 소외는 리근전의 당 중심주의와 중국 지향성을 막바로 민족의식과 대타적인 것으로, 모순되는 것으로 파악한 데서 연유한 것으로 상당히 편면적인 견해이다. 교과서적이었건 당 중심주의였건 어쨌거나 리근전은 중국 조선족 사회에서 처음으로, 그것도 현재까지로서는 거의 유일하게 중국 조선족의 이주사와 개척사, 항일 투쟁사 및 광복 이후로부터 새 중국이 건립되기까지의 조선족의 역사를 문학적으로 재현한 두 편의 장편 대하소설을 발표하지 않았는가. 특히 1980년대에 발표한 『범바위』의 개정판이나 『고난의 년대』(상)에서는 민족적인 것이 상당히 많이 부각되고 있다. 여기에 대해서는 일부에서 1980년대의 당 정책이나, 시대상황을 반영했기 때문이라고 지적[5]하고 있는데 이 역시 선뜻 그대로 납득하기 어렵다.

그가 단지 당의 정책을 선전선동 하는 것에만 주력했다면 그는 굳이 조선족의 역사에 그토록 집착할 필요가 없었을 것이다. 그는 과연 당의 정책을 선전선동 하기 위해 조선족의 역사를 소재로 삼았을 뿐인가, 아니면 조선족의 역사 그 자체를 목적으로 하고 있었

3) 김동활, 「『고난의 년대』에 대한 본체론적사고」, 『문학과예술』, 1988년 5기, 31쪽.

4) 리광일, 『해방 후 조선족 소설문학 연구』, 경인문화사, 132쪽.

5) 최병우, 앞의 글, 82쪽.

는가? 물론 얼핏 보면 1980년대의 개정판에 비해 민족적인 정서나 측면이 미약하다 못해 거의 드러나 있지 않지만, '민족'이라는 용어 자체가 금기시 되던 1960년대에 민족의 역사라는 민감한 소재를 선택한 리근전의 용기를 우리는 지나치게 과소평가해서는 안된다. 중국 공산당의 지방 간부로서 뛰어난 정치 감각과 현실 감각으로 주류사회에 진출하였고 그 무서운 반우파투쟁의 소용돌이도 용케 피해온 리근전이다. 그렇다면 리근전은 왜 1960년대에 자기의 정치적 생명을 걸고 그런 우둔한 모험을 했을까? 그것이 우둔한 모험이었음은 훗날 문화대혁명 때, 『범바위』가 '민족주의를 고취한 대독초'[6]로 비판받고 그 작가였던 리근전이 '독초'의 작가로 투쟁당하고 창작의 권리를 박탈당했던 사실이 증명해준다. 이 글은 바로 이러한 지점에서 시작된다. 논의의 편의를 위하여 1962년에 발표된 『범바위』 초판본을 중심 텍스트로 하되 리근전의 의식의 변화를 보여준다는 측면에서 1980년대에 발표된 『범바위』의 개정판과 『고난의 년대』를 양쪽에 놓고 기웃거리는 형식을 취하고자 한다.

2. 1960년대 초반의 연변과 리근전의 정체성

리근전에 의하면 『범바위』는 1958년에 집필을 시작하여 1962년에 출간한 것이다. 이 무렵의 연변은 그 전 해인 1957년에 반우파투쟁이 시작되어 1958년에 끝났고, 1958년에는 전국 문예계와 보조를 맞추어 "수정주의 문예사조"에 대한 비판을 진행하였으며, 1959년에는 이른바 지방민족주의를 반대하는 대대적인 운동이 일어남으로 하여 그야말로 무시무시한 살얼음판이었다. 전국적 범위에서 대대적으로 발동된 반우파투쟁의 폐해도 심각했지만 그 뒤, 발동된 지방

6) 리근전, 「『범바위』 재판 후기」, 『흘러간 세월』, 흑룡강조선민족출판사, 1997, 144쪽.

민족주의를 반대하는 운동은 연변에 더욱 큰 정치적 파장을 몰고 왔다. 반우파투쟁이 이념적 차원의 문제라면 지방민족주의를 반대하는 운동은 민족적 차원의 문제였다. 대(大)한족주의를 반대하고 지방민족주의를 극복하여 새로운 민족 유대를 이룩하고 새로운 생존환경을 마련한다는 초지는 아름다운 것이었으나 결과적으로는 한족을 제외한 기타 소수민족 가운데 존재하는 소위 '민족주의'를 척결하는 결과를 낳았다.7) 지방민족주의를 반대하는 운동은 주요하게 이른바 '자산계급 조국관', 지방민족주의를 선양한 작품, '언어의 순결화' 등을 비판의 과녁으로 삼았는데 이는 조선족 작가들과 민족문학에 대한 또 한 차례의 정치적 '토벌'이었다.8) 이 운동은 민족문화전통을 계승하고 발양하는 것과 조선족작가들이 조선족의 생활을 반영하는 것, 그리고 조선어의 규범화 요구 등에 대해 모두 지방민족주의라고 무단적으로 비판하면서 민족적인 모든 것을 부정하였다.9) 이러한 정치투쟁의 와중에서 "민족문화전통의 계승, 민족력사제재의 취급, 민족정신과 민족감정의 표현, 형식의 민족화 등은 아무도 건드릴 수 없는 '금지구역'으로 되었다. 이런 '금지구역'은 '문화대혁명'시기에 이르러 더더욱 삼엄하게 되었다."10)

그렇다면 이 무서운 정치의 소용돌이를 리근전은 어떻게 지나고 있었는가. 반우파투쟁이 전국을 휩쓸던 1957년, 리근전은 『연변일

7) 이광일, 앞의 책, 125쪽.

8) 조성일·권철, 『중국조선족문학사』, 연변인민출판사, 1990, 291쪽.

9) 지방민족주의를 반대하는 운동의 폐해와 심각성의 정도에 대해서는 다음의 실례를 통해 엿볼 수 있다.

이 운동은 조선족 작가들이 조선족의 생활을 반영하는 것마저 지방민족주의로 몰았는데 그 일례로 한 연극단이 '한족의 극'을 '조선족의 생활로 각색한 것'마저 견책하였고 조선족의 전통적인 애정윤리를 다룬 극시 「김옥희와 팔거북」 등을 '독초'로 비판하였다.

조선어 사용의 측면에서 한어와의 융합을 주장하면서 조선어의 규범화를 강조하는 것은 '언어순결화'를 고취하는 것이라고 비판하였다. 「연변의 창작에서 제기되는 민족어규범화문제」라는 김창걸의 논문은 민족어 순결화를 고취하는 지방민족주의 언론으로 비판당했다(조성일·권철, 위의 책, 292~293쪽 참조).

10) 위의 책, 294쪽.

보』 한문판 제1부주필 직무를 맡고 있었고 그 전해인 1956년에는 이미 중국작가협회 회원으로 되었다. 지방민족주의를 반대하는 운동이 연변에 피바람을 몰고 오던 1959년에는 연변에 전근하여 선후로 중공연변주위 정책연구실 부주임, 중공연변주위선전부 부부장 등 요직을 맡게 된다. 중공연변주위선전부 부부장이란 어떤 직책인가. 그것은 바로 소수민족 지구인 연변의 언론과 문화 전체를 총괄하는 중국 공산당의 지방 요직인데, 이는 1945년 혁명에 참가하여 당의 사업에 충성해왔던 리근전에 대한 중국 공산당의 두터운 신임이자 긍정이며 또한 역으로는 그 자리에 가기까지 소수민족 간부로서 리근전의 뛰어난 정치 감각과 현실 감각을 보여준다. 당 간부로서 뿐만 아니라 리근전은 작가로서도 활발한 창작활동을 진행하는데, 반우파투쟁과 지방민족주의를 반대하는 운동 중에서 많은 작가들이 투쟁당하고 문단에서 사라졌지만 유독 리근전만이 이 시기에 오히려 단편소설을 발표하는 한편 중편소설 「호랑이」와 장편소설 『범바위』를 발표하면서 문단을 독보한다.[11]

그 시기 리근전은 반우파투쟁에서 우파 분자로 낙인찍힌 극작가 최정연을 비판하는 문장[12]과 김학철의 장편소설 『해란강아 말하라』를 비판하는 문장[13]을 발표하기도 하는데, 그것이 당에 대한 충성에서였는지 아니면 비판을 위한 비판이었는지, 자기 보호의식에 의한 것이었는지는 알 수 없다. 다만 그러한 정치투쟁의 와중에서 조선족 작가들이 취했던 대응방식에 대해 이광일이 "정치공명시기인 이 시기의 정치운동에서 우리 문인들은 이번 운동에서는 남을 공격하고 다음의 운동에서는 남에게서 공격을 받는 아이러니를 만들어내기도 하였다. 말하자면 반우파투쟁에서 대방을 우파분자로 공격

11) 리광일, 앞의 책, 126쪽.

12) 리근전, 「『귀환병』의 독소를 논함」, 『아리랑』 10, 1957; 리근전, 「최정연의 반동 문예 리론을 반박함: 최정연의 소위 『령혼』과 『암흑』론에 대하여」, 『연변청년』 12, 1957.

13) 리근전, 「『해란강아 말하라』와 그의 작자」, ≪연변일보≫, 1957.12.12.

하고 타도했는데 그 후의 지방민족주의를 반대하는 투쟁에서 다른 사람에게 투쟁당했으며 남을 타도하던 사람들은 그 후의 문화대혁명에서 무사할 수 없었다"[14]고 평가하고 있어 퍽 흥미롭다. 즉 뚜렷한 목적과 원칙이 없이 서로를 의심하고 비판하던 당시의 살벌하고 혼란한 상황을 미루어 짐작할 수 있게 해준다.

놀라운 것은 바로 이러한 때에 리근전이 『범바위』를 집필하고 발표하였다는 것이다. 여기서 '놀랍다'고 한 것은 다음과 같은 두 가지 측면에 의한 것이다. 하나는 조선어 창작이 거의 불가능한 리근전이 조선어로 작품을 발표한 것이다. 그 무렵, 1959년에 일어난 지방민족주의를 반대하는 투쟁 와중에서 한어와의 융합이 제창되고 민족어의 규범화에 대한 주장이 민족어의 순결화를 고취한다는 죄목으로 비판당하던 시기라는 것을 감안하면, 이는 결코 쉽게 흘려버릴 수 있는 부분이 아니다. 중국어로 창작했고 그때 한창 조선어 사용이 자칫 많은 문제를 일으킬 수 있는 민감한 시기였음에도 불구하고 왜 리근전은 굳이 역자를 찾아 번역을 하는 번거로움과 자신의 정치적 생명과도 직결되는 위험 부담을 감수해가면서도 조선어로 발표했을까? 또한 그는 무엇 때문에 소설이 중국어로 창작되었다는 사실을 숨기려고 했을까?[15] 이 부분을 굳이 해석해본다면 그것은 조선족이라면 당연히 조선어를 잘해야 한다는 식의 민족어에 대한 작가 나름의 자의식이 민감하게 작동한 탓일 것이다. 이것이야말로 리근전 식의 민족의식 내지, 정체성의 일면일 것이다.

다른 하나는 리근전이 감히, 1959년 지방민족주의라는 정치투쟁을 겪은 뒤, 거의 '금지구역'이나 다름없이 금기시 되어 있던 민족의

---

14) 리광일, 앞의 책, 123쪽.

15) 리근전의 두 편의 장편소설 『범바위』와 『고난의 년대』 모두 중국어로 창작되어 역자에 의해 번역된 뒤, 조선어로 출간된 것이지만 여기에 대해 리근전은 생전에 그 어떤 글에서도 공식적으로 언급한 적이 없다. 여기에 대해서는 이해영, 『중국 조선족 사회사와 장편소설』, 역락, 2006, 215~234쪽; 이해영, 『청년 김학철과 그의 시대』, 역락, 203~231쪽에서 자세히 논의하였음.

역사를 다룬 것이다. 물론 리근전 자신이 그 주제를 "우리 조선족 인민이 중국공산당의 령도밑에서 민족내부에 숨어있는 반동분자들의 분렬활동을 분쇄하고 민족단결을 강화하여 각 민족의 공동의 적 —국민당반동파를 타도하고 자신의 철저한 해방을 맞이하는 것"16) 이라고 하지만, 1930년대 중국공산당의 영도 하에 진행된 연변지역 조선족 인민들의 항일투쟁을 형상화한 김학철의 『해란강아 말하라』가 1957년 반우파투쟁에서 반동적인 작품으로 비판당한 것으로 미루어볼 때, 그것은 역시 대단한 모험임에는 틀림없다. 더구나 리근전은 김학철의 『해란강아 말하라』에 대한 비판문장도 쓰지 않았던가. 그렇다면 그 누구보다 민감한 정치 감각, 현실 감각을 갖고 있는 리근전이 왜 굳이 그런 모험을 했을까. 여기에 대해 리근전은 우리 민족의 "빛나는 력사사실을 예술작품으로 재현시켜 보고 싶은 마음이 불붙듯"해서였다고 고백하고 있는데, 이것이야말로 민족어에 대한 자의식과 함께 리근전 식의 또 하나의 민족의식의 소중한 모습이며, 그의 정체성을 이루는 한 부분일 것이다.

이러한 리근전 식의 민족의식 내지 정체성은 리근전의 무의식 속에 잠재된 원초적인 기억 내지 체험과 연결되는 부분이다. 아무리 한어가 조선어보다 편해도, 중국 공산당의 요직에 있어도 결코 한족과 완전히 일치될 수 없는 내면의식, 그것은 곧 아버지를 따라 만주로 이주하던 9살 소년의 마음속에 새겨진 지워버릴 수 없는 기억이었다.

리근전의 무모한 행동의 내적 원인이 그의 원초적인 기억과 정체성과 연결된다면 그것을 가능하도록 뒷받침해준 것은 그의 '자신 있음'이다. 그 '자신 있음'이란 바로 중국의 험악한 정치 현실에 대한 자신의 대응 능력에 대한 '자신 있음'일터. 그렇다면 그가 취한 대응방법이란 무엇인가. 그것은 바로 그가 일관적으로 견지해왔던

16) 리근전, 「시대감과 주제사상: 장편소설 『범바위』를 수개하면서」, 『문학과예술』, 1982.4, 34쪽.

당의 정책과 문예정책을 충실히 반영하고 선전선동 하는 것이었다. 그가 설정한 "우리 조선족인민이 중국공산당의 령도밑에서 민족내부에 숨어있는 반동분자들의 분렬활동을 분쇄하고 민족단결을 강화하여 각 민족의 공동의 적－국민당반동파를 타도하고 자신의 철저한 해방을 맞이하는것"이라는 이 소설의 주제야말로 얼마나 당의 정책에 충실한 것인가. 그런데 당의 영도를 강조한 이 주제 속에 은밀하게 깃들어 있는 것이 바로 당의 영도 밑에서 진행된 조선족의 투쟁사 내지 조선족의 역사이다. 비록 당시의 상황 속에서 금지 구역으로 되어 있는 '민족의 역사'지만 그것이 중국 공산당의 영도 하에서 진행되는 것이라면 전혀 문제될 것이 없다는 게 중국 공산당의 지방 간부로 있으면서 또한 당 정책을 직접적으로 집행하던 리근전의 날카로운 판단이었다.

민족의 역사를 당의 영도 하에서 이루어지는 것으로 전개하기, 민족적인 것을 국가적 틀 속에 위치 지우기, 이를 일명 민족의식의 내면화라고 할 텐데, 이는 실상 리근전 개인의 방법이 아니었다. 그것은 광복 후, 중국에 남은 우리 민족이 공산당의 노선을 따르고 새 중국이 창건된 후, 중국 국적을 부여받으면서 이미 결정된 삶의 방식이자 삶의 길이었다. 해방 직후, 중국 조선족 문학의 전개가 이를 잘 보여준다. 다만 리근전이 보다 민감하게 깨달았을 뿐이다. 사실 리근전에게 그것은 현실에 대한 대응방식이라기보다는 체화된 삶의 논리요 절대적인 것이었다. 1980년대에 집필된 『고난의 년대』(하)에서 리근전이 공산당 중심의 항일투쟁사를 전개한 것은 그러므로 필연적인 것이라고 보아야 할 것이다.

3. 민족의식의 내면화 방식

1) 역사적 사실의 '감추기'와 '드러내기'

리근전은 1958년에 『범바위』의 집필을 시작하여 1962년에 출간하고 1970년대 말에 『고난의 년대』의 집필을 시작하여 1982, 1984년에 각각 상, 하부를 발표한다. 그런데 리근전 자신의 술회에 의하면 그가 원래 처음 구상했고 준비했던 것은 뒤에 발표된 『고난의 년대』이다. 그에 의하면 『고난의 년대』를 쓰게 된 준비는 하루아침에 된 것이 아니라 그가 신문 사업을 하던 1953년부터 구상하기 시작했고 그때부터 준비에 들어갔던 것이다. 그때 리근전은 신문기자였는데 한번은 서란에서 한 소학교 선생으로부터 우리 조선 사람이 소수민족으로 된 역사는 얼마나 길고, 우리 민족의 역사 가운데는 어떤 이야기들이 있는가에 대한 질문을 받게 되었는데 그 자신도 아는 것이 별로 없어서 대답할 수 없게 되었다. 그때부터 리근전은 조선족의 역사에 대해 관심을 갖게 되었고 조선족의 이주사와 항일투쟁사, 벼 재배 역사, 해방전쟁시기의 투쟁사 등에 대해 차츰 많은 이해를 하게 되었다. 그리하여 리근전은 1958년에 『범바위』를 집필하기 시작했고 언제든지 조선족 인민의 역사의 발자취를 기록하는 장편소설을 써 보겠다고 마음먹었다.[17)]

위의 리근전 자신의 서술에 의하면 그가 『범바위』를 집필하기 전, 1953년 당시, 최초에 구상했던 것은 조선족의 이주초기부터 시작하여 항일투쟁시기, 광복 후 중국 해방전쟁시기까지에 이르는 대하소설이었다. 실제로 그 후, 1970년대 말, 『고난의 년대』를 구상할 때, 리근전은 초기에 '개간편', '봉화편', '서광편' 삼부작으로 구상하였으나 여러 가지 원인으로 2부까지 쓰고 말았다. 그 원인을 리근전은

17) 리근전, 「『고난의 년대』를 쓰게 된 동기와 경과」, 『문학과예술』, 1983.1, 50~51쪽.

딱히 밝히고 있지는 않지만 2부에 해당하는 '봉화편', 즉 『고난의 년대』 하부가 광복까지 다루었음을 미루어볼 때, 3부에 해당하는 '서광편'은 아마도 광복 후부터 해방전쟁시기의 역사를 다루려고 했음에 틀림없다. 그런데 그 시기의 역사는 이미 『범바위』에서 다루었으므로 그는 1982년에 다시 수정보완하여 『범바위』의 개정판을 냄으로써 원래 계획했던 대하소설의 3부에 해당하는 '서광편'을 대신했던 것이다. 그러니까 원래 대하소설의 3부로 계획했던 『범바위』를 리근전이 먼저 집필하여 1962년에 출간했다는 말이 된다. 여기에 대해서는 조선족 학계에서도 "리근전의 두 장편소설이 19세기말부터 20세기중반에 이르는 우리 민족의 수난사와 투쟁사를 집대성했다는 점에서 볼 때…… 『범바위』를 먼저 쓰지 않고 후에 쓰고 작중인물들도 『고난의 년대』의 인물들이 계속 등장했더라면(이 경우 『범바위』는 『고난의 년대』의 제3부로 되어야 할 것이다) 더욱 완정한 대하소설로 될 수 있었"[18]을 것이라고 지적하고 있다.

그럼 리근전은 왜 대하소설의 원 집필 계획을 뒤바꾸어 3부에 해당하는 『범바위』를 먼저 집필했을까. 물론 리근전 자신이 1945년 혁명에 참가하여 무장공작대, 토지개혁공작대 등을 거치면서 해방전쟁시기를 몸으로 직접 체험했다는 것으로부터 미루어볼 때, 『범바위』는 그의 성장기이자 체험기[19]일 것이며, 역사인식이 많이 부족했던 리근전이 그에게 익숙한 시기와 소재를 먼저 선택하여 실험했으리라는 해석이 가능하다. 하지만 그것보다 더 유력한 근거는 1958년부터 1962년에 이르는 중국의 정치 현실 때문이었을 것이다. '민족'의 모든 것이 금지구역으로 되어 있던 그 무시무시한 공포의

18) 김봉, 「력사의 진실한 화폭: 리근전소설의 력사적가치」, 『천지』, 1998.6, 281~282쪽.

19) 『범바위』가 리근전의 성장기이자 체험기라는 것에 대해서 최병우는 「『범바위』의 개작 양상과 그 의미」에서 자세히 살피고 있다. 여기서 최병우는 리근전이 그 자신의 참전 체험을 형상화한 단편소설 「호랑이」로부터 그것을 중편소설 「호랑이」로 확장하고, 또 자신의 옥중 체험을 형상화한 단편소설 「옥중투쟁」을 집필하였으며, 위의 것들을 종합, 확장하여 『범바위』를 창작했음을 구체적인 내용을 근거로 추정하고 있다.

시기에 정계비의 논란과 '변발흑복'의 문제 등을 거론해야 하는 이민 초기의 역사, 만주에서의 민족주의자들의 항일투쟁사는 생각조차 할 수 없는 부분이었다. 당의 영도가 시작되지 않았을 때의 민족의 역사는 이야기되어서는 안 되는 것이었으므로 리근전은 그 이야기 될 수 없는 부분을 감추기 즉 내면화를 진행하지 않으면 안 되었던 것이다.

이러한 내면화는 역사적 시간에 대한 감추기뿐 아니라 역사적 사실에 대한 감추기를 통해서도 이루어진다. 리근전은 1962년에 조선어로 된 『범바위』를 발표한 뒤, 20년이 지난 1982년에 한문으로 『범바위』를 발표하며 그로부터 4년이 지난 1986년에는 다시 조선어로 된 『범바위』를 발표한다. 작가가 이 작품에 상당한 애정과 아쉬움을 갖고 있음을 잘 보여준다. 개작의 원인으로 리근전은 초판본 집필 당시, "제한된 지식과 창작경험의 부족으로 말미암아 시대상을 선명하게 재현시킬 수 없었고 따라서 주제를 심화시킬 수 없었"기 때문에 "시대감을 선명히 하고 주제를 심화시키기 위해서"[20]라는 것과 "그때 당시 극좌사상의 영향으로 써넣고는 싶었으나 감히 써넣지 못했던 것들을 많이 보태여넣"[21]기 위해서였음을 들고 있다.

실제로 작품의 초판본과 개정판은 많은 차이를 보이고 있는데, 그 중 가장 뚜렷한 차이는 작품의 첫머리에서 나타난다. 초판본이 광복 이후 정권 부재기, 조선족 마을 서위자 마을 사람들이 팔로군이냐 국민당이냐는 양자택일의 상황 앞에서 갈등하고 방황하는 것으로 시작되는 것에 비해, 개정판은 주인공 김치백이 광복 후, 길림시에서 목격한 혼란한 상황과 함께 서위자 마을 사람들이 귀국이냐, 팔로군이냐, 국민당이냐는 삼자택일의 상황 앞에서 심각하게 갈등하고 방황하는 것으로 시작된다. 개정판에서 추가된 '귀국'이란 광복

20) 리근전, 「시대감과 주제사상: 장편소설 『범바위』를 수개하면서」, 앞의 책, 34쪽.

21) 리근전, 「『범바위』 재판 후기」, 위의 책, 144쪽.

을 맞아, 만주에 거주하던 200만 조선인 중, 근 절반이 그들의 고국으로 돌아간 역사적 사실[22]을 뜻하는데, 이는 초판본에는 빠져 있다. 이러한 역사적 사실의 누락을 단지 리근전의 제한된 지식 내지 역사인식의 차이로 보기에는 무리가 있다. "어느 길로 가는가 하는 문제는 그 당시 누구나를 물론하고 피할래야 피할 수 없는 문제였다"[23]고 리근전 스스로가 훗날 이야기했듯이, 광복 이후 우리 민족의 선택의 문제는 리근전 자신에게도 심각한 문제였음에 틀림이 없다. 그 와중에 만주에 거주하던 200만 조선인 중, 근 절반, 즉 100만에 달하는 조선인이 선택한 귀국의 길을 리근전이 결코 몰랐을 리가 없다. 그러므로 이러한 역사적 사실에 대한 누락은 결국 작가의 의식적인 감추기라고 할 것인데, 이는 초판본 집필 당시의 정치적 현실에 대한 리근전 식의 대응 방법 즉 민족의식의 내면화였던 셈이다.

2) 민족적 선택의 필연성 강조하기

당의 영도 하에서 전개되는 민족의 역사를 쓰기 위해서는 반드시 짚고 넘어가야 할 부분이 있는데, 그것은 바로 위에서 살펴본 "어느 길로 가는가"라는 선택의 문제와 연결된 부분이다. 광복 이후, 귀국을 포기하고 중국에 남은 조선인이 왜서 팔로군과 중국 공산당을 선택하지 않으면 안 되었는가에 대한 해답을 찾는 것, 그 선택의 필연성을 강조하는 것은 초판본 집필 당시의 정치적 현실 속에서 금기시되고 있던 '민족'과 관련된 것을 우회적으로 드러내기 위한 가장 유력한 대응방법이었다. 또한 광복이 되던 해, 17살의 나이로 팔로군에 참가했던 리근전에게는 그것이 역사의 진실성 그 자체였다.

---

22) 여기에 대해서는 이해영, 『중국 조선족 사회사와 장편소설』, 역락, 2006, 51~58쪽에서 자세히 논의하였다.

23) 리근전, 「시대감과 주제사상: 장편소설 『범바위』를 수개하면서」, 앞의 책, 35쪽.

이 부분을 작품은 다음과 같은 몇 가지 측면으로 강조하고 있다.

첫째, 공산당과 팔로군의 영도로 인한 혁명적 승리와 조선족 인민들에 대한 공산당과 팔로군의 특별한 배려를 부각시키는 것이다. 광복 이후, 정권 부재기 혼란 속에서 조선족 마을인 서위자 마을 농민들은 불안과 공포 속에서 혼란스러워하며 갈팡질팡하는데, 이때 마을의 몇몇 청년들과 김치백의 아들 호랑이가 팔로군에 대한 소문을 듣고 가만히 그들을 찾아간다. 호랑이는 팔로군 부대에서 부모보다 더 따뜻한 사랑을 받게 되고, 그러한 호랑이의 편지를 받은 김치백은 팔로군을 직접 방문하며 팔로군이 진정 가난한 사람을 위한 군대라는 것을 알게 됐고 그들로부터 처음으로 따뜻한 인간대접을 받고 드디어 갈등과 방황에서 벗어나게 된다. 김치백은 "우리 민족이 가야할 길을 찾은 것 같구나!",[24] "내 오늘 평생 처음 인간다운 공대를 받았다. …… 네 말이 옳다! 우리가 가야할 길을 찾았다!"[25]라고 격정에 차서 부르짖는데, 그 길이란 다름 아닌 공산당과 팔로군의 영도를 받아들이는 길이다. 공산당과 팔로군의 영도 하에 그들은 악질지주 한몽둥이의 동생과 첩을 투쟁하고 그들의 집을 청산하며 국민당군대의 여러 차례나 되는 토벌을 분쇄하고 더욱 꿋꿋하게 싸워나간다. 또한 공산당과 팔로군의 정확한 영도 하에 토지개혁을 진행하며 오매에도 그리던 자신의 토지를 가지게 된다.

지금 치백 아저씨도 여기 계시지만 그때 도지 감소 사건 때 우리는 한결같이 일어 서서 싸웠지요. 그러나 우리는 결국 실패하지 않았습니까. 무슨 원인입니까?

원인은 단 하나 밖에 없습니다. 공산당의 령도가 없었기때문입니다.

지금 우리들은 반드시 가야 할 길을 찾았습니다. 이 길은 바로 공산당과 모 주석이 가리키는 길로 전진하는 것입니다.[26]

---

24) 리근전, 『범바위』, 연변인민출판사, 1962, 40쪽.

25) 위의 책, 41쪽.

승리를 경축하는 유두놀이에서 춘호가 한 이 연설은 말 그대로 하나의 진리를 명쾌하게 보여주고 있는데 그것은 다름 아닌 공산당의 영도가 없으면 혁명의 승리가 있을 수 없으며, 그러므로 반드시 "공산당과 모주석이 가리키는 길로 전진"해야 한다는 것이다.

여기서 또 하나 의미가 깊은 것은 조선족 인민들에 대한 공산당과 팔로군의 각별한 배려와 보살핌이다. 그들은 조선족 인민들을 다른 민족과 동등하게 대할 뿐 아니라 그들의 처지를 이해하고 동정하며 그들을 각성시키기 위해 노력한다. 그들의 민족풍속과 습관을 존중하고 배려한다.

> 낮에 령감과 같이 말을 나눌 적에 왕 련장은 로인의 순직함과 선량함 그리고 자기 민족의 진정한 홍성을 추구하여 애쓰는 숭고한 성격을 보았다. 그리고 치백 령감과의 담화 가운데서 이 지방 조선족들이 력대로 살아 내려온 경과를 다소간 알게 되었고 요사이 사람들이 마음을 건잡지 못하고 갈팡질팡한다는 것도 알게 되었다. 일부 사람들의 공산당에 대한 오해도 알았다. 치백 영감은 그들과 같이 갈피를 못 잡고 갈팡질팡하는 사람은 아니지만 공산당에 대해 일정한 의심을 가지고 있었다는 것도 느꼈다.[27]

이 시기 중국 공산당과 팔로군이 얼마나 민족문제에 관심을 갖고 있으며 조선족 백성들의 마음을 안정시키고, 그들로 하여금 공산당과 팔로군의 정책과 노선을 이해하도록 하기 위해 노력하는가를 잘 보여주는 부분이다. 조선족에 대한 각별한 배려는 왕련장이 전쟁터에서 잃어진 호랑이를 기어이 찾아야 한다고 강조하며 전사들을 파견하여 호랑이를 찾은 사실, 국민당 군대에 잡힌 김치백을 구하기 위해 왕대장이 반장과 전사들을 파견하여 구해낸 사실, 또한 국민당

26) 위의 책, 223쪽.

27) 위의 책, 41~42쪽.

의 감옥에서 사형 당하게 될 호랑이를 구하기 위해 일체 대가를 아끼지 않는 것 등을 통해서 잘 나타난다. 김치백이나 호랑이가 조선족이었기 때문에 공산당과 팔로군이 더욱 특별한 관심을 기울인다는 논리를 소설은 보여준다. 그래서 구원된 김치백이 "전 생명은 아버지 어머니가 주었다면 이번 생명은 공산당이 준 것이 아닌가! 예로부터 자식은 부모에게 효성을 다해야 하는 법이다. 그렇다면 지금 자기에게 새 생명을 준 공산당에 어떻게 보답할 것인가? 모든 것을 아끼지 않으리라!……"[28]고 결심하는 것은 전혀 과장됨이 없고 차라리 너무 소박하고 자연스럽다.

조선족에 대한 공산당과 팔로군의 배려와 보살핌은 국민당의 만행과 조선족에 대한 민족적 차별을 통해 더욱 두드러지며 이는 조선족이 공산당과 팔로군을 선택하게 된 필연성을 보여주는 두 번째 측면이다. 한몽둥이가 서위자 마을 조선족 농민들에 대한 압박과 착취는 말로 표현할 수 없다. 국민당 반동파들은 서위자 마을을 몇 차례나 포위토벌하고 백성들이 피난 간 마을에 불을 지르고 남은 백성들을 살해하는 만행을 저지른다.

국민당은 조선족 인민들에 대해 온갖 행패를 부릴 뿐만 아니라 근본적으로 조선족에 대해 차별시하고 의심을 갖고 있다. 이는 국민당과 한몽둥이가 그들에게 충성을 다하는 조선족 마름 박화선과 최영관 등 몇몇 조선족 내부의 분열주의자들을 대하는 태도에서 잘 나타난다.

"이 지방에서 사업을 전개할라면 조선 놈들이 필요되는데요."

"네 그 가운데는 조선 사람도 몇몇 있습니다. 서위자에 박화선이, 다썅에 배유민이, 유수림자에 최영관 등 몇몇이 있습니다."

"다 믿을만 합니까?"

---

28) 위의 책, 144쪽.

"믿을만 하죠. 그들은 공산당에 대해서는 천연적인 반감을 가지고 있습니다."

"그렇지만 제 속을 다 줄 수는 없습니다."

"그 다 이를 말씀이오니까!"[29)]

한몽둥이네 집에 잠복한 국민당 특무 고영민과 한몽둥이가 주고받는 말이다. 조선족은 이용할 수는 있지만 절대 믿을 수는 없다는 것이 이들의 논리인데, 그러므로 이들과 박화선 등 조선족 분열주의자들 사이의 관계는 상전과 앞잡이 즉 수직 상하 관계이며, 명령과 복종의 관계만이 존재할 뿐이다. 조선족 백성들에 대한 공산당의 평등정책과 각별한 배려에 비하면 그야말로 하늘과 땅 차이라고 하지 않을 수 없다.

셋째, 한몽둥이의 마름 박화선과 같은 민족 분열주의자들의 선택과 그들의 말로를 통해 조선족 인민들의 선택이 정확한 것이었음을 강조한다. 소설에 등장하는 박화선, 최영관 등은 마름이자 얼지주로 서위자 마을 및 기타 마을의 조선족 농민들에 대한 압박과 착취를 통해 부를 축적하였으며 조선족 농민들과는 근본적으로 대립되는 계급이다. 광복 이후, 그들이 가난한 사람들을 위하는 공산당과 팔로군의 정책을 반대하고 파괴하며 국민당의 노선을 선택한 것은 그러므로 당연한 귀결이라고 할 수 있다. 다 같은 조선족이지만 결코 하나의 길로 갈 수 없는 근본적이고 주요한 원인의 하나가 역사적으로 형성된 계급이익과 입장의 대립 때문임을 보여준다. 이는 김치백을 비롯한 서위자 마을 조선족 농민들이 공산당과 팔로군을 선택한 것은 역사적으로 형성된 것으로서 결코 우연에 의한 것이 아님을 강조한다.

넷째, 기독교의 허위성과 위선을 폭로함으로써 가난과 불행에 찌

29) 위의 책, 60~61쪽.

든 일부 조선족 농민들이 현실적 삶을 정시하지 못하고 환상적 세계의 유토피아 즉 제 3의 길을 선택하는 것을 날카롭게 비판하였다. 소설은 기독교의 외피를 쓴 장로 박화선의 위선과 만행을 폭로하였고 또한 하느님께 모든 것을 기탁했다가 마누라마저 국민당에게 잃고 삶의 의욕마저 상실했던 장만화가 공산당과 팔로군에 구원된 뒤, 당의 감화교육과 딸 칠순의 도움으로 기독교의 허위성과 위선을 깨닫고 새로운 삶을 시작하는 이야기를 많은 편폭을 들여 서술하였다. 이를 통해 공산당과 팔로군만이 가난한 조선족 농민들의 유일한 선택의 길이자 희망임을 강조하였다.

3) 한족의 도움과 민족을 넘어서는 국가에 대한 강조

작품은 조선족 마을 서위자촌의 이야기를 중심으로 다루고 있으나 중국 경내의 조선족의 이야기라는 차원에서 민족관계 문제가 이야기 되며 한족과 조선족의 관계를 이야기하게 된다.

우선 작품은 "이 지방 조선족들도 국내 기타 민족들과 마찬가지로 근로하고 용감하며 충직한 민족이요"[30]라는 무공대 왕대장의 평가를 통해 중국 공산당과 팔로군의 정책에 의하면 조선족은 국내 기타 민족과 대등하고 평등한 위치에 있음을 나타낸다.

또한 김치백은 한족들에 대하여 깊은 신뢰감을 갖고 있는데 그것은 그가 "이 지방에서 늙어 오면서 이 지방 한족들의 쓰라림을 잘 알기 때문"[31]이다. 억압과 착취를 당하던 과거에 대한 공동의 경험과 기억 때문에 한족과 조선족이 공동의 투쟁목표를 갖고 함께 싸울 수 있다는 논리이다.

이러한 공동의 과거를 기초로 작품은 또 조선족에 대한 한족의

---

30) 위의 책, 127쪽.

31) 위의 책, 81쪽.

도움과 원조를 많이 부각시키고 있다. 한몽둥이네 머슴 로쑨은 한몽둥이에게 다 맞아죽게 된 칠순을 구하기 위해 위험을 마다하고 칠순이네 집에 와서 소식을 알려주며 안타까워한다. 그런데 정작 같은 조선족이자 칠순 아버지가 그토록 믿어마지 않고 의지하는 하느님을 섬기는 교회의 장로인 마름 박화선은 칠순 어머니의 애원을 매정하게 뿌리친다. 칠순이 한몽둥이에 의해 술집에 팔려가게 되었을 때도 로쑨은 또 한번 목숨을 걸고 그를 도망치도록 도와준다. 민족적인 것을 넘어서는 계급적 우애를 보여준다. 그러므로 훗날 로쑨이 지하당 책임자로 칠순이와 함께 일하는 것은 이미 정해진 길이었다. 이러한 도움은 개인에 대한 개인의 도움을 통해서 뿐 아니라 집단적, 조직적 차원에서도 이루어지는데 그때의 힘은 거대하다.

기실 이것은 이 마을 농민들의 힘 뿐만 아니였다. 여기엔 전현 각족 인민들의 고무와 지지도 포함되였다. 서위자 마을 농민들이 국민당 비적들에게서 해를 받은 후 하루에도 수십통의 위문 편지가 이 마을로 날아 들었다. 거기엔 한족 인민들이 보내 준 것이 대부분이었다. …… 어떤 곳에서는 구제금을 보내 왔고 어떤 마을 한족 농민들은 많은 집 재목을 모아서 커다란 고무바퀴 차에 실려 보냈다. 그리고 끌끌한 장정들을 몇 십명씩 데리고 와서 서위자 마을 농민들의 춘기 파종과 가옥 수건을 돕는 곳도 있었다. 이리하여 서위자 마을 농민들의 적대 투쟁의 열조는 전현 각족 인민들의 열렬한 지지와 고무로 하여 더욱 앙양되였고 께따라 투쟁 조직도 공고히 되었다.[32)]

서위자 마을이 국민당의 토벌로 불에 타버렸을 때, 전 현 한족 인민들이 아낌없는 원조와 도움을 주는 대목이다. 조선족 마을 서위자 마을은 결코 고립된 것이 아니라 전 현 한족 인민들과의 연대 속에 있으며 한족 인민들의 도움 속에서 폐허가 되었던 마을이 다시 일

32) 위의 책, 166쪽.

떠서는 것을 통하여 단결의 힘이 얼마나 큰가를 보여준다. 또한 조선족의 투쟁은 한족과의 단합과 연대를 통해서만이 더욱 큰 승리를 얻을 수 있음을 보여준다.

1960년대의 연변에서, 민족이라는 것을 이야기하기 위해 리근전이 취한 또 하나의 대응방식은 모든 민족적인 것 즉 민족적 이익, 민족적 해방을 국가적 차원으로 통합하기였다. 또한 민족과 국가의 연대와 일치를 강조하는 것이었다.

공산당과 팔로군의 영도 밑에 서위자 마을 조선족 농민들은 토지개혁을 진행하여 자기의 땅을 가지게 되며 "이 땅의 진정한 주인으로 되었다". 땅의 주인이란 무엇을 의미하는가. 오랜 세월을 두고 부평초마냥 떠돌아다니던 조선족이 드디어 정착할 땅과 권리를 얻게 됨을 의미하며 이리하여 그들의 민족적 이익은 곧 국가적 이익과 일치하게 된다.

> 놈들이 천백 사람은 죽일 수 있지만 전 중국 인민을 다 죽일 수는 없습니다. 중국 인민은 꼭 승리하고야 말 것입니다. 혁명의 승리와 앞날의 광명을 위해서 싸우다 죽는 것은 광영스러운 일입니다.[33]

국민당 군대에 포로당하여 감옥에 갇힌 호랑이가 감방안의 죄수들에게 사상교양을 진행하는 대목이다. 중국인민의 승리가 강조되는데 중국인민 속에 민족이 포함됨은 이론의 여지가 없다. 지하당사업을 하다가 포로당한 칠순이 역시 스스로를 중국인민의 아들딸로 파악한다. 개인이나 민족적 차원에서의 투쟁이나 승리보다는 국가적 차원에서 모든 것이 서술되고 있다.

33) 위의 책, 315쪽.

4. 작품 속에 내재된 민족의식

리근전이 비록 철저하게 민족의식의 내면화를 시도했지만 그의 근원적인 기억과 경험, 자의식, 정체성 등으로 하여 소설에는 리근전만의 민족적인 것이 은밀하게 깃들어 있다. 이를 두고 리근전이 특별히 민족의식을 고취하였다고 보기는 어렵겠지만, 그가 '당의 영도 하에서'이긴 하나 아무튼 민족의 역사를 소재로 했을 때, 민족적인 것은 이미 피해갈 수 없는 부분이었다. 이러한 민족적인 것은 조선족의 특수성 부각하기, 조선족의 자발적 주체적 투쟁 부각하기, 조선족의 영용한 투쟁과 불굴의 의지 부각하기 등 몇 가지 측면을 통해 작품 속에 내재되어 있다.

첫째, 소설은 민족적인 것을 최대한 내면화하고 있으나 한족과 구별되는 조선족의 특수한 처지에 대해서는 조심스럽게 부각시키고 있다.

> 일본놈이 갓 넘어 갔을 땐 해방 맞은 기쁨에 한족 조선족 할 것 없이 모두 기뻐하였다. 그 후 얼마 안되여서 국민당군이 벌써 산해관을 넘어서 동북으로 진군하고 있다는 소식이 쫙 펴졌다. 국민당이 오면 조선족을 모조리 잡아 죽인다는 말에 서위자 마을 사람들은 마음을 걷잡지 못하고 갈팡질팡하였다.[34)]

광복 직후, 정권 부재기 혼란한 상황에 대한 묘사인데, 광복은 한족 조선족 모두에게 기쁜 일이었지만 유독 조선족에게만 불안과 무시무시한 소문을 더해준다. "국민당이 오면 조선족을 모조리 잡아 죽인다"는 것은 물론 소문이긴 하지만 이는 한족과는 다른 조선족의 특수한 처지를 보여준다. 그 특수함이 무엇인지에 대해서는 자세

---

34) 위의 책, 1쪽.

한 언급을 피하고 있지만 그것이 역사적으로 형성된 것임을 미루어 짐작할 수 있다. 이를 통해 오랫동안 부평초마냥 떠돌이 삶을 살아오면서 그 어디에도 소속되지 못하고 불안한 삶을 살아온 조선족의 과거를 암시하고 있다. 이는 곧 조선족의 선택의 갈등이라는 문제와 연결되는 부분이다.

둘째, 소설은 중국 공산당의 영도 하에서 이루어지는 서위자 마을 조선족 농민들의 투쟁사를 다룸에 있어서, 중국 공산당의 영도 하에서만 투쟁이 승리를 거둘 수 있음을 강조하면서도 한편으로는 서위자 마을 조선족 농민들이 수동적으로 투쟁에 이끌려 가는 것이 아니라 자발적이고 주체적으로 투쟁을 진행하며 적극성과 열의를 다하고 있음을 보여주고 있다.

국민당이 내전을 발동한 초기, 중국 공산당의 전술인 '전략적 후퇴'에 대해 제대로 이해하지 못한 김치백은 "우리의 피로써 우리의 살로써 우리의 목숨으로써 적과 싸워서 우리 민족의 운명을 구해야겠네"[35]라고 부르짖으면서 서위자 마을 농민들에게 일떠나 적들과 싸울 것을 호소한다. 그는 춘호와 함께 서위자 마을과 근방 조선족 농민들을 묶어세우고 민병대를 새로 조직하며 또한 군중을 동원하여 일본군이 퇴각할 때 버리고 간 총을 모으는 등 방법으로 무기도 장만한다.

"그런 소린 다 곧이 들을 필요 없네. 또 누구를 믿고 바랄 필요도 없지. 우리 손으로 살아 갈 방도를 대야지! 시급히 마을 사람들을 한데 뭉쳐 세웁세!" 치백이는 말을 잠간 끊었다가 다시 이어서

"이 근방에 조선족이 한 오륙백 호 살지 않나? 한 집에서 하나씩만 나와도 오륙백 명은 되겠지. 이런 위급한 판국에 한 집에서 하나씩 나올 게 있나, 있으면 있는 대로 나와야지!"[36]

---

35) 위의 책, 75쪽.

36) 위의 책, 77쪽.

비록 팔로군의 전략적 후퇴에 대한 몰리해로 인해 다소 흥분되고 격앙된 어투이기는 하나, "우리 손으로 살아갈 방도를 대야지"라는 김치백의 말은 상당히 깊은 의미를 갖고 있다. 이는 조선족들의 투쟁 각오와 각성을 보여주며 공산당의 영도 하에서 싸울 만단의 준비가 이미 다 되어 있음을 나타낸다. 주체적이고 자발적 투쟁을 진행하려는 김치백의 의견이 구정부의 의견과 일치하다는 것은 조선족들의 사상적 높이와 열의를 한층 더 강조한다. 혁명에 대한 적극성과 열의는 또한 전선지원임무를 제때에 완성하기 위해 노력하는 데서도 잘 나타난다.

"글피부터 대부대가 지나 가게 된다네. 군량과 마초가 시급히 수요되는데 사흘 안으로 군량과 마초를 다썋으로 실어 내야겠네. 서위자에 해당된 수자는 군량 50단, 마초 10만근이네, 사흘 안으로 다 운반할만한가?"

"다소 곤난은 있지만 기한 내로 완성하겠습니다."

사흘 안으로, 그것도 그 많은 량곡과 마초를 죄다 운반한다는 것은 참으로 간거한 임무였다. 그러나 춘호는 서슴없이 임무를 접수하였다. 그는 군중의 힘을 믿었기 때문이다. 군중들은 추기 공세에 크게 고무되었다. 그들은 만난을 극복하고 제때에 임무를 완성할 수 있다고 생각하였다.37)

아무리 어렵고 힘든 임무라도 혁명의 승리를 위해서는 반드시 완성하겠다는 굳은 의지와 결의가 나타나는 대목이다. 이것이야말로 혁명과 투쟁에 대한 조선족의 입장과 태도가 얼마나 견결하고 주체적인지를 잘 보여주는 부분이다.

셋째, 소설에 나타나는 조선족 인민들은 하나같이 용감하고 불굴의 의지를 가지고 있다. 김치백이, 호랑이, 칠순이와 같은 혁명대오에 참가한 적극분자들 외에도 어린 경호나 칠성녀마저 죽음을 추호

---

37) 위의 책, 373쪽.

도 두려워하지 않는다. 또한 술집 여자로 마을사람들로부터 천대와 멸시를 당하던 옥순 아주머니의 최후는 얼마나 장렬한가. 그것은 장렬하다 못해 약간 억지스럽기까지 한데, 투쟁에 대한 아무런 각오와 사상준비도 없이 피난 대오에도 끼지 않았던 옥순 아주머니가 김치백이와 봉임이를 보호하기 위해 하는 "엄마 말을 잘 들어야 한다"는 암시는 꼭 공산당의 지하일군들이 늘 쓰는 말을 방불케 한다. 이를 두고 지나친 과장이고 확대라고 하겠으나 이렇게라도 민족적인 것, 민족성을 부각하려는 작가의 노력으로 볼 수는 없을까.

5. 역사 재확인의 내면풍경: 조선족의 국민적 자격 확인하기

결국 『범바위』는 리근전이 1960년대 초반의 연변이라는 시대적 상황 속에서 자기식의 민족의식을 내면화한 것이다. 그렇다면 그토록 뛰어난 정치적 감각을 가진 리근전이 왜 그런 위험천만한 일을 했을까. 앞에서 그의 민족의식의 근거를 정체성이나 자의식에서 찾아보았다. 그렇다고 이 정체성이나 자의식이 막바로 그가 『범바위』를 집필하게 된 동기는 아니다. 리근전은 「력사를 통한 민족의 넋을」[38]이라는 대담에서 그 자신이 역사 제재에 각별한 흥취를 가지고 있는 원인을 다음과 같이 서술하고 있다.

> 이런 력사제재에 치중한 원인은 청년들더러 오늘의 행복은 어떻게 왔는가를 알고 이 행복을 더 진귀하게 여기게끔 하려는 의도에서였고 더욱이는 우리 민족의 과거력사를 진정으로 알므로써 오늘 우리 민족이 반드시 서야 할 위치를 자각하려는데 있었습니다. 흔히 사람들은 조선족은 조선에서 살 수 없어서 쪽박 차고 중국에 밥을 빌어먹으려 건너왔다고 하는데 이는 편면적

38) 리근전, 「력사를 통한 민족의 넋을」, 『문학과예술』, 1985.3.

인 것입니다. 우리 민족은 자고로 이 땅에 발을 붙이면서 우선 대자연과 싸웠고 봉건계급과 관료아치들과 투쟁해왔으며 제국주의침략에 맞서 각족 인민들과 어깨겯고 싸워 중국의 근대사를 여러 민족인민들과 공동히 썼던것입니다. 지금 어느곳에 가나 렬사기념비를 볼수 있는것이 그 훌륭한 증명으로 될겁니다. 한때 일부 지구의 조선족 처녀들은 남성청년들이 거의다 참군하여 대상자를 찾을수 없고 시집갈수조차 없은적도 있지 않았습니까. 우리 민족은 중화인민공화국을 세울수 있는 기초를 여러 민족과 함께 닦아놓았고 동북에서 벼농사기술도 전파했던 것입니다. 이처럼 우리 민족은 근로하고 용감하며 슬기로운 민족입니다. 저는 바로 우리 민족의 이러한 력사를 통하여 민족의 넋을 지키고 노래하려 했던 것입니다.[39] (고딕 강조는 인용자)

얼핏 보면 위의 서술은 조선족 청년들에게 우리 민족의 역사를 교육시키려는 의도에서 소설 창작을 진행한 것으로 이해할 수 있다. 그런데 '더욱이'로 시작되는 위의 고딕 강조된 부분을 다시 살펴볼 필요가 있다. 리근전은 '더욱이'라는 표현을 써서 그 자신이 역사 제재에 치중하는 이유를 "오늘 우리 민족이 반드시 서야 할 위치를 자각하려는데 있었"다고 강조한다. 여기서 "우리 민족이 반드시 서야 할 위치"란 무엇을 의미하는가? 그 속에는 리근전도 당연히 포함될 것이다. 그렇다면 리근전이 『범바위』를 집필할 당시 1950년대 말, 1960년대 초의 연변에서 우리 민족의 위치는 어떠했는가? '위치'라기보다는 '처지'라고 표현함이 훨씬 더 타당할듯한데 그때 우리 민족은 반우파투쟁과 지방민족주의를 반대하는 정치투쟁 속에서 온갖 불신과 의심을 받고 있었으며 민족의 과거를 입 밖에 내기도 어려운 때였다. 당의 지방 요직에 있던 리근전도 이 점에서 예외는 아니었는데, 민족간부라는 이름이 그를 시시각각 불안하게 만들었을 것이다.

---

39) 위의 글, 71~72쪽.

민족간부란 무엇을 의미하는가? 그것은 리근전의 출신이 결정지은 것으로서 리근전이 아무리 노력해도 벗어날 수 없는 숙명적인 것이었다. 중공 길림시위 판공실 비서과 과장까지 지냈던 리근전이 결국 자기가 익숙한, 고향과도 같은 길림지구를 떠나 아무런 인연도 없는 생소한 연변 땅에 중공연변주위선전부 부부장으로 부임됨은 무엇을 의미하는가? 그것은 리근전이 민족간부였기 때문이다. 그러므로 아무리 민감한 정치적 판단력과 현실 판단력을 확보했다 하더라도, 아무리 중국 지향적이라 해도 리근전은 결국은 조선족의 운명과 불가분의 관계에 있게 되는 것이다.

이런 맥락에서 리근전은 우리 민족이 서야 할 위치는 구경 무엇이며 '내'가 서야 할 위치는 무엇인가에 대해 심각하게 고민했을 것이다. 그 고민의 끝이 바로 중국 역사와 혁명에 대한 조선족의 공헌과 업적을 재확인하는 것이었다. 조선족 인민들에 대한 교육이라는 전제 하에, 중국 공산당의 영도 하에 진행된 조선족 인민들의 투쟁의 역사를 확인하는 것, 이것이야말로 당의 정책을 충실히 반영하면서도 민족적인 것을 확인할 수 있는 보다 안전한 길이라고 리근전은 생각했을 것이다. 그래서 리근전이 얻어낸 "우리 민족은 중국의 근대사를 여러 민족 인민들과 공동히 썼"고, "우리 민족은 중화인민공화국을 세울 수 있는 기초를 여러 민족과 함께 닦아놓았"다는 결론은 얼마나 당당한 것인가. 작품이 비록 그것을 중국 공산당의 영도 하에서 진행된 것으로 강조하고 있지만, 그것은 바로 중국에서의 우리 민족의 국민적 자격에 대한 확인에 다름 아니다. 우리 민족은 다른 여러 민족들과 함께 중화인민공화국의 주인이라는 자격 획득인 것이다. 또한 어린 나이에 혁명에 참가하여 토지개혁공작대와 무장공작대를 거쳐 당의 지방 요직에 있게 된 리근전 자신의 역사에 대한 재확인이자 공산당의 민족간부로서의 당당함과 자격 있음에 대한 확인이기도 하다. 거기에는 또 우리 민족이 중국 혁명과 중화인민공화국의 창건을 위해 피 흘려 싸웠음에도 불구하고 1960년대 당시 중국 정부로부터 겪고 있는 의혹과 불신 및 억압에 대한 억울함이 은밀하게 깃들어 있다.

따라서 본고는 이제까지 리근전과 그의 작품 특히 그의 초기 장편소설 『범바위』에 내려졌던 '중국 지향적', '당 정책의 선전선동', '정치주의', '계급성 고취' 등의 비평적 용어에 동의할 수 없다. 특히 그가 "중국 공산당의 영도 아래 조선족 인민들이 투쟁에 일떠선다"는 패턴을 형성시켰으므로 그의 창작을 가리켜 "리근적 문학현상"이라는 다분히 비판적 색채를 띤 용어로 개괄시킨 것에 동의할 수 없다. 리근전은 17세의 어린 나이에 팔로군에 참가하여 부대에서 성장하였으므로 중국 공산당의 성격과 정책, 중국적 혁명의 프로그램을 숙지하고 있다고 보아야 할 것이다. 그러한 그가 1960년대 초반에 『범바위』를 창작한 것은 그러므로 당의 정책을 선정선동하기 위함도, 민족 역사 교육을 위함도 아니었다. 그것은 차라리 정직하게 현재의 억압과 불신에 대한 억울함의 하소연이자 자기 자신을 위한, 나아가 민족을 위한 최대한의 변명이었다.

6. 결론

본고는 리근전이 1960년대 초반에 발표한 장편소설 『범바위』를 대상으로 살펴보았다. 작품이 집필되던 1950년대 말부터 1960년대 초반까지 연변의 시대적 상황과의 연관 속에서 작품을 민족의식의 내면화의 결과로 보았다. 이는 리근전과 그의 초기 장편소설 『범바위』를 '당 정책의 선전선동' 내지는 '정치주의'라는 기존의 평가 속에서 빼내기 위함이었다.

하지만 리근전이 결코 민족의식에 투철했던 것은 아니다. 그는 중국 공산당의 지방 요직에 있는 간부로 어디까지나 중국 공산당의 노선과 정책에 더 충실했다. 하지만 이것이 그가 민족의식에 전혀 무감각하다는 것과 동일하지는 않다. 실제로 그는 동시대의 다른 조선족 작가들 이상으로 민감한 민족의식을 갖고 있었으며 그러한 민족의식은 그의 작품 곳곳에 은밀하게 내재되어 있다. 특히 광복의 시점에서 일본의 패배를 기뻐하면서도 생존에 위협을 당하는 조선족의 특수한 처지에 대한 날카로운 포착은 그의 뛰어난 통찰력과 함께 그가 결코 민족의 문제를 망각하고 있었던 것이 아님을 보여준다. 오히려 그는 중국 공산당의 요직에 있으면서 그 누구보다도 민족의 문제를 우려하고 고민했을 것이다. 왜냐하면 조선족이라는 출신은 중국 공산당의 요직에 있는 당정간부로 그의 발전에 제약이 되었겠지만, 역으로 조선족 출신이라는 이 특수한 신분은 그에게 중국 공산당의 요직에 발탁될 수 있는 기회와 가능성을 제공하였기 때문이다. 해방 후, 그가 고향이었던 길림지구를 떠나 조선족 자치주인 연변의 주요한 당정간부로 임명되었던 것은 이 점을 잘 보여준다.

광복이 되던 시점에서 귀환을 선택하지 않고 오히려 의용련에 가입하고 중국의 해방전쟁에 투신하였던 리근전에게 광복 직후, 미귀환을 선택한 중국 내 조선족의 운명은 그 자신의 운명이기도 했다. 이들 미귀환 조선인들이 가야 할 길을 리근전은 우선 중국 공산당의 영도 하에 있는 중국인민이 되고 그 다음에 중국 내 소수민족인 조선족으로 다시 태어나는 것이라고 바라보았다. 그래서 그는 민족의식을 국가의 하위에 놓았으며 큰 틀에서 중국 공산당의 영도를 내세우고 그 틀 내에서 민족의식을 영위하고자 했다. 그것만이 미귀환 조선인이 중국 내에서 살아남고 발전할 수 있는 유일한 길이라고 그는 생각했을 것이다. 광복의 시점에서 미귀환 조선인의 심각한 선택의 문제와 미귀환 조선인이 중국 공산당의 영도를 받아들이고 중국 내 조선족으로 거듭 태어나는 과정을 그린 『범바위』에서 리근전은 그의 이러한 정치적 견해를 민족의식의 내면화 방식을 통해 드러낸다.

그에게 있어서 민족의식과 당의 정책은 절대 대타적이거나 모순되는 것은 아니다. 민족의식이 그의 원초적인 체험과 기억에 의한 것이라면 당의 정책에 대한 충실은 그의 현실적인 삶이 선택한 기본 방식이자 그의 정치적 삶을 지탱해주는 기둥이다. 둘 다 리근전 삶의 주요한 내용이자 근거이며, 그러므로 리근전 소설의 서사적 구조는 이 둘의 관계에 의해 결정된다고 하겠다.

[참고문헌]

1. 기본자료

리근전, 『범바위』, 연변인민출판사, 1962.

리근전, 『범바위』(개정판), 연변인민출판사, 1986.

리근전, 『고난의 년대』(상), 연변인민출판사, 1982.

리근전, 『고난의 년대』(하), 연변인민출판사, 1984.

2. 단행본과 논문

김호웅, 「중국 조선족 문학의 산맥: 김학철」, 『민족문학사연구』 제21호, 2002.

김동활, 「『고난의 년대』에 대한 본체론적사고」, 『문학과예술』, 1988년 5기,

김　몽, 「력사의 진실한 화폭: 리근전소설의 력사적가치」, 『천지』, 1998.

리광일, 『해방 후 조선족 소설문학 연구』, 경인문화사, 2003.

리근전, 「『범바위』 재판 후기」, 『흘러간 세월』, 흑룡강조선민족출판사, 1997.

리근전, 「『고난의 년대』를 쓰게 된 동기와 경과」, 『문학과예술』, 1983년 1기.

이해영, 『중국 조선족 사회사와 장편소설』, 역락, 2006.

이해영, 『청년 김학철과 그의 시대』, 역락, 2006.

조성일·권철, 『중국조선족문학사』, 연변인민출판사, 1990.

최병우, 「『범바위』의 개작 양상과 그 의미」, 『리근전 소설 연구』, 푸른사상, 2007.

조선족 농촌여성의 실존적 특징

허련순의 『누가 나비의 집을 보았을까』를 중심으로

이광재·지해연

(中國 해양대학교 한국어학과 교수·中國 해양대학교 한국어학과 석사)

1. 들어가는 말

잘 알다시피 실존주의 문학은 프랑스 전후문학에서 비롯된 것이다. 인간실존을 철학적 반성의 중심에 놓은 실존주의 철학은 실체적 인간의 존재 양상에 큰 비중을 두고 있다. 인간에 있어 '사람'은 인간의 보편적인 본질이 아니고, 따라서 인간의 본질로서의 '무엇'은 '누구'라는 것을 인식[1]하는 데 있다. 또한 인간은 실재하여 모든 개개인과의 관계맺음[2]에 의해 존재하고 그럼으로써 자신을 인식하게 된다는 것이다. 즉 인간은 본질로서의 '사람'보다 선행하는 존재로 그것의 존재 자체가 사뭇 중요한 말이다.

인간의 실존이란 단순히 존재하는 보편적 사물들과는 다른 인간의 삶 자체를 말하는 것이며, 그러한 삶을 영위하게 하는 인간의 의

1) P. 풀끼에, 김원옥 역, 『실존주의』, 탐구당, 1985, 90쪽.

2) M. 하이데거, 이기상 역, 『존재와 시간』, 까치, 1998, 18쪽.

식, 타자적 관계, 행동, 시간 따위의 존재 여부는 인간의 행위로서 설명되어지게 된다. 지금 이곳에 있는 것, 실제로 존재하고 있는 것, 즉 실존하고 있고, 그러한 스스로를 이해하고 있는 것은 절대정신이 아닌 인간이며, 따라서 이런 실존적인 자세에서 무언가를 추구하는 것이 더욱 중요하다고 생각했고, 그로써 지금 당장 이곳에 떨어져 있는 개체로서의 인간, 자신에 집중하자는 것이 실존주의의 선구자인 덴마크의 키르케고르의 주장이었다. 따라서 그는 철학의 주체를, 절대정신이라는 신적인 요소에서, 각각의 개체인 인간으로 보았고, 이곳에 실존하고 있는 주체로서의 인간이, 스스로와 세계를 어떻게 받아들이고 결정하는 지에 관심을 보였던 것이다. 그리하여 그의 주된 관심사는 인간에게 오는 절망에 있었으며, 그 폭넓은 의미에서의 절망을 인정하고 극복해나가는 과정을 통해 하나님에 가까이 나아갈 수 있다고 보았다.

허련순은 작품 『누가 나비의 집을 보았을까』(이하 『나비의 집』)에서 주로 배금주의와 물질만능사상의 팽배로 점차 자신을 잃어가는 인간의 실존적 상황을 밀항배의 폐쇄된 공간에 '감금'되다시피 한 한 무리의 인간상을 통해 상실을 안고 사는 인간의 존재양상을 처절하게 보여주고 있다. 작가의 표명한 대로 작가가 이 작품에서 주된 관심을 보인 것은 존재의식을 상실하고 살아가는 인간상이다.

> 내가 이 소설을 쓸 때 솔직히 보다 더 공을 들인 것은 인간의 의식과 의식입니다. 즉 이 소설 속에 모든 주인공들이 모두 상실된 사람들입니다. 상실을 끌어안고 있는 인물들이죠. 제목에서 시사하듯이 없는 사람들입니다. 그 집이란 무엇입니까. 바로 존재의식입니다. 존재의식의 상실이죠. 상실을 안고 사는 인간들의 상실된 모습, 그 상실을 뛰어 넘고자 하는 노력, 하지만 결국 인간의 삶 자체가 상실인 것을, 그래서 인간존재의 모습은 영원한 상실을 안고 살지 않겠어요. 상실을 극복하는 것이 바로 인간이 존재하는 모습이 아니겠어요.[3)]

그러므로 우리는 이 소설을 창작하게 된 작가의 의도를 정확하게 파악하기 위해서는 우선 작가의 말에 주목할 필요가 있다. "하지만 소설 속 나의 주인공들은 이 세상에서 이미 떠나버린 존재하지도 않은 부재를 끌어안고 끝없이 찾아다닌다. 죽음을 보면 삶이 보이듯 나는 부재에서 존재적 의미를 찾고 싶었다. 존재하지 않는 것이야말로 가장 확실한 존재를 보게 해주며 동시에 가장 불확실한 존재를 보게 해준다."[4] 이것 역시 작가가 밝히는 이 작품의 창작 목적과 동기이기도 하다.

지금까지 허련순의 『나비의 집』을 포함한 여러 작품들을 디아스포라 문학관점에서 분석한 것이 대부분이다.[5] 작가는 자신의 이 작품을 디아스포라에만 초점을 맞춘 평론에 대해 적지 않은 아쉬운 심정을 표현하기도 하였다. 인간에게 중요한 것은 "내가 누구인가" 혹은 "누구로, 어떻게 살 것인가" 하는 문제에 앞서 이 세상에 살아남느냐 아니면 죽느냐 하는 기본 생존문제일 것이다. 물론 허련순은 자신의 작품에서 여성 정체성과 더불어 조선족의 민족 정체성을 자신의 소설 창작의 기본 모티브로 삼은 것만은 사실이다. 그러므로 위의 여러 논자들의 견해는 그 타당성을 얻기에 충분하다.

그리하여 본 논문에서는 위의 논자들의 견해를 존중하면서 허련순의 소설 주제를 다른 시점에서 접근하고자 한다. 즉 존재론적 관

---

3) 허련순 작가가 필자에게 보낸 메일의 내용 일부. 2010년 5월 17일 한메일을 통해 보내옴.

4) 허련순, 『누가 나비의 집을 보았을까』, 인간과자연사, 2004, 350~351쪽.

5) 논문으로는 김관웅, 「우리 문학에서의 중요한 주제: 민족적 정체성 찾기 재론」, http://yanbian.moyiza.com/?act=dispDocumentPrint&document_srl=181150,2007.3.26; 김호웅, 「디아스포라의 시학 그리고 우리 문학」, 『문학과예술』, 2007년 3기; 엄정자, 『조선민족의 디아스포라와 새로운 엑서더스: 최서해의 『홍염』과 허련순의 『누가 나비의 집을 보았을까』 비교』, 흑룡강조선민족출판사, 2008, 495~508쪽; 김관웅, 「'집' 잃고 '집' 찾아 헤매는 迷兒들의 비극: 허련순 씨의 장편소설 『누가 나비의 집을 보았는가』의 디아스포러 문학의 주제」, 『자유문학』, 2007; 장춘식, 『이민의 체험과 디아스포라적 상상: 중국 조선족의 이민문학』, 문예연구사, 2008 등이 있고, 학위논문으로는 지미홍, 「중미 디아스포라 문학에 나타나는 소수자의 정체성 연구」, 연변대 석사논문, 2009 등이 있는데, 위의 논문들은 모두 디아스포라문학 관점에서 허련순의 이 작품을 논하고 있다.

점에서 이 작품을 분석하고자 한다.

2. 존재와 부재의 공간: '배'와 '나비의 집'

일반적으로 소설에서 공간은 작품의 배경을 구성하는 한 중요 요소로 많은 논자들의 관심거리가 되었다. 배경은 "한 편의 서사물에서 이야기의 성분을 구성하는 요소로서 공간적, 시간적 자질의 총화"[6]이다. 소설에서의 공간연구는 주로텍스트에 있어서 형식적 구성으로서 공간이 어떻게 이용되는가와 텍스트와 독서와 비평에 있어서 공간성의 본질을 어떻게 탐구하는가가 고려대상이다.[7] 사실 공간이라고 하면 우리는 자연적으로 현실적이고 물리적인 공간장소로 집이나 방과 같은 가시적인 공간을 생각하게 된다. 그리고 공간성(spatiality)이라면 공간이 지닌 의미나 상징을 통해서 2차적 환상(secondary illusion)으로 표현되는 심리적, 상징적 의미를 지닌다는 것은 주지의 사실이다.

이처럼 소설의 공간은 작가나 등장인물의 내적 세계를 반영하는 것으로 특히 등장인물의 내심 활동과 함께 그 성격을 규정짓는 요소이기도 하다. 또한 인간이 세계에 대해 가지는 전망으로서의 개념도 함께 지닌다. 가령 인간과 그의 거주지와의 관계에 대한 관심은 바로 존재의 공간이 곧 존재의 성격을 결정짓는다는 인식을 토대로 하고 있다. 실재로 소설 속에서 어떤 사건이 발생하거나 정황이 진술될 때에는 구체적인 시간과 물리적 공간이 필요하다.[8] 그러므로 시간과 공간은 소설의 배경을 이루는 중요 요소를 이룬다,

허련순은 자아를 상실한 한 무리의 밀항자들과 그 밀항자들을 실

---

6) 한용환, 『설학사전』, 고려원, 1992, 39쪽.

7) J. A. Kestner, *The Spatiality of the Novel, Detroit*, Wayne State Univ Press, 1978, p. 9.

8) 한용환, 앞의 책, 39쪽.

은 '배'에 대한 묘사로 작품을 시작한다. 주인공 세희를 비롯한 여덟 명의 밀항자들은 "할퀼대로 할퀴운 돼지 구유를 연상시키는" "칠이라곤 한 곳도 없는" "고귀한 인명에 불행과 재앙을 줄 수 있는 빌미"의 배에 막무가내로 오른다.

> 그들의 앞에는 할퀼 대로 할퀴운 돼지 구유를 연상시키는 허술한 나뭇배가 기다리고 있었다. 칠은 씻겨나가서 없는 건지 아니면 원래부터 페인트 신세를 보지 못한 건지 칠이라곤 한 곳도 없었다. 뱃머리에 미진하게 서 있는 조타실은 허약한 몸을 뒤로 비스듬히 젖히고 스러지는 석양을 바라보는 노인네를 방불케 하였다.
>
> 나뭇배에서는 퀴퀴한 냄새가 코를 찔렀다. 해묵어 쌓이고 쌓인 시간의 냄새였다. 잔인하고 처절한 역사를 들여다볼 때 맡아지는 환멸의 냄새였다. …… 세월의 모든 세파 속에서 다슬고 다슬어 피폐해질 대로 피폐해진 여인의 육신과도 같이 볼품없는 허름한 배는 그들에게 죽음의 유령과도 같은 존재였다. 예술에서는 죽음이 최대의 경지라고 할지 모르지만 살아 있는 사람에게 죽음은 종말이다. 내가 죽으면 나의 세계는 사라진다.[9)]

이렇게 작품은 어쩌면 이 땅에 다시 돌아오지 못할지도 모르는 불안에 떨고 있는 밀항자들로 독자들의 시선을 단순에 잡아 놓는다. 퀴퀴하고 해묵고 피폐하고 죽음의 유령이라는 일련의 단어들이 이번 밀항이 그들의 운명이 죽음과 직결된 돌이킬 수 없는 항해임을 제시해주고 있다. 그리고 이들의 등선과 함께 삽입된 칠백년 전 고려 무역선이 한국 앞바다에서 좌초했던 역사 사건은 이번 밀항이 바로 죽음과 직결되어 있음을 암시하고 있다.

그들을 맞이한 허름한 배는 그들을 충분히 불안에 떨게 하였다. 배에 오르면서 배주인과 밀항자들의 대화는 이러한 불안 정서를 충

---

9) 허련순, 『누가 나비의 집을 보았을까』, 인간과자연사, 2004, 9쪽(이하 쪽수만 밝힘).

분히 표현하였다. “배가너무 낡아서 위험하오.” “배가 낡아도 갈 데까지 가면 되는 게 아닌가? 웬 말씽들이여?” “사고 나면 책임질 수 있소?” “죽으면 다같이 죽는 판인데 책임은 뭔씨나락 까먹는 소린가. 여기서 얼정거릴 시간이 없으니깐 싫은 사람은 돌아가고 탈 사람만 타라구.” 그리고 주인공인 세희가 배에 오르면서 기우뚱하는 바람에 바다에 떨어뜨린 종이팩에서 흘러나온 옷가지들이 “마치 배 속에서 흘러나온 창자” 같다는 묘사와 밀항을 한 말숙이과 쌍희의 대화는 그들의 이번 밀항의 결국을 잘 드러내고 있다. 밀항자들이 탄 배가 떠나자 운이 좋다며 자축을 하는 같은 밀항자들을 바라보며 말숙이는 이번 밀항의 성공에 회의를 표시한다. “중국 속담에는 ‘관을 보고 울지 말고 시체를 보고 울어라’는 말이 있습니다.” “왜 그런 소릴 하는 거야?” “아직 성공한 것도 아닌데 너무 좋아들 하니깐 예감이 안 좋습다.” “무슨 예감?” “그런 거 있잼까. 아침에 자리에서 일어나자마자 까마귀를 보았을 때와 같은 느낌 말임다.” 말숙의 불길한 말에 쌍희는 눈에 쌍불을 켜고 악을 쓴다. “배에선 불길한 말을 함부로 하는 게 아니란 말이. 그것도 모르는가 말이?” “불길한 걸 불길하다는데 무스게 푼수요? 밀아야 바른 말이지, 누기두 장담 못하는 게 밀항이요. 거기는 처음이어서 모르겠지만 나는 이미 두 번을 실패하고 이게 세 번째란 말이요.” 이처럼 그들을 첫 시작부터 불안에 떨고 있었다. 성공을 향한 기대와 그 기대와는 너무 거리가 먼 갑판 밑이라는 폐쇄된 공간 속에서 밀항자들은 공포에 휩싸여 있다. 이러한 공포는 방금 느꼈던 성공으로 향하고 있다는 희열이 말숙의 말에 산산이 깨짐으로써 배가 된다. 불안에서 오는 공포와 막연한 밀항의 앞날에 대한 기대로 밀항자들은 이렇게 내 자신의 모든 것을 배에 맡긴 채 자아를 잃어가고 있었다.

소설에서 등장인물들 지간의 관계와 소설적 상황이 벌어지는 구체적이고 실재적인 공간으로서 ‘배’는 현재 시간형이다. 소설은 바로 ‘배’라는 공간에서 시작한다. 주인공인 안세희와 송유섭을 비롯한 여덟 명의 밀항자들이 반강제적으로 밀항선에 오르면서 소설은 시작되고, 또 이 '배'에서 밀항자들이 질식사를 당하는 데서 소설은 끝난다. 배는 소설 속 인물들이 실존을 느낄 수 있는 실재 공간이자 또한 만질 수 있고 느낄 수 있는 부재의 공간이기도 하다. 그러므로 실재공간으로 사건이 바로 벌어지는 '배'는 이들의 운명과 함께 현재 존재상황의 징표에 다름 아니다.

> 위쪽 천장 틈 사이로 한 줄기의 가느다란 빛도 들어오지 않았다. 다만 습기찬 미풍과 멀리 아주 멀리에서부터 끼룩끼룩하는 바다새 소리와 쉼없이 퉁퉁거리는 엔진소리만 들려올 뿐이다.
>
> 벌써 밤이 되었다. 사람들은 축축한 바닥에 생선처럼 드러누운 채 멀거니 눈을 뜨고 있었다. 보이는 것은 굴황신 같은 어둠뿐이다. 보아도 어둠뿐인데 왜 사람들은 눈을 뜨고 있을까? 누군가의 물음에 누군가 대답했다. 아마 빛을 보고자 하는 인간의 욕망 때문이겠지. 아니야, 삶에 대한 욕망 때문이라고 하는 편이 더 적절할 것 같아. (46~47쪽)

이렇듯 그들은 빛이라곤 전혀 없는 시꺼먼 어둠의 포위 속에 생존하고 있었다. 산 사람이라고 할 의식마저 잃을 정도로 그들의 생존상황은 극한에 처한 것이었다. 사람이 아닌 '생선', 그것도 죽음에 임박한 생선에 다름 아니었다. 그들이 아직 살아 있는 인간이라고 할 수 있다면 다만 생에 대한 욕망일 뿐이다. 갑판 밑에 웅숭거리고 있는 그들은 버러지에 다름 아니다. 떠나올 곳도, 갈 곳도 자기 마음대로 정할 수 없이 모든 것, 운명마저 이 '배'에 맡긴 것이다. 작가는 이렇게 특유의 시적 방식으로 조선족 농촌 여성의 생존상황, 고향을 등지고 자식을 뒤로 한 채 불에 날아드는 부나비처럼 위험천만의 불안한 밀항을 강행하는 등 사회학적 문제에 대한 심각한 고민을 드러내고 있다. 허련순 작품 속의 배는 상징적이고 또한 현실적인 것이며, 따라서 밀항의 목적지인 한국도 현실적인 동시에 상징적인 것이다.

그리하여 '배'라는 실재 공간은 자연스럽게 '나비의 집'과 연결됨으로써 공간성을 얻게 된다. 나비는 자신을 배태한 '집'에서 나오는 순간 그 '집'을 상실하게 된다. 즉 죽어도 다시 자신을 나비로 만들어 준 '집'으로 돌아갈 수 없다. 자신의 후대가 나비로 되는지, 아니면 어떤 변수로 나비가 될 수 없는지도 모르고 이곳저곳을 정처 없이 헤매다 한생을 마친다. 운명을 바람에 맡긴 채 언제 죽을지, 어디로 갈 것인지 모르고 다만 날갯짓만 할 뿐이다. 세희를 비롯한 밀항자들 역시 나비에 다름 아니다. 자신을 낳아 키워준 고향을 떠나 실오리 같은 한 가닥의 희망을 걸고 밀항배에 자기들의 운명을 맡긴 것이다. 이 배는 전혀 밀항자들이 힘을 쓸 수 있는 곳이 아니다. 인간의 존엄도, 인간의 자유도 심지어 생명까지 송두리째 앗아가는 악의 존재물이었다. 이러한 곳에서 그들은 생존의식마저 박탈당하고 만 것이다.

> 과연 본능이 억제 당했는데 체면이 가능할까? 인간은 인간다운 환경에서만 체면이 유지되는 것이다. 사람이 갇혀서 옴짝달싹 못하는 환경이라면 인간의 탈을 쓴 동물일 수밖에 없다. 아무리 저항을 해도 마찬가지다. 지금 그들은 다른 사람이 빤히 보는 자리에서 엉덩이를 드러내놓고 똥오줌을 갈겨야 하는 것이 바로 생존할 수 있는 그들의 현실일 뿐이다. (27쪽)

보다시피 인간생존과 관련된 모든 것이 불안에 휩싸여 있는 것이다. 식사도, 취침도 심지어 용변을 보는 것마저 그들에게는 자유가 주어지지 않았다. 전망부재의 밀항은 그들을 결국 인간에서 나비로 상징되는 동물로 추락시키고 말았다. 소설의 제목도 여기서 그 의미를 획득하게 된다. 즉 배를 타는 순간 다시 되돌아올 수 없는 부재하는 고향과 함께 전망도 잃은 채 버러지처럼 살아가는 가난에 쪼들린 중국 조선족 농촌현실과 농민, 특히 농촌 여성의 존재 상황을 의미하고 있다.

3. '집'을 잃은 인간과 자유의 문제

20세기 말기 중국사회는 공업사회, 정보사회의 도래로 시장경제는 이론적인긍정을 얻게 되고, 따라서 도시화, 산업화 물결은 중국대륙을 휩쓸었다. 그 힘은 트레이너처럼 강한 것으로 사람들은 그 속에 감겨들어 자체할 수 없었다. 모든 것이 달라졌다. 중국 조선족도 예외가 아니었다. 산업화는 조선족의 생활뿐만 아니라 인류의 경험자체마저 변화시키고 있었다. 자유주의 경제학자들은 이 과정에 사람들이 받는 물질적 어려움과 정신적 고통을 무시하면서 이 과정을 어느 사회나 꼭 견뎌야 하는 '현대화 진통'의 일부분으로 간주할 수 있지만 작가들은 필연적으로 휴머니즘 시점에서 이 과정에 편입된 사람과 현실을 바라보고 그 변화에 무한한 연민의 정을 보내게 된다.

이런 급류의 시대를 살아가는 허련순은 창작과정에서 바로 자신과 관련된 문제를 해결하려고 하였고 역시 이러한 문제해결의 염원이 창작의 원동력이 된 것이다.

시장경제의 급류 속에 말려든 조선족의 출로문제는 치유되기 어려운, 지금 바로 피를 흘리는 상처가 된 것이다. 그들은 다시는 땅에서 희망을 발견하지 못하였고 운명에 짓눌린 허리를 스스로 바로 일으켜 세워야 했다. 그리하여 그들은 한국을 바라보고 붕괴의 변두리에 처한 농촌과 피폐해진 전원을 떠나야 했다.

그들은 추호의 뒤돌아봄도 없이 어떻게 하면 중국 조선족으로 살아가지 않을까 하는 문제를 생각하지 않을 수 없었다.

그리하여 그들은 아무런 주저 없이 무작정 밀항선에 몸을 실은 것이다. 허련순은 작품에서 섬세한 관찰력을 지니고 갑판 밑에 기거하는 자유를 잃은 거나 별반 다름없는 인간상을 묘파해내고 있다. 이렇게 작가가 일반인들이 아닌 밀항자들을 통해 인간의 문제에 접근한 것은 나름대로의 이유가 있었기 때문이다. 밀항자들은 그전과는 전혀 다른 새로운 환경, 즉 밀항선 밑창이라는 극단적으로 열악한 환경에 처하게 되면서 외면 세계는 물론이거니와 내면세계에서도 역동적인 변화 과정의 소용돌이에 휘말리게 되며, 이로 인해 자기 자신에 대한 정체성과 인간성 자체에 대한 불안감이 날로 증대하게 된다. 인간이란 이처럼 불안한 상황 혹은 극단적인 상황에 처해 있을 때 인간의 숨겨진 본성을 더욱 적나라하게 드러내는 법이다. 허련순은 바로 이러한 점을 간파하고 불안한 밀항자들의 모습을 통해 조선족의 실존 본질에 접근하고 있다. 안세희를 비롯한 밀항자들은 밀항선에 오르는 순간부터 그들은 너무 멀리 와 있었고 다시는 자아를 찾기 어렵게 되었다. 알다시피 당대 중국은 바야흐로 전면 도시화 사회를 조우하고 있다. 경제효율 지상과 생산소비이념을 중심으로 하는 문화의식이 전 사회에 팽배해 있다. 이것은 수천 년을 이어 형성된 중국사회의 전통적 지식구조, 도덕규범, 생명의식과 심미 취향을 개변시키었고 따라서 중국인의 생명형태는 무거운 변화를 거치게 된 것이다. 이런 변화의 소용돌이 속에서 안세희를 비롯한 중국 조선족은 태어나서부터 낙인처럼 찍힌 소수민족 농민, 혹은 가난뱅이라는 신분 때문에 중국의 주류사회에 편입될 수 없었다.

그리하여 어쩌면 가난의 허울을 벗을 수 있는 한국행을 강행하게 된 지도 모른다. 그런데 밀항선에 오르면서 그들의 숙명적인 여행이 시작된 것이다. 그들의 꿈틀거리는 욕망이 한국이라는 나라에서 무질서하게 흔들거리고 있었다. 의미는 다시 존재하지 않았고 고향을 지키려는 원칙도 가뭇없이 사라지고 말았다.

남은 것이란 한국사회를 향한 조선족들의 그림자만 있을 뿐이다. 생동한 표정이든지 무감각한 표정이든지 아니면 교활한 얼굴이든지 모두 서로 다른 개성 혹은 숙명으로 구성된 것이다. 또한 물질의 중압으로 동일한 평면을 구성하고 있었다. 그들은 자유를 잃은 채 죄수처럼 밀항선에서의 여행을 끝내야 했다. 폐쇄되고 암울한 지하실의 공간을 연상시키는 밀항선 밑창에서의 자유란 갑판 위로 올라가면 좋다는 한정된 자유에 국한되어 있었다. 이러한 조건부 자유를 얻기 위해서 그들은 막대한 대가를 지불해야만 했다. '배에서 배를 타면 배가 번져진다'는 금기가 있음에도 불구하고 배주인은 여인을 기계실로 불러들였고, 밀항자란 약소자 신분 때문에 여인들은 자신의 배를 제공해야만 했다. 갑판 위로 나오라는 배주인의 말에 안세희는 '도살장에 끌려가는 소' 신세가 되었다. 그들에게는 자신의 의지를 표할 권리마저 박탈당한 것이다.

> 새장 안에 갇힌 새는 주인의 것이다. 날려 보내든 관상용으로 가두어두든, 아니면 털을 뽑아 발가벗긴 채 불에 구워먹든 다 주인의 마음에 달린 일이다. 그것이 새장에 갇힌 새의 운명이다. 그래서 현명한 새들은 재빨리 새장 안의 질서에 적응하고 고분고분하지만 어리석은 새들은 새장을 빠져나가려고 결사적으로 발버둥치다가 벽에 부딪혀 날개가 꺾이거나 단식을 하다가 굶어죽기도 한다. 사람들은 그런 새들을 미련한 새라고 부르고 말을 잘 듣는 새를 착하고 영특한 새라고 한다.
>
> 누가 새들만 새장에 갇힌다고 하였는가. 배 안의 사람들도 영락없는 새장 안의 새와 같다. 그들의 운명은 바로 주인의 손에 달려 있었다. 누가 감히 그들의 비위를 건드릴 수 있단 말인가. (96쪽)

중국사회는 문화충돌과 흔들림 속에서 전환기를 맞이했다. 상업시대의 도시문명은 인류사회에 가장 직접적인 위협으로 다가왔다. 즉 금전의 지배 밑에 사람들은 이화되어 정신의 빈곤과 히스테리를 자초하였다. 물질생산의 고속도의 발전은 애초 사람들이 요구하던 기본 생활수요에 대한 만족을 훨씬 뛰어 넘었다. 현대과학기술의 발명과 물질적 부의 창조는 결국 사람들의 끝없는 욕망에 의한 것이다. 그러나 사실상 인간의 욕망은 최후의 만족을 얻을 수 있는 것이 아니다. 그러므로 사회문명의 진보와 물질생산의 발전은 결코 인류 자신을 진정으로 고난에서 영구히 구해낼 수 있는 것이 아니었다.

반대로 끊임없이 인간의 욕망을 무한대로 팽창시킴으로써 인류는 더 많은 새로운 생존곤경과 정신적 고통을 받아야만 했다.

이처럼 당대는 금전을 추구하고 향락을 추구하는 시대로 물욕이 흐르는 소리가 우리의 귀청을 가득 메운다. 시장경제의 메커니즘은 사람들이 욕망을 추구하는 합법성을 보장하였다. 봉건 소농경제사회의 금욕주의와 비해 현대 상업경제사회는 여성을 더 공개적으로 상품으로 만들었고 물화시켰다. 정신에 상대해서 상품화과정은 바로 자아 분리의 과정이다. 인간의 모든 본능이 표면화되고 '합법화'되기 시작했다. 대신 사람들의 정신적 가치에 대한 인문 관심은 이미 절실한 수요로 대체되었다. 사람은 인류에 대한 책임감을 상실하였다. 생활악은 한걸음 한걸음 세계를 좀먹고 있으며 천천히 그리고 무정하게 모든 생명의 피와 살을 삼키고 있다. 안세희는 산산 조각이 난 생활에서 숨 돌릴 기회나 평안을 찾을 수 없었다. 그들은 더는 현실 속에서 자신의 행복을 지킬 수 없었다. 심지어 아름다운 지난날에 대한 편각의 추억도 가지기 어려웠다. 생활은 아름다운 색채를 잃은 지 오래다. 대신 추하고 악하고 기형적인 원 모습을 드러내고 있다. 기형적인 현실은 인격의 주체를 해체하기에 충분하였다.

배주인인 이풍언에게 몸을 바치고 난 안세희는 하루 꼬박 혼미상태에 처해 있었다. 그렇다고 배 주인에게 몸을 바친 행위 때문에 진정한 자유를 얻은 것은 결코 아니다. 도리어 헤어 나올 수 없는 마음의 심연 속으로 떨어진 것이다. 사실 인간에게 진정한 자유란 건강한 인간관계에서 비롯되는 것이다. 그러나 안세희는 어려서부터 타인과 건강한 인간관계를 건립할 사회적이고 가정적 분위기가 형성되지 못하였다. 문화혁명 때문에 부모님을 떠나게 되었고, 농촌에 있는 큰집에서 자라면서 마을 어린이들과 평화롭고 자유로운 인간관계를 형성하지 못하였다. 그리고 자라서 엄마의 치정 행위를 발견하고 이모부에게 강간을 당하고, 그 때문에 이모부가 자살하는 등 모든 사건들이 안세희를 건강한 인격체로 성장하지 못하게 하였다.

세 번 결혼하고 세 번 이혼을 한 안세희는 성이 다른 두 아들의 장래를 위해 한국 밀항을 결심하게 된 것이다. 소설의 '나비'라는 애완견으로 일어나는 안세희와 친구 춘자, 그리고 아들 용이의 에피소드는 독자들의 눈물을 자아내기에 충분하다. 현대 사회에서 애완견은 일종의 신분이 되었다. 자식은 없어도 되지만 애완견은 없어서는 안 된다는 말이 나돌 정도로 개가 사람보다 더 존귀한 시대가 된 것이다. 소설에서 안세희와 그 두 아들의 처지는 사실 애완견보다 못하였다. 소설의 이 대목을 읽다보면 당시의 조선족 농촌 여성의 가슴 아픈 처지에 자신도 모르게 눈시울이 붉어난다.

그리고 송유섭 역시 고아로 자라면서 자신의 주변 인물과 건강하고도 발전적인 인간관계를 건립할 수 없었다. 태어나면서 부모의 버림을 받고 양부모의 사랑을 배신하면서 그는 늘 진지한 사랑을 비롯한 인정을 바라면서도 그것에 다가가지 못하였다. 이렇듯 밀항자들은 배에서뿐만 아니라 과거 체험에서도 자유롭지 못하였다. 언제나 자신을 버린 사회를 저주하고 또 자신도 모르게 이 사회를 버리면서 그들의 고통은 잃어버리는 자유와 함께 날로 깊어만 갔다.

그들은 헐떡이는 시간으로 배에서의 생활 혹은 한국에서의 생활을 바라보고 기록하고 있었다. 그럼으로써 조그마한 인간의 존엄과 자신감을 되찾으려 했고 자그마한 경이로움이나 두려움과 쾌락을 만들어 냄으로써 대뇌의 혈액순환과 사지의 탄력을 자극하려 한 것이다.

남의 이야기를 한다는 것은 참으로 재미있는 일이었다. 어느 한국 사람과 연변의 유명한 가수가 호텔에서 자다가 들켜 벌금을 냈다는 얘기, 누구는 한국에 가서 한국인과 눈이 맞아서 아이를 낳고 산다는 얘기, 부인이 한국에 가서 일해서 번 돈으로 남편이 바람을 피우다 여자한테 돈을 엄청 뜯기고 부인 보기 미안하다고 자살했다는 얘기, 어느 남자들만의 파티에서 애인들을 부르기로 했는데 한 남자가 애인이라고 부른 여자가 바로 그 자리에 있는 어느 남자의 아내여서 민망해졌다는 얘기 등 거의 남녀간의 바람피우는 이야기들이었다.

남의 말을 하지 말라고 하지만 이런 재미도 없으면 어떻게 이 답답한 시간을 소요한단 말인가. 남의 이야기를 하다 보면 시간이 어떻게 흘러가는지 모르게 빨리 흐른다. (91쪽)

한국, 한국인은 여러 가지 문제의 발생지이면서도 또한 일종의 유혹과 목표가 되어 시시로 중국 조선족을 끌어당기고 있었다. 그리고 이러한 한국사회에 편입되기 위해서는 환골탈태의 사상전변의 과정을 거쳐야만 했다. 그러나 이러한 변화는 고통스러운 과정이다. 그것은 어느 개체의 고통인 것이 아니라 오랫동안 중국사회에 살면서 형성된 이질적 문화의 고통이었다. 아직 현대화가 실현되지 못한 중국 전통 농민사회에서 한국의 현대문명은 그들에게 낯설고 날이 선, 가까이 다가서기 어려운 존재였다. 그러나 좌충우돌하면서 그 속에 편입되든지 아니면 중국 조선족 농촌사회의 고독한 영혼 지킴이로 되어야 하는 선택 밖에 없었다. 작가는 이러한 문화적 기로에 서 있는 조선족의 현실에 관심을 돌리면서 강한 인문주의 정신을 전달하고 있다.

오랜 세월동안 전원은 중국 조선족의 소박한 영광과 꿈이 자랐던 곳이었다. 그러나 지금은 버림을 당하거나 저주의 대상이 되고 말았다. 거기에는 지금 잡초가 우거진 곳으로 변하고 있었다. 자신이 낳아 자란 혈연적 관계를 스스로 끊어버리고 생존을 지켜줄 수 있는 새로운 고향을 찾아야만 했다. 나서 자란 고향은 다시는 바람을 막아줄 수 있는 에덴동산이 아니었다. 이렇게 안세희는 한국에 가서 돈을 벌어 한 번 잘 살아보자는 꿈을 가지고 잔혹하면서도 막무가내의 역사적 전경을 버려야만 했다.

이처럼 한국으로 가는 것(어떤 방식으로든지)은 생명의 수요였다. 여기서 한국사회는 하나의 구체적 공간지점이라기보다 일종의 메타포라고 하는 것이 더 타당할 것이다. 그들은 생존 상황에 대한 끝없는 질문을 하고 체험의 구체적 의미를 따지고 들었다.

그들은 당대의 불명확한 생활 속에서 자신의 내심을 점점 소모하기 시작했다. 중국 조선족, 특히 농촌에 생활하고 있는 조선족에게 있어서 한국과 중국은 다시는 이곳이 아니면 저곳이란 선택의 문제가 아니었다. 적지 않은 조선족의 한국행은 그 어떤 피동적인 성격을 가지고 있다. 그들은 다만 썩 달갑지 않은, 숙명적인 유랑자일 뿐이다. 한국행은 결코 조선족의 자유의지의 체현이 아니라 생존을 위한 강제적 선택이었다. 한국에서 일하는 것은 사실 유일의 출로였다. 그러므로 영예감과 책임감 같은 것이 없었고 자연스럽게 생겨나는 입신양명의 감각도 없었다. 진정한 악성 종양은 역사의 깊은 곳에서 자란 것이다. 한국사회는 중국에서 급속도로 많이 몰려오는 조선족을 빨리 그리고 원활하게 수용할 수 없었다. 그리하여 조선족은 중국이라는 나서 자란 곳도 잃은 채 떠돌이 민족이 되고 말았다. 그들에게 있어 시대는 선택할 수 없었다. 그들은 중국과 한국 사이에서 배회하고 있다. 하나는 이미 죽었고 다른 하나는 아직 생겨나지 않은 것이다. 과거를 추억할 겨를이 없고 현재는 파악하기 어려운 실존 공간이며 장래는 뭐라 딱 찍어 말할 수도 없다. 생존책략은 여기서 뮤즈의 충성심보다 더 높은 것으로 된다.

그러나 농촌문화 속의 찌꺼기를 버리고 실존에 대한 깨달음은 개개인에게 있어서 너무나 잔혹한 것이었다. 자신이 살아온 과거를 반성한다는 것은 자신의 지난 역사와 내심세계에 대한 해부이고 역시 삶을 피폐하게 만든 사회에 대한 반성인 것이다. 한국에서 일하고 있는 사람들도 사실은 소외계층으로 자신이 처한 현실세계와의 모순과 충돌, 회의와 추궁도 어쩌면 당연할 일일 것이다. 그리하여 소설은 밀항을 실패로 만들고 대부분의 밀항자들을 결국 죽이고 만다. 살아남은 안세희도 어쩌면 역시 삶의 허상을 끌어안고 더 힘든 현실을 살아갈지도 모른다.

중국 조선족이란 이름은 태어나면서 이 세상에 가져온 짐이었고 일종의 신분의 증명이기도 했다. 작가는 막연하면서도 실록의 담화 방식으로 한 시대의 기억을 기록하고 있다. 이러한 신분사회에서 중국 조선족은 한국 사회에 편입되기 어려웠다. 작가는 깊은 동정과 관심어린 눈길로 중국 조선족, 특히 농촌에 생활하는 조선족의 어색한 현실처지와 한국사회와의 분할과 충돌, 그들의 생존상황, 욕망과 망연한 전망을 사색하고 있다.

한국은 조선족이 두려운 대상이기도 하자 역시 동경의 곳이기도 하다. 한국은 거대한 유혹으로 조선족을 사로잡았고 또 조선족에게 끝없는 힘겨움을 선사하였다. 안세희를 비롯한 밀항자들은 자신의 몸뚱이를 중국에서 한국으로 옮기는데 바삐 보냈다

4. 결론: 새로운 나비의 집은 어디에 있을까

허련순은 소설 『누가 나비의 집을 보았을까』에서 몸과 마음 모두 깊은 상처를 입은 한 무리의 조선족 밀항자들을 '배'라는 공간을 창조하여 인물의 운명을 인문주의적 관심으로 깊은 동정을 보내고 있다.

소설에서 '배'라는 공간은 '나비의 집'과 같은 의미로 고향의 상실을 의미하고 있는 것이다. 그럼으로써 상실을 안고 살아가야만 하는 중국 조선족, 특히 조선족 농촌인의 운명을 공간창조와 함께 그 실존 양상을 가슴 아프게 소설화하고 있다. 그리하여 추상적인 '나비의 집'이라는 공간은 구체적인 '배'라는 공간의 상징을 빌어 현실적인 공간의미를 획득하게 된다. 그것은 중국 조선족 특히 조선족 농촌인의 실존 양상에 다름 아니다.

위에서도 살펴보았듯이 한국행은 중국 조선족에게 있어서 선택의 필수사항이었다. 특히 대학입시를 비롯한 중국 국가에서 인정하는

시험을 통해 자격을 얻지 못한 조선족은 중국에서도 주류사회에 편입될 가능성이 전혀 존재하지 않는다. 특히 농촌에서 생활하는 대부분의 중국 조선족은 자신의 현실적 존재를 변화시킬 수 있는 계기를 한국행과 연결시킴으로써 한국은 중국 시장경제 시대에 조선족에게 새로운 콤플렉스로 다가 온 것이다.

그리하여 애벌레가 모진 진통 끝에 나비로 변화하듯이 조선족은 지금 생활하고 있는 고향을 버리고 새로운 생존 공간을 마련하기 위해 전례 없는 진통의 과정을 거쳐야만 하였다. 그런데 조선족에게 고향은 이미 잃어버린 상실의 공간으로 되었지만 자신의 존재를 확인할 수 있는 새로운 공간은 확보하지 못한 실존적 상황에 놓여 있다. 즉 애벌레가 나비로 변할 수 있는 그 어떤 조건도 마련되지 못하였다. 그리하여 상실의 아픔과 구체적인 존재의 의미를 찾지도 못한 채 부재의 의미를 끌어안고 현실을 살아가야만 했다. 바로 작가의 말처럼 “누가 나비의 집을 보았을까? 본 사람은 아무도 없을 것이다. 그것은 나비는 집이 없기 때문이다. 하지만 소설 속 나의 주인공들은 이 세상에서 이미 떠나 버린 존재하지도 않는 부재를 끌어안고 끝없이 찾아다닌다. (…중략…) 난 그것들로부터 ‘부재’란 ‘존재’의 영원한 질문이며 인간 존재의 본질적 조건이라는 것을 말하고 싶었다.”[10]

중국 조선족, 특히 농촌 여성들에게 중국은 그 존재의 구체적 의미를 상실한 ‘현재’적 존재였고, 그들의 눈에 비치는 한국은 아직 그들에게 존재 의미를 느끼게 할 수 있는 실존의 공간이 아니라 ‘부재’하는 환상 혹은 허상이었다. 그리하여 그들은 이 ‘부재’의 의미를 찾아 밀항을 비롯한 위험천만한 한국행을 강행하는지도 모른다.

---

10) 허련순, 『누가 나비의 집을 보았을까』 ‘작가의 말’ 중에서, 350~351쪽.

[참고문헌]

1. 저서

한용환, 『소설학사전』, 고려원, 1992.

허련순, 『누가 나비의 집을 보았을까』, 인간과자연사, 2004.

M. 하이데거, 이기상 역, 『존재와 시간』, 까치, 1998.

P. 풀끼에, 김원옥 역, 『실존주의』, 탐구당, 1985.

J. A. Kestner, *The Spatiality of the Novel, Detroit*, Wayne State Univ, Press, 1978.

2. 논문

김관웅, 「'집' 잃고 '집' 찾아 헤매는 迷兒들의 비극: 허련순 씨의 장편소설 『누가 나비의집을 보았는가』의 디아스포러 문학의 주제」, 『자유문학』, 2007.

김관웅, 「우리 문학에서의 중요한 주제: 민족적 정체성 찾기 재론」, http://yanbian.moyiza.com/?act=dispDocumentPrint&document_srl=181150, 2007.3.

김호웅, 「디아스포라의 시학 그리고 우리 문학」, 『문학과예술』, 2007년 3기.

엄정자, 「조선민족의 디아스포라와 새로운 엑서더스: 최서해의 『홍염』과 허련순의 『누가 나비의 집을 보았을까』 비교」, 『2007중국조선족문학우수 작품집』, 흑룡강조선민족출판사, 2008.

장춘식, 『이민의 체험과 디아스포라적 상상: 중국 조선족의 이민문학』, 문예연구사, 2008.

지미홍, 「중미 디아스포라문학에 나타나는 소수자의 정체성 연구」, 연변대 석사논문, 2009.

제2부 전쟁과 삶

试论1951年初中国拒绝联合国停火议案的决策*

沈志华
(中國 화동사범대학교 역사학부 교수)

介入朝鲜战争，是中华人民共和国参与处理国际事务、解决周边重大危机的第一次尝试。60年过去了，朝鲜半岛的问题不仅没有解决，反而成为中国周边最棘手的问题。因此，从历史研究的角度，很有必要对于中国在这场战争中的一系列战略决策进行检讨，尤其是面对危机，应该如何交替采取军事与外交的手段，如何及时实现战争与和谈的转换等，从而把握时机，减少代价，消除危机。

朝鲜战争历时三年半，其中两年半的时间是在停战谈判或边谈边打中度过的。所以，在朝鲜战争历史研究中，停战谈判同战争起源问题一样，也颇受国际学界的关注。不过，学者们以往讨论的重点集中在1951年7月开始的开城、板门店谈判及此后边谈边打的漫长过程，而对中美开战至1951年初联合国停战谈判议案的出笼以及中国的反应和立场，专门的研究不多，且有明显的意见分歧。[1] 这个问题之所以值得再次提

* 이 글은 중국 학술지『外交評論』2010年 第4期에 게재했던 글이다.

1) 关于中国停战谈判决策的问题，1996年1月在"冷战在亚洲"香港国际学术讨论上，有3位学者提交了相关的论文，即Chen Jian, China's Strategy to End the Korean War(此文修改后成为

出讨论，主要是由于过去相关的档案材料比较欠缺，以至对这短短3个月的历史过程，都没有一个详细的、连贯的梳理。本文利用美国、俄国公布的档案，特别是中国不久前出版的军事文献和解密的外交部档案，全面讨论了1950年11月至1951年1月联合国有关议案的提出过程，以及中国对通过停战谈判化解危机这一途径的立场、观点和对策。[2] 本文的结论是：在抗美援朝战争的整个过程中，毛泽东确有一次决策性的失误，但不是在危急关头做出的派兵入朝作战这个决定，而是在应该停战谈判的时候没有及时接受联合国的停火议案。正是这一决策及其不明智地表达的结果，使中国彻底失去了在朝鲜战场及国际舞台上的有利地位，而在政治、外交、军事等各方面陷于被动局面。

一、印度政府的调停尝试与美国的反应

1950年9月15日，麦克阿瑟(D. MacArthur)指挥美军在仁川登陆一举成功，从而改变了联合国军在朝鲜的被动局面。但是，美国决策者被轻而

作者专著中的一节：*Mao's China and The Cold War*, Chapel Hill: The University of North Carolina Press, 2001, pp. 83~99)；K. Weathersby, Stalin and a Negotiated Settlement in Korea, 1950~53；F. Orlandi, The Alliance: Beijing, Moscow, the Korean War and its End。其后，还有一些研究涉及这个问题，如齐德学、刘颖伟：『朝鲜停战谈判时机问题辨析』，『军事历史』1998年第2期，第35~38页；Волохова А Переговоры о перемирии в Корее 1951~1953 гг., по материалам Архива внешней политики России// Проблемы дальнего востока, 2000, No. 2, с.96~110；柴成文，『毛泽东、周恩来领导朝鲜停战谈判的决策轨迹』，『当代中国史研究』2000年第6期，第10~21页；沈志华，『中国出兵朝鲜决策的是非成败』，『二十一世纪』2000年10月号，第81~94页，『1953年朝鲜停战——中苏领导人的政治考虑』，『世界史』2001年第2期，第2~18页；牛军，『抗美援朝战争中的停战谈判决策研究』，『上海行政学院学报』2005年第1期，第35~47页。在关于1951年初中国停战决策问题的研究中，Chen Jian、沈志华和牛军的论文倾向于认为中国错失了停战谈判的最佳时机，虽然他们各自的论述重点和论据不尽相同，而齐德学和刘颖伟则完全否定这种看法。

2) 讨论中朝方面的停战决策，离不开对美国立场的研究，在这方面，中国学者早有涉及，如见资中筠 主编，『战后美国外交史——从杜鲁门到里根』上册(北京：世界知识出版社，1993年，第223~235页)。较新的研究成果见牛军，『朝鲜战争中中美决策比较研究』，『当代中国史研究』2000年第6期，第37~55页；邓峰，『追求霸权：杜鲁门政府对朝鲜停战谈判的政策』，『中共党史研究』2009年第4期，第34~45页。

易举的胜利冲昏了头脑，随后便做出了一个重大的错误决策：越过三八线，占领整个朝鲜半岛。导致这一决策错误的基本原因是美国过高估计了自己的力量，而完全不了解中国的战略意图。朝鲜战争爆发以后，美国情报机构一再对中国是否会出兵的问题进行预测和估计，并始终认为中国不会有所行动。直到中国秘密出兵已成事实，甚至已经与美军发生战斗，第八集团军和远东司令部的情报人员乃至中央情报局仍然坚持认为："中共不可能对朝鲜进行直接的干涉"，与美军作战的只是少数士兵，中国的"主力部队依然驻扎在满洲"，其目标也是保卫满洲。[3)]由于这种错误的判断，美国人做出了继续向中朝边境前进的致命决定，从而遭受了重大的军事失败，并开始全线撤退。其结果之一，便是国际舆论和联合国中呼吁停战的声音逐渐高涨起来。

调停朝鲜冲突的最早尝试是英国和印度做出的，英国主要是与美国磋商，而印度则重点与中国联系。1950年7月13日，印度总理尼赫鲁(P. Nehru)便致函苏联领导人斯大林(J. Stalin)和美国国务卿艾奇逊(D. Acheson)，希望冲突地方化，并通过安理会促成和平解决，为此应接纳中华人民共和国进入联合国，苏联也返回安理会，以便同美国一起寻求终止朝鲜战争行动的基础。这一建议得到联合国秘书长赖伊(T. Lie)的赞扬，却遭到美苏的冷眼：斯大林要求安理会听取北朝鲜的意见，美国则拒绝考虑中国在联合国的代表权问题。尼赫鲁8月3日发表讲话，说他并不否认北朝鲜是侵略者，但当务之急是将冲突地方化，寻求停止战争的途径，并确保朝鲜人自己决定朝鲜的前途。他再次强调，不承认北京政府是中国的合法政府，是一个大错误。美国仁川登陆成功之后，印度再次展开调停活动。9月30日尼赫鲁发表声明说，在未寻求其他解决手段前，联合国军不应越过三八线，并再次呼吁联合国接纳中国以利于朝鲜问题的解决。10月16日尼赫鲁在记者招待会上解释了印度反对联合国10月7日通过的决议的理由。该决议支持联合国军越过三八线，并决

3) 沈志华、杨奎松 主编，『美国对华情报解密档案(1948~1976)』第七卷，上海：东方出版中心，2009年，第72~101页。

定成立朝鲜统一和复兴委员会，代表联合国处理朝鲜问题。尼赫鲁说，北京有正当理由反对不与它磋商而解决朝鲜前途问题的任何企图，并指责联合国的决议是在扩大战争(决议通过的第二天，美国部队越过了三八线)。[4] 此后不久，中国军队出现在朝鲜已经成为路人皆知的事实，在战争升级的情况下，印度试图集合一批中立国再次展开调停工作。不过，现在呼吁的对象已经转向北京而不是华盛顿了。

11月23日，在北京的印度大使潘尼迦(K. Panikkar)向中国外交部转达了英国的建议：举行和谈解决朝鲜问题。中国虽然没有明确拒绝，却提出要将台湾问题与朝鲜问题捆绑在一起。[5] 周恩来则在内部报告中则把这个建议称之为美国通过英国发出的"政治试探和政治欺骗"。[6] 实际上，英国的建议并非为美国所鼓动。杜鲁门(H. Truman)总统因战场上的失利气正在急败坏地威胁要使用原子弹，英国政府则为此忧心忡忡，艾德礼(C. Attlee)首相不得不宣布要亲自赶到华盛顿安抚美国人。[7] 在这种气氛下，联合国内外围绕停火问题的活动也骤然升温。12月1日印度驻联合国代表贝内加尔·劳(B. Rau)在纽约找中国特别代表伍修权，提出立即停火和设立非军事区的建议。12月2日，加拿大政府照会美国政府，指出美国政府要盟国在联合国通过决议谴责中国侵略是不明智的，只要存在可能性，那么与中共谈判解决问题的大门就必须敞开到最后一分钟。12月3日，尼赫鲁又要劳氏向联合国提议，在谈判设立非军事区和停火问题时，必须邀请中国参与商讨。印度驻美大使甚至向记者透露，尼赫鲁有意来华盛顿参加杜鲁门与艾德礼的会晤。[8]

---

4) 世界知识出版社 编，『中美关系资料汇编』第二辑，北京：世界知识出版社，1960年，第112~114页；彼得·卡尔沃科雷西 编著，『国际事务概览(1949~1950)』，王希荣等译，上海：上海译文出版社，1991年，第659~660、665~669页。

5) 中国外交部档案馆，105-00009-01，第31~33页。

6) 中央文献研究室、中国人民解放军军事科学院 编，『周恩来军事文选』第四卷，北京：人民出版社，1997年，第105~106页。

7) *Foreign Relations of the United States, 1950, Vol. 7, Korea*, Washington D.C.: GPO, 1976, pp. 1261~1262；杜鲁门，『杜鲁门回忆录(第二卷)：考验和希望的年代，1946~1953』，李石译，北京：三联书店，1974年，第472~474页。

美国人婉言谢绝了印度的要求，却认真为英美首脑会谈做了准备。由国务院起草而经参谋长联系会议修改和签署的美国政府立场备忘录提出：只要条件不是难以接受，在目前情况下设法停火在军事上是有利的；如果停火是在三八线的基础上，可以得到联合国的全面支持；但这样的停火安排不得附有危害联合国部队安全的条件，也不得以在其他问题上达成协议为条件，诸如台湾问题、中国在联合国的席位问题等；如果联合国军出于军事考虑而不得不撤出朝鲜，则联合国必须宣布中国为侵略国家，并运用一切可能的政治和经济措施制裁中国。[9] 看来，美国虽因初败有些惊魂未定，但还不想认输，所以一方面同意停火谈判，一方面又把条件提得很高。不仅如此，美国也努力在国际舞台上将中国置于被动地位。12月5日，联大指导委员会以10票对2票(苏联和捷克斯洛伐克)、1票(印度)弃权通过决议，要求联合国大会立即考虑中国干涉朝鲜的问题。第二天，联合国大会通过决定，在议程中增加了关于中国干涉朝鲜这一新项目，并将其提交政治委员会。政治委员会中的六国(古巴、厄瓜多尔、法国、挪威、英国和美国)提出一个经过修改的指责中国干涉朝鲜的决议案，寻求在联合国大会得到通过。苏联则有针对性地再次提出要求所有外国军队从朝鲜撤出的建议。[10] 在联合国两种意见争执不下的情况下，印度等十三个中立国家开始策划新的议案，其目的是阻止中国军队越过三八线，并通过调停结束战争。然而，毛泽东此时的想法已经发生了变化。

---

8) *FRUS, 1950*, Vol. 7, pp. 1340、1359.

9) *FRUS, 1950*, Vol. 7, pp. 1348~1349、1371~1372。参见『杜鲁门回忆录(第二卷)』，第477~478页。

10)『中美关系资料汇编』第二辑，第322~323、329页；卡尔沃科雷西 编著：『国际事务概览(1949~1950)』，第670~671页。

二、毛泽东决定打过三八线再谈停火问题

对于中国出兵的条件和目标，斯大林和毛泽东最初的设想都是以三八线为界限。1950年7月5日斯大林第一次谈到中国出兵的问题时，就限定了一个条件：在“敌人越过三八线”的时候。[11] 7月9日刘晓在华东局扩大会议传达中央精神时也说到，万一美军反攻越过三八线，中国军队将帮助朝鲜人民“把美帝国主义驱逐出去”。[12] 后来在洛东江一线战争处于胶着状态时，毛泽东几次暗示中国愿意出兵，换上朝鲜军服，协助人民军作战。但斯大林始终没有认可，至少其表面理由是时机未到。[13] 10月1日联合国军兵临三八线，在要求中国出兵在电报中，斯大林再次提出，中国军队“应即刻向三八线开进，从而使朝鲜同志能够在你们部队的掩护下，在三八线以北组织后备力量”。[14] 这就是说，中国的责任首先在于保卫三八线以北地区。毛泽东接到斯大林电报后立即做出反应，他在10月2日起草的回电中确认，中国既然出兵，就要“准备在朝鲜境内歼灭和驱逐美国及其他国家的侵略军”，同时准备美国向中国宣战，而初期只是“在北朝鲜的适当地区”进行防御作战。[15] 10月3日凌晨，周恩来通过印度大使警告美国政府，外国军队，特别是美国军队不得越过三八线，否则中国就要出兵。至于朝鲜战事，周恩来提出，“有关国家必须在联合国内会商和平解决的办法”。[16] 在这里，周恩来不仅突出了三八线的政治地位，而且明确指出了在联合国主持下通过和平方式解决朝鲜冲突的途径。这一看法与斯大林不谋而合。

---

11) АПРФ(俄罗斯联邦总统档案馆)，Ф.45，оп.1，д.331，л.79。

12) 转引自刘统，『中共对朝鲜战争初期局势的预测与对策』，『党的文献』2001年第6期，第52~53页。

13) 关于中国出兵情况的最新研究见沈志华，『斯大林、毛泽东与朝鲜战争再议』，『史学集刊』2007年第1期，第51~65页；『朝鲜战争初期苏中朝三角同盟的形成』，『国立政治大學历史学报』第31期(2009年5月)，第165~198页。

14) АПРФ，Ф.45，оп.1，д.334，л.97~98。

15)『建国以来毛泽东文稿』第一册，北京：中央文献出版社，1987年，第539~540页。

16) 中国外交部档案馆，105-00009-01，第13~16页；『周恩来军事文选』第四卷，第67~68页。

10月5日斯大林再次致电毛泽东劝其出兵，并对国际局势分析说，只要中国出兵与美国"进行一场认真的较量"，美国"将不得不接受就朝鲜问题进行调停的条件，这些条件将有利于朝鲜而使敌人无法将朝鲜变为其军事基地"。[17] 其实，此时中国领导人已经做出了出兵朝鲜的决策，只是寄希望于同苏联空军一道阻击美军北上。得知苏联空军暂不出动的情况后，10月14日，毛泽东略微调整了作战部署，即避开美军，只打南朝鲜军，并在德川、宁远线以南地区坚守待援。[18] 最后，在斯大林明确表态苏联空军不会入朝作战的情况下，毛泽东考虑再三，决定中国陆军依然按计划出动，但作战目标就比较含糊了："先在朝鲜北部尚未丧失的一部分地方站稳脚，寻机打些运动战，支持朝鲜人民继续奋斗"。[19] 不过，几天后当毛泽东发现敌情的变化在军事上对志愿军发动突袭有利时，便及时指出：当前"是争取战机问题"，"而不是先有一个时期部署防御然后再谈攻击的问题"。志愿军应迅速完成作战部署并发动进攻，争取歼灭西线南朝鲜三个师，以转变朝鲜战局。毛泽东还明确指出，只要能够对敌军实现各个歼灭，就有"迫使美国与我外交谈判之可能"。[20] 战斗打响后，周恩来向国内干部解释说，中国出兵就是要使战争"局部化"，"争取美帝国主义知难而退"。[21] 总之，中国出兵的最初战略目标就是在朝鲜北部打击美韩军队，并迫使美国接受调停，通过和谈解决朝鲜问题。

然而，当战场形势变得越来越有利时，中国对停战和谈的态度开始发生变化。第一次战役取得胜利后，毛泽东在11月13日发给斯大林的电报中特意加写了一句话："据我的观察，朝鲜的战局，是可以转变的"。11月18日又电告彭德怀："美对我毫无办法，悲观情绪笼罩各国，只要

17) 沈志华收集和整理，『俄国档案原文复印件汇编：朝鲜战争』第7卷，第909~912页，华东师范大学冷战国际史研究中心藏。

18) 『毛文稿』第一册，第556、558~561页。

19) 『毛文稿』第一册，第571页。

20) 『毛文稿』第一册，第575~577、588~589页。

21) 『周恩来军事文选』第四卷，第92页，另参见第102~109页。

我军多打几个胜仗，歼灭几万敌军，整个国际局势就会改观。”[22] 一种轻松、乐观的心态跃然纸上。斯大林的贺电也助长了这种情绪，他以苏军战胜德军为例断言，在这次战争中，中国军队必将成为“完全现代化、装备精良、威力强大的军队”。[23] 12月3日，即第二次战役取得初步胜利时，为解决中朝部队的统一指挥问题，毛泽东、周恩来在北京会见了金日成。[24] 在分析战场形势时，毛泽东说：“敌人有可能要求停战，我们认为必须承认撤出朝鲜，而首先撤至三八线以南，才能谈判停战，最好我们不但拿下平壤，而且拿下汉城，主要的是消灭敌人，首先是全歼伪军，对促进美国撤兵会更为有力量。美国如果承认撤兵，联合国有可能同意在中苏参加的条件下，主张全朝鲜在联合国监督下，选举自己的政府。”这个谈话第二天被电告志愿军前线指挥官。[25] 显然，毛泽东此时对结束战争方式的考虑仍然是以和平谈判为主，不过条件是美军主动撤回或被打回三八线。当然，首先是在战斗中大量消灭敌人，才能在有利的条件下促成停战谈判。

因为斯大林一直很重视三八线的存在，所以，接受停战谈判的时间和条件，中国还要征求苏联的意见。12月4日，中国驻苏大使王稼祥询问苏联副外长葛罗米柯(A. Gromyko)：“从政治角度看，中国军队在胜利地继续进攻的情况下，是否应该越过三八线?”葛罗米柯答复：“由于朝鲜局势出现了对美国人不利的转折，现在他们无法掩饰自己的失望”。鉴于这种形势，“提出‘趁热打铁’这句古老的谚语是十分恰当的”。[26] 12月5日，伍修权在纽约拜会苏联驻联合国代表维辛斯基(A. Vyshinskii)并告知，在与赖伊会见时，瑞典、英国和其他国家代表“企图弄清中国军队

22) 『毛文稿』第一册，第658、672页。

23) АПРФ，Ф.3，оп.65，д.336，л.5。

24) 中共中央文献研究室 编，『周恩来年谱(1949~1976)』上卷，北京：中央文献出版社，1997年，第102~103页。

25) 中共中央文献研究室、中国人民解放军军事科学院 编，『建国以来毛泽东军事文稿』上卷，北京：军事科学出版社、中央文献出版社，2010年，第388页。

26) АПРФ，Ф.3，оп.65，д.515，л.35~37。

是否停留在三八线以及中国军队是否准备在其余外国军队撤离朝鲜的同时离开朝鲜"。[27] 接到伍修权等人的同样电报后，周恩来于12月7日凌晨回电，首先向他们明确指出"现时三八线的界限已不存在"，至于谈判内容，"正在考虑中，容后电告"。[28] 与此同时，周通过苏联驻华大使罗申(N. Roshchin)发出特急电，向莫斯科通报：联合国秘书长及印度、英国、瑞典等国代表近来不断探询中国在朝鲜停止军事行动的条件，其意图在于"保持以三八线为界"。为了掌握主动，并在和谈问题上"表现出积极性"，中国政府打算通过伍修权向他们提出如下五个在朝鲜停止军事行动的条件：一、所有外国军队撤出朝鲜；二、美国军队撤出台湾海峡和台湾岛；三、朝鲜问题应由朝鲜人民自己解决；四、中华人民共和国代表参加联合国并从联合国逐出蒋介石的代表；五、召集四大国外长会议准备对日和约。如果上述五项停止军事行动的条件被采纳，五大国即可派出自己的代表，以召开签订停战条件的会议。周恩来表示，中国政府在采取行动之前，想知道苏联政府的意见，并希望当日得到答复。[29]

当晚8时40分(莫斯科时间)，葛罗米柯发出了斯大林的答复电："我们完全同意您提出的在朝鲜停止军事行动的条件。我们认为，不满足这些条件，军事行动就不能停止。此外，我们认为，对这三个国家的代表不能过于坦诚和过早地摊开自己的底牌，他们其实是美国的探路人。我们考虑，在汉城尚未解放之前，还不是中国亮出自己全部底牌的时候。"斯大林建议，中国只需表明希望尽快结束战争的态度，同时要求联合国和美国首先提出停止军事行动的条件。[30] 周恩来收电后即刻告诉毛泽东：这个电报表明，斯大林的意见"与主席考虑相合，拖而不摊为上策"。[31]

---

27) 转引自编委会,『中国与苏联关系文献汇编(1949年10月~1951年12月)』, 北京：世界知识出版社, 2009年, 第264~265页。

28) 中共中央文献研究室、中央档案馆 编,『建国以来周恩来文稿』第三册, 北京：中央文献出版社, 2008年, 第599~600页。

29) АПРФ, Ф.3, оп.65, д.336, л.17~19。

30) АПРФ, Ф.3, оп.65, д.336, л.20~21。

于是, 周恩来在12月8日电告伍修权和乔冠华, "关于谈判问题, 你们仍应采取他急我不急的态度, 不给他们以侦察的机会, 不向他们过早摊牌"。随后, 周恩来告诉他们该如何答复进一步的询问, 其要点和使用的言词与斯大林的说法几乎一模一样。32) 在这种情况下, 印度等十三国建议的遭遇是可想而知的。

三、十三国停火建议与中国的最初回应

12月7日下午, 潘尼迦向中国副外长章汉夫转交了一份备忘录, 内容是印度代表十三国提出的关于在朝鲜停战的建议。潘尼迦说: 印度政府的基本建议是举行一个与朝鲜问题有直接关系的各大国参加的会议, 中国当然为全权参加者。大国会议的先决条件是双方以三八线为界实行停战, 然后进行商谈, 讨论外国军队撤离朝鲜及建立独立统一朝鲜的问题, 同时解决台湾的归属问题、美军撤出台湾的问题、中国在联合国及安理会的席位问题。印度政府希望中国政府能郑重考虑, 宣布愿以谈判方式解决冲突并保证不越过三八线。鉴于章汉夫提到朝鲜人民军解放平壤的消息, 潘尼迦说: "我个人对朝鲜军与中国志愿部队的力量并不怀疑, 但问题不在这里, 问题是必须由政治协商来解决, 军事行动只能延迟问题的解决, 即使能把美军赶出朝鲜, 但日本离朝鲜很近, 仍可从日本继续来轰炸。"因此, 你们在军事上占有优势, 这正是使朝鲜问题能在照顾朝鲜和其他临国利益的情况下, 获得和平解决的机会。章汉夫仍坚持: 和谈的前提是一切外国军队撤出朝鲜, 美国武装力量撤出台湾。潘尼迦则指出: 撤兵确是一个办法, 因为把军队打出朝鲜不能解决问题而反会加深危机, 但这一目的只能通过谈判来达到。潘尼

---

31) 『周文稿』第三册, 第606页。

32) 『周恩来军事文选』第四卷, 第125页。

迦最后说：这一建议是所有非欧洲国家第一次联合起来提出的，不能被认为是支持美国的。这是一个对中国有利的举动，如果中国能宣布不越过三八线的话，则将获得这些国家的欢迎和道义上的支持。[33)]

12月8日，印度参赞考尔(T. N. Kaul)要求再次会谈，以补充昨天潘尼迦的谈话。考尔主要说明了印度建议的急迫性及提出这一建议的动机。考尔说，不能认为这个建议是支持美国或与英美有关的。这一建议在团结亚洲各国和动员世界舆论上有很大作用，甚至得到了法国的支持。这是亚洲国家的第一次联合建议，这些国家包括了除泰国等反动政权以外的所有亚洲国家。道义上的胜利比军事上的胜利更为重要，美国支持的六国提案就是想争取道义上的胜利，获得联合国的支持。考尔还坦率地指出：只要中国同意十三国建议，则美国支持的六国提案就不会通过。反之，除印度外，其他亚洲国家恐怕会因此而倒向美国。似乎没有认真考虑印度参赞的话，接待考尔的亚洲司副司长陈家康不客气地提出了几个质问：十三个提案国为什么不公开反对美帝侵略?为什么不发表宣言要求美国撤军?为什么在美军越过三八线时不发表宣言反对?考尔一一给予耐心解答，并坦诚地指出：在军事上占优势时进行谈判不但不表示中国的软弱，反而正是对中国有利的时机，希望周恩来早日接见潘尼迦大使，表明中国的态度，争取世界舆论的支持。[34)]

直到12日与苏联商妥后周恩来才会见潘尼迦，周说：中国一向坚持和平解决朝鲜问题，现在更希望朝鲜的军事行动能迅速停止。但是现在结束战争的关键在美国，我们急愿知道美国和联合国对停战条件的整个意见。至于三八线问题，早已为美国侵略军所破坏而不复存在了。第二天，周恩来将谈话情况电告伍、乔，并特意指出，关于三八线不复存在的说法，可以告诉劳氏。周还指示，如果问到对十三国提案的立场，答复是：停战不是骗局，是要真正能结束朝鲜战事。这样就必须要美国

---

33) 中国外交部档案馆, 105-00009-01, 第34~37页；柴成文、赵勇田,『板门店谈判』, 北京：解放军出版社, 1992年, 第103页。

34) 中国外交部档案馆, 105-00009-01, 第40~43页。

表明其对停战条件的意见。[35)]

中美交战以后，美国决策层在是战还是和的问题，一直意见纷纭，犹豫不决。如前所述，12月4日美国曾设想在体面的条件下进行和谈。但在12月8日举行英美首脑最后一次会谈时，情况有了变化。在听取了前方的最新情况汇报后，杜鲁门舒了一口气，“他不认为我们将被逐出朝鲜”，形势并不像“会谈开始时那样暗淡”。参谋长联席会议主席布莱德雷(O. Bradley)也认为，靠目前兵力和正常轮换，完全可以在朝鲜守住，现在“至少不必被迫进行谈判”了。[36)] 同一天，美国驻联合国代表奥斯汀(W. Austin)对印度代表说，美国并没有提出停火建议，也没有要任何人提出此项建议。不过，倘若有人提出，美国将予以考虑，只是不得附加任何政治条件。[37)]

第二天，这个建议便出现了。12月9日，美国驻联合国副代表格罗斯(E. Gross)收到了由菲律宾递交的十三国建议，其主要内容包括：立即停火；中国和美国军队撤离朝鲜；美舰撤出台湾海峡；由联合国裁军委员会监督南北朝鲜军队解除武装；由6个联合国成员国组成一支不超过5万人的部队留在朝鲜维持治安；海港、边境由联合国视察员进行视察，以保证上述条款的执行；实现停火后6个月由联合国朝鲜委员会主持选举；选举后3个月，联合国部队撤走。[38)] 11日，杜鲁门召开国家安全委员会讨论十三国建议。国防部长马歇尔(G. Marshall)指出了美国接受停火的两难困境：一旦停火就会停止所有空中侦察，并且可能会迫使美国海军撤退。如此，共产党方面就可以大大增加地面援助。但如果美国反对停火，又会被认为是在反对和平解决冲突。最后，会议确定接受停火的原则是不得使美军处于军事上的不利地位，不得附有政治条件，应在停火前谈妥停火的细节，由联合国监督停火。为了应付国会的指

35) 『周文稿』第三册，第635~636页。

36) *FRUS, 1950*, Vol. 7, p. 1472.

37) *FRUS, 1950*, Vol. 7, p. 1482.

38) *FRUS, 1950*, Vol. 7, pp. 1500~1503。

责，会议还决定将宣布全国进入紧急状态。[39]

面对意见纷纭的国际舞台和各种政治压力，提出和平建议的十三国发生了分歧。12月12日，原来建议的内容被一分为二后正式提出，第一提案(十三国)是"切望立即采取步骤防止朝鲜的冲突扩及其他地区并终止在朝鲜境内的战事，然后采取进一步的步骤，依照联合国的宗旨和原则求得现存问题的和平解决"。委托大会主席组织一个三人小组，"确定可以在朝鲜议定满意的停火的基础，并尽速向大会提出建议"。第二提案(十二国，菲律宾退出)是要求由联合国大会建议，美、苏、英、中、法、印度和埃及七国政府代表尽早举行会议，拟定建议案以便根据联合国的宗旨和原则和平解决远东现存的问题。14日，联合国大会以52票赞同、5票(苏联及东欧国家)反对、1票(中华民国)弃权，通过了十三国提案，并建立起三人停火委员会(又译三人小组或停战委员会)，由联大主席安迪让(N. Entezam，又译恩蒂泽姆)、印度代表劳和加拿大代表皮尔逊(L. Pearson)组成。十二国提案暂被搁置。随后，停火委员会开始工作，联大休会，直到停火委员会提出报告为止。[40]

12月14日下午，考尔向中国通报了联合国决议的情况。这位参赞说，第一个提案已经通过，第二个提案的内容是召开国际会议商谈停战地点、设立非军事区及关于朝鲜、台湾和远东的一般问题。这两个提案不但完全考虑了中国的意见，更超过了中国的要求。提案中的台湾问题和一般远东问题是潘尼迦大使电告了中国的意见后，由印度政府特别加入的，希望能动员各国支持和同情中国。这对中国是完全有利的，希望中国能了解该提案的目的及印度政府用意所在，早日做出圆满答复，而不使印度在支持中国意见时处于为难境地。如果中国方面能在最近表示同意的话，印度政府可进一步推动。否则，印度政府可能放弃。陈家康表示对印度提案没有意见，但反复要求美国应首先对提案表态，

39) *FRUS, 1950*, Vol. 7, pp. 1520；『杜鲁门回忆录(第二卷)』，第498~501页。

40) 『中美关系资料汇编』第二辑，第331页；『周文稿』第三册，第689页；『国际事务概览(1949~1950)』，第671页。

主要是对解决朝鲜和一般远东问题的意见, 否则"问题就无从谈起"。考尔表示, 印度将继续向美国施加压力, 印度政府的首要目标就是"要求美国同意举行会议的原则", "如会议上美国所提条件无法接受, 则可由世界舆论制裁"。由于陈家康一再回避表态, 考尔最后说: "现在联合国大多数已通过十三国提案, 中国如失去这一机会则美国可能利用舆论来指责中国不要停战。"41) 同一天, 周恩来致电伍、乔, 对他们将在16日记者招待会上的发言稿提出修改意见, 其重点在于揭露美国赞成在朝鲜"先停火再和谈"的阴谋诡计, 并告知招待会后他们即可回国。42) 显然, 此时中国已决心拒绝十三国提案。

12月15日下午, 潘尼迦再次求见章汉夫, 希望中国能够接受联合国通过的提案, 并进一步解释印度等国的立场。章汉夫重申了中国的要求, 潘尼迦表示, 印度也希望先解决台湾问题和中国在联合国的代表权问题, 然后解决朝鲜问题。关于外国军队撤出朝鲜问题, "其具体办法似需双方先行停战, 然后具体布置撤兵程序"。章汉夫坚持: "美国不停止其侵略, 不从朝鲜和台湾撤兵, 则和平解决只是口上谈谈而已"。潘尼迦强调: "要外国军队撤退朝鲜有两种办法, 一种是打下海去, 一种是以和平方式撤退, 双方和平撤军应先停战, 商定何时何地停战。"章汉夫指出: 联大通过了十三国提案, 而把十二国提案搁置起来, 其结果就是便于美国利用所谓停战, 取得喘息时间, 准备再发动进攻。潘尼迦解释说, "国际政治是错综复杂的, 不能以一般逻辑和几何学的原理来解决", 现在的困难在于双方都坚持不下, 印度为了东方的和平, 希望双方能坐下来商谈。43) 印度的努力毫无结果, 同一天, 周恩来要中国驻朝鲜代办柴成文转告金日成, "同意对安理会来电置之不理"。44) 16日下午, 周恩

41) 中国外交部档案馆, 105-00009-01, 第48~52页。

42)『周文稿』第三册, 第642~643页。

43) 中国外交部档案馆, 105-00009-01, 第55~58页。

44)『周文稿』第三册, 第658页。12月12日赖伊向朝鲜政府转达了十三国的信函, 并要求回电予以确认。金日成提出应与北京商量如何答复。ЦАМОРФ(俄罗斯联邦国防部中央档案馆), Ф.5, оп.918795, д.124, л.667~668。

来电告伍、乔，要他们向劳氏和联大主席直接表明态度：先停战后商谈的做法，只能适合美英集团的要求，是虚伪的停战，中国绝不同意。[45]

12月17日，≪人民日报≫发表专论，批评联合国14日通过的决议是为美帝国主义侵略政策服务的，因为美国侵略军在惨败溃逃的情况下，正在争取喘息的机会，以便保存侵略的阵地，而联合国大会的建议正是符合美国侵略者的这个愿望的。[46] 19日，三人委员会又给周恩来发出一封电报说，委员会正在推动召开十二国议案所提出的包括中国政府在内的国际会议，但要使会议开成，首先需要实现某种停火的安排。[47] 20日，伍修权回国前在伦敦机场发表讲话：中国的提议"是一个真正停止战争的方案"，但安理会不予考虑。美国"别有用心地支持在朝鲜'首先停火'的主张，企图借以欺骗全世界人民"，其目的"只是为了束缚朝鲜人民和中国人民志愿军部队的手足，让美国军队继续侵略和扩大战争"。[48] 22日周恩来发表声明，全面批驳了联合国的议案，进一步阐明中国的立场，并号召亚非国家必须抛弃"三人委员会"及先停战后谈判的想法。[49] 毛泽东在修改这一声明时，在谈到中国关于和谈条件的地方特意加了两条：美军撤出台湾、中国在联合国的合法地位，并说"朝鲜问题和亚洲重要问题的和平解决，离开这几点是不可能的"。[50] 听到这一消息，三人委员会陷入一片混乱，劳氏垂头丧气，一声不吭，皮尔逊则溜之大吉，索性回国了。[51]

---

45) 『周文稿』第三册，第663~664页。

46) ≪人民日报≫ 1950年12月17日第1版。

47) 顾维钧，『顾维钧回忆录』 第八分册，中国社会科学院近代史研究所译，北京：中华书局，1989年，第190页。

48) 『中美关系资料汇编』第二辑，第353~354页。

49) 『周文稿』第三册，第684~689页。

50) 『毛军事文稿』上卷，第417页。

51) 『顾维钧回忆录』第八分册，第190页。

四、中朝军队越过三八线与联合国停火议案的提出

既然中国的既定方针是越过三八线再考虑和谈问题，那么美国对停火议案的态度如何其实并不重要。在周恩来组织外交部官员和中国派往联合国的代表应付停火议案的同时，毛泽东集中精力考虑的是如何指挥志愿军打过三八线。

尽管志愿军连续取得两次战役的胜利，但是所付出的代价并不小。特别是因为朝鲜战场的制空权仍然掌握在美军手中，志愿军的后勤补给线面临极大的威胁和困难。[52] 到第二次战役结束时，志愿军减员已达10万多人(其中冻伤5万余人)，部队体力削弱，病员增多，第9兵团因冻伤严重至少2~3个月无法参战。全军物资供应短缺(汽车仅剩260辆)，战士缺衣少粮(还有人打赤脚)。[53] 作为前线总指挥，彭德怀12月8日致电毛泽东提出，如第二次战役后期能歼灭美李军各2个师，志愿军即可越过三八线，相机取得汉城。否则，"即使能越三八线或取得汉城，亦不宜做"。彭建议在三八线以北数十里停止进军，部队进行补充休整，来年春天再战。[54] 代总参谋长聂荣臻接到彭电后，也认为部队亟需休整补充，况且在第一线兵力上，中朝联军也不占绝对优势，因而建议推迟两个月发动下一次战役。[55] 周恩来则请毛泽东"考虑战略意图与战役计划的结合"，并建议将进攻汉城的"决战攻势"推迟到3月初进行，否则兵员、铁路、炮兵、空军都来不及准备。与各方面进行商谈后，周恩来于12日致函毛泽东说，如不能在离汉城不远地区寻机歼灭几部分敌人，那么，不论

---

52) 苏军参战空军部队报告：直到1951年初，朝鲜境内志愿军后方交通线未能得到有效保护。ЦАМОРФ，Ф.64.иак，оп.173543，д.95，л.138~147。

53) 军事科学院军事历史研究部，『抗美援朝战争史』第二卷，北京：军事科学出版社，2000年，第163页；王焰 主编，『彭德怀年谱』，北京：人民出版社，1998年，第456页；徐焰，『第一次较量——抗美援朝战争的历史回顾与反思』，北京：中国广播电视出版社，1990年，第62页。此时，苏联援助的武器装备虽已经大部移交给中国，但尚未运到前线或装备部队。ЦАМОРФ，Ф.16，оп.3139，д.16，л.188~189。

54)『周文稿』第三册，第616页。

55) 聂荣臻，『聂荣臻回忆录』，北京：解放军出版社，1984年，第740页。

敌固守或放弃汉城，我军均应休整一个时期。[56]

但是，毛泽东主意已定，他在12月13日给彭德怀的回电中认为，"目前美英各国正要求我军停止于三八线以北，以利其整军再战。因此，我军必须超过三八线。如到三八线以北即停止，将给政治上以很大的不利"。故决定，此役需南进到开城南北地区，寻机歼敌。如敌固守汉城，则志愿军主力退至开城一线休整，同时支援人民军越过汉江；如敌放弃汉城，则在平壤汉城间休整。[57] 按照毛泽东的意图，志愿军总部15日决定派6个军向三八线以北攻击前进，以求在汉城以北歼灭一部美伪军，得手后再看情况。18日志愿军党委发出了关于完成第三次战役任务的指示，在解释立即越过三八线再打一仗的必要性时指出，敌人现在的唯一办法是"依托三八线作为缓兵之计"，"表面求和"，"拖延时间"，实际上是"加紧重整残部，企图反攻"。[58]

尽管命令已下，彭德怀仍有担心。他在19日致电毛泽东，谈到战场形势说：两次大胜后，速胜论和盲目乐观情绪有所增长，苏联大使和朝鲜方面均要求速进。据我看，朝鲜战争仍是相当长期的，艰苦的。敌军转入防御后，战线缩短，兵力集中，纵深加大，对联合兵种作战有利。在这种情况下，估计敌人不会马上撤出朝鲜。我军目前仍应采取稳进方针，对部队不要太伤元气。现已遵示越过三八线作战，如无意外变故，打败仗是不会有的，但攻击受阻或胜利不大的可能性是存在的。[59] 22日，彭德怀又转去志愿军副司令邓华的信。邓华估计，如第三次战役能歼灭更多美军，则敌人可能被迫谈判求和或撤出朝鲜，但敌已有两次经验，且兵力集中，故这种可能性不大。所以，应作长期打算，甚至建议志愿军主力撤回东北休整，留两三个军配合人民军，开展敌后游击战。[60]

---

56) 『周文稿』第三册，第615、625~628页。

57) 『毛文稿』第一册，第722~723页。开城在三八线以南，距汉城55公里。

58) 『彭德怀年谱』，第455页；『抗美援朝战争史』第二卷，第175~176页。

59) 『彭德怀年谱』，第456~457页。

60) 邓华给彭德怀的信，1950年12月20日。参见『抗美援朝战争史』第二卷，第165页。

其实，毛泽东也意识到了志愿军的困难。在21日给彭德怀的回电中，他承认彭对敌情的估计是正确的，因此“必须作长期打算”，也同意如进攻“不顺利则适时收兵，到适当地点休整再战”。[61] 在24日和26日的电报中，毛泽东再次肯定“战争仍然要做长期打算”，“速胜的观点是有害的”，强调“在此次战役结束后，全军主力(包括人民军第二第五军团)，均应撤退至利于休整的适当地区，休整一个月至两个月”。不过，此时在毛泽东的头脑中，既没有三八线的概念，也抛弃了和谈的考虑。在毛泽东看来，困难只是暂时的，部队休整是“为春季作战进行充分的准备”。从策略上讲，越过三八线后暂停进攻，“后退几十公里进行休整”，是为了让敌军“感觉安全，恢复其防线，以利我军春季歼敌”。为此，毛泽东还强调，休整时要“加强军队中的政治动员”，要树立“不消灭朝鲜境内的敌人不回国”的观念。至于三八线，如同毛29日电所说：“所谓三八线在人们脑子中存在的旧印象，经过这一仗，也就不存在了。我军在三八线以南或以北休整，均无关系。”[62] 由此看来，毛泽东做出这样的决定，主要并非受到来自平壤或莫斯科的压力，而是出于他自己的战略考虑。这种考虑，已经预示了联合国停火议案的命运。

中朝联军发动新的攻势后，国际局势骤然紧张起来。1951年1月3日政治委员会举行会议，劳氏代表报告说，因中国政府认为所有未经其合法代表参加和同意而被通过的联合国决议均为非法的、无效的，三人委员会“现无法提出任何建议”。随后，政治委员会宣布休会两天。[63] 1月5日三人委员会请求再给予一些时间，以便提出解决朝鲜问题的新建议。政治委员会同意了这一请求，而美国代表则宣称，他的政府不会接受任何带有不体面条件的停战安排。[64] 1月11日政治委员会复会，皮尔

61) 『毛文稿』第一册，第731~732页。

62) 『毛文稿』第一册，第733、734~735、741页。

63) ≪人民日报≫，1951年1月8日第1版。

64) 彼得·卡尔沃科雷西 编著，『国际事务概览(1951年)』，吕佩英等译，上海：上海译文出版社，1992年，第461页。

逊代表三人委员会提出了关于解决朝鲜问题基本原则的“补充报告”。该报告包括五项原则性建议：立即实现停火；举行一次政治会议以恢复和平；外国部队分阶段撤出朝鲜，并安排朝鲜人民进行选举；为统一和管理朝鲜做出安排；停火之后召开一次由英、美、苏和中国参加的会议，以解决远东的问题，其中包括台湾的地位和中国在联合国的代表权问题。会议接着对这一报告进行讨论，美国代表在会上一反常态，奥斯汀发言表示，美国政府将投赞成票。经过两天的讨论，13日下午进行表决，结果是50票赞成(包括美国)、7票(苏联、乌克兰、白俄罗斯、波兰、捷克斯洛伐克、萨尔瓦多及国民党)反对、1票(菲律宾)弃权。苏联和波兰发表声明说，他们反对的理由是未邀请中国和北朝鲜的代表参与讨论。随后，会议又表决通过了挪威的提议：立即向中国政府转达这一提案，并要求其说明是否承认以报告中所列举的原则作为解决远东问题的基础。65)

作为新的停火建议，这五项原则在满足中国的要求方面超过了联合国以往所通过的任何方案，而且是在美国明确表态后交给中国的，特别是该提案建议召开一次专门会议，讨论包括中国在联合国席位及台湾问题在内的远东问题，与12月22日周恩来提出的要求几乎是完全符合的，而根本无视美国反对任何政治附加条件的一再要求。既然如此，美国为什么会突然改变态度，接受这个“带有不体面条件的停战安排”？

实际上，美国是迫不得已才接受这个停火建议的。从内心讲，美国政府是不愿意接受停火的，因为这将使民主党政府在国会和选举中处于十分不利的地位。朝鲜战争爆发以来，共和党议员就不断批评政府的政策，特别是军事形势恶化后，共和党议员把外交政策作为主要攻击对象，使得民主党在参议院和众议院的选举中连连失利，席位大幅下降。如果政府接受这个使美国蒙羞的建议，必将遭受更加猛烈的指责。66)

---

65) 详见 ≪人民日报≫，1951年1月18日第4版；『中美关系资料汇编』 第二辑，第367~371页；*FRUS, 1951*, Vol. 7, “Korea and China”, Part 1, Washington D.C.: GPO, 1983, pp. 64、76。

66) 详见约翰·斯帕尼尔，『杜鲁门与麦克阿瑟的冲突和朝鲜战争』，钱宗起等译，上海：复旦大学出版社，1985年，第162~167页。

事实证明，美国投票赞同三人委员会建议的消息传出后，立即在国会引起轩然大波。报刊和两党议员纷纷责难艾奇逊，要他引咎辞职。共和党领袖塔夫脱(R. Taft)称这个决议是“美国曾经同意过的最彻底的投降”。67) 但是，如果美国拒绝这个建议，又会遭到国际舆论的谴责，甚至引起亲密盟国的强烈不满。因为三人委员会的这个补充报告，实质上就是十二国提案的翻版，特别是英国对此显得十分热情。1月4~12日，英国在伦敦召集了英联邦会议讨论解决朝鲜问题的出路。会议发表的联合宣言提到，“我们必须最大限度地理解那些看起来和我们存在意见分歧的人”，“我们欢迎旨在与斯大林或毛泽东进行坦诚的意见交换的任何可行的安排，并将不遗余力地去倾听彼此的心声”。会议公报则表示：英联邦国家驻联合国代表们殷切期望，政治委员会正在讨论的新的提议将会使远东地区一些悬而未决的问题得到解决。68)

的确，白宫陷入了进退维谷的境地，正如艾奇逊所说：“任何一种选择都具有危险性”，同意这个议案将使朝鲜人失去信心，“并引起国会和舆论界的愤怒”；不同意则会“失去我们在联合国中的多数和支持”。就在杜鲁门左右为难时，艾奇逊出了个主意，他建议美国对此投赞同票，因为根据此前中国政府对十三国议案的立场，很可能中国也会拒绝这个决议。果真如此，不仅美国将摆脱困境，还会让盟国的头脑清醒起来，并追随美国谴责中国。69) 于是，杜鲁门决心进行一次赌博。

---

67) Robert Leckie, *Conflict: The History of the Korea War, 1950~53*, Cambridge: Da Capo Press, 1996, p. 254.

68) H. J. Yasamee and K. A. Hamilton(eds.), *Documents on British Policy Overseas*, Series II, Vol. IV, Korean, June 1950~April 1951, London: HMSO, 1991, CAB21/1780: (Microfiche 10) No. 108i, 10/1~30.

69) 迪安·艾奇逊,『艾奇逊回忆录』, 伍协力等译, 上海: 上海译文出版社, 1978年, 第381~382页。

五、中国拒绝联合国议案及其策略考虑

果然不出艾奇逊所料，中国又一次拒绝了联合国提案。1月13日赖伊向周恩来转达了联合国的停火议案，并询问中国政府"是否接受这些原则作为和平解决朝鲜问题及其他远东诸问题的基础"。[70] 其实在1月11日联合国讨论三人委员会的报告时，中国就得到了消息，周恩来立即起草了一份关于停战谈判问题备忘录向苏联征求意见， 13日斯大林回电表示同意。[71] 收到联合国的正式文件后，毛泽东原计划召金日成和彭德怀到北京共同协商，后又委托周恩来把备忘录修改一下，发给金日成征求意见。[72] 14日周恩来发出的致朝鲜政府备忘录充分体现了中国领导人对停战问题的立场和策略。备忘录指出，目前美国由于在朝鲜的失败，急于谋求出路，最好是光荣停战，否则就是有限战争。只要先停战，美国就有可能保存潜力，并使李承晚保有若干地区和武装资本，而谈判则可无限期地拖延下去。因此，我们拟拒绝先停战后谈判，并主动提出下列主张：1、提议在同意从朝鲜撤退一切外国军队后朝鲜内政由朝鲜人民自己解决的基础上举行有关各国的谈判， 以结束朝鲜战争。 2、谈判内容必须包括美国武装力量从台湾海峡撤退及远东有关问题。 3、举行谈判的国家应包括中国、苏联、英国、美国、法国、印度和埃及七国。中国在联合国的合法地位，即从举行七国会议予以确定。4、七国会议的地点提议选在中国。如果上述提议在联合国中引起变化，他们可能提出先实行有限期的停战，我们准备在适当时机暗示在七国会议举行后，可以先讨论限期(1~2个月)停战问题。如此议被接受而举行谈判，则谈判不成我军可得到休整两三个月的机会，期满再战，同时又能争取世界人民的同情。如此议不成，其咎在彼，更不影响作战。周恩来

70) 中国外交部档案馆, 113-00068-01, 第1~2页;『中美关系资料汇编』第二辑, 第371~373页。

71)『周恩来军事活动纪事(1918~1975)』下卷, 北京: 中央文献出版社, 2000年, 第180页。

72) АПРФ, ф.3, оп.65, д.336, л.122;『毛文稿』第二册, 北京: 中央文献出版社, 1988年, 第28页。

还说明，上述提议已得苏联政府的同意和支持。[73] 彭德怀15日回电，表示完全同意备忘录提出的方针。同马歇尔一样，彭德怀也注意到暂时停火给中国军队带来的好处，他特别指出："限期至3月底不会妨碍朝鲜作战，反而有益，减少敌机活动，便利进行各项准备"。[74]

目前没有看到反映北朝鲜态度的史料，但想来金日成对此是赞同的。1月17日，周恩来致电政治委员会主席，重申了中国政府的主张，并明确表示不同意该决议"先停战后谈判"的原则，因为这"只是为美国军队取得喘息时间"。"不管谈判的议程和内容规定得如何，如果不先行谈判规定好停战条件然后停战，则在停战后再举行谈判，可以无休止地讨论下去，得不到任何问题的解决"。同时，周恩来提出了备忘录中提到的四条反建议。[75] 当天，中国外交部向有关国家驻华使节递交了周恩来的电文，周恩来还接见了印度大使潘尼迦。第二天，章汉夫分别接见了英国谈判代表胡阶森(J. Hutchinson)和丹麦公使穆克(A. Mørch)，欧非司司长宦乡接见了瑞典大使阿马斯顿(T. Hammarstrom)，向他们解释中国拒绝联合国提案的理由。仔细阅读这些解密不久的记录，有助于进一步理解双方关于停战谈判的立场和策略。[76]

首先是对"先停战后谈判"原则的理解，这是中国反对联合国决议的主要理由。潘尼迦解释说，印度及其他国家对这一建议的理解不是文字上给人的那种印象，这里的意思是"先在原则上同意停战，然后在谈判中具体规定停战条件以结束战事"。周恩来答复，"我看谈判的条件是存在的"，具体实现停战当然必须通过谈判。"谈判的目的在于停战"，"在谈判中必须谈到停战的条件，甚至在谈判过程中就停战"。(章汉夫的用语是："可以在谈判里谈停战问题，停战也作为谈判的一部分"。)

---

73) 周恩来致柴军武电，1951年1月14日；『周恩来年谱』上卷，第117页。

74) 『彭德怀年谱』，第467页。

75) ≪人民日报≫，1951年1月18日第1版；『中美关系资料汇编』第二辑，第373~374页。

76) 这些谈话记录分别见中国外交部档案馆，113-00068-01，第26~34、35~37、41~45、38~40页。以下引文不再出注。

潘尼迦接过来说：按照中国的说法，“谈判也就是假定了停战的原则，这是很重要的。我一定报告政府并敦促全力支持”，但是其他人没有如此的机会与阁下面谈，可能因为中国的答复在这一点上说得不明确而产生误解。所以，他希望中国进一步解释自己的立场。从这几个谈话记录的文字表达可以看出，中国对联合国议案中“停战谈判”的涵义已经有所理解，但仍然坚持“先谈判后停战”，其本意就是要先答应中国提出的政治条件，再谈停战问题。另外一个很重要的问题就是在国际舞台表达意见的方式，按照潘尼迦的建议，中国不应首先表示反对联合国的决议，然后提出自己的意见，而应该首先表示原则上接受联合国的决议，随后再提出修正方案，如此就有了回旋余地。

针对中国文件中“先停战是美国政府为了取得喘息时间”的说法，胡阶森说：这是中国一向的看法，但是英国政府并不如此认为。“英国政府认为停战并不会造成联合国军队再行战争的条件，英外交部曾有许多电报给我谈此事”。就是说，一旦这个提案在联合国大会获得通过，美国再想发动进攻，绝非易事。但章汉夫仍然坚持认为：美国政府就是要争取一个喘息的时间。在这里，中国忽略了一个重要信息。且不说美国是否需要“喘息”，根据英国代表的说法以及联合国的程序，可以想见，作为投赞成票的成员国，面对已经通过的联合国决议，美国出尔反尔所遭遇的困境想必远远大于它在投票时的尴尬局面。

中国反对联合国决议的另一个理由是中国没有参加决议的讨论(这也是苏联反对的理由)。潘尼迦解释说，这个建议是“提请中国考虑的谈判基础，如果中国同意则正式协商”。联合国作为交战的一方，不可能先征求中国的意见，然后再提出建议。周恩来有些退让说，“这是一个形式上的问题，我们没有把联合国看为作战一方”。问题是中国在联合国应有合法地位，而这种合法地位至今未得到承认，“因此我们随时要提醒这一点”。周恩来说的是实情，也是中国关注的重点，由此便可以理解中国为什么要强调先召开七国会议，并指出会议召开本身就意味着承认中国在联合国的合法地位。

还有一个值得注意的问题。对于中国一再强调停火是美国人的阴谋的说法，潘尼迦透露了一个重要情况："美国是同意这一建议的，但却是非常勉强地同意的。据印度政府的了解，美国政府之所以同意这一建议，是因为它预料中国政府会拒绝这一建议。"这个说法进一步证实了艾奇逊在回忆录中谈到的美国面对联合国决议的为难境地，并且在一定程度上让中国人了解到，停火议案并非是美国人有意鼓动或主动提出的。从周恩来的回复——"事情并不常常合乎美国的设想"——可以感到，他对此似乎已有所领悟。

关于召开国际会议的地点，潘尼迦一再提出"必须选择一个有中立性的地点，使与会者自在而不感觉到为难"，其中提到了香港、开罗和印度等地。周恩来坚持认为，"这一会议是要解决东方问题，因此在中国最为适宜"。显然，这一点是不合情理的，以至瑞典大使在外交部看到中国文件时就自言自语地说："嗨，在中国开会!这怕人家不能同意吧!"

从周恩来起草的备忘录以及上述谈话记录可以看出，中国拒绝联合国议案的种种理由均缺乏说服力，特别是在英、印等国代表作出解释后，其真正原因是毛泽东并不打算进行停战谈判，至少现在还不是时机。占领汉城后，毛泽东接受了彭德怀关于全军休整的意见，并支持彭德怀顶住了金日成和苏联顾问要求继续南进的压力。[77] 然而，如前所述，毛泽东(包括彭德怀)这样安排，并非是想就此罢手，而是考虑如何为下一次决定性战役做好充分准备，以彻底打败美军。第三次战役结束时，1月8日志愿军党委下达了关于休整期间任务的指示：今后的中心问题在于全党全军努力克服困难，充分准备，总结经验，提高战术、技术，争取在下一战役开始后，连续作战，一气呵成，全歼敌人，全部解放朝鲜。这就是下一战役的奋斗目标。[78] 1月14日毛泽东在给彭德怀的电报中

77) 详见Shen Zhihua, "Sino-North Korean Conflict and its Resolution during the Korean War", *Cold War International History Project Bulletin*, Issues 14/15, Winter 2003/Spring 2004, pp. 9~24。

78)『抗美援朝战争史』第二卷，第192页。

反复强调，为春季攻势做好充分准备的目的，就是为了进行"最后性质"的作战，"保障最后胜利"，在4~5月"根本解决朝鲜问题"。毛泽东对未来战局的基本估计是：一、敌军"在中朝两大军队压力下，略作抵抗，即退出南朝鲜"。二、"敌人大丘、釜山地区作顽强抵抗，要待我们打得他们无法再打下去了，方才退出南朝鲜"。第二天，毛泽东向斯大林转发了这份电报。[79] 既然联合国军迟早要退出朝鲜半岛，既然在几个月后志愿军就会大获全胜，为什么现在要进行停战谈判？所以，中国反对先停战后谈判的原则，而坚持先谈判(实际是谈政治条件)再考虑停战的方针。

六、中国错失了停战谈判最有利的时机

中国政府的答复，当然令白宫喜出望外。[80] 另一方面，美国决策者抓住这一机会死不撒手，从而完全扭转了被动局面。

1月17日美国代表奥斯汀在政治委员会就周恩来的复电发表了长篇讲话，指责中国接连三次拒绝国际社会的和平努力，蔑视联合国的和平诚意，并驳斥中国所谓一切外国军队撤出朝鲜的要求是有意让中国军队留在那里，因为志愿军可以归入朝鲜军队的序列。奥斯汀还指责中国为侵略者，呼吁政治委员会应立即研究并提出制裁侵略者的建议。[81] 20日，美国众议院通过决议，要求联合国立即宣布共产党中国为对朝鲜的侵略者，众议院投票时，几乎是全体一致通过。四天以后，参议院表决同一决议案时，也是无一异议。[82]

周恩来的声明在很多国家产生了不良反应。尽管印度总理尼赫鲁认

79) АПРФ，Ф.45，оп.1，д.337，л.1~3。

80) 1月17日，正当艾奇逊在一次记者招待会上遭受抨击而一脸沮丧的时候，忽然有人递给他一张纸条，艾奇逊看后如释重负，立即显得神态自若——纸条上写着：中国拒绝了五点方案。『顾维钧回忆录』第八分册，第195页。

81)『中美关系资料汇编』第二辑，第377~381页。

82)『顾维钧回忆录』第八分册，第197、201页。

为，从文件看中国政府并非彻底拒绝联合国的决议，印度代表劳氏在政委会发言也认为，中国政府的答复不是对三人委员会原则的正面拒绝，而是"部分接受，部分拒绝，部分要求解释，部分则是一套反建议"。而中国的这些反建议，"显然有再加讨论与谈判的余地"。但中国的做法却引起了三人委员会另一个成员的不满，皮尔逊发表声明宣称，"北京拒绝联合国之建议，即关闭了解决远东诸问题之途径"。甚至一向支持接收中国联合国的英国也公开会表态，"同意谴责中国支持侵略者的干涉行为"，尽管它不主张在现阶段采取新的重要决定。[83]

显然周恩来也意识到中国处理这一事件的策略失当，为了争取世界舆论，中国外交部以答复印度大使的方式，于1月22日又提出了一个修正方案，主要内容是：只要一切外国军队从朝鲜撤退的原则被接受后，并付诸实施，中国政府将负责劝说志愿部队回国；关于停战谈判问题，可分两步进行，首先在七国会议第一次会议中商定有限期的停火，并付诸实施，以便继续进行谈判，其次，停战全部条件必须与政治问题联系讨论；必须保证中华人民共和国在联合国的合法地位。[84] 然而，机不可失，时不再来，美国不会再给中国人留下任何解释的机会和空间，周恩来的努力淹没在美国一系列的外交和军事行动中。

1月22日，格罗斯在纽约宣布，美国的对台政策要取决于美国国家安全的考虑；美国坚决主张，将来有关台湾的任何会议，都必须有国民政府参加；对于中共加入联合国的问题，美国从未作过任何承诺。[85] 显然，格罗斯的强硬声明反映了美国当局做出的最后决定，其目的就是阻扰和打消各方面继续进行调解的念头。1月24日，十二个亚非国家联名向联合国大会提出建议：由美国、埃及、苏联、印度和中国举行一次会议，以便中国对联合国1月13日决议的答复做出一切必要的澄清和补充。[86]

---

83) 中国外交部档案馆，116-00049-02，第21~23页；『中美关系资料汇编』第二辑，第382~384、384~388页。

84) ≪人民日报≫，1951年1月24日第1版。

85)『顾维钧回忆录』第八分册，第200页。

但是，由于美国的反对，政委会于30日否决了这一提案，决定不再听取中国的解释。相反，在美国的鼓动和策划下，联合国大会终于在2月1日通过决议，认定中国政府“在朝鲜从事侵略”。[87] 不过，与美国的外交计谋相比，真正使中国陷入困境的，是美军在战场采取的军事行动。

在志愿军接连击败联合国军的情况下，美国最初确实考虑过撤军的问题。还在第三战役发起之前，12月29日，美国参谋长联席会议就向麦克阿瑟和负责朝鲜地面部队的新任第八集团军司令官李奇微(M. Ridgway)发出指令：只有在不会造成巨大伤亡的情况下才应该继续组织防御，否则就要做好从朝鲜全面撤退的准备。这种考虑主要是出于两点：第一，从目前的情况估计，中共的军队有能力把联合国军赶出朝鲜；第二，从美国的总体战略出发，朝鲜不是打一场大规模战争的地方。[88] 但李奇微接管美国地面部队的指挥权后发现，其实美军并没有重大损失，只是士气不振，惊慌失措。此外，他还总结出志愿军的致命弱点，即由于没有后勤保障和现代化装备，中国军队的连续进攻最多能维持一个星期。所以，他认为美军是有能力守卫现有阵地的，并表示决不撤离朝鲜半岛，甚至打算立即组织反攻。[89]

第三次战役打响后，李奇微本来是准备坚守三八线和汉城防线的，但由于联合国军防御部署的失误是把韩国军队摆在第一线，美英军队置于第二线，结果，韩军的不战而退导致全线动摇和溃败，李奇微不得不下令全线撤至汉城以南组织防御。[90] 在这种情况下，杜鲁门又开始考虑从朝鲜撤军的问题，并派陆军参谋长柯林斯(L. Collins)和空军参谋长范登堡(H. Vandenberg)去前线，与麦克阿瑟商议。然而，两位参谋长视察前线部队后认为，局势并不是想象的那样糟糕。实际上，经过整顿的第

86)『中美关系资料汇编』第二辑，第388~389页；*FRUS, 1951*, Vol. 7, Part 1, pp. 130~131。

87)『中美关系资料汇编』第二辑，第391页。

88) *FRUS, 1950*, Vol. 7, pp. 1625~1626。

89) 马修·邦克·李奇微，『朝鲜战争』，军事科学院外国军事研究部译，北京：军事科学出版社，1983年，第99~107页；『抗美援朝战争史』第二卷，第222页。

90)『抗美援朝战争史』第二卷，第173、179~182页；李奇微，『朝鲜战争』，第108~109页。

八集团军士气高昂，阵容齐整，而李奇微已经于1月15日开始了试探性反攻。相反，“中国人由于补给线太长，显然已落到不能有效地进行作战的地步”。17日返回华盛顿后，他们向白宫报告了这一情况。[91] 1月20日，麦克阿瑟也宣告：“没有人能把我们赶下海去，本司令打算在朝鲜保持一个军事阵地，只要联合国的政治家们做出决定，我们一定要这样做。”[92]

经过试探和准备，在中国拒绝了联合国停火议案以后，1月25日，李奇微集中地面部队及全部炮兵、坦克部队(总兵力约25万余人)，在空军支援下，发动了全线进攻。[93] 其结果，不仅彻底破坏了中朝联军休整和准备再战的计划，而且使印度等国试图继续呼吁停战谈判的努力变得毫无意义。在联合国发动进攻时，中国军队的状况正如志愿军党委1月8日报告所言：“战斗单位兵员不足，给养很差，体力削弱，非休整补充，改善运输、供给，难以继续作战。”[94] 因此，彭德怀与金日成、高岗等协商后，于27日致电毛泽东：如敌继续北犯，我保持桥头阵地甚困难，可否放弃汉城、仁川，由北京播发中朝联军拥护限期停战，北撤15~30公里的消息。[95] 28日毛泽东回电，否定了彭德怀的建议，理由是“敌人正希望我军撤退一段地区，封锁汉江，然后停战”。所以，毛反而要求中朝联军立即准备发起第四次战役，消灭2~3万美李军，占领大田、安东之线以北地区。此后休整2~3个月，再发动“带有最后性质的第五个战役”。毛泽东的决定得到了斯大林的肯定和支持。[96]

事实证明，毛泽东和斯大林对敌方战略意图、敌我力量对比以及战局发展趋势，都做出了完全错误的判断。历经两个多月的艰苦战斗，虽

91) 『艾奇逊回忆录』，第386页；『杜鲁门回忆录(第二卷)』，第520~521页；李奇微，『朝鲜战争』，第119~120页。

92) Leckie, *Conflict: The History of the Korea War*, p. 255.

93) 『抗美援朝战争史』第二卷，第222~223页。

94) 『抗美援朝战争史』第二卷，第190页。

95) 『彭德怀年谱』，第469页。

96) 『毛军事文稿』上卷，第454~455页；АПРФ，Ф.45，оп.1，д.337，л.44。

给敌人以重大消耗，但中朝联军进军三七线以南的作战目标根本无法达到。相反，联合国军不仅攻占了仁川、金浦和汉城等战略要地，而且全线突破中朝联军的阵地，再次进占三八线以北地区。在随后发动的第五次战役中，中朝联军虽然打过三八线，消灭了敌人几个师，但没有达到"粉碎敌人计划，夺回主动权"的战役目标，而不得不停止进攻，提前结束战斗。联合国军则于5月20日发起全线反击，中朝军队被迫撤退，并遭受极大损失。[97] 最后，战线稳定在三八线南北，双方均无力再发动大规模进攻，而开始考虑停战谈判问题。

对于志愿军的致命缺陷和严重困难，彭德怀心里最清楚。1951年2月21日彭专程回北京，向毛泽东做了详细汇报。这次谈话对毛泽东有所触动，因而提出："能速胜则速胜，不能速胜则缓胜，不要急于求成"。[98] 3月1日毛泽东把这些情况向斯大林做了说明，并告知："我军必须准备长期作战，以几年时间消耗美国几十万人，使其知难而退，才能解决朝鲜问题。"[99] 到5月下旬，彭德怀深感战争已经无法继续下去，他于26日以志愿军党委的名义向中共中央报告：根据各军反映，目前部队干部情绪消沉，对战争长期性感到厌倦，顾虑今后作战会更加困难，对战争能否取胜产生怀疑，某些干部甚至违抗命令，官兵关系不正常，破坏纪律现象相当严重。[100] 据聂荣臻回忆，第五次战役以后，中共中央开会讨论战争的前景，多数人主张"应停止在三八线，边谈边打，争取通过谈判结束战争"。其理由如聂荣臻所述：把敌人赶出北朝鲜的政治目的已经达到；恢复战前状态各方面都好接受。[101] 这就是说，中国对战争目标的设定和结束战争方式的考虑，又开始转回到最初的立场。

但此时莫斯科和平壤还在幻想继续作战。5月29日斯大林给毛泽东的

97) 详见『抗美援朝战争史』第二卷，第228~238、254~268、305~358页；李奇微，『朝鲜战争』，第185~193页。

98)『彭德怀年谱』，第480页。

99)『毛文稿』第二册，第151~153页。

100)『彭德怀年谱』，第498页。

101)『聂荣臻回忆录』，第741~742页。

电报说：看来你们将要准备一次重大的战役，其目的是为了给英美军以沉重打击。金日成则在30日致函彭德怀提出：决不能预测和平解决朝鲜问题，亦不能在三八线上结束战争，并建议6月底或7月初发动总攻。[102] 为此，毛泽东邀金日成于6月3日来到北京，并说服他接受了中国的主张。[103] 斯大林却不是那么容易改变主意的，他在接到了北京转来的毛泽东、彭德怀关于作战困难的几封电报后，于6月5日回电，坚持"不应急于结束朝鲜战争"，而要继续实行"对敌人的重大打击，消灭其3~4个师"。[104] 毛泽东只好在6月5日晚再次致电斯大林，讲述中国在战争遇到的种种困难，并表示希望让高岗和金日成向他当面汇报和请示。[105] 6月10日高、金抵达莫斯科。在会谈中，斯大林一再追问，中朝方面的意图和愿望究竟是什么?得到的明确答复是：我们的愿望是停战。于是，这次会谈确定了停战和谈的方针。[106] 接到斯大林6月13日关于同意停战的电报后，毛泽东要求高岗和金日成继续与斯大林会谈，解决如何提出停战谈判的问题。毛认为，由于战场形势不利，中国和朝鲜目前都不便提出这个问题，最好由苏联政府出面试探和调解。至于停战的条件，毛泽东主动要求不再提中国进入联合国的问题，台湾问题也只是作为筹码而已。[107] 至此，毛泽东终于明白，中国已经失去了在有利条件下进行和谈的实力地位。

102) АПРФ，Ф.45，оп.1，д.338，л.98~99；金日成给彭德怀的信，1951年5月30日，参见『彭德怀年谱』，第500页。

103) 柴成文 等，『板门店谈判』，第115页；『毛文稿』第二册，第355页；2000年9月12日笔者采访柴成文记录。

104) АПРФ，Ф.45，оп.1，д.339，л.4~6、10~16、24~25。

105) АПРФ，Ф.45，оп.1，д.339，л.23。

106) 师哲回忆、李海文 整理，『在历史巨人身边——师哲回忆录』(修订本)，北京：中央文献出版社，1995年，第506~508页。

107) АПРФ，Ф.45，оп.1，д.339，л.31~32、57~60。

结论：对几个争议问题的看法

通过对历史过程及其中一系列前因后果的详细描述和分析，关于1950年底和1951年初中国拒绝停战谈判决策的是非功过，特别是一些有争议的问题，笔者有如下看法：

一、既然十三国提案和联合国停火议案不是美国策划安排的，那么把这些提案说成是美国的阴谋就没有任何根据了。虽然在美国的压力下，原来的十三国建议被分为两个提案，但是正如印度大使所说，二者之间还是有联系的，如果中国同意了第一个提案，特别是施展一些外交技巧，则十二国提案是完全有可能通过的。至于三人委员会的停火议案，就更是违背美国意愿而提出的。美国之所以表示赞同，完全是迫不得已的选择。如果说美国在这个问题上有什么阴谋，那么也不是议案本身，而是赌博性地对议案投了赞同票后等待中国的拒绝。应该承认，正是因为中国拒绝了该议案，才使美国的阴谋得逞，并把自己的被动地位转移到中国一边。其实，真正需要"喘息"的，不是美国军队，而是中国军队。所以，退一步讲，即使中国不接受十三国提案，至少也应该接受三人委员会的停火议案。

二、如果中朝联军打到三八线时接受停火建议，或者打过三八线以后即接受停火议案(甚至主动退回三八线)，无论从哪个方面讲，都是对中国极为有利的。当志愿军把美国军队赶过三八线时，毛泽东赖以决定介入战争的考虑基本上都已经变成了现实：在政治上，中国挽救了北朝鲜，履行了所承担国际主义责任和义务，从而大大提高了自身在社会主义阵营的地位；在外交上，中国敢于单独出兵与美国作战，完全满足了斯大林的要求，也为中苏同盟打下了坚实的基础。适时地开始停战谈判，也一定会赢得国际舆论的支持，提高中国的国际形象；在军事上，美国此时接受停战，就等于是以战败者的身份来到谈判桌前，毛泽东的革命激情和反帝信念已经得到充分展示。此外，有北朝鲜作为缓冲地带，对中国安全和主权受到威胁的担忧自然可以化为乌有，甚至台湾问题和中国在联合国的合法地位都有可能得到较为有利的解决。因此，对于中国来说，这确是停战谈判的最佳时间。108)

三、那么，在苏联、朝鲜和美国都不愿停战谈判的情况下，中国是否能够坚持停战谈判的立场，即使接受了联合国的建议，是否存在真正实现停火谈判的机会。不可否认，战争中的同盟关系在某种程度上制约了中国的选择，毛泽东被迫同意金日成对南朝鲜采取军事行动和决心出兵朝鲜，与此都不无关系。但是，中国参战后极大地提高了自己在同盟中的地位和发言权。事实证明，1951年6月转而采取停战谈判的立场，以及在此前后其他一系列重大决策中，都是毛泽东的意见起了主导作用，并最终得到苏联和朝鲜的认可。109) 所以，毛泽东如果想停战谈判并坚持己见，在同盟内部是可以取得一致看法。美国也确实不甘心停战谈判，但美国指挥的是"联合国军"，在法理上，其行动必须得到联合国大会的批准，而联合国批准再战的情况是根本不可能出现的。退一步讲，即使美国不顾一切再次挑起战端，中国也将在各方面处于上风，且不说在道义和舆论上已赢得国际支持，就是在军事方面，中朝联军也能够利用短暂的时间恢复元气，补充给养，整装再战。

四、最后，中国拒绝联合国议案的真正原因何在?毛泽东最初设想的军事目标，即把联合国军赶过三八线，逼迫美国停战谈判，是比较客观的，也符合他所设想的政治目标。但战争初期取得的军事胜利不仅鼓舞了莫斯科和平壤，也令毛泽东改变了原有的战略方针，虽然在把握进攻的时间上谨慎一些，但还是确定了一个超越中国现实能力的军事目标。打过三八线已属冒险，还要继续作战把美国人赶下海就更是力所不及了。从军事角度讲，由于错误地估计了敌我力量的对比，毛泽东在志愿军处于强弩之末的时候，犯了一个超越"进攻顶点"的决策错误。110) 这

108) 从这个角度，可以理解彭德怀为什么冒犯毛泽东说：打过三八线"实际上政治意义不大"。『彭德怀年谱』，第460页。

109) 参见Shen Zhihua, "Sino-North Korean Conflict and its Resolution during the Korean War", *Cold War International History Project Bulletin*, Issues 14/15, Winter 2003/Spring, pp. 9~24。

一决策，不仅在于超越了既定的政治目标，还在于超越了自身的现实条件。由此而言，中国所犯的错误及其原因同4个月前美国的致命决策如出一辙。此外，缺乏外交知识和国际斗争经验，无疑也是中国未能把握良机，利用军事以外的手段实现其原有战略目标的重要原因之一。

110) "进攻顶点"是军事学家克劳塞维茨提出的概念，他解释说："大多数战略进攻只能进行到它的力量还足以进行防御以等待媾和的那个时刻为止。超过这一时刻就会发生剧变，就会遭到还击"。克劳塞维茨，『战争论』第三卷，中国人民解放军军事科学院译，北京：解放军出版社，2005年(第2版)，第833页。

[국문초록]

중국이 한국전쟁에 출병하자 인도, 영국 등 유엔 회원국은 정전협상을 준비하기 시작했는데, 협상의 목적을 중국군의 3.8선 이남 진출을 막는데 두었다. 스탈린과 마오쩌둥의 최초 구상은 미군을 3.8선 이남으로 몰아내어 북조선의 영토를 확보하고 나서 협상을 통해 한반도 문제를 해결하는 것이었다. 하지만 손쉽게 두 차례 전투의 승리를 거둠에 따라 생각을 바꾸어 3.8선 이남으로의 진출을 결정했다. 중조연합군이 서울을 점령한 후, 유엔 정치위원회는 여러 번의 논의 끝에 최종적으로 3인위원회의 제안에 찬성을 했고 딜레마에 빠진 미국도 여기에 동의할 수밖에 없었다. 이 제안은 중국측의 의견을 거의 그대로 받아들인 것이나 마찬가지였는데 절차에서의 구상에 있어서만 이견을 보여줬을 뿐이다. 중국 측은 "선휴전, 후협상"이 미국의 음모라는 점을 들어 유엔 측의 제안을 거절했는데, 중국 측의 전략적 의도는 휴식과 정돈을 거쳐 미군을 한반도에서 몰아내려는 데 있었다. 이러한 정책결정은 중국이 한국전쟁 및 국제무대에서의 유리한 지위를 잃게 했을 뿐만 아니라 정치, 외교, 군사 등 면에서 수동적인 국면에 빠지게 만들었다.

[参考文獻]

1. 未刊档案

中国外交部档案馆

105-00009-01

113-00068-01

116-00049-02

АПРФ(俄罗斯联邦总统档案馆)

Ф.45, оп.1, д.331

Ф.3, оп.65, д.336

Ф.3, оп.65, д.515

Ф.45, оп.1, д.334

Ф.45, оп.1, д.337

ЦАМОРФ(俄罗斯联邦国防部中央档案馆)

Ф.5, оп.918795, д.124

Ф.16, оп.3139, д.16

Ф.64.иак, оп.173543, д.95

沈志华收集和 整理,『俄国档案原文复印件汇编: 朝鲜战争』, 华东师范大学冷战国际史研究中心藏

2. 已刊档案文献

『建国以来毛泽东文稿』第二册, 北京: 中央文献出版社, 1988年.

『建国以来毛泽东文稿』第一册, 北京: 中央文献出版社, 1987年.

编委会,『中国与苏联关系文献汇编(1949年10月~1951年12月)』, 北京: 世界知识出版社, 2009年.

沈志华、杨奎松 主编,『美国对华情报解密档案(1948~1976)』, 上海: 东方出版中心,

2009年.

世界知识出版社 编,『中美关系资料汇编』第二辑, 北京: 世界知识出版社, 1960年.

中共中央文献研究室、中国人民解放军军事科学院 编,『建国以来毛泽东军事文稿』, 北京: 军事科学出版社、中央文献出版社, 2010年.

中共中央文献研究室、中央档案馆 编,『建国以来周恩来文稿』第三册, 北京: 中央文献出版社, 2008年.

中央文献研究室、中国人民解放军军事科学院 编,『周恩来军事文选』第四卷, 北京: 人民出版社, 1997年.

Foreign Relations of the United States, 1950, Vol. 7, Korea, Washington D.C.: GPO, 1976.

Foreign Relations of the United States, 1951, Vol. 7, Korea and China, Part 1, Washington D.C.: GPO, 1983.

H. J. Yasamee and K. A. Hamilton(eds.), *Documents on British Policy Overseas, Series II*, Vol. IV, Korean, June 1950~April 1951, London: HMSO, 1991.

3. 著作

『周恩来军事活动纪事(1918~1975)』下卷, 北京: 中央文献出版社, 2000年.

彼得·卡尔沃科雷西 编著,『国际事务概览(1949~1950)』, 王希荣等译, 上海: 上海译文出版社, 1991年.

彼得·卡尔沃科雷西 编著,『国际事务概览(1951年)』, 吕佩英等译, 上海: 上海译文出版社, 1992年.

柴成文、赵勇田,『板门店谈判』, 北京: 解放军出版社, 1992年.

迪安·艾奇逊,『艾奇逊回忆录』, 伍协力等译, 上海: 上海译文出版社, 1978年.

杜鲁门,『杜鲁门回忆录(第二卷): 考验和希望的年代, 1946~1953』, 李石译, 北京: 三联书店, 1974年.

顾维钧,『顾维钧回忆录』第八分册, 中国社会科学院近代史研究所译, 北京: 中华书局, 1989年.

军事科学院军事历史研究部,『抗美援朝战争史』第二卷, 北京: 军事科学出版社, 2000年.
克劳塞维茨,『战争论』第三卷, 中国人民解放军军事科学院译, 北京: 解放军出版社, 2005年(第2版).
马修·邦克·李奇微,『朝鲜战争』, 军事科学院外国军事研究部译, 北京: 军事科学出版社, 1983年.
聂荣臻,『聂荣臻回忆录』, 北京: 解放军出版社, 1984年.
师哲回忆、李海文整理,『在历史巨人身边——师哲回忆录』(修订本), 北京: 中央文献出版社, 1995年.
王焰 主编,『彭德怀年谱』, 北京: 人民出版社, 1998年.
徐焰,『第一次较量——抗美援朝战争的历史回顾与反思』, 北京: 中国广播电视出版社, 1990年.
约翰·斯帕尼尔,『杜鲁门与麦克阿瑟的冲突和朝鲜战争』, 钱宗起等译, 上海: 复旦大学出版社, 1985年.
中共中央文献研究室 编,『周恩来年谱(1949~1976)』, 北京: 中央文献出版社, 1997年.
资中筠 主编,『战后美国外交史——从杜鲁门到里根』上册, 北京: 世界知识出版社, 1993年.
Chen Jian, *Mao's China and The Cold War*, Chapel Hill: The University of North Carolina Press, 2001.
Robert Leckie, *Conflict: The History of the Korea War, 1950~53*, Cambridge: Da Capo Press, 1996.

4. 论文

牛军,「抗美援朝战争中的停战谈判决策研究」,『上海行政学院学报』, 2005年 第1期.
牛军,「朝鲜战争中中美决策比较研究」,『当代中国史研究』, 2000年 第6期.
邓峰,「追求霸权: 杜鲁门政府对朝鲜停战谈判的政策」,『中共党史研究』, 2009年第4期.

刘统, 「中共对朝鲜战争初期局势的预测与对策」, 『党的文献』, 2001年 第6期.

齐德学·刘颖伟, 「朝鲜停战谈判时机问题辨析」, 『军事历史』, 1998年 第2期.

沈志华, 「1953年朝鲜停战——中苏领导人的政治考虑」, 『世界史』, 2001年 第2期.

沈志华, 「中国出兵朝鲜决策的是非成败」, 『二十一世纪』, 2000年 10月号.

沈志华, 「斯大林、毛泽东与朝鲜战争再议」, 『史学集刊』, 2007年 第1期.

沈志华, 「朝鲜战争初期苏中朝三角同盟的形成」, 『国立政治大學历史学报』, 2009年 第31期.

柴成文, 「毛泽东、周恩来领导朝鲜停战谈判的决策轨迹」, 『当代中国史研究』, 2000年 第6期.

Волохова *А*. Переговоры о перемирии в Корее 1951~1953 гг., по материалам Архива внешней политики России// Проблемы дальнего востока, 2000, No.2.

Shen Zhihua, "Sino-North Korean Conflict and its Resolution during the Korean War", Cold War International History Project Bulletin, Issues 14/15, Winter 2003/Spring 2004.

5. 报纸

《人民日报》, 1951年1月18日.

《人民日报》, 1951年1月24日.

《人民日报》, 1951年1月8日.

《人民日报》, 1950年12月17日.

朝鲜停战谈判中的战俘遣返问题

赵学功
(中國 남개대학교 역사학부 교수)

朝鲜停战谈判是双方进行的一场异常复杂的军事和外交斗争。美国政府对谈判缺乏诚意，采取了种种阻挠、拖延的态度，致使谈判进展十分缓慢，并几度陷于停滞。由于朝中方面表现出极大的耐心，做出了不懈的努力，到1952年5月，双方就确定军事分界线和建立非军事区、实现停火和停战的具体安排以及向双方有关各国政府提出建议等问题达成了协议，只剩下遣返战俘问题尚未解决。朝中方面建议，根据1949年8月关于战俘遣返问题的日内瓦公约，停战后双方全部战俘应立即予以遣返。但是，美国在此问题上节外生枝，无理地提出了所谓"一对一遣返"和"自愿遣返"的要求，企图强行扣留朝中战俘人员，顽固地声称"我们决不能从这个立场上后退"，致使停战谈判陷于重重僵局并中断。

一

1951年12月11日，双方就战俘遣返问题开始谈判。根据双方公布的数字，美方有朝鲜籍战俘11.2万人，中国籍战俘2.08万人；而中朝方面只有美英籍战俘4417人，南朝鲜战俘7142人。中国领导人曾估计，在战俘遣返问题上不难达成协议，主张有多少交换多少。苏联领导人斯大林也表示，“你们在交换战俘问题上的立场是完全正确的，并且这是敌人很难反对的”。[1] 事实证明，正是在这一问题上，美国态度非常强硬，谈判几度濒临破裂的边缘。

早在1951年7月，美国陆军部心理作战处处长罗伯特·麦克卢尔就曾明确提出了是否将中朝战俘全部遣返的问题，认为这些中朝战俘一旦被遣返回去，很可能受到“严厉惩罚”或“遭到监禁”，全部遣返将对未来的美国心理战行动产生非常不利的影响。 他极力建议把那些主动投诚的士兵送到台湾去。[2] 8月初，参谋长联席会议致函国防部长马歇尔，提出应考虑是否未经中国和北朝鲜战俘完全同意，不将他们送回共产党控制的地区。军方认为，美国应保证那些投降士兵的安全和庇护，这对未来美国的心理战是很有利的。军方也承认，此举可能会为以后的战争确立一个不完全遣返的先例，并为共产党方面提供进行政治宣传的借口，共产党方面很有可能会以此为理由，在停战协议签署后破坏和平谈判，并重开战火。[3]

在美国政府内部，空军参谋长范登堡、参谋长联席会议主席布雷德利等都倾向于接受中国的全部遣返方案，认为中朝不可能同意达成对等交换协议。国务院政策规划委员会的斯泰勒、负责公众舆论事务的官员以及负责联合国事务的助理国务卿希克森等人都反对自愿遣返的主张。他们批评说，这样做不仅违反了日内瓦协议，使美国在政治上处于不利地位，而且一旦谈判破裂或延长几个月，将导致另外数千人的伤亡。在他们看来，美国政府应更多地考虑美国战俘的生命安全，美国的公众舆论不会支持“自愿遣返”的政策。[4]

---

1) 『周恩来军事文选』第4卷，北京：人民出版社，1997年，第250~251页。

2) *Foreign Relations of the United States(FRUS), 1951*, Vol. 7, p. 600.

3) *FRUS, 1951*, Vol. 7, pp. 492~493.

美国的盟国也对"自愿遣返"政策表示不满。加拿大政府则建议遣返所有的中国战俘，而将北朝鲜战俘留下来。澳大利亚政府虽然对美国的政策持怀疑态度，但不愿公开开罪于美国，勉强跟在华盛顿后面。[5] 英国政府对美国僵硬的谈判政策表示不满，认为是美国在拖延谈判，希望尽快结束冲突，使英国被俘人员早日获释。负责朝鲜事务的外交部官员阿迪斯表示，由于美国在一些主要问题上政策多变，并在对方做出让步后不断提出新的要求，这就使得朝中方面确信，美国人并不想真的谋求达成停火。在他看来，战俘问题不应该成为签署停战协定的障碍，美国的政策太情绪化。1952年1月29日英国外交部的一份备忘录指出，美国使用国民党对中国战俘进行"灌输"以使他们加入国民党军队，致使谈判一再陷入僵局。备忘录强调，英国不想为了加强国民党军队而让英国和英联邦国家战俘受难，只希望使其尽快得到遣返。[6]

1951年10月29日，杜鲁门总统指示副国务卿韦布，全部遣返战俘是"不公正的"，他不希望将那些与美军"合作"的战俘送回去。这表明，所谓"自愿遣返"的主张得到了美国最高决策者的赞同。12月7日，参谋长联席会议电告李奇微，战俘遣返应在一比一的基础上进行。美国政府之所以坚持"自愿遣返"政策，主要是基于政治上的考虑。国务卿艾奇逊认为，朝鲜战争只是"自由世界"与共产主义之间的一场"前哨战"，如果把战俘都送回"铁幕"去，将来发生大战时便无人投降。[7]

1952年1月中旬，美国国务院与军方召开联席会议。陆军部、中央情报局以及不少国务院官员大都倾向于在"自愿遣返"战俘问题上美国应持强硬态度，即使这可能导致谈判中断，"让步"将会严重削弱心理战的整个基础。艾奇逊在2月8日致杜鲁门的一份备忘录中强调，任何强迫

4) *FRUS, 1951*, Vol. 15, pp. 38~42.

5) Rosemary Foot, *A Substitute for Victory*, Ithaca: Cornell University Press, 1990, p. 92.

6) Michael Dockrill and John Young, eds., *British Foreign Policy, 1945~56*, London: The Macmillan Press, 1989, p. 135; Callum MacDonald, *Korea*, The Macmillan Press, 1986, p. 144.

7) 迪安·艾奇逊,『艾奇逊回忆录』下册, 上海译文出版社, 1978年, 第589页。

遣返战俘的协定"都将严重危及美国旨在反对共产党的心理战作用的发挥"。[8] 他后来在回忆录中也坦承，美国的"自愿遣返"原则既不是出于人道和正义，也不仅仅是为了增强国民党和南朝鲜军队，而是让人了解"共产党士兵一落到我们手里就可以逃亡"，这对共产党"是有威胁作用的"。[9] 实际上，美国政府之所以不顾国际公约的有关规定，拒绝遣返全部战俘，并不是基于人道主义考虑，而完全是出于冷战的需要，战俘已经成为美国进行冷战的重要工具。

经过一段时间的争论，从冷战需要出发，1952年2月4日，美国国务院和国防部通过了题为"关于自愿遣返朝鲜境内战俘的最后立场"的备忘录，称"为了对抗共产主义极权世界，美国在道义和心理战上的立场要求我们不接受任何需要美国强制向共产党人遣返战俘的行动。这些战俘强烈反对这种形式的遣返，而且他们一旦返回，很可能会遭到报复。不过事实这一政策的方法应尽力减少共产党拘留下的战俘的危险，争取达成停战协定，并最大限度地获得国内外舆论的支持"。[10] 4月28日，美方提出所谓"一揽子方案"，继续坚持"自愿遣返"谴责，提出遣返朝中7万战俘，要求中朝方面全盘接受。

杜鲁门对谈判进展缓慢越来越感到不耐烦。他认为在战俘问题上美国必须"立场坚定"，由于双方关押战俘人数相差悬殊，以全体对全体的做法是"不公平的"。他向新闻界宣称，美国不准备在它的"基本道义"与"人道原则"问题上做出妥协，"强迫遣返战俘是不可想象的"。[11] 他甚至想以原子弹威胁中朝在战俘问题上做出让步。[12] 为了打破战场上的胶着状态和谈判桌上的僵持局面，迫使中朝方面接受美国的停战方案，美

---

8) Bruce Cumings, *Child of Conflict*, University of Washington Press, 1983, pp. 278~280.

9) 艾奇逊,『艾奇逊回忆录』, 下册, 第559页。

10) *FRUS, 1952～1954*, Vol. 15, p. 7.

11) Foot, *A Substitute for Victory*, p. 108; Gaddis Smith, *Dean Acheson*, New York, 1972, pp. 284~285.

12) Barton Bernstein, "New Light on the Korean War", *International History Review*, April 1981, p. 272.

国于1952年6、7月份出动大批飞机对朝鲜北部的水电站、机场、铁路、公路、桥梁、交通枢纽、城市等目标展开大规模的轰炸，并中断谈判。

但是，威胁改变不了战场的局势。此时，战局对美国来说越来越不利。中朝兵力已近百万，且构筑了坚固、纵深的坑道工事。在美国国内，由于总统大选在即，杜鲁门的民主党政府急于寻找摆脱困境的出路，以利民主党竞选获胜。7月25日，艾奇逊致电美国驻苏大使凯南，指示他与苏联方面秘密接洽，通过苏联来软化中朝立场，推动停战谈判朝着有利于美国的方向发展，打破板门店的僵局。艾奇逊说，这类接触从性质上来说，既是一种试探，也是一种刺激，旨在促使苏联对中朝施加影响。他建议，如有可能争取见到斯大林，会谈时应“避免给人以我方过分热情或软弱的印象”，要让苏联知道，美国政府的谈判立场正在向灵活方面转变。艾奇逊强调，会谈应当使美国的“自愿遣返”原则得到苏方的充分理解，并询问“苏联是否愿意利用其对中朝的影响，采取积极措施解决战俘问题，以便尽快签署停战协议”，同时要转告诉方，朝鲜不停战，“便没有希望实际解决困扰着我们两国政府的世界上的其他问题”。[13] 但是，凯南对此反应冷淡，认为目前与苏联进行接触对停战谈判不会有什么影响，与之接触不仅徒劳无益，而且只会损害美国利益。在他看来，现在与斯大林进行接触是“不明智的”。

中国领导人认为，只有坚持坚定立场才能逼对方转弯，让战争拖下去，对中朝方面确实不利，但困难是可以克服的，而对方则有内外不可克服的困难，最后总要找出和平解决的办法。中国领导人的态度是，不怕拖，也不怕战，但也不宣告破裂。[14] 基于美方的谈判态度，中国领导人估计，战争可能要长期拖延下去，决定对谈判“作拖过今年的准备，并决心坚守已经巩固起来的现时朝鲜前线阵地，加修第二条坚固工事，准备应付夏秋两季可能到来的敌人新的攻势”。[15] 中央军委总参谋部在

---

13) *FRUS, 1952～1954*, Vol. 5, pp. 423~426.

14) 师哲,『在历史巨人身边』, 中央文献出版社, 1991年, 第509页。

15)『周恩来年谱(1949~1976)』上卷, 中央文献出版社, 1998年, 第240页。

对战争形势做了认真分析后得出结论，停战协议在短期内很难达成。由于美国在军事上、政治上困难很多，志愿军和人民军的力量较前有了很大增强，美方在长期完全破裂或进行大打的可能性也很小，朝鲜战场将是拖的局面；在拖的过程中，不断的战术性的小打和个别的战术性的局部攻势都可能出现。总之，朝鲜战争可能长期下去，暂时还不能结束。16)

朝鲜方面倾向于停下来。由于美国空军始终没有停止对北朝鲜的狂轰乱炸，而北朝鲜可以得到的战俘数又不比实际被俘的战俘数少多少，自然希望战俘问题很快得到解决。朝鲜方面希望中国在战俘问题上做出让步，争取尽快签订停战协议。朝鲜方面曾向斯大林抱怨说，由于朝鲜停战谈判无限期拖延下去，"我们实际上减少了战斗行动并转入了消极防御"，这种状况"使我方遭到人力和物质财富上的巨大损失"，而敌方几乎没有受到任何损失。朝方提出，"在开城我们必须坚决力争尽快签订停战协定、实现停火和根据日内瓦公约交换所有战俘"。17)

1952年7月1日，美方代表在停战谈判会议上首先表示愿意"诚意地觅求停战，以终止朝鲜流血"，承认解决战俘遣返问题的方案"必须是一个在合理的程度上适合双方要求的解决方案"。毛泽东随后致电李克农等人，指出"对方的发言明显是在转弯"，"这是两个月来新的变化"，对其现有态度应表示欢迎，并应提出重新进行分类、校正战俘名单的建议，"以便争取主动"。18) 7月3日和6日，中朝方面提出建议："双方所俘获的外国武装人员即联合国军或中国人民志愿军的被俘人员应全部遣返回家；双方所俘获的朝鲜武装人员即南朝鲜军或朝鲜人民军的被俘人员，其家在原属于一方地区者应全部遣返回家，其家在收容一方地区者，可以许其就地回家，不必遣返。"据此，中朝方面收容对方战俘12000余人，

---

16)『抗美援朝战争史』第3卷，军事科学出版社，2000年，第307页。

17) 沈志华，『朝鲜战争：俄国档案馆的解密文件』中册，台北："中研院"近代史所集刊，2003年，第1184~1185页。

18)『周恩来年谱(1949~1976)』上卷，第247页；『周恩来军事文选』第四卷，第291页。

准备全部予以遣返；对方称有中朝战俘11.6万人，至少应遣返9万人左右，“这个数目虽然还不是全部遣返，但已经是绝大部分遣返”，“我们准备与其达成协议，而将其余两万多人保留到停战后继续解决”。[19] 朝中方面在战俘问题上已经让步，不再坚持“全部遣返”，而争取“绝大部分”遣返。但是，这一建议遭到美方拒绝。7月13日，美方提出一个新方案，将遣返人数由7万人增加到8.3万人，其中朝鲜人民军7.66万人，占应被遣返人数的近80%，志愿军6400人，占其应被遣返人数的32%，并称这是最后的、不可改变的方案。

朝中谈判代表团倾向于接受美方的新方案。主持谈判工作的李克农向毛泽东汇报说，“这个数字比我们估计高，离我们9万上下的底盘不远”，对方答应遣返的人民军大体上好的分子皆已回来，不回来的可能大部分是那些美军在仁川登陆后新参军的人，至于志愿军方面国民党特务是做了长期的工作的，这是对方扣留的重点。朝鲜方面也赞成接受美方提案，认为美方这一方案较前有了“很大进步”，即使继续争论，估计对方也不会增加数字，因而“提议不放弃敌方此次让步之机会”。[20]

接到美方新方案第二天，毛泽东便否决了朝中代表团的意见，并指出“我们的同志太天真了”，谈判不在数字之争，要争取在政治上、军事上有利情况下的停战。7月14日，根据毛泽东的意见，周恩来起草了以毛泽东名义致金日成和李克农的电报，认为在目前接受对方这一“挑拨性引诱性的并非真正让步的方案”，并在对方狂轰乱炸之后接受，“显然对我极为不利”。电报认为，不接受美方提案的害处只有一条，那就是朝鲜人民和志愿军继续遭受损失，但战争既已打响，中国既已援朝，朝鲜人民已站在包围世界和平阵营的前线，其牺牲的代价已换来三八线附近阵地的巩固，包围了北朝鲜和中国的东北，使朝中人民尤其是武装力量得到了与美帝国主义作战的锻炼，并愈战愈强，使世界爱好和平的人

19) 『周恩来年谱(1949~1976)』上卷，第249页。

20) 杜平，『在志愿军总部』，解放军出版社，1989年，第474页。

民得到了反对侵略战争的鼓舞并推动了世界的和平运动，使美帝国主义的主要力量陷在东方继续遭受损失而世界和平堡垒苏联加强建设并影响各国人民革命运动的发展，因而也就推迟了世界大战的爆发。这一切伟大的成绩的造就，使朝鲜人民再不是孤立的了。电报说，中国愿尽一切可能保证解决朝鲜人民的困难，"并请您不再客气地提出朝鲜急需解决的一切问题"，如果超过中国力之所及，当与朝方一起请求斯大林予以帮助。在中国领导人看来，接受美方提案的害处甚多，朝中将在政治上、军事上处于不利地位，"敌人必将利用我方这一弱点，继续采取攻势，并启其扩大挑衅之念"。届时朝中已处被动，即令转取攻势，损失反会更大，就连上面所说的各种好处，也会同受影响，"这就是一着错满盘输的道理"。电报最后强调，在目前形势下，接受敌人这一方案必然要长他人志气来灭自己威风。不接受，并准备敌人破裂，"我们具此决心，敌人倒不一定破裂"；如继续拖延，我坚决不退，敌人仍有让步可能；"如不让或破裂，我应决心与敌人战下去，从敌人不得解决的战争中再转变目前的形势"。[21)]

同日，毛泽东将对这一问题的分析电告斯大林，指出美方宣布的遣返人民军和志愿军战俘的数字，"两者比例极不相称"，"敌人企图以此来挑拨朝中人民的战斗团结"。毛泽东认为，"绝对不应接受敌人这种具有挑衅性和引诱性的方案，而且在敌人压力之下屈服，对我极为不利"。毛泽东表示，"如果敌人拒不让步，继续拖延，我们即扩大宣传，揭破敌人企图破坏停战谈判，扩大侵略战争的阴谋，动员世界人民舆论，并配合我们在朝鲜前线的坚持，使敌人不断损伤，以逼使敌人最后让步"，"如敌人竟敢于破裂谈判，扩大战争，我们亦有所准备"。毛泽东强调，这个问题是个政治问题，不但对朝中两国，而且对整个革命阵营都有影响。他还通报说，"金日成同志对此有不同看法"。中国领导人的立场得到了斯大林的赞成和支持。斯大林致电毛泽东说，"你们在和平谈判中

21) 『周恩来军事文选』第4卷，第289~290页。

所持的立场是完全正确的”。[22]

1952年8月中旬至9月下旬，周恩来率领中国政府代表团赴莫斯科访问，与苏联领导人就朝鲜战争和国际局势交换了看法。周恩来指出，从目前看，双方力量处于某种程度的均势，美国方面和中朝方面都不进攻。斯大林认为，朝鲜战争对美国是败血症，美国也了解朝鲜战争对他们不利，迫切需要停战；美国在朝鲜既没有达到预期目的，在其他地方也就更难以实现自己的想法。斯大林指出，停战谈判是一大问题，毛泽东主张忍耐、坚持是对的，美国扣留战俘是非法的。

关于谈判方案，斯大林认为，没有必要同意美方的方案，这是立场问题。他提出了谈判的三个步骤：中朝方被俘人员以11.6万人计算，如果美方扣留20%，我方同样可以扣留战俘20%，促使对方改变态度；第二步可先实行全面停战，然后再解决双方战俘遣返问题；第三步是可将所谓“不愿遣返”的战俘交由中立国代管，然后由当事国进行访问，陆续接回。斯大林还亲自出面说服金日成。在9月4日与金日成会谈时，斯大林问道，朝中之间在谈判问题上是否存在某种分歧，金日成回答：“我们之间不存在原则上的分歧。我们同意中国同志提出的那些方案。但是，由于朝鲜人民目前处于的严重状况，我们更愿意尽快缔结停战协定”。斯大林表示，“我们在此已经与中国代表团讨论了这一问题，并表达了这样的建议：不同意美国人提出的关于战俘问题的条件而坚持自己的条件”。[23] 中、朝方面以后的谈判策略基本上是参考了斯大林的这一设想来拟定的。

10月8日，中朝方面就战俘遣返问题提出新的建议，主张在停战后将战俘一律送至非军事区交由对方接管，然后对战俘进行访问，按国家、地区进行分类和遣返。但美方对此并不理会，并单方面宣布无限期休会，致使停战谈判中断了达半年多之久。

---

22) 『周恩来年谱』上卷，第249~250页；『周恩来军事活动纪事』下卷，中央文献出版社，2000年，第279~280页。

23) 沈志华，『朝鲜战争：俄国档案馆的解密文件』下册，第1217页。

二

为配合停战谈判，给对方以压力，使其不断损伤，将战线逐渐向南推移，并迫使对方最后让步，1952年9月18日至10月31日，志愿军发起了全线战术反击作战，歼灭"联合国军"3万多人，取得重大胜利，并且越来越掌握了地面作战的主动权。10月17日，中共中央发出指示：美国如果一定要长期拖延朝鲜战争，它将遭到极大的困难，"而我们则不怕它拖下去，并且准备它拖下去"。指示还说，美国在几次大战中，都是让别人当炮灰，自己占便宜，而朝鲜战争则不同，一开始美国就首当其冲，并且每月平均伤亡1万人以上。毛泽东对志愿军的战术反击作战给予了很高的评价。他说："此种作战，在若干个被选定的战术要点上，集中我军优势的兵力火力，采取突然动作，对成排成连成营的敌军，给以全部或大部歼灭的打击；然后在敌人向我军举行反击的时机，又在反复作战中给敌以大量的杀伤；然后依情况，对于被我攻克的据点，凡可以守住者固守之，不能守住者放弃之，保持自己的主动，准备以后的反击。此种作战方法，继续实行下去，必能制敌死命，必能迫使敌人采取妥协办法结束朝鲜战争。"他认为，在志愿军展开的全线战术反击中，"此种作战方法表现为更有组织性和更带全线性"，所以特别值得重视。[24)]

10月29日，苏联驻联合国代表团团长维辛斯基在联合国大会发言时提出了和平解决朝鲜问题的"苏联方案"，建议交战双方在已经达成的停战协定草案的基础上立即完全停火，即双方停止一切陆上、海上及空中的军事行动，战俘问题则交给由美国、英国、法国、苏联、中国、印度、缅甸、瑞士、捷克斯洛伐克、北朝鲜和南朝鲜组成的和平解决朝鲜问题委员会去解决。这一提案是经过中、苏、朝三国政府密切磋商而制定的。中国方面发表声明，表示完全支持苏联的提议，认为这是立即结束朝鲜战争并和平解决朝鲜问题的唯一合理途径。[25)] 但是，该

---

24)『毛泽东军事文集』第6卷，军事科学出版社、中央文献出版社，1993年，第324~325页。

提案于11月29日遭到联大政治委员会的拒绝。

11月17日，朝鲜停战谈判出现了新的转机。经过一段时间的酝酿，印度外长梅农向联合国提交了印度政府解决朝鲜战俘问题的“梅农方案”，建议为使交战双方的战俘得以迅速解决，应该成立一个由捷克斯洛伐克、波兰、瑞典和瑞士等4国代表组成的遣返委员会，或由战争双方各指定两个安全理事会常任理事国以外、未参加朝鲜战争的国家，由4国组成停战协定草案所规定的中立国监察委员会，具体负责战俘的遣返问题。“梅农方案”得到了英国、法国、加拿大、澳大利亚和新西兰等国的大力支持，认为这是一个打破战俘问题僵局的好办法。英国国防大臣劳埃德向艾奇逊表示，英国政府感到，如有可能，通过印度倡议是非常可取的。艾登也告诉美国驻联合国代表奥斯汀说，他本人及英国大多数公众都感到印度的建议是非常重要的。[26] 艾登在11月13日召开的美、英、法、加四国外长会议上也强调，印度的提案“绝大部分符合西方国家的看法，而且能够在联合国大会赢得广泛的支持”。

美国对印度的提案表示反对，理由是它没有明确提到“自愿遣返”原则。美国驻联合国副代表格罗斯告诉梅农，美国不愿陷入在停战后还不得不谈判战俘遣返的局势之中。[27] 艾奇逊则把“梅农方案”斥之为一个“危险的想法”，竭力迫使印度修改其方案，并向英国施加压力，促其与美国保持一致，反对印度的提案。在他看来，印度的提案意味着“那些同意回国的战俘将被遣返，而那些不同意回国的战俘将被一直关押，直至他们同意被遣返为止”。他威胁说，倘若西欧在战俘问题上不能同美国保持一致，那将会严重危及美国对北约的支持。[28] 他威胁说，如果英国支持印度，“北约将不复存在，英美友谊将不复存在”。[29] 但是，英

25) 『中美关系资料汇编』第二辑(上册)，世界知识出版社，1960年，第1014~1016页。

26) Roger Bullen, “Great Britain, the United States and the Indian Armistice Resolution on the Korean War”, *International Studies*, No. 1, 1984, p. 30.

27) *FRUS, 1952~1954*, Vol. 15, pp. 630~632.

28) Burton Kaufman, *The Korean War*, New York, 1986, p. 298.

29) Rosemary Foot, *The Wrong War*, Cornell University Press, 1985, pp. 185~186; William

国政府并不放弃，认为印度作为一个中立国家在亚洲影响很大，西方的强硬态度只会把其推向苏联一边，并造成英联邦国家内部出现分裂。艾登甚至怀疑，美国此时似乎害怕达成协议。迫于美国的压力，印度不得不做出让步，同意接受美国提出的修改意见。这样，在实质上，印度的方案就变成了美国的提案，并于12月3日获得联合国通过。

正当西方国家对"梅农方案"展开争论之时，苏联方面却以明确的态度表示，这一方案是"略为改头换面的美国计划，它是违反禁止甄别、禁止扣留战俘的日内瓦战俘公约的"。11月24日，维辛斯基在联合国大会发言时严厉抨击了"梅农方案"，同时也提出了苏联的建议：立即完全停止在朝鲜的敌对行动，将战俘遣返问题交由美、英、法、中、苏等国组成的"和平解决朝鲜问题委员会"来处理。[30] 中朝方面也随即表示，拒绝接受印度的方案。周恩来致电联合国大会主席，声明这个决议案违反了日内瓦公约，是以美国一贯坚持的"自愿遣返原则"或"不强迫遣返原则"为核心内容的，是"非法的"、"无效的"，要求取消这一决议，立即责成美国恢复板门店谈判，并根据苏联提案达成朝鲜问题的和平解决。由于1952年是美国总统选举年，处于内外交困的杜鲁门不可能采取什么的大的举措来结束战争，战俘遣返问题依然处于僵局之中。中国领导人认为，如果正式在板门店通知对方无条件复会，美国态度将是拒绝的居多；若以金日成、彭德怀致函形式，对方可能认为中方性急，有些示弱，反易引起对方幻想。所以，尽管中国领导人希望能打破谈判桌上的僵局，及早结束战争，但还是决定让现状拖下去，直到美国愿意妥协并由它采取行动为止。[31]

Stueck, *The Korean War*, Princeton University 1995, pp. 298~299.

30) ≪新华月报≫, 1952年12月号, 第89~91页。

31) 柴成文、赵勇田,『抗美援朝纪实』, 北京：中共党史资料出版社, 1987年, 第147页。

三

1953年2月底，联合国军司令克拉克奉命致函朝中方面，主动提出交换病伤战俘的建议。中国领导人对此非常重视，认为这可能是美国有意恢复板门店谈判而发出的试探信号。在另一方面，毛泽东对于美方是否有诚意恢复谈判持怀疑态度。他分析的结论是一动不如一静，先观察一段时间再说。

3月5日，斯大林因脑溢血突然去世，周恩来率领中国政府代表团前往莫斯科参加葬礼。11日，周恩来与苏联领导人马林科夫、赫鲁晓夫、莫洛托夫、米高扬等进行会谈。苏共新的领导层认为，朝鲜战争拖延至今，给苏联以及中朝两国都造成极大的负担，现在已经到了必须要立即停止这场战争的时候了。3月19日，苏联部长会议通过了关于战俘遣返问题的决议，并致函毛泽东和金日成，阐述了苏联政府对停战谈判和战俘遣返问题的看法，强调在朝鲜战争问题上，如果继续执行迄今为止推行的路线，“如果不对这一路线做一些符合当前政治特点和出自我们三国人民最深远利益的改变，那是不正确的。苏中朝三国人民关心世界和平的巩固，一直寻找尽可能快地结束朝鲜战争的可行途径”。苏联新的领导层要求中国、朝鲜不仅要对美方关于交换病伤战俘的呼吁做出肯定的回答，使这一问题获得积极的解决，而且还要使整个战俘问题得到积极的解决，从而消除达成停战协定和缔结和约的障碍。32)

3月19日，毛泽东致电周恩来说，克拉克要求双方先交换伤病战俘的问题“我方尚未回答”，乔冠华已拟好一个采取驳斥态度的谈话稿，“在我处压下来未发，等你回来商量后再办”。毛泽东认为，美方此次要求可能是一种试探做法，“我方对策有二”，一种是驳斥，一种是表示可以商谈，在商谈中看情形决定最后对策。他要求周恩来就此征询苏联方面的意见。21日，周恩来再次与苏联领导人就朝鲜停战问题进行磋商，

32) 沈志华，『朝鲜战争：俄国档案馆的解密文件』下册，第1295~1297页。

并将商谈情况电告毛泽东:“苏方提议的中心思想, 即是准备在战俘问题上求得妥协, 以掌握和平的主动权。”解决方案是, 首先由金日成、彭德怀出面答复克拉克的提议, 同意根据日内瓦公约109条, 双方先行交换重病伤战俘, 其不愿回者暂交中立国, 并恢复板门店谈判解决问题; 然后即由中朝双方分别发表声明, 表明对交换病伤战俘的积极态度, 并指出解决整个战俘问题以保证停止朝鲜战争, 并缔结停战协定的时机已经到来, 建议战俘按分类办法实行遣返, 要求遣返者立即遣返, 其余则交由指定的中立国(如印度或其他国, 视情况再定), 保证其得到公正解决; 苏联外长跟着发表声明, 表示支持; 苏联驻联合国代表团采取必要行动, 以支持和推动上述方针政策的实施。毛泽东在复电中对此表示赞成, 并说这一方案实际上是1952年9月上旬向斯大林所提三个方案中的一个, 后因美国在板门店采取蛮横态度, 这个方案未能提出; “现在提出这个方案是适合时机的”, “具体步骤待你回来酌处”。33)

3月 23日, 毛泽东向彭德怀等人表示: 对方最近在板门店的行动, 带有明显的挑衅和威胁的性质, 因此应该提高警惕, 设想坏的情况, 并作必要的准备; 在另一方面, 对方这些行动的目的则显然是逼我谈有关停战的问题, 实质上表示对方着急; 艾森豪威尔上台后在亚洲采取一系列措施, 企图从杜鲁门造成的束缚中解脱出来, 争取主动, 其建议交换伤病战俘可能是对方有意在板门店转弯的一个试探行动, “我方准备同意此事”。但此事要等周恩来回国后商议对策, 故“复文尚须数日才能拟好, 暂时不要向外面透露”。毛泽东强调, 在分析对方具体行动时, 必须注意问题的这两个侧面。他要求, 对于对方违反协议事件, “过去我们采取不分轻重一事一抗的方针”, 已有些被动, 最近一星期内, 如无重大事件, 不要轻易向对方送抗议。34)

3月26日周恩来回到北京, 向毛泽东汇报了与苏联领导人讨论朝鲜停

33) 逄先知、李捷, 『毛泽东与抗美援朝』, 北京: 中央文献出版社, 2000年, 第118~119页。

34)『建国以来毛泽东文稿』第四册, 中央文献出版社, 1990年, 第148~149页。

战问题的情况, 就此拟定了中国方面应采取的方针和行动。次日, 毛泽东致电朝鲜方面, 指出现拟以金日成、彭德怀名义复克拉克一信, 表示我方完全同意关于在战争期间先行交换双方病伤战俘的建议, 以重开谈判之门, 然后再由北京、平壤、莫斯科相继发表声明, 准备在遣返战俘问题上做一让步, 以争取朝鲜停战, 但也准备在争取不成的情况下继续打下去。[35] 朝鲜领导人获悉莫斯科有关朝鲜停战的新方针后"非常兴奋", 甚至"激动得欢呼起来"。根据苏联特使的报告, 在3月29日的会议上, 金日成再次宣布他"完全同意苏联政府在朝鲜问题上的建议", 认为"这一建议必须尽快实现", 目前的形势进一步拖延下去对朝鲜和中国, 以及对整个民主阵营都是不利的, "苏联政府的建议是最明智和正确的"。[36]

3月28日, 金日成、彭德怀致函克拉克, 表示同意先行交换病伤战俘的建议, 并提出立即恢复在板门店的谈判, 以使朝鲜停战得以早日实现。30日, 周恩来就朝鲜停战谈判发表声明, 指出中朝两国政府为了消除谈判双方在战俘问题上的分歧, 促成朝鲜停战, 提议"谈判双方应保证在停战后立即遣返其所收容的一切坚持遣返的战俘, 而将其余的战俘转交中立国, 以保证对他们的遣返问题的公正解决"。他强调, 这一提议并非放弃≪日内瓦公约≫有关战俘遣返的原则, 也不是承认美国所说的有所谓拒绝遣返的战俘, 而是为终止朝鲜流血而采取的新的步骤, 以保证战俘的遣返问题能得到公正解决, 而不致因此阻碍朝鲜停战的实现。他表示, 解决全部战俘问题以保证停止朝鲜战争并缔结停战协定的时机"已经到来"; 如果美方对于谋取和平具有诚意的话, "我方这个建议是应该能够被接受的"。[37]

对于中国方面的这一新方针, 周恩来在4月3日的政务院的会议上做出这样的解释: 停战谈判进行快两年了, 美方在谈判中采取拖延政策,

35)『周恩来年谱(1949~1976)』上卷, 第291页。

36) 沈志华,『朝鲜战争: 俄国档案馆的解密文件』下册, 第1305页。

37)『周恩来军事文选』第四卷, 第314~317页。

凡是对其有利的就谈，不利的就拖；而我们在全部谈判中一贯坚持了和平解决朝鲜问题的方针。因为美方蛮横无理地坚持其“自愿遣返”的原则，所以我们不能与其妥协。当他虚张声势，吓唬人的时候，我们必须坚决地顶回去。我们坚持原则是对的，但是也不能老僵持着，因此在时间上让了一步，分成两个步骤来实现。我们提出的这个遣返方案，与美国方案和印度方案不同，我们这个方案是将战俘交中立国。在这种情况下，恢复谈判是定了的，结束战争的可能性是大大增强了，但打的可能性还存在。我们还是两句话，争取和平，但是也不怕战争。

周恩来的这一新建议在国际上产生了重要影响，获得世界舆论的普遍支持，认为它打破了双方在战俘遣返问题上的僵局，为朝鲜停战消除了最后的障碍，显示了中朝谋求和平的诚意。苏联外长莫洛托夫、苏联驻联合国代表团团长维辛斯基都发表讲话，表示支持中朝在战俘问题上的“崇高举动”，支持“关于恢复谈判，以达成交换病伤战俘和解决全部战俘问题的协议，并从而解决朝鲜停战和缔结停战协定问题的建议”。[38] 英国首相丘吉尔在下院讲话称，周恩来的声明“提供了一个可以据以有益地恢复停战谈判的基础”。外交大臣艾登致函杜勒斯，敦促美国抓住机会，奉行灵活的谈判政策，而不应仅仅限于商讨病伤战俘交换事宜。[39] 联合国大会也通过决议，希望病伤战俘的交换迅速完成，并希望在板门店的进一步谈判能导致早日实现朝鲜停战。3月31日，克拉克致函金日成、彭德怀，同意朝中方面的建议，提出双方派联络官在板门店举行会议，商讨交换病伤战俘和恢复谈判事宜。4月6日，双方联络小组恢复接触。到11日，签订了遣返病伤战俘的协定。20日，双方正式开始移交伤病战俘。朝中方面至4月26日停战谈判复会时遣返完毕，共有684名美方病伤战俘遣返。美方至5月3日遣返完毕，遣返朝中方面病伤被俘人员6670人。

---

38) ≪人民日报≫，1953年4月13日。

39) Kaufman, *The Korean War*, p. 307.

对于中国提出的遣返战俘的新建议，美方心存疑虑，要求中方进一步做出阐述。4月9日，周恩来在以南日名义致美方代表的信中就此做了如下说明：停战后双方战俘应予全部遣返，使之回家过和平生活的原则是不可动摇的；鉴于双方在战俘遣返问题上的分歧，朝中方面的建议对于遣返战俘的步骤、时间和方法，做了明显的让步，主张将战俘的遣返分两个步骤来进行，即停战后立即遣返一切坚持遣返的战俘，将其余的战战俘转交中立国，以保证他们的遣返问题公正解决；朝中方面的让步绝不是放弃了战俘全部遣返的原则，坚持拘留方应保证不得对所收容的所有的战俘采用任何强制手段来阻挠他们回家以实行强迫扣留，同时应保证将未直接遣返的战俘释放出来转交中立国，使他们的遣返问题得到公正解决；主张将一部分因遭受恐吓和压迫而心存疑惧、不敢回家的朝中方面被俘人员转交中立国，经过解释使他们逐步解除疑惧，从而在遣返问题上得到公正解决。不久，美方也就解决战俘问题提出三点建议：中立国为瑞士这样传统上被认为适合于这类事项的一个国家；未被直接遣返的战俘转交中立国在朝鲜收容；在诸如60天的合理时间内，中立国给予有关各方以机会来确定在其收容下的人员对于他们的态度，在此期间后中立国将做出安排以和平处理仍在其收容下的人员。[40]

为了更好地进行谈判，争取取得成功，周恩来主持拟定了"关于解决全部战俘问题的具体实施方案"。该方案实际上包含第一、第二两套方案。朝鲜方面对此表示完全同意。4月24日，毛泽东将两套方案电告乔冠华，要求其"邀请朝中双方负责同志加以研究"。这两套方案实际上围绕着三个问题：未被直接遣返的其余战俘交给中立国，是送到中立国去，还是由中立国在朝鲜接收和看管；这批战俘在中立国管理下的时间上有无限制；这批战俘经过有关方面解释后，仍未解决的如何安排。对这三个问题的第一方案是：将不直接遣返的战俘，送到几个亚洲的

40)『抗美援朝战争史』第3卷，第386~387页。

中立国去(如印度、缅甸、印尼、巴基斯坦)，有关中立国当局即指定地区加以收容和看管，在规定的时间内(譬如半年或者三个月)，朝中方面派人前往解释，使战俘由于心存疑惧而不敢回家的顾虑得以解除，然后由有关中立国当局负责将其遣返；在规定期满后如尚有在中立国看管下的战俘，其处理办法应由停战协定草案中规定的政治会议协商解决。第二方案与第一方案的主要区别在于：将不直接遣返的战俘转移到经双方协议的南朝鲜的一个岛上，交给停战协定草案中规定的4个中立国委员会接收和看管。其余与第一方案完全相同。毛泽东认为，第二方案较第一方案简便易行，且易为中立国所接受，同时与美方所提办法在某些方面也大体相同。他指示，为了在谈判桌上有进退余地，在谈判恢复后，先提出第一方案，以取得谈判主动和国际舆论的同情，估计对方接受这个方案的可能性较小；如对方坚持不肯将战俘送到中立国去，而要求中立国到朝鲜接收和看管，在弄清对方全部意图后，可准备以第二方案与之妥协。

毛泽东还对可能出现的争议问题确定了如下具体原则：关于不直接遣返的战俘，还是留在拘留地由中立国接收和看管好；负责接受和看管战俘的中立国决不能是瑞士，而是按停战协定规定的4个中立国家加上印度组成的中立国遣返委员会；关于解释期限，争论到最后可让步为3个月；关于经过解释后尚有在中立国看管下的战俘，如对方要求交联合国处理，则坚决反对到底；如对方坚决反对将尚在中立国看管的战俘交予政治会议协商解决，可改为将这批战俘由中立国遣返委员会解除他们的战俘身份，负责转送至一个或几个中立国家去等。[41] 4月26日，中断半年之久的板门店停战谈判正式恢复。

停战谈判恢复后，双方在解决战俘问题上依然分歧严重。朝中方面主张：在停战生效后两个月内，应将一切坚持遣返的战俘分批遣返，不得阻挠，送交给战俘所属一方；直接遣返的战俘遣返完成之后的一个

41)『抗美援朝战争史』第3卷，第387~388页。

月内，将不直接遣返的其余战俘送到一个由双方协商决定的中立国家去，由该中立国当局指定地点加以接收和看管；在6个月内的期限内由战俘所属国家派人前往中立国对战俘进行解释，消除他们的顾虑；经解释后，凡是要求遣返的一切战俘应由中立国协助遣返；6个月期满后仍在中立国看管下的战俘，其处理办法应交由停战协定所规定的政治会议协商解决；战俘在中立国家的一切费用，应由战俘所属国家负担。美方认为这一方案是不能接受的，表示反对将战俘送出朝鲜境外，主张将战俘送至非军事区内由中立国接管。同时提出6个月的解释时间太长，要求缩短至2个月；建议瑞士为临时接受、管理非直接遣返战俘的中立国。关于战俘的最后处理，主张在解释期满后交由政治会议处理，30天后仍未遣返的战俘应予释放或交由联合国大会处理。[42] 经过10多天的谈判，没有任何进展。

5月7日，为使战俘遣返问题顺利解决，中朝方面再次做出妥协，提出了一个新的方案，即第二方案，建议成立由波兰、捷克斯洛伐克、瑞士、瑞典和印度组成的中立国遣返委员会，将不直接遣返的战俘留在原地，交由中立国来进行遣返安排，并由战俘所属国家向战俘进行4个月的解释，以保证他们的遣返问题得到公正解决。经过解释后，凡是要求遣返的战俘，中立国遣返委员会应负责协助他们迅速返回祖国；解释期满后仍在中立国遣返委员会看管下的战俘，应交政治会议协商解决。周恩来根据毛泽东的指示，在此之前曾通过印度驻华使馆参赞将朝中方面的第二方案通报印度政府，并指出，朝中方面提出新方案后，仍保留原来的方案；如果美方对新方案态度恶劣，"我方仍然回到老方案上"。5月15日，他在接见印度驻华大使时再次强调，这一方案是"我们在战俘问题上最大限度的让步"，不仅包括了印度原提案的基本内容，而且也采纳了联合国决议的合理部分。[43]

---

42) 『抗美援朝战争史』第3卷，第389页。

43) 『周恩来军事活动纪事』下卷，第298、299页；『周恩来年谱(1949~1976)』上卷，第298、300页。

朝中这一方案的提出使双方的立场更为接近，受到国际社会的普遍赞扬。印度总理尼赫鲁发表声明，主张以朝中方面的建议为谈判基础，并赞成召开大国最高会议讨论和平问题。缅甸政府也发表声明赞成以朝中建议作为朝鲜停战谈判的基础。就连艾森豪威尔也承认，中朝方的建议构成了"可以接受的停火协议的谈判基础"。但是，由于南朝鲜方面坚决反对将朝鲜籍战俘交由其他国家看管，美国政府遂又改变政策，提出了将一切不直接遣返的朝鲜籍战俘在停战协定签字后立即"就地释放"的反建议，并对中立国遣返委员会临时看管和协助遣返战俘的工作，以及战俘所属国向不直接遣返的战俘进行的解释工作，提出了种种限制。朝中方面对美方立场的倒退进行了严厉谴责，表示坚决不能接受，谈判再度陷入僵局。

1953年5月，朝鲜停战谈判到了紧要关头。美国政府通过几个渠道向中朝施加压力，试图迫使其在战俘问题上再做些让步。5月25日，美国方面提出了解决战俘问题的新方案：规定所有非遣返者，都应移交给中立国委员会接管；印度在该委员会中担任主席；在经过120天的解释后仍未遣返者或是释放为平民，或由联合国召开政治会议来解决。实际上，美方的这一方案与中朝的方案已基本接近。美国政府指示谈判代表团向中朝方申明，美国的这一立场是"最后的"，并建议休会一星期，以便使对方有充分的时间考虑这一建议，倘若遭到拒绝，则终止谈判。[44)]

美国政府还希望苏联能敦促朝中方面接受美方的新方案。5月28日，美国驻苏大使波伦拜会苏联外长莫洛托夫，通报了朝鲜停战谈判的情况和美方所提出的新建议，指出这一方案放弃了"就地释放"朝鲜籍战俘的主张，在解释时间、移交政治会议解决和中立国遣返委员会工作原则等方面做出了让步，表示这是美方为达成停战协定做出的最大让步，已无法再做让步，希望苏联政府能注意美方的这一新方案，在促进朝鲜停战谈判中发挥应有的作用。莫洛托夫表示将尽快研究这些问题。

---

44) *FRUS, 1952~1954*, Vol. 15, pp. 1082~1086.

6月3日，莫洛托夫向波伦传递了一个明确的信息："可以满意地断定，顺利地完成板门店谈判的途径已初步确定"。

中国领导人对美方的新建议予以高度重视。5月27日、6月5日和7日，周恩来几次接见印度驻华大使，阐明了中国对美方5月25日新方案的意见，认为这一方案"和方5月7日方案的基本方针是相符合的"，达成协议的可能性增加。5月30日晚，毛泽东主持召开中共中央书记处会议，研究讨论了朝鲜谈判问题。会后，他致电金日成，表示"基本同意对方的新方案，只在各项条文中作若干必要的和技术上修改"。[45] 同时，他将朝中方面准备提出的"关于遣返问题的协议草案"电告李克农。

6月8日，谈判双方均做出适当让步，终于就拖延近一年半的战俘遣返问题达成协议，消除了朝鲜停战的最后一个障碍。美方接受了中朝方面提出的将一切坚持遣返的战俘予以直接遣返，不直接遣返的将交由中立国委员会接管的新方案。协议规定：停战后双方立即遣返坚持遣返的战俘，其余战俘于停战生效60天后交给波兰、捷克斯洛伐克、瑞士、瑞典和印度5国组成的中立国遣返委员会看管，由双方派人去进行为时90天的解释；此后仍不愿意遣返的战俘再由政治会议处理，或由中立国将其变为平民，去他们申请去的地方。至此，朝鲜停战谈判的全部议程都达成协议。次日，≪人民日报≫发表社论，指出该协议"使朝鲜停战接近实现，从而打开了和平解决朝鲜问题的道路"，"这个协议的签订，无疑地是目前国际形势中头等重要的事件"。

通过上面的考察，我们可以得出几下几点初步结论：第一，谈判双方之所以在战俘遣返问题上争执不下，主要是出于政治方面的考虑。特别是美国政府从冷战对抗需要出发，试图强行扣留朝中战俘，使其成为冷战的牺牲品。第二，战俘问题的最终解决是双方相互妥协的结果。美国方面曾多次宣称，是由于美国的战争威胁迫使朝中在战俘问题上

45)『周恩来年谱(1949~1976)』上卷，第304页。

做出让步，事实表明，这种说法是根本站不住脚的。朝中在3月底和5月初两次主动做出较大让步，都发生在美国发出所谓的核威胁之前。实际上，即使在美国政府内部酝酿扩大战争之时，为配合谈判，朝中方面几次发起攻势，给美国决策者以很大压力，并促使美方缓和自己的强硬立场。通过谈判，美方放弃了“一对一遣返”等无理要求，中朝方面也不再坚持“全部遣返”。第三，战争是政治的继续，但是，一旦交战双方在战场上势均力敌，任何一方都无法取得决定性胜利，则只能通过政治途径谋求问题的解决。

[국문초록]

1951년 6월부터 1953년 7월까지 진행된 6.25전쟁의 정전협상에서의 쟁점은 전쟁포로의 반환문제이다. 이는 협상의 치열함과 협상기간의 장기성으로 나타났다. 냉전의 수요에 따라 미국은 포로의 전부를 반환하는 데 동의하지 않았고, 반대로 조중연합군 측은 포로 반환에 관한 '제네바공약'을 근거로 포로의 전부를 반환할 것을 요구했다. 합의점을 찾지 못함에 따라 협상은 여러 번 중단되었다. 이후 양측이 일정 부분 양보를 결정함에 따라 포로반환문제는 최종적으로 해결을 보게 되며, 정전협정의 체결을 위한 최대 장애물은 제거됐다.

[참고문헌]

1. 1차 자료

『周恩来军事文选』第4卷, 北京: 人民出版社, 1997.

『抗美援朝战争史』第3卷, 军事科学出版社, 2000.

『毛泽东军事文集』第6卷, 军事科学出版社·中央文献出版社, 1993.

『中美关系资料汇编』第二辑(上册), 世界知识出版社, 1960.

『建国以来毛泽东文稿』第四册, 中央文献出版社, 1990.

『周恩来年谱(1949~1976)』上卷, 中央文献出版社, 1998.

『周恩来军事活动纪事』下卷, 中央文献出版社, 2000.

Foreign Relations of the United States(FRUS), 1951, Vol. 7.

Foreign Relations of the United States(FRUS), 1951, Vol. 15.

Foreign Relations of the United States(FRUS),1952~1954, Vol. 15.

Foreign Relations of the United States(FRUS),1952~1954, Vol. 5.

2. 저서

杜平, 『在志愿军总部』, 解放军出版社, 1989.

沈志华, 『朝鲜战争: 俄国档案馆的解密文件』中, 下册, 台北: "中研院"近代史所集刊, 2003.

柴成文·赵勇田, 『抗美援朝纪实』, 北京: 中共党史资料出版社, 1987.

逄先知·李捷, 『毛泽东与抗美援朝』, 北京: 中央文献出版社, 2000.

师哲, 『在历史巨人身边』, 中央文献出版社, 1991.

迪安·艾奇逊, 『艾奇逊回忆录』下册, 上海译文出版社, 1978.

Burton Kaufman, *The Korean War*, New York, 1986.

Rosemary Foot, *The Wrong War*, Cornell University Press, 1985.

William Stueck, *The Korean War*, Princeton University 1995.

Rosemary Foot, *A Substitute for Victory*, Ithaca: Cornell University Press, 1990.
Michael Dockrill and John Young, eds., *British Foreign Policy, 1945～56*, London: The Macmillan Press, 1989.
Callum MacDonald, *Korea*, The Macmillan Press, 1986.
Bruce Cumings, *Child of Conflict*, University of Washington Press, 1983.
Gaddis Smith, *Dean Acheson*, New York, 1972.

3. 논문

Roger Bullen, "Great Britain, the United States and the Indian Armistice Resolution on the Korean War", *International Studies*, No. 1, 1984.
Barton Bernstein, "New Light on the Korean War", *International History Review*, April 1981.

4. 신문

≪人民日报≫
≪新华月报≫

抗美援朝题材文学作品对中国人影响之研究

丁玉柱
(中國 해양대학교 문학과신문전파대학 교수)

一、引言

这里所说的抗美援朝题材的文学作品，是广义范畴上的抗美援朝题材作品，主要是指采用小说和散文，诗歌、电影、电视剧等文学表现体裁和艺术传播媒介来从不同角度、不同侧面反映抗美援朝战争的文艺作品。下面表格所列的抗美援朝题材的作家、作品是构成本论文研究结论的基本文本。依据笔者不完全统计所制成的有关抗美援朝题材的作家、作品以及体裁的统计表，大体按照时间顺序排列如下：

作者	作品名称	体裁	发表时间	其他
1、魏巍	汉江两岸的日日夜夜	散文		
	战士和祖国	散文		
	火线春节夜	散文		
	年轻人，让你的青春更美丽吧	散文		
	谁是最可爱的人	散文		
	依依惜别的深情	散文		

	东方	长篇小说		
2、杨朔	三千里江山	长篇		
3、陆柱国	上甘岭	长篇		
4、路翎	初雪	小说		
	洼地上的战役	小说		
5、巴金	团圆	短篇	以上均为20世纪60年代作品	
6、孟伟哉	我们的团长	短篇		
	昨天的战争	长篇		
	一个参谋和将军			
	战俘			
	被俘者			
	留党察看的人			
	一座雕像的诞生	以上小说		
7、孟清和	女战俘			
8、徐朝夫	战俘			
9、邓一光	父亲是个兵	小说		
	远离稼穑	小说		
	激情燃烧的岁月	电视剧		
10、王群生	彩色的夜	长篇		
11、赵大年	二七八团	小说		
12、宋学孟	19岁的微笑	小说		
13、刘岩秋	太阳的滋味	小说		
14、路翎	战争，为了和平	小说		
15、叶雨蒙	出兵朝鲜纪实	纪实文学		
16、王树增	远东——朝鲜战争	纪实文学		
17、大鹰	志愿军战俘纪事	纪实文学	以上均为20世纪80年代以来的作品	

二、抗美援朝题材的文学作品产生的时代背景

2010年6月25日是朝鲜战争爆发60周年；2010年10月25日是中国人民志愿军参加抗美援朝战争60周年。在60年后的今天来以历史的眼光与世界的视角回首抗美援朝战争，探讨抗美援朝题材文学作品对中国

人之影响，结论可以更加客观、公正，也能看得更全面、更透彻、更令人信服。

但不管站在什么立场上看朝鲜战争，一个任何人都无法否认的事实是："朝鲜战争使中华民族在世界上站起来了!"

1950年6月，朝鲜内战爆发，美国纠集所谓"联合国军"进行武装干涉，很快就席卷整个朝鲜北部，威逼中国东北边境。在南线，美国杜鲁门总统宣布派遣第七舰队侵入台湾海峡和进驻基隆、高雄两大港口，武装阻止中国解放自己的领土台湾。与此同时，美国还向法国提供军援，支持法国扩大在印度支那的殖民战争，以便从南翼牵制中国。

抗美援朝战争，是新中国建立伊始，在各方面存在严重困难的情况下，国际反华势力强加给中国人民的一场战争。当时，美国军队公然武装干涉朝鲜内战和封锁台湾海峡。特别是美军在仁川登陆后，越过"三八线"大举向中朝边境进犯。朝鲜危在旦夕，中国主权和安全受到严重威胁。朝鲜劳动党和朝鲜政府请求中国直接出兵援助。在这种情况下，中国被迫推迟解放台湾，调整国民经济恢复计划，决心不惜付出巨大的民族牺牲，派出中国人民志愿军抗美援朝、保家卫国，进行新中国历史上的第一场反侵略战争。

朝鲜战争爆发前，中国人民解放军的战略方向和战略部署的重心是在南线，准备解放台湾，完成统一祖国的大业。而在北线以友邦为邻，几乎没有设防，那里却集中了全国大部分重工业，朝鲜战争的爆发，使中国的主要工业基地直接暴露在美国陆海空军的威胁之下，甚至中国首都也在美国轰炸机的活动半径之内。中国的战略后方和政治经济中心顿成前线或战略浅近纵深。况且新中国刚刚建立，国力薄弱，百废待兴，战争创伤亟待恢复。但敌人打上门来，是沉默容忍，还是奋起抗击；是坚持向南进击解放台湾，还是挥师北上出兵朝鲜?在无法回避的严重挑战面前，毛泽东等新中国第一代领导人不愧为伟大的战略家，经过慎重权衡，果断作出抗美援朝的英明决策。中国人民派出自己的优秀儿女参战，是面对侵略威胁，迫不得已又是义无反顾的。我们不是挑战而是应战，是不得不打别无选择。

从战争的结局来看，朝鲜战争从“三八线”打响，最后又回到“三八线”结束，中国人民志愿军的抗美援朝之战，是从中国的大门口，即鸭绿江边进行反击开始，一直把美国及其纠集的十六国“联合国军”打回到“三八线”为止，彻底粉碎了美国占领朝鲜和直接威胁中国的侵略企图。

抗美援朝战争的胜利结局，不仅保卫了祖国的安全，援助了朝鲜，而且促进了亚洲甚至世界的民族解放运动，对二战后50年世界总体和平的确立都产生了不可低估的影响，也为中国赢得了60年的和平建设时间。新中国走向世界的真正起点，其实正是始于这场伟大的战争！

文学来源于生活。正是在这样的波澜壮阔的伟大的抗美援朝战争的历史背景下，上述所列的创作抗美援朝题材文学作品的作家们，或亲历了这场战争，或与抗美援朝中所涌现的英雄任务有过密切的接触，从而完成了上述具有代表性的抗美援朝题材的辉煌著作。

三、抗美援朝题材文学作品对中国人影响的三个阶段

抗美援朝题材文学作品对中国人的影响几乎是伴随着抗美援朝正义战争的开始而开始的，却并没有因为中国人民取得了抗美援朝战争的空前的伟大胜利而结束，而是伴随着历史的脚步，不断地创造着、丰富着、挖掘着抗美援朝这一宝贵的历史资源，从艺术、历史、战争、人性等层面不断地影响着中国人的方方面面。大体来说，抗美援朝题材的文学作品对中国人的影响可分为三个阶段：

第一阶段：20世纪50年代前期

这一阶段的抗美援朝题材文学作品主要以通讯、特写、散文、诗歌、短篇小说和中篇小说(长篇小说因创作周期等原因而发表的数量较少)为主，带

有极强的纪实性、 报告性色彩, 主要以正面歌颂中国人民志愿军和中国人民的爱国主义、英雄主义和国际主义精神为主, 所塑造的人物多为单一性格的英雄人物, 对中国人的影响主要体现在激发爱国热情、热爱党、热爱人民、热爱祖国、热爱领袖的时代主旋律上, 杨根思、邱少云、黄继光是作为小学语文课本中的重要文章而影响着整整一代的中国人的精神风貌。这一阶段具有代表性的作家与作品有:

1、1951年3月从朝鲜前线回国后, 魏巍在≪人民日报≫等报刊发表的『汉江两岸的日日夜夜』、『战士和祖国』、『火线春节夜』、『年轻人, 让你的青春更美丽吧』、『谁是最可爱的人』等文艺通讯, 在全国引起反响, 其中影响最大的是『谁是最可爱的人』, 而"最可爱的人"也由此成了志愿军战士乃至解放军的代名词。1952年夏和1953年秋巍巍又两次赴朝, 创作了艺术性较高的报告文学『挤垮它』、『前进吧, 祖国』和『依依惜别的深情』。

2、陆柱国的中篇小说『上甘岭』因被拍成同名电影而红遍全国, 电影插曲『我的祖国』更是成为风靡大江南北的爱国歌曲, 至今不衰。

3、杨朔的『三千里江山』、孟伟哉的『我们的团长』、『高松』、『不休的友谊』、『命令』以及刘炎秋的『太阳的滋味』等小说, 也是当时较有影响的抗美援朝题材的小说。

第二阶段：20世纪50年代后期到60年代初期

这时期的抗美援朝题材的文学作品较前一时期的作品, 在题材的选择上、 人物形象的塑造上、 艺术风格的表现上乃至对文学创作禁区的突破上都有明显的成就, 其中影响最大的是巴金的『团圆』和早在20世纪40年代就以创作长篇小说『财主底女儿们』和『饥饿的郭素娥』而在中国现代文学史上占有重要地位与具有深刻影响的"七月派"作家路翎所创作的2个反应抗美援朝题材的短篇小说『初雪』和『洼地上的"战役"』, 特别是后者因描写朝鲜姑娘与志愿军战士谈恋爱这一惊世骇俗的题材突破而在文坛引起轩然大波。

1、巴金的短篇小说『团圆』作品本身并无影响，但根据巴金的小说『团圆』拍成的电影『英雄儿女』至今仍是常演不衰的中国当代百部优秀影片之一，影片无论从主体到电影插曲、还是从演员到风格，都数上乘，其中的王成、王芳成为“最可爱的人”中的“英雄儿女的化身，激励了当时无数的青少年的从军热和英雄梦。

2、路翎的『初雪』写的是朝鲜战场上志愿军司机刘强和助手王德贵，奉命从前线把一群受敌人炮火洗劫的朝鲜妇孺，穿越封锁线，运送到安全的后方。作品在一车之间的有限天地，一途之程的有限时间内，把战士对朝鲜人民的爱与自己悲惨身世的回忆、对祖国亲人幸福生活的联想交融在一起，相当深刻地展示了志愿军战士丰富而美好的内心世界。『洼地上的“战役”』写朝鲜房东的女儿金圣姬，对给他们挑水、劈柴、做好事的志愿军战士王应洪产生了微妙而又纯洁的爱情，王应洪记取班长的话，知道在军队的严格纪律和严酷的战斗任务面前，这种爱情是断不能容许的。他和侦察班到敌阵的前沿去捉“活舌头”，发现金圣姬在给自己洗的衣服里放进了一条绣有两人名字的手帕。他抓获了敌人的军官，但是俘虏的狂叫引来了敌军凶猛的反扑，为了掩护战友转移，他和班长机智地与敌军周旋在洼地丛林中，最后以鲜血染红了那条绣花手帕。这篇小说以朝鲜姑娘金圣姬和志愿军战士王应洪之间真实朴素而又微妙的爱情为中心情节，写出了两人由无私的帮助、共同的战斗自然滋生的爱情，又写出了志愿军战士自觉地以纪律约束感情，不作儿女之态，在战斗中接受磨炼的国际主义献身精神。

在这些小说中，路翎表现出一种善于在如火如荼的战火中的小插曲里，发掘生活的真实，发掘细腻而又深邃的人物内心世界的才能。这些作品引起了读者的注目和热烈反响，巴人高度评价『初雪』。巴金曾有这样的回忆：“路翎的短篇『初雪』刚刚在『人民文学』上发表，荃麟同志向我称赞它，我读过也觉得好，还对人讲过。后来『洼地上的“战役”』刊出，反应不错，我也还喜欢。”

但是,『洼地上的“战役”』遭到了批评家的严厉批评。批判的理由来自志愿军战士不准和朝鲜姑娘谈恋爱的军纪, 认为路翎不应该违反军纪写这样一个故事, 而这样的故事会“歪曲了士兵们的求实的精神和神圣的责任感”。

『洼地上的“战役”』将军事题材与爱情题材交织在一起, 超前地在中国当代文学的小说创作领域演奏了具有路翎鲜明风格的“战地浪漫曲”, 可惜, 与时代音符未尽和谐, 但余波至今袅袅, 也从别样的角度让中国人看取了军事题材文学作品、乃至对神秘的军队生活、抗美援朝战争生活的另一道风景。

第三阶段：20世纪70年代后期

本时期的抗美援朝题材的文学作品无论在数量上, 还是在规模上, 无论在人物形象塑造的典型性上, 还是在艺术手法的创新上, 无论在内容规模上, 还是在艺术风格与题材表现的突破上, 都较前两个时期有了长足的进步, 标志着抗美援朝题材的文学作品的成熟。这其中代表性的作家作品有：巍巍的『东方』(首届茅盾文学奖中惟一的一部军事题材长篇小说)、孟伟哉的长篇小说『昨天的战争』、短篇小说『一个参谋和三个将军』、『头发』、『战俘』、『被俘者』、『尊严』、『留党察看的人』和中篇小说『一座雕像的诞生』。

第四阶段：20世纪80年代以后, 即新时期文学时期

这时期的代表性抗美援朝题材的作家作品有：胡清河的长篇小说『女战俘』、徐朝夫的『战俘』、叶大鹰的『志愿军战俘纪事』、王群生的『彩色的夜』、赵大年的『“二七八团”』、路翎的『战争, 为了和平』、叶雨蒙的『出兵朝鲜纪实』、许晨的『血染的金达莱』、王树增的『远东——朝鲜战争』、张天民的『三八线往事』等, 这些作品以题材的新颖、独特、揭

秘和纪实等真实性与全方位相结合的描述, 借助文学的手段对抗美援朝战争进行了层次丰富的展现, 增强了中国人对抗美援朝战争的历史的、立体的了解。

四、从宏观的、共性的视角来看抗美援朝题材文学作品对中国人的影响

上述表格所列的作品, 无不以生动、鲜明的艺术形象和宏大的叙事艺术, 不仅真实地再现了抗美援朝战争的辉煌画卷, 而且通过对中国军队、中国人民、中朝军民的浴血奋战的战争场面的描述, 高扬了中华英雄儿女的空前的爱国热忱和不屈的英雄主义精神, 在全世界面前重新塑造了中华民族的伟大形象, 从以下几个方面对中国人民给予了空前的爱国主义教育和无法估量的积极的影响:

1、抗美援朝战争给我们留下许多宝贵的战略遗产, 其意义完全超出了军事胜利的范畴。抗美援朝战争不仅仅是一场战争的胜利, 而是中华民族在外侮强敌面前, 敢于抗争、勇于胜利的精神的极大表现, 她一洗中华民族百年屈辱, 改变了中国人民在列强前被侵略、被分割、被欺侮的命运。

2、抗美援朝战争的胜利, 不但给中国人民, 同样给世界上被压迫民族以重要的启迪, 和平与尊严是需要代价的, 我们热爱和平, 但当侵略者把战争强加给我们的时候, 只有全民族奋起, 以战止战。

3、抗美援朝战争的胜利, 打开了中华民族通往世界现代民族之林的道路, 创造了中国与世界各国平等交往的先决条件, 中国不再是一个任凭大小帝国主义宰割奴役的国家, 不仅中国人民建立了自信与自尊, 而且赢得了世界人民的尊重。

在中国人民反抗外来侵略的斗争历史上, 只有新中国, 第一次在真正意义上拒外来威胁于国门之外, 遏侵略凶焰于初临之时; 只有新中国,

第一次基本依靠自己的力量，卓有成效地维护了我们和平生存、和平建设与和平发展的权利；只有新中国，第一次出色地履行了对盟友乃至对世界和平的国际主义义务，鲜明地向朋友，向敌人，向世界，展现了“一个负责任的大国”真真切切的现实存在：言必信，行必果；不抛弃，不放弃；敢承受，能担当！用诗人石方禹的抗美援朝题材诗歌来说，就是伟大的中国人民通过赢得抗美援朝战争的伟大胜利向全世界发出了“和平的最强音”。

4、上述作品通过对当时中国所面临的国际、国内各种茅盾的错综复杂的各种政治斗争、经济斗争、军事斗争(中国人民解放军与国民党残匪的斗争、城市内的敌特分子、沿海的国民党匪特的破坏活动、农村飞土地改革与镇压反革命运动、互助合作化运动与抗美援朝支前、解放台湾与美军军舰开进海峡、国际上的反华势等，如『东方』)的矛盾关系的展示，通过鲜活的各种艺术形象的典型塑造，给当代中国人的精神世界留下了宝贵财富和精神遗产。在中国人的心中朴素地形成了坚定不移的政治信念：(1)虽然战争牵制和消耗了对新中国来说至为宝贵的大量人力物力和财力，但因革命胜利而获得了巨大身心解放的中国人民焕发了前所未有的热情，在短短几年内完成了国民经济的恢复，为第一个五年计划的实施奠定了坚实的基础；(2)尽管抗美援朝革命战争的胜利付出巨大牺牲的同时，但同时也荡涤了旧世界的污泥浊水，使曾经“一盘散沙”、号称“东亚病夫”的民族重新焕发了空前的热情，展现出空前的团结。(3)新中国的人民军队在跨出国门迎击头号强国的同时，在国内也消灭了贻害荼毒人民上百年的匪患，粉碎了帝国主义分裂中国的阴谋，进军西藏更实现了中华民族真正统一的壮举。新中国在建国之初几乎在同时对外对内的这两次用兵，也、与当年敌寇深入却仍然高喊“攘外必先安内”的国民党政权形成了鲜明的对比，“没有共产党就没有新中国”也更为广泛深入地成为了海内外众多炎黄子孙的共识。

5、这场反侵略战争还促进了新中国国防建设的起步与发展，一支农民群众为主的军队在战争中更深刻地认识了敌人也更深刻地认识了自己。正是在这场战争中取得经验教训的基础上，这支军队迈开了向现代化进军的步伐，一个百年来有国无防的国家从此开始有了足以使任何强大的外敌望而却步的国防力量。这方面典型的作品是魏巍的『谁是最可爱的人』。

中国从抗美援朝战争开始，以一个负责任大国的形象走上世界历史的舞台。在此之前的100多年中，中国的对外交往，只有屈辱、失地、赔款；抗美援朝之战，使中国这个历尽忧患的巨人站起来了，从此奠定了中国平等互利、对外开放的基础。

抗美援朝题材的文学作品为中国当代文学留下了的宝贵财富和精神遗产。作为中华民族的传人，我们应该能够掂量得出这些宝贵遗产的分量。珍视这笔遗产，传承这笔遗产，光大这笔遗产，是我们不可推卸必须担待的神圣义务。

五、从微观的、个性的视角来看抗美援朝题材文学作品对中国人的影响

作为中国当代生活的重要组成部分，抗美援朝题材的文学作品成为了中国当代文学、新时期文学的一个重要的组成部分，对当代中国人的文化生活与精神生活产生了深刻的影响。中国人借助对抗美援朝题材文学作品的阅读与赏析，逐步对自己在生活、文学、艺术、历史、战争、和平、人性等诸多人生与社会问题产生相当的影响。从微观的、个性的视角来看抗美援朝题材的文学作品对中国人的影响主要借助下面几部作品，产生了不同层次的影响:

1、魏巍的『谁是最可爱的人』

魏巍的这篇散文，以极小的篇幅，选取3个典型的抗美援朝战争画面，歌颂了志愿军战士可歌可泣的爱国主义、英雄主义和国际主义精神，

展现了新中国的英雄儿女们的崭新的精神风貌，传达出在党的领导下中国人民扬眉吐气的时代风采。这部作品极大地激发了中国人民的自尊心、自豪感和使命感，成为经典的爱国主义文学教材。

2、路翎的『洼地上的“战役”』

作品巧妙地将战争与爱情交织在一起，大胆地表现志愿军战士与朝鲜族姑娘谈恋爱的题材，给人以振聋发聩的震撼力，揭开了志愿军军营生活神秘的一角，触及了生活中实有而艺术表现受禁独特题材领域，给人以艺术的突破与思想的大胆的强大冲击力。

3、魏巍的『东方』

这部长篇小说在全方位展现抗美援朝战争的全景画面的同时，其在人物塑造上的成就一是刻画了志愿军司令员彭德怀的形象，二是塑造了抗美援朝题材小说中第一个自伤变节的志愿军营长的反面形象，对以往所军队官兵永远是英雄的观念以彻底的颠覆，既显示了作者的胆识，也对中国人对英雄人物、正面人物、反面人物的认识，在案例上给以深刻的启迪。

4、孟伟哉的『一座雕像的诞生』(后被拍成同名电影)

通过志愿军女战士欧阳兰收养一对烈士遗孤的故事，在战士志愿军女战士“最可爱的人”的美好心灵的同时，也从侧面揭示了战争的残酷性与感情创伤，而欧阳兰的未婚夫因欧阳兰尚未结婚就因收养烈士遗孤而成为未婚妈妈的事实，无情地与欧阳兰分手，令现实中的中国人不由得不对“最可爱的人”却得不到爱人的爱的原因何在而进行深刻的反思，对军人的道德伦理进行相当高度的理解。『一座雕像的诞生』这一细节与最近在中国各大电视台热播的『人间正道是沧桑』中杨立青与牺牲了的瞿恩老师的妻子结婚的情节有着伦理思维本质上的相同。

5、孟伟哉的『战俘』

小说讲的是在抗美援朝战争的一次战斗中，为了掩护全团撤退，营长马万兴带领一个排与敌人展开殊死战斗，最后只剩下3个人时才撤出战斗。可是他们已经弹尽粮绝，无法归队。马万兴只好和3个战士一起在敌后坚持了半年的游击斗争，终因寡不敌众而被俘。在巨济岛集中营里，他宁死不屈，表现非常勇敢。但是，回国后，他却走上了一条坎坷的人生路。先是从部队转业到地方，后被打成“右派”，下放农村老家当了生产队长，“四清”运动又受到批判，“文革”中更因“叛徒”、“右派”问题被投入监狱，直到“四人帮”垮台。他的妻子在他成为“右派”后与他离婚，女儿则在“文革”中被人骗往外地，下落不明。而所有这一切，全因为马万兴在朝鲜战场上当过战俘。马万兴的命运，如此不幸，令人悲哀至极。小说所表现的志愿军战俘问题，在社会上引起巨大反响，成为抗美援朝题材文学中的热点——战俘文学的滥觞。由此，因对待战俘问题——敌方战俘与我方战俘——而引起中国人对人性与人道的深刻反省。

6、胡河清的『女战俘』则更细腻地展示了女战俘的不幸遭遇、徐朝夫的『战俘』则通过回祖国的战俘卜于春与去台湾的战俘金大元的命运对比，深刻地揭示了政治上的过分伦理化与对人的尊严与价值的极端蔑视，乃是造成志愿军归国战俘不幸命运的根源所在，　迫使人们对战争进行反思，对中国传统文化的“宁为玉碎，不为完全”的荣辱观进行人性、人道、伦理诸多层面的思考，对“义”、“勇”、“生”“死”进行最严格的拷问。

7、赵大年的『“二七八团”』

这是一部充满爱情诗意的抗美援朝题材小说。19岁的文工团员“小狐狸”艾虹与跳舞的刘力恋爱了，刘力却不符合“二七八团”的规定(27岁、8年党龄、团长)，她们的恋情只能秘密进行。与此同时，丧妻的军长吴双也爱上了艾虹，但艾虹却不同意，表示只爱刘力。可刘力却不相信艾虹的话，艾虹为了证明自己，就把自己的身体献给了刘力。结果，艾虹怀孕了，她和刘力都将面临军纪的处分。于是，艾虹找到吴双军长，答应嫁给他，但要求吴双保护她的孩子和刘力。吴双军长满足了艾虹的要求，刘力被送回国内上大学，艾虹调动工作回到了北京并生了一个“虎子”。一场可能的悲剧变成了皆大欢喜的喜剧。这部作品以其爱情伦理的敏感性影响着中国人的爱情观。

8、路翎的『战争，为了和平』

作品写于20世纪50年代，发表于90年代，是当代中国第一部全面反映中国人民志愿军出兵朝鲜的长篇小说，以志愿军师长李恒的活动为线索，写出了志愿军在朝鲜浴血奋战的全过程，是一部全景式地描写抗美援朝的长篇小说。此外，叶雨蒙的『出兵朝鲜纪实』、许晨的『血染的金达莱』、王树增的『远东——朝鲜战争』、张天民的『三八线往事』等，虽为纪实性的报告文学，但总的来说都是全景式地描写抗美援朝的力作。

六、中国当代文学中抗美援朝题材文学作品对中国人影响之不足之处

进入21世纪以来，随着科学技术突飞猛进的发展，电影、电视制作的现代制作水平更是日新月异。文学作为各种大众传媒的基本单元，正在发挥着前所未有的作用。然而，纵观以当代军事题材为蓝本改编或创作的影视作品，表现中国现代史上国内各个时期著名的战争题材，从电视剧『长征』、到电影『台儿庄大战』、到电影『百团大战』、『太行山上』、特别是『大决战』之『辽沈战役』、『平津战役』、『淮海战役』、『大战宁沪杭』、电视剧』人间正道是沧桑』等，凡事中国现代战争史上有名的战争几乎都被搬上银幕或银屏，有的甚至有几个版本，然而，唯独中国百年近代史上，中国军队第一次走出国门、第一次唯一战胜当今不可一世的参加过两次世界大战的美军与联合国军、在全世界面前扬我国威、

军威、党威、民威的有关抗美援朝战争的电影，除了上世纪50年代中后期拍摄的『英雄儿女』、『奇袭』尚可构成几代中国人对抗美援朝的记忆外，其他抗美援朝题材的作品几乎乏陈难述。这不能不说是在当今形势下，抗美援朝题材的文学作品对中国人的影响日益减弱的历史与现实所在。对喝着可口可乐、啃着肯德基与麦当劳、看着『阿凡达』、跳着街舞长大的80后、90后而言，抗美援朝几成遥远的遥远，抗美援朝题材的文学作品更是不屑一顾。然而，伟人说过，忘记过去，就意味着背叛。值得庆幸的是，在1995年，八一电影制片厂制作了大型文献纪录片『较量』，大量使用当年在朝鲜战场上拍摄的影像资料以及后期逐渐解密的档案资料，来回顾这场战争。该片在一年内连映1500多场，荣获1995年中国电影华表奖最佳纪录片奖。此后，尽管在1999年和2000年又多次复映，但也有因各种原因没有向社会推出的影像。2000年前后，中央电视台虽曾酝酿拍摄电视剧『抗美援朝』，但终因美国发生“9·11”事件以及当时的国际形势而作罢。因此，就文学创作而言，那种只长人家志气却灭自家威风的事还是不干或少干的好，弘扬民族正气的作品倒是应该多多益善。

[국문초록]

2010년 6월 25일은 6.25전쟁이 일어난 지 60주년이 되는 날이며, 10월 25일은 중국인민지원군이 참전한 지 60주년이 되는 날이다. 60주년을 맞이하는 현재, 역사적 및 세계적인 시각으로 "항미원조" 전쟁을 회고하면서 6.25전쟁을 소재로 한 문학작품이 중국인들에게 미친 영향을 재검토하는 것은 보다 객관적이고 공정하게, 그리고 전면적이면서 투철할 수 있다고 본다. 우선 본 논문은 6.25전쟁을 소재로 한 구체적인 문학작품들을 통해 이러한 문학작품들이 중국인들에게 미친 영향의 세 단계를 구분한다. 다음으로 거시적이고 공통적인 시각과 함께 미시적이고 개성적인 시각에서 상술한 문학자품들이 중국인들에게 미친 영향을 살펴봄으로써, 당대 중국문학 중 6.25전쟁을 소재로 한 작품이 중국인들에게 미친 영향의 부족한 점을 끄집어내고 있다.

[참고문헌]

魏巍, 『魏巍散文』, 人民文学出版社, 2009.

魏巍, 『东方』, 人民文学出版社, 1985.

杨朔, 『杨朔散文选』, 人民文学出版社, 2009.

陆柱国, 『上甘岭』, 大众文艺出版社, 2009.

路翎, 『洼地上的战役』, 花城出版社, 2009.

巴金, 『巴金经典作品』, 当代世界出版社, 2011.

孟伟哉, 『孟伟哉小说选 』, 人民文学出版社, 2003.

徐朝夫, 『徐朝夫中短篇小说集』, 江苏文艺出版社, 1991.

邓一光, 『 亲爱的敌人』, 作家出版社, 2005.

赵大年, 『赵大年卷』, 福州: 海峡文艺出版社, 1998.

宋学孟, 『十九岁的微笑』, 济南: 明天出版社, 1990.

叶雨蒙, 『黑雪 出兵朝鲜纪实』, 北京文化艺术出版社, 2003.

王树增, 『远东 朝鲜战争』, 北京: 解放军文艺出版社, 2004.

大鹰, 『志愿军战俘纪事』, 北京: 解放军文艺出版社, 1997.

제3부 조선인/한인에 의한 한국학의 전파 및 한중교류

나의 국어학의 향방과 한국어 교육

목정수
(서울시립대학교 국어국문학과 교수)

1. 논의의 시작

일찍이 이희승, 이숭녕 선생은 국어학은 과학적 언어학이 되어야 함을 역설한 적이 있다. 과학적이란 말은 객관적인 용어와 누구나 동의할 수 있는 명시적인 언어 그리고 객관적인 기준으로 현상을 앞뒤 모순 없이 일관되게 풀어낼 수 있어야 한다는 것을 가리킨다.

필자의 국어학은 전통적으로 내려오는 국어학의 방법과 실천 중 다소 과학적이지 못한 측면을 발견하면서부터 시작되었다고 할 수 있다. 필자 나름대로 국어학의 새로운 푯대를 세워야 함을 깨닫게 된 것이라 할 수 있겠다.

다음 인용 구절은 필자가 필자 자신의 국어학의 방법론을 소개할 때 즐겨 인용하는 것으로 저명한 국어학자들의 글 몇 토막이다. 이들 선학들의 인용된 글에 대해 필자의 의견을 덧붙일 텐데, 이러한 행위의 목적은 선학들을 무조건적으로 비판하고자 하는 것이 아니라, 이들의 글에도 때로는, 면밀히 검토하다 보면, 문제가 발견될 수 있다는 것이고, 자칫 선학들의 권위주의나 국어학의 도그마에 빠질 수 있는 위험을 경계하는 데 있다. 물론 필자 자신의 논의도 비판 대상이 될 수 있다는 열린 자세에서 말이다. 이렇게 함으로써 우리는 새로운 길을 개척하고 국어학의 전통을 발전적으로 이어 나갈 수 있게 되는 것이다. 연대순으로 인용하고, 이에 대한 비판을 통해 필자의 독자적인 길이 어떻게 열리게 되었는가를 제시하고자 한다.

김형규(1968: 190~191), 『이숭녕 박사 송수기념 논총』, 을유문화사

"아마도 이들 낱말이 영국인의 언어의식에 반영되는 것은 우리에게 우리말 조사 '이, 을, 에게'들이 반영되는 것과 같은 정도라고 생각된다. 그것은 서구 사람들이 우리말 조사를 볼 때, 이를 Postposition이라고 부른 것으로 미루어 짐작이 가는 것이다. 다시 말하면, 우리말의 체언은 오직 실질적 의미(substantive meaning)만 가지고 있을 뿐이고, 형식적 의미(formative meaning)를 가지지 못했다. 여기에 '이, 을, 의, 에게, 이(다)'들의 조사가 붙어야 비로소 주어, 목적어, 관형어, 부사어 또는 서술어까지 될 수 있는 것이다. 그러므로 문장의 성분을 말할 때는 체언에서 조사를 떼고서는 생각할 수 없다. 그러나, 품사론(morphology)의 관점에서 볼 때 '사람, 꽃'들 체언 그 자체가 하나의 낱말임이 틀림없다. 여기에 이들 낱말 즉 체언과 조사의 문법적 처리에 어려움이 있는 것이다. 그리고 굴절어였던 것이 체언에서 차차 굴절의 성격을 잊어버리고 전치사가 중요한 구실을 하게 된 영어의 경우가 우리에게 크게 참고될 것으로 믿는다."

여기에 대해서는 소소하게 형식적 의미를 'formative meaning'이라고 한 것이 눈에 거슬린다는 점과 무엇보다도 인구어의 전치사에 대한 이해가 불충분하여 국어에서 단순히 체언 뒤에 오는 요소들 조사를 전부 다 이에 대응되는 후치사로 보고 있다는 것을 문제로 지적할 수 있겠다. 특히, '이다'를 여기 후치사류에 포함시킨 것은 '이다'를 서술격조사로 보아 왔던 전통에 기인하는 듯한데, 설사 그

렇다 하더라도, 이를 인구어의 전치사의 구실과 관련지어 보는 것은 심각한 문제라 아니 할 수 없는 것이다. 해당 요소들의 분포 관계를 따져 보는 작업이 부족했고 전치사의 위치와 기능에 대한 철저한 인식이 다소 결여되어 있음을 알 수 있다.

김석득(1983: 426~429), 『우리말 연구사』, 정음문화사

"4-13. 이 숭녕 중등 국어문법, 고등 국어문법과 종합주의 언어관: 서구 이론에 접근

품사 분류의 세 가지 방법으로, '뜻' '구실', '형태 구조 및 어미변화'를 든다. 이에 따라, 다음과 같은 8품사: '명사, 대명사, 수사(이상, 체언: 어미변화 있음), 동사, 형용사(이상 용언: 어미변화 있음), 관형사, 부사(이상 어미변화 없음), 감탄사(특수 품사)'로 나눈다."(329)

(329) 이숭녕(1961) 中世國語文法에 가면, 같은 8품사 체계인데, 그 내용이 조금 고쳐져 나온다. 곧, 거기에서 고쳐 밝히기를, '후치사'를 신설하고, 대신 '관형사'는 형용사 속에 넣는다고 했다.

"'존재사'의 부인은 박 승빈, 이 희승님의 '존재사'설에 대립하고, '지정사(잡음씨)'의 부인은 최 현배 님의 '잡음씨'설에 대립한다. 이 님은 '존재사'를 '형용사'로, '지정사'를 체언 격변화의 '서술격'으로 처리했다."(330)

(330) 이숭녕(1961) 中世國語文法에 가면, '지정사'는 '존재사'와 함께 '형용사'에 넣었다고 고쳐서 밝혔다.

여기 인용된 것은 이숭녕 선생의 이론 체계인데, 필자는 이에 대해서 두 가지를 비판하고자 한다. 첫째, '이다'의 품사론을 두고 '지정사'와 '형용사' 사이에서 왔다갔다한 점과 둘째, '관형사'의 범주에 대해서도 확고한 입장이 서지 않았다는 점을 지적할 수 있다. 이러한 이숭녕 선생의 불분명하고 비일관적인 태도에 영향을 받아, 후에 국어학에서 '관형사'와 '형용사'를 분리 혼동하는 결과를 낳았다는 점을 지적할 수 있다. 또한 '이다'의 품사 설정 문제에 있어서도 일본어의 'だ'와 잘못 비교하는 바람에 '이다'를 '서술격조사'로 보는

전통이 고착화되는 데 일조했다고 봐도 과언이 아닐 것이다. 다시 말하건대, 한국어에서의 문제는 '이다'의 '이-'인데, 자칫 문제의 중심이 다른 데 가 있다 보니, '서술격'이란 모순된 용어가 자리잡게 된 것이다.

남기심·고영근(1993: 105), 『표준 국어문법론』(개정판), 탑출판사

이 때의 '가, 를'의 기능은 격조사라고 하기보다는 보조사적이라고 하는 것이 온당해 보인다. 이상의 보조사들은 명사, 부사, 용언의 연결어미에 두루 쓰이므로 통용보조사라고 한다. 그런데 보조사 가운데는 문장 끝에만 쓰이는 것이 있다.

(13가) 봄이 왔어요. (…) (13가)의 '요'는 높임의 뜻을 표시하고 (…) 이런 보조사를 앞의 통용보조사에 대해 종결보조사라고 한다.

여기서는 조사 '가'와 '를'에 대해 보조사적 기능을 확실히 인정하고 있는데, 오히려 이렇게 함으로써 내적 모순을 안게 되었다는 점을 지적할 수 있다. '떨어지지가 않는다'나 '놀러를 가다'에서의 '가'와 '를'의 용법을 보조사적이라고 한다면, 그러한 용법 이외에서의, 즉 '봄날이 가다'나 '가을을 즐기다'의 '가'와 '를'과 교체되는 '봄날은 간다'나 '가을도 즐기세'의 '는'과 '도'는 다시 격조사적이라고 보는 것이 온당하다는 것인가라는 모순에 부딪힐 수밖에 없게 된다. 또한 높임의 뜻을 표시하는 '요'라는 보조사를 종결보조사라고 했는데, '제가요 숙제를요 다요 못했어요'에서의 밑줄친 '요'는 종결보조사가 아닐 텐데, 이는 통용보조사인가? 그렇다면 통용보조사로서의 '요'와 종결보조사로서의 '요'가 다른 것인가 하는 모순에 처하게 되는 것이다.

이익섭·임홍빈(1983: 163~164), 『국어문법론』, 학연사

특수조사 중 '은/는'과 '도' 및 '조차' 등은 주격과 대격의 자리에서는 반

드시 그 조사를 생략시킨다. 그러나, '만, 까지' 등은 그렇지 않다. (…) 이상에서 결국 어떤 격의 자리에 특수조사가 단독으로 쓰인 것은, 어떤 특수조사와 격조사는 한 자리에 어울리는 것을 기피하는 현상에 말미암은 것으로, 비록 격조사가 그 자리에 안 쓰였어도 격은 그 생략된 격조사가 담당하는 것이며, 특수조사는 그 조사들 하나하나가 담당하고 있는 의미적 기능을 나타내 준다는 것이 밝혀진다. 따라서, 우리가 특수조사에 가지게 되는 그 일차적인 관심은 각 특수조사가 어떠한 의미를 대표하고 있는가 하는 점이다.

특수조사와 격조사가 한 자리에 어울리는 것을 기피하는 현상이라고 했을 때, 어떤 격조사와 특수조사는 어울리고 어떤 격조사와 특수조사는 어울리지 않는지, 그리고 그 위치는 어떠한지에 대해 명확히 했어야 한다. 따라서 소위 '주격조사'라고 하는 '가'와 특수조사 '는'은 결합할 수 없는데도, 원래는 '가'가 있어서 격 기능을 담당하고 '는'은 의미적 기능을 하는 것이라고 하는 것과 같다. 따라서 그 심층구조는 불가능한 결합체 [*철수-가-는]으로 보고 있는 셈이다. 조사 '가'와 '는'이 상보적 분포(complementary distribution)를 보이는 것의 참뜻을 이해했어야 할 것이다.

2. 나의 국어학의 향방

앞 장에서 길게 직접 인용한 글들은 국어학계의 대가들께서 서술하신 것들이다. 필자가 이에 대해 토를 달고 지적하고자 했던 것은 이 부분을 잘 관찰해 보면, 몇 가지 내부적으로 문제가 있다는 것이었다. 필자의 2003년에 지은 『한국어 문법론』과 2009년에 지은 『한국어, 문법 그리고 사유』를 보면 충분히 짐작할 수 있을 터인데, 필자는 이러한 국어학 전통의 내부적 모순과 문제에 대해 과감히 문제를 제기하고 비판을 가해 왔고 이제는 그 비판의 수위를 한층 높이고 있다. 그리하여 때로는 배척도 많이 받았지만, 그 파장은 적지 않았을 것으로 짐작된다. 대가들에 비해 필자의 처지가 변변치 못했지만, 중심과 주변의 논리, 하이브리드, 융합의 경향 등 철학적/사상적 사조에 힘을 얻어서 필자는 기존 국어 문법 체계에서 납득이 잘 안 가는 점에 정면으로 도전하여 시정해 보고자 노력해 온 것이다. 지금은 그래도 많은 젊은 학자들이 필자의 논의에 공감을 표하고 주목을 하고 있는 것으로 알고 있다.

1) 전통 국어학에 대한 나의 의문과 문제의식

자 논의를 좁혀, 국어 조사와 관련하여 필자가 품은 의문들과 그걸 어떻게 해결하고자 했던가 하는 필자의 학문 역정을 간단히 소개하도록 한다. 필자는 조사에 관한 선행 연구들을 읽어 나가면서 거기에는 일부 타당한 점들도 많이 있지만, 내부적으로 순환론의 오류에 빠지고, 앞뒤가 맞지 않는 모순적인 논의가 있다는 점에 주목하게 되었다. 한마디로 정리해서 말하자면, 조사 하나하나에 대한 연구가 과학적이려면 그 출발점이 분포 조사에서 시작되어야 하는데 현실이 그러지 못했다는 것이었다. 조사의 분포에 관한 연구가 더러 있긴 했지만, 대개 주로 '격조사' 무엇 무엇과 '보조사' 무엇 무엇은 이러한 분포 현황을 보여준다거나, 어떤 조사는 어떤 조사와 결합하지 못하는 제약이 있다거나 하는 식으로 기술되곤 하였다. 다른 한편에서는 어떤 조사에 대해, 격조사다, 후치사다, 특수조사다, 보조사다 하는 일종의 이름 싸움이 벌어지고 있(었)다.

필자는 먼저 학계 전체가 기본 개념에서부터 충실하지 못한 것 아닌가 하는 생각이 들었다. 학계에서 다들 '분포(distribution)'란 말을 많이 쓰고 있긴 하지만, 그에 대한 정확한 이해가 부족한 듯했다. 분포란 어떤 주어진 요소가 나타날 수 있는 환경의 총화인데, 대개는 부분적인 환경을 따지는 것으로써 주어진 단위의 지위/위상을 정립하는 측면이 강했다. 분포를 전혀 고려하지 않은 것은 아니기 때문에 다 틀렸다고 할 수는 없지만, 전체적으로 보면 문제가 없을 수가 없는 것이다. 또한 분포를 따질 때, 주어진 요소의 왼쪽 환경만 고려했지 오른쪽 환경은 고려하지 않는 경향이 강했다. 그런데 우리말 한국어는 오른쪽으로 갈수록 더욱 중요한 요소들이 나오게 되어 있는 구조를 가지고 있다. 예를 하나 들어 보자. 우리말의 종결어미 '-어'와 '-다'가 있다고 했을 때, 그 차이가 무엇일까? 그 차이를 어떻게 드러낼 수 있을까? 벌써 종결어미라는 명칭으로 이들 둘을 묶어 부르고 있는 데서도 알 수 있듯이, 이들은 분포에 있어서 문장을 끝낼 수 있는 위치, 즉 문말에 올 수 있다는 공통점이 있다. 이 때문에 종결어미로 묶일 수 있을 것이다. 너무나 당연하다고 볼 수 있다. 그러나 이들의 차이는 바로 이들 뒤에서 어떤 일이 벌어지는지를 살펴본 연후에나 드러나게 되어 있는 것이다. 즉, 종결어미 '-어' 다음에는 소위 특수조사라고 하는 '요'를 빼고는 다른 어미들이 결합하기 어렵다. 그에 반해, 종결어미 '-다' 뒤에는 거의 모든 종류의 어미들이 붙을 수 있다.

(1) 가. *먹어면서, *먹어더니, *먹어고, *먹어지만, *먹얼까?, *먹어시니? …

나. 먹는다면서, 먹는다더니, 먹는다고, 먹는다지만, 먹는달까? 먹는다시니? …

이를 '-고 하-'의 생략이나 융합 등으로 설명하는 것은 그 타당성을 차치하고, 그 다음으로 중요한 일에 불과하다. 먼저 가장 중요한 것은 이러한 분포 관계를 관찰할 수 있는 눈을 가져야 한다는 것이다.

이런 문제의식을 가지고 우리 국어의 조사체계를 살펴보면, 수많은 논저들의 허와 실을 잘 들여다볼 수 있다. 필자는 특히 어떤 예문을 둘러싼 문법성 판단과 관련된 직관의 문제나, 예문의 조작 가능성 등이 사실 다 언어학적 입장/배경, 이데올로기와 관련된 문제라는 것을 깨닫게 되었다. 이때부터 언어학은 필자에게 순수학문이란 딱지가 얼마나 부질없는가 하는 점이 선명히 다가왔고, 언어학도 이제부터는 '언어정치학'적 측면이 굉장히 중요한 것이고, 이를 고발하고 들춰내는 메타언어학이 그 어떤 분야보다도 중요할 수밖에 없겠구나 하는 점을 알게 되었다. 필자는 바로 이런 입장에서 국어의 조사, 어미 체계를 따져 보고자 했다. 성근 면이 없지 않아 많지만, 그래도 전체 윤곽을 잡아보려고 노력했던 것이다.

2) 나의 국어학 여정

여기서 잠시 논외로 벗어나, 그러면 어떻게 필자가 이러한 시각을 갖게 되었는가에 대해서 몇 마디 설명을 베풀어 볼까 한다. 필자는 국어학을 국어학에서 시작하지 않은 사람이다. 필자는 서울대 언어학과에서 일반언어학과 주로 불어학을 공부했다. 대학원 과정에서 필자가 가장 즐겨 읽은 책은 소쉬르(Saussure)와 기욤(Guillaume)이란 언어학자의 저서들이었다. 독자들은 아마 소쉬르는 익숙하지만, 기욤은 생소할 것으로 생각된다. 기욤은 불란서 학계에서 가장 영향력 있었음에도 불구하고 가장 덜 알려진 불운의 스타라고 할 수 있는, 독창적인 후기구조주의 언어이론인 '정신역학론(psychomécanique du langage)'을 주창한 사람이다. 여하튼 필자는 대학원 시절부터 기욤 공부에 특별히 힘을 쏟았었는데, 그 이유는 그의 이론이 매우 어렵지만 소쉬르를 넘어서고자 했던 이론이었고, 언어직관에 가장 가까이 다가간 이론처럼 느껴졌기 때문이었다. 그 당시에 필자는 불어를 배우고 그에 대해 논문을 쓰는 것에 온 신경을 쓰고 있었는데, 기욤의 이론을 공부하고 있노라면, 마치 불어 모어 화자의 젖가슴을 만지고 있는 것 같은 착각이 들 정도로, 그 설명력이 매혹적이었다. 필자는 불어의 관사 문제를 주제로 석사논문을 쓰고 나서 서울대 불문과의 홍재성 교수와 한국어 동사 구문에 관한 연구 작업에 참여하게 되면서, 그로스(Maurice Gross)의 어휘-문법을 공부했고, 서술명사, 기능동사 구문 등에 관한 점을 공부해 나갔다. 그러면서도 그쪽에서 잘 설명하지 못하는 부분이 기능동사 구문에서 나타나는 한정사(determiner) 제약인데, 모어 화자가 아닌 필자로서는 속수무책이었다. 하지만, 이와 관련된 문제의식은 필자의 마음 한 구석에 남아 있었다. 그런 영향에서였을까, 필자는 박사학위논문을 루마니아아어의 기능동사 구문에 대해 썼다. 현실적으로 그게 가장 손쉬운 작업이었을지도 모르겠지만, 이미 이론적으로 어휘-문법을 섭렵한데다가, 어느 정도 설문조사를 통해 자료를 모으는 일을 할 수 있었고, 그를 나름대로 설명해 내면, 루마니아어 학계에서 전혀 관심을 기울이지 못하고 있던 문제에 대해, 외국인으로서는 학위논문으로 꽤 괜찮은 것이 되지 않을까 생각했던 것이다. 여기서 필자가 박사학위 논문과 관련하여 장황하게 늘어놓은 것은 그것을 자랑하려는 것이 절대 아니다. 루마니아어를 공부하면서 필자도 모르는 사이 우리 국어와 관련된 여러 가지 현상이 새롭게 인식되는 전기가 마련되었다는 점을 소개하기 위한 것이다. 루마니아어를 공부하면서 몇 가지 느낀 것이 있었다. 첫째는 루마니아어가 불어에 비해 쉽다는 것이다. 필자는 언어학자로서 왜 그렇게 느껴질까에 대해 문제의식을 갖게 되었다. 이글을 통해 이런 문제의식이 의미하는 바가 무엇인지 자연스럽게 드러날 수 있기를 기대해 본다. 둘째, 앞의 것과 관련이 되지만, 루마니아어에서는 정관사가 명사에 후치된다는 사실이다. '어라, 후치관사가 있다더니, 이 언어가 정말 그러하네!!' 참 생소한 현상이었는데, 오히려 필자는 이러한 정관사를 사용하기가 너무 자연스럽고 쉬웠다. 함께 공부했던, 미국 친구나 불란서 친구, 아랍 친구들은 꽤나 어려워들 하였다. 저기 극동의 변방 출신이 다른 동계 언어권 학습자들보다 루마니아어를 더 빨리 더 잘 하게 되니 다들 놀라움을 금치 못하는 표정들이었다. 그러나 필자는 속내에서 그럴 만한 이유가 파악이 되고 있었다. 한마디로 하면, 루마니아어가 한국어와 많이 닮아 있다는 것이었다. '아 바로 이것이다. 유레카!' 필자는 그렇다면, 석사 때부터 고민했던 관사의 문제가 인구어에서만 있던 것이 아니라 한국어에서도 있을 수 있는 것이고, 후치관사를 고려하면, 한국어에서 관사의 문제는 명사의 후치요소에 의해 해결되고 있을 것이라는 추론을 하게 되었다. 그것은 바로 국어 조사의 문제였다. 생각이 여기에 미치자, 필자의 가슴은 쿵쿵 뛰기 시작했다. 그래서 따져 보았다. 무엇을 말인가? 조사류의 체계를 말이다. 어떻게 말인가? 개별 조사들의 분포 관계를 통해서 말이다. 조사들을 세로축, 가로축으로 쭉 늘어놓고 그들의 분포관계를 보여주는 행렬(matrix)을 작성해 보았다. 그 결과, 나는 놀랍게도, {가, 를, 도, 는, 의}가 기본적으로 하나의 부류(class)를 형성하고 있음에 주목하게 되었다. 이는 단지 분포 조사만을 통한 작업 결과였다. (한국 개그맨이 하던 말, '조사하면 다 나와'라는 말이 유행한 적이 있는데, 정말 조사하면 다 나온다는 사실을 실감했다.^_^) 처음에 '의'를 후치관사류에 넣기가 참 어려웠다. 고민이 많아서, 필자 자신도 논문에서 갈팡질팡한 적이 있었다. 그러나 2000년도 초중반에 와서야, '의'에 관한 논문을 마무리 지으면서 국어의 한정조사 체계를 완결 지을 수 있었다(목정수, 2009 참조).

3. 나의 국어학은 한국어 교육에 어떻게 기여할 수 있는가?

여기서 한국어학을 전공하고자 하는 중국 대학원생들을 대상으로 필자의 학문 역정을 비교적 솔직하게 소개한 까닭은 이러한 필자의 국어학적 주장이 외국어와의 비교를 통해서 나왔고, 그 결과가 이제 거꾸로 외국어로서의 한국어 교육에 재적용될 수는 없는가를 점검해 보고자 해서이다. 논의를 좁혀 중국어를 모어로 하는 한국어 학습자들에게 어떻게 한국어를 교육하는 길이 최선일까 하는 문제에 대한 답을 찾아보기 위함도 그 의도 중의 하나가 될 것이다.

한국어 교육을 하는 학자들이 주로 많이 하는 작업으로 오류 분석(error analysis)이란 게 있다. 학습자들의 일차 언어 자료를 보면, 오류가 일정한 비율로 나타나기 마련인데, 그러한 현상이 일어나는 이유를 모어와의 관계 속에서 밝혀내어 외국어 교육에 활용하자는 게 오류 분석의 목표이다. 필자는 이와 관련하여, 중국인 학습자가 한국어를 할 때, 주어를 과도하게 사용하는 현상과 조사 '가'를 조사 '는'보다 빈번하게 사용하는 사례를 통해 왜 그러한 현상이 일어나게 되었는가를 진단해 보고, 그러면 어떻게 가르칠 것인가 하는 문제를 동학들과 함께 생각해 보고자 한다. 이를 통하여 한국어 어미를 포함한 문법요소 교육의 중요성을 자연스럽게 드러낼 수 있을 것으로 기대하기 때문이다.

필자는 한국어의 문장관을 바꿀 필요가 있다는 점을 여러 곳에서 주장한 바 있다. 대개 우리가 문장이라고 하는 것은 단문을 중심으로 그것도 서술어를 중심으로 논항 또는 부가어가 실현된 다음과 같은 형식을 전형적인 문장으로 보고 있는 듯하다.

(2) 철수가 영희를 사랑한다.

(3) 내가 호랑이가 무섭다.

(4) 철수가 영희에게 미희의 소개를 한다.

그러나 필자는 한국어의 문장은 이렇게 실현되는 것이 아니라고 본다. 위에 든 예들은 일종의 인공물인데, 일본 학자들은 이를 보통 작례(作例)라고 부른다. 필자는 이러한 작례를 문장의 전형으로 생각하고 그에 대한 통사론을 펼치는 것은 마치 논리학자가 '철수가 영희를 사랑한다'를 형식 논리 "L(x, y) x=철수, y=영희"로 바꾸어 놓고 그것의 진리치를 따지는 작업과 유사하다고 보았다. 즉 실제로는 문장이 아닌 명제 내용을 대상으로 하면서도 문장을 분석하고 있다는 착각을 하고 있는 셈이라는 것을 지적하였다. 지금은 생성문법도 자체적으로 많은 발전을 한 것이 사실이지만, 초창기 생성문법에서 수형도로 '철수가 영희를 사랑한다'의 문장을 분석해 도시하고 있는 것을 보면, 필자가 여기서 명제 분석이라는 것의 참뜻을 쉽게 이해할 수 있을 것이다.

(5)

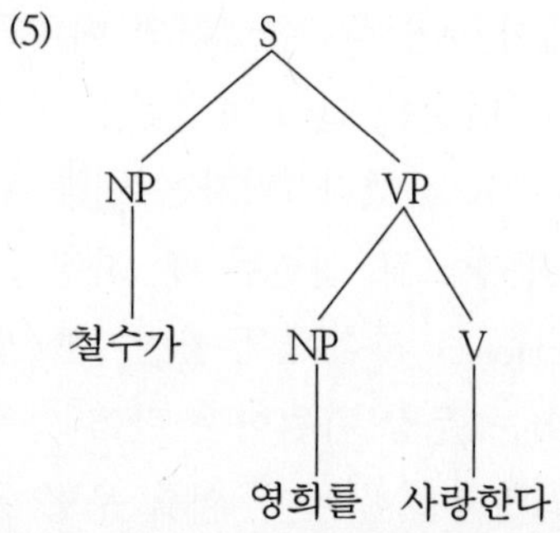

필자는 한국어의 실제 문장은 이렇게 실현될 수도 있지만, 그렇지 않은 게 훨씬 많다고 보고 있다. 따라서 이러한 문장관을 바탕으로 한국어를 배운 중국 학습자들은 필요 이상으로 다음과 같은 유형의 문장을 많이 발화하게 된다.

(6) 안녕하세요? 제가 중국 학생입니다.

(7) 선생님, 도와주시면 제가 고맙습니다.

더 자연스러운 문장은 다음과 같은 것일 것이다.

(6') 안녕하세요? 저는 중국 학생입니다.

(7') 선생님, 도와주시면 고맙겠습니다.

한국어 문장에 최소의 필수적인 것이 무엇인가라는 질문을 던져 보자. 물론 서술어를 들 가능성이 높다. 그러나 더 중요한 것은 어미이다. 서술어는 대용어 '거시기(하다)'로 다 대체가 될 수 있지만, 어미는 그럴 수 없다. 즉, 문장의 핵심은 어미라고 해야 할 것이다. 핵하면 어휘적 핵을 떠올리기 쉬운데, 여기서는 그야말로 (문법적) 핵을 말하고 있는 것이다. 필자가 주로 쓰는 용어로는 '뼈대', '골격'이 되겠다. 그러면, 한국어의 그 많은 어미 또는 어미의 결합체들을 어떻게 봐야 할 것인가의 문제가 제기된다. 즉, 한국어의 어미들의 체계를 세우는 작업이 필요하고, 그 어미들을 언어 보편적인 시각에서 설명해 낼 수 있을 것이 요구된다고 하겠다. 필자는 이를 위해 우선 어떤 유형의 언어이든지 간에 문장으로 실현될 때, 가장 기본적으로 요구되는 것, 즉 범시적(panchronic) 사실이 무엇인가를 생각해 보았다. 그 범시적 사실이란, 언어는 문장 차원이든 단어 차원이든 발화한다는 것은 무엇인가를 가리킨다는 것이다. 이를 문법 용어로 말하자면 '인칭(person)의 (실현)문제'라고 할 수 있다. 프라그 학파의 학자들은 이를 일찍이 "토픽+코멘트" 구조로 이야기한 바 있다. 어찌됐건, 인칭의 실현 문제에서 한국어가 자유로울 수는 없는 법이다. 그런데, 현행 우리의 국어문법 체계를 보면, 주어, 목적어 등 성분의 생략이 빈번하여, 예를 들면, 주어 인칭이 문맥에 의해 파악될 수밖에 없는 맥락 의존형 또는 주제 부각형 언어로 그 특성이 밝혀져 있다. 이러한 기술을 나름대로 재미있게 해석해 보면 다음과 같은 식으로 풀어볼 수도 있겠다. '한국 사람은 주어가 생략되어도 대충 문맥이나 상황을 통해서 알 수 있다. 한국인은 눈치가 빠르다.' 그러나 필자는 이런 식의 사고를 지양한다. 언어학자가 언어학적으로 문제를 풀 수 있어야 한다는 생각과 입장에서. 필자는 한국 사람이 소위 주어가 빠져도 발화된 내용이 누구 혹은 무엇에 관한 것인지를 금방 알 수 있는 것은 언어 자체에 그에 대한 정보가 담겨 있기 때문으로 본다. 대충 잔머리를 굴려 알아내는 것이 아니라 언어적 힌트, 좀 유식한 말로 하면 인칭 체계가 구조화되어 있다는, 즉 언어적 단서를 통해 안다는 것이다. 그러한 정보를 담당하는 것이 바로 어미를 비롯한 문법요소들, 즉 보조동사, 선어말어미, 의존명사, 조사 등등이 될 것임은 자명하다 하겠다. 이처럼 한국어 문법의 핵심을 이루는 이러한 풍부한 문법요소들 덕택에, 마치 구멍이 숭숭 난 것처럼 보이는 간단한 형식의 문장을 사용하면서도 다 뜻을 펼치고 이해할 수 있는 것이다. 우리는 자칫 서양말을 중심으로 잘못 비교해서 얻게 된 왜곡된 시각, 즉 성분 생략, 논항 생략의 문제를 다시 반성적으로 검토해 볼 필요가 있다. 먼저 다음 예문을 보자. (8)의 불어, 이태리어, 영어의 기본 문장이 한국어에서 어떻게 다양하게 표현될 수 있는가를 (9)를 통해 보고, (9)의 기본 구조가 무엇인가에 대해 되씹어 보고자 한다.

(8) 가. Je t'aime.
나. (Io) ti amo.
다. I love you.

(9) 가. 내가 너를 사랑한다.
나. 난 너를 사랑한다.
다. 난 너 사랑해.
라. 당신을 사랑합니다.
마. 나 너 사랑해.
바. 저 당신 사랑해요.
사. 사랑해, 자기. - 저두요.

백지영의 '내 귀에 캔디'라는 유행가의 가사에서도 '워아이니(我爱你), 떼끼에로(Te quiero), 사랑해'라는 말이 나온다. 여기서 이 단순한 가사를 생각해 보면, 필자가 말하고자 하는 것을 금방 이해할 수 있을 것이다.

다음에 제시한 예문을 보고 주어가 명시적으로 나타나 있지 않지만, 누가 또는 무엇이 문제가 되고 있는지 알아보면, 한국어에서 주어 인칭이 어떤 기제로 드러나고 해석되는지를 알 수 있게 된다.

(10) 가. 밥을 너무 많이 먹어서 화가 나 죽겠어요. (3인칭－1인칭)
나. 욕을 너무 많이 먹어서 화가 나요. (1인칭－1인칭)

(10가)에서 '밥을 먹은' 주체와 '화가 난' 주체는 서로 다르고, (10나)에서는 '욕을 먹은' 주체와 '화가 난' 주체는 일치한다. '밥 먹다'와 '욕 먹다'의 동사 의미와 '화 나다'와 선어말어미 '겠'의 결합에 의해 인칭의 관계가 달라지는 것을 알 수 있다.

다음 (11)과 (12) 예문에서도 주관 보조동사 '－고 싶다'나 주관동사 '춥다'에서 '겠'이 인칭 분화에 어떻게 작용하는지를 볼 수 있다.

(11) 가. 술 먹고 싶어 죽어요. (3인칭 행위자)
나. 술 마시고 싶어 죽겠어요. (1인칭 행위자)

(12) 가. 어, 추워! (1인칭)
나. 야, 춥겠다! (3인칭)
다. 춥니? (2인칭)

다음 (13)을 통해서 주어 인칭이 어떻게 달라지는지 살펴볼 수 있는데, 자세한 설명은 생략하고 (14)와 (15)로 대신하기로 한다.

(13) 가. [저는 [아파서] 여행 못 갔어요].
나. [[제가 아파서] 여행 못 갔어요].

(14) 가. [저는 [e 아파서] 여행 못 갔어요]. (e = 1인칭)

나. [[제가 아파서] e 여행 못 갔어요]. (e = 1인칭/3인칭)

(15) 가. [저는 [동생이 아파서] 여행 못 갔어요].

나. [[제가 아파서] 가족들이 여행 못 갔어요].

다음은 객관 행위동사와 종결어미 '-(는)다'가 결합할 때 어떤 인칭의 해석이 나오는가를 통해서, 기본적으로 종결어미 '-(는)다'는 3인칭성을 띠고 있음을 보여주고자 한다. (16가)처럼 명시적인 주어가 없을 때 기본적으로 3인칭에 관한 발화로 해석된다는 점이다. '간다'라는 발화체를 들었을 때, 청자는 화자를 보는 것이 아니라 제3자의 행위에 주목한다는 뜻이다. 꼭 1인칭 화자가 행위자임을 표시하기 위해서는 대상화된 화자를 표시하기 위해서 '나'라는 대명사를 반드시 사용해야 한다. (16나)처럼.

(16) 가. 간다!

나. 나 간다.

종결어미 '-(는)다'가 3인칭성을 띠고 있는 이유가 구조적으로 밝혀져야 하는데, 한국어 어미 전체 체계에서 구조적으로 종결어미 '-(는)다'는 '-(느)냐, -자, -(으)라, -(으)려'와 더불어 접속·인용의 성격을 띠고 있는 것을 파악할 수 있는데, 그걸 보면 그 이유를 짐작할 수 있다.

다음 예문을 통해서는 한국어의 어미의 쓰임에 따라 어떤 순서의 제약이 있는가 하는 흥미로운 점을 알 수 있고, 바로 어미가 문장에서 가장 중요한 역할을 하고 있음을 실감할 수 있을 것이다. '바쁘다 바빠'는 되지만, '*바빠 바쁘다'는 안 된다는 것이다.

(17) 가. 얼씨구, 좋구나 좋아.

나. 아이구, 바쁘다 바뻐.

다. 잘 했군 잘 했어, 그러게 내 마누라지.

다음은 보조사 '요'의 결합 여부를 통해서 감탄형 어미 '-군'과 '-구나'의 차이를 알 수 있을 것이다. 왜 '-군'이 '-구나'에 비해 3인칭성이 강한가 하는 문제를 '요'의 결합 여부를 통해 해결할 수 있을 뿐만 아니라 '-군'이 더 혼잣말 같은 느낌이 강한 이유를 또한 알 수 있다.

(18) 가. 예쁘군!

나. 참 예쁘시군요!

다. 너 오늘 참 예쁘구나!

다음은 문장을 구성할 때 간접명령문과 직접명령문에 따라 조사가 어떻게 달라지는지, 즉 문장 구성에서 어말어미와 조사가 맺는 상관관계에 대해서 알 수 있게 해 주는 예문들이다. 이는 한국어 통사론 연구에서 새롭게 주목 받아야 할 부분들이다.

(19) 가. 산 자여 나를 따르라!

나. 젊은이여 청바지를 입으라!

다. 가서 잠이나 자, 인마!

라. 몸도 찌뿌드드한데 어디 가서 안마나 할까?

한국어는 보조동사를 통해서도 인칭 관계가 표현된다. 명시적인 명사 논항을 통한 것보다 문법요소인 보조동사 구성을 통해 여격의 인칭 관계가 드러난다는 것이다.

(20) 가. 나를 구해!

나. 나를 구해 줘!

다. 구해 줘!

(21) 가. 나에게/날 위해 책 좀 읽어!

나. 나에게 책 좀 읽어 줘!

다. 나 책 좀 읽어 줘.

라. 책 좀 읽어 줄래?

마. 책 좀 읽어 드려라, 인마!

바. 책 좀 읽어 다오.

사. 책 좀 읽어 주세요!

이상의 자료를 보면, 한국어의 인칭의 문제가 다양한 방식으로 실현된다는 점, 더욱 중요한 것은 아주 체계적으로 실현된다는 점을 알 수 있다. 필자는 이를 인칭의 근원생성 측면에서 발생학적으로 '굴절인칭 → 동사인칭 → 대명사인칭'의 순서와 차원을 나누어볼 필요가 있다는 점을 주장하였고, 이를 기반으로 한국어의 어미를 체계화할 수 있다고 보고 있다. 한국어는 기본적으로 행위자 인칭과 화자가 청자에 대해 맺는 화청자 인칭이 두 겹으로 이루어져 있고 때로는 이 둘이 한데로 합쳐지기도 하고 분리되어 나타나기도 하는 것이다. (22가)에서 '드시다'를 통해 행위자를 3인칭화하여 높이고 그 행위자를 다정다감한 말상대로 놓고 이야기 하는 구조가 동시에 실현되어 있음을 알 수 있다. 따라서 (22가, 나)의 문장은 전통적인 시각에서 보면 비문으로 처리할 수 있겠지만, 비문이 아니라 오히려 한국어의 인칭 구조의 이중성이 어미를 통해 체계적으로 실현되고 있음을 보여주는 예라 할 수 있겠다.

(22) 가. 할머니, 벌써 다 드셨어?

나. 손님, 이 옷이 훨씬 잘 어울리세요.

그리하여 다음과 같은 미묘한 뉘앙스를 갖는 문장이 만들어지게 되는 것이다. 영화 '친절한 금자씨'의 명대사가 아니던가.

(23) 가. 너나 잘 하세요.
나. 당신이나 잘 해.

4. 마무리

지금까지 국어문법을 공부하면서 필자가 가지게 된 여러 의문점들을 제시하고, 그를 둘러싼 논의가 어떻게 전개되어야 할 것인가에 대해서 필자 나름대로 길을 열어보고자 하는 고심의 흔적을 보여주고자 했다. 어떤 부분은 너무 과격하기도 하고, 어떤 부분은 참신하기도 하다는 평이 엇갈릴 수 있겠다. 아무쪼록 필자의 문제의식에 대해서 독자들 모두 다시 한 번 반성의 시간을 갖기 바라고, 중국어와의 비교 연구를 통하여 어떻게 하면 중국어 화자들이 한국어를 쉽게 배울 수 있게 만들 수 있을까 하는 방법을 찾아보고 많이 고민해 보기를 바란다. 필자의 직접적인 해결안 제시도 의의가 있겠지만, 독자들이 간접적으로나마 스스로 그 방법론을 찾을 수 있을 때 그 의미는 한층 더 커질 것이라 믿는다.

[참고문헌]

권재일(2000), 『한국어 통사론』, 민음사.

김현권·목정수(1992), 『소쉬르의 일반언어학 강의』, 한불문화출판.

남기심·고영근(1993), 『표준 국어문법론(개정판)』, 탑출판사.

목정수(2003), 『한국어 문법론』, 월인.

목정수(2009), 『한국어, 문법 그리고 사유』, 태학사.

서정수(1994), 『국어문법』, 뿌리깊은나무.

이익섭·임홍빈(1983), 『국어문법론』, 학연사.

허용 외(2009), 『한국어 교육의 이해』, 한국문화사.

홍종선 외(2004), 『한국어 정보화와 구문분석』, 월인.

목정수(1989), 「불어의 영형관사 연구: 심리역학론적 관점을 중심으로」, 서울대 석사논문.

목정수(1996), "Structuri şi Funcţii ale locuţiunilor verbale în limba română contemporană: analiza construcţiilor cu verb suport(CVS)", 부카레스트대학교 박사논문.

北宋使行을 통해서 본 朴寅亮의 문학사적 위상*

鄭墡謨

(中國 해양대학교 한국어학과 교수)

1. 머리말

고려전기에 활동했던 朴寅亮(?~1096)은 탁월한 외교문서 작성 능력과 北宋使行 때 보여준 뛰어난 시문 창작 능력을 통해 중국인들에게까지 주목을 받았던 문인으로, 우리나라의 역대 시문비평가들에 의해서 문학사적으로 높게 평가되어 왔다. 일찍이 李仁老는 『破閑集』을 편찬하면서 우리나라 역대문인 중에서 그 명성이 중국에까지 전해진 대표적인 문인으로 崔致遠과 박인량을 들고 있으며,[1] 崔滋도 『補閑集』에서 박인량이 북송사행 중에 남긴 시를 소개하면서 송나라 사람들도 그의 시문을 모아 편찬하여 지금 세상에 전해지고 있다고 평가하였다.[2] 李齊賢은 『櫟翁稗說』에서 거란과 압록강 유역

---

* 이 글은 『한국한문학연구』 46집(2010)에 게재되었던 글을 수정보완하였다.

1) 李世黃은 「破閑集跋文」에서 "倚酣相語曰, 我本朝境接蓬瀛, 自古號爲神仙之國. 其鍾靈毓秀間生五百, 現美於中國者, 崔學士孤雲唱之於前, 朴參政寅亮和之於後."라고 李仁老의 말을 인용하고 있다.

의 영토 귀속문제가 발생했을 때 이를 해결한 박인량의 외교문서를 소개하면서 이에 대한 평을 하였다.3)

이와 같이 고려시대 시문비평가들은 박인량의 외교문서 작성 능력 및 그가 북송사행 중에 남긴 시문에 주목하고 그의 문학적인 위상을 높게 평가하였는데, 이는 조선 초기의 『高麗史』 편찬자들에게서도 동일하게 나타나고 있다. 박인량이 외교문서를 잘 지어 거란과의 외교문제를 해결했으며, 북송사행 도중에 지은 그의 시문들을 중국인들이 수집하여 간행했다고 하는 내용만으로 「朴寅亮列傳」이 구성되어 있다는 사실이 이를 반증한다. 이처럼 외교문서 작성 능력 및 중국인들에 의해 간행된 『小華集』의 존재를 통해 박인량의 문학사적 위상은 확고해졌다고 할 수 있으며, 이와 같은 평가는 현재 우리문학사 서술에서도 그대로 반영되고 있다.

그러나 북송에서 간행된 『소화집』은 안타깝게도 이른 시기에 失傳된 것으로 보이며, 박인량이 북송사행 도중에 지은 시문을 비롯하여 그가 제작한 각종 공문서 및 저작물 또한 실전되고 겨우 몇몇 작품만이 현존하고 있는 실정이다. 그리고 박인량의 북송사행에 관련된 문헌자료 또한 매우 소략한데, 이들 기록들마저도 많은 오류가 산재해 있어 사실 관계에 대한 면밀한 검토가 요구된다. 그러나 이제까지 우리문학사 연구에서는 박인량에 관련된 문헌자료에 대한 기초적인 자료검증작업조차도 거치지 않은 채 그의 문학사적 위상에 대해서 피상적인 논의만을 거듭해 온 것이 사실이다.4)

본고에서는 한·중 양국의 각종 문헌자료에 산재해 있는 박인량의

---

2) "朴叅政寅亮奉使入中國, 所至皆留詩. ……宋人集其詩成編, 今傳于世."(『補閑集』 卷上)

3) "遼人欲過鴨綠江爲界, 朴寅亮參政修陳情表曰, ……遼帝覽之, 廢其議."(『櫟翁稗說』 後集2)

4) 이제까지의 한국한문학 연구에서는 박인량 및 박인량의 문학 전반에 관한 심도 있는 전문연구가 이루어지지 않았다. 이혜순(2004)은 『고려전기 한문학사』를 서술하면서 「역사의식: 박인량의 애책문과 표문」(209~218쪽)이라고 하여 박인량의 공용문을 소개하고 그 문학적 특징에 대해서 간단히 논한바 있다. 그리고 몇몇 고전소설 연구자들에 의해서 『殊異傳』의 작자 문제에서 박인량 제작설이 검토된 정도이다.

북송사행에 관련된 자료를 수집·정리하여 그의 사행시기 및 경로를 정확히 밝혀내고, 박인량의 시문에 대한 종합적인 검토를 진행하여 그의 문학사적 위상을 재조명하고자 한다. 먼저 박인량의 북송사행에 관련된 고려와 북송 측의 사료를 수집하고 비교·분석하여 이들 문헌자료에 보이는 기록의 진위 문제를 검증하고, 박인량의 북송사행이 두 번에 걸쳐 이루어졌다는 사실을 밝혀내고자 한다. 다음은 박인량의 1차와 2차 북송사행에 대한 정확한 사행시기 및 경로를 밝히고, 이를 바탕으로 그가 사행 도중에 지은 작품들의 제작시기 및 장소를 비정하고자 한다. 마지막으로 이상의 고찰에서 새롭게 밝혀진 사실에 근거하여 현존하는 박인량의 작품에 대한 종합적인 검토를 시도하고, 박인량의 문학사적 위상을 재검토하고자 한다.

2. 박인량의 북송사행에 관한 자료검증

박인량이 북송사행 도중에 지은 시문을 중국 사람들이 수집하여 간행했다는 사실은 『고려사』를 비롯하여 각종 시문비평자료에서 확인할 수 있다. 먼저 『고려사』「박인량열전」을 살펴보면 다음과 같다.

> 박인량은, ……예부시랑이 되어 文宗 34년 호부상서 柳洪과 함께 송나라에 사행을 갔다. ……金覲이라고 하는 자 또한 이 사행에 참가하고 있었다. 송나라 사람이 박인량과 김근이 지은 尺牘·表狀·題詠을 보고서 감탄하는데 그치지 않고 두 사람의 시문을 간행하기까지 했는데, 이를 『小華集』이라고 하였다.5)

5) "寅亮……轉禮部侍郎, (文宗)三十四年, 與戶部尚書柳洪, 奉使如宋. ……有金覲者, 亦在是行. 宋人見寅亮及覲所著尺牘·表狀·題詠, 稱嘆不置, 至刊二人詩文, 號小華集."(『高麗史』卷95)

박인량은 문종 34년(1080)에 예부시랑이 되어 副使신분으로 正使인 호부상서 柳洪과 함께 북송사행을 다녀왔다. 이때 金富軾(1075~1151)의 부친 金覲도 박인량의 사절단에 동행했는데, 북송 사람들이 박인량과 김근이 사행 도중에 지은 尺牘·表狀·題詠 등의 시문을 보고서 감탄하고 이들의 작품들을 모아 『小華集』이라는 이름으로 간행했다고 한다. 유홍과 박인량이 북송에 사행한 사실은 『고려사』의 「文宗世家」[6] 및 『高麗史節要』[7]에서도 확인된다. 이들 사료에 의하면, 박인량 일행의 사절단은 문종 34년 3월에 고려를 출발했으며, 같은 해 7월에 북송황제의 조칙을 가지고 귀국했다.

그런데 문종 34년의 박인량 일행의 북송사행에 관한 북송 측의 문헌자료에서는 고려 측의 기록과 다르게 나타나고 있어 주목된다. 당시 북송의 내외 사정을 비교적 자세하게 기록하고 있는 『續資治通鑑長編』을 보면, 박인량 일행의 사행에 관한 다음과 같은 기록이 보인다.

> 元豊 3년(1080) 정월 25일, 고려국의 사은사를 겸한 조공사 유홍 및 부사 박인량 등 121명이 궁궐(垂拱殿)에 나와 하례하자 각각에게 하사품을 내렸다.[8]

위 기록에 의하면, 유홍과 박인량 일행의 사절단 121명은 원풍 3년(문종 34년, 1080) 음력 1월 25일에 북송의 수도 開封에 도착하여 북송 황제에게 조공하고 하사품을 받고 있었던 것이다. 또한 같은 사료를 통해 박인량 일행의 사절단이 이보다 앞서 원풍 2년(1079) 11월

---

6) "文宗三十四年三月, 遣戶部尙書柳洪, 禮部侍郎朴寅亮, 如宋謝賜藥材, 仍獻方物. ……秋七月癸亥, 柳洪等還自宋, 帝附勅八道."(『高麗史』卷9「文宗世家」)

7) "庚申三十四年(1080)三月, 遣戶部尙書柳洪, 禮部侍郎朴寅亮, 如宋謝賜藥材, 仍獻方物. ……秋七月, 柳洪等還自宋, 帝勅賜王衣服, 錦綺, 銀器."(『高麗史節要』卷5「文宗仁孝大王」)

8) "神宗元豊三年(1080), 春正月己丑(25), 高麗國謝恩兼進奉使柳洪·副使朴寅亮等, 百二十一人見於垂拱殿, 賜物有差."(『續資治通鑑長編』卷302)

에는 이미 중국 明州(現 浙江省 寧波市)에 도착한 사실도 확인할 수 있다.[9)]

이와 같이 북송 측의 사료에는 박인량 일행의 북송사행 일정에 대한 기록이 좀 더 구체적으로 나타나고 있다. 이들 북송 측의 문헌자료와 비교·대조해 보면, 박인량 일행의 사절단이 문종 34년(1080) 3월에 고려를 출발했다고 기록하고 있는 『고려사』 및 『고려사절요』의 내용은 명백한 기록상의 오류라고 판단된다. 당시 고려사절단의 북송사행 여정을 살펴보면, 짧게는 6개월에서 길게는 1년 정도의 시간이 걸렸다. 또한 바람과 조류를 이용해서 항해했기 때문에, 대부분의 북송사행 일정은 가을에 고려를 출발하여 그해 겨울에 북송의 수도 開封에 도착하고, 이듬해 신년하례를 마치고 봄에 다시 개봉을 출발하여 여름에 귀국했다. 실제로 박인량 일행의 사절단 또한 본래는 9월경에 明州지역에 도착할 예정이었지만,[10)] 도중에 풍랑을 만나서 도착이 몇 개월 지연되었던 것이다.

북송 측의 문헌기록을 종합하면, 박인량 일행의 사절단은 문종 33년(1079) 7~8월경에 고려를 출발했지만, 항해 도중에 풍랑을 만나 지연되어 11월에 명주에 도착했으며, 다음해인 문종 34년(1080) 정월에 수도 개봉에 도착하여 1월 25일에 궁궐에 나아가 황제에게 조공을 하고 하례를 받았다. 그리고 다시 귀국길에 올라 4~5월경에 杭州지역에 도착하여 서적 등을 구입하고,[11)] 明州지역을 걸쳐 7월경에 고려에 도착한 것으로 추정할 수 있다.

그런데 『고려사절요』의 肅宗 원년(1096)조에서는 박인량의 사망소식과 함께 그의 북송사행에 관한 내용을 다음과 같이 기록하고

---

9) "神宗元豊二年(1079), 十一月辛夘(27), 明州言, 高麗貢使乞市坐船, 詔以靈飛順濟神舟借之. 又言, 明州象山縣尉張中, 嘗以詩遺高麗貢使, 詔中衝替."(『續資治通鑑長編』 巻301)

10) "神宗元豊二年(1079), 六月乙卯(18), 上批, 高麗恐今歳九月間, 遣使入貢, 可豫選引伴官二員, 令於明州少待其至."(『續資治通鑑長編』 巻298)

11) "元豐三年(1080), 夏四月戊戌(5), 詔杭州, 禁民毋以言涉邊機文字, 鬻高麗人."(『續資治通鑑長編』 巻303)

있다.

> 숙종 원년(1096) 9월에 우복야 참지정사 박인량이 졸하였다. 박인량은 문장이 전아하고 아름다워서 송나라 熙寧 연간(宋熙寧中)에 金覲과 함께 북송에 사신으로 가서갔을 때 저술한 尺牘·表·狀 및 제영시를 송나라 사람이 칭찬하고 두 사람의 시문을 간행하기에 이르렀는데, 이를 『소화집』이라고 하였다.[12)]

송나라 사람들이 박인량과 김근이 지은 시문을 모아 『소화집』을 편찬했다고 하는 내용은, 앞에서 살펴본 「박인량열전」의 내용을 그대로 전재하고 있다. 그런데 여기서는 박인량의 북송사행 시기를 '熙寧 연간(1068~1077)'이라고 기록하고 있어서 주목을 끈다. 앞에서 살펴본 바와 같이, 박인량과 김근이 동행한 북송사행은 元豊 2년(1079)에 출발하여 다음해 귀국했으므로 元豊 연간(1077~1085)의 일이었다. 따라서 『고려사절요』 숙종 원년(1096) 9월조의 '宋熙寧中'은 '宋元豊中'의 명백한 오류라고 할 수 있다.[13)] 그런데 후대에 편찬된 『東國通鑑』은 위와 같은 『고려사절요』의 오류를 그대로 전재하고 있으며, 또한 개인문집이나 각종 詩話書 등에서도 이러한 오류를 그대로 답습하고 있다. 이상에서 살펴본 바와 같이, 북송 측의 문헌자료와 대조해 보면, 「박인량열전」을 비롯하여 박인량의 북송사행에 관련된 우리 측의 문헌기록에 많은 오류가 산재해 있다는 사실을 알 수 있다. 따라서 박인량에 관련된 우리 측의 문헌자료에 대한 보다 철저한 자료검증이 선행되어져야 할 것이다. 그렇다면 박인량의 북송

12) "丙子元年(1096)九月, 右僕射參知政事朴寅亮卒. 寅亮文詞雅麗, 宋熙寧中, 與金覲使宋, 所著尺牘·表狀及題咏, 宋人稱之, 至刊二公詩文, 號小華集."(『高麗史節要』 卷6 「肅宗明孝大王」)

13) 『고려사절요』 문종 34년(元豊 2년, 1080) 3월조에서 이미 박인량과 김근 등의 북송사행 사실을 기술하고 있는데, 여기서 다시 이들 사행을 '宋熙寧中'이라고 기술하고 있는 것은 명백한 기록상의 착오라고 할 수 있다.

사행에 관련된 우리 측의 문헌자료에서 위와 같이 많은 기록상의 오류가 나타나고 있는 것은 무엇 때문일까? 이 문제를 해결하기 위해서는 먼저 한·중 양국의 각종 문헌자료에 산재해 있는 박인량의 북송사행에 관련된 기록들을 수집 정리하고, 이들 자료에 대해서 좀 더 치밀하게 고찰할 필요가 있겠다.

3. 서장관으로서의 1차 북송사행

앞에서 살펴본 바와 같이, 박인량은 부사의 신분으로 북송사행에 참가하여 문종 33년(1079) 7~8월경에 고려를 출발했지만, 항해 도중에 풍랑을 만나 11월에 명주에 도착했다. 그리고 다음해 개봉에 도착하여 1월 25일에 북송황제에게 조공하고, 늦은 봄에 다시 귀국길에 올라 7월경에 고려에 도착했다. 또한 이때 박인량의 사절단에는 김근도 동행했으며, 송나라 사람들이 두 사람의 시문을 모아서『소화집』을 간행했다는 사실에 대해서도 서술한 바 있다.

그런데 崔瀣(1287~1340)의 「送鄭仲浮書狀官序」에서는 박인량의 북송사행이 書狀官의 신분이었다고 기술하고 있어 우리의 주목을 끈다.

> 삼한은 예로부터 중국과 통하여 일찍이 문물이 동일하지 않은 적이 없다. ……사신이 중국 땅에 이르면 그 쪽에서는 朝官을 보내어 국경에서 영접하고 경유하는 주·부에서는 천자의 명으로 예물을 전달해 준다. ……일이 있을 때마다 이 모두 종사관이 表나 狀啓로 陪臣을 대신하여 감사를 올리고 사사로이 재상들을 보게 될 때도 또한 왕복하는 啓와 箚가 많았다. 그렇기 때문에 書記의 소임이 通才가 아니고서는 감당하기 어렵다고 말한다. 앞 시대에 재상을 지냈던 朴寅亮·金富軾과 같은 이들도 일찍이 모두 이 소임을 맡은 바가 있는데, 중국인들로부터 칭찬을 받았다.14)

서장관의 신분으로 원나라 사행을 떠나는 鄭仲浮를 송별하는 글이다. 여기서 최해는 '書記의 소임이 通才가 아니고서는 감당하기 어렵다'고 서장관의 임무를 강조하면서, 재상을 지낸 '朴寅亮·金富軾'과 같은 사람도 일찍이 서장관의 신분으로 중국에 사행한 경험이 있으며, 이때에 중국인들로부터 칭찬을 받았다고 하였다. 최해의 기술에 의하면, 박인량은 부사의 신분으로 북송을 사행하기 이전에 이미 서장관의 신분으로 북송을 다녀왔던 것으로 판단된다. 그런데 위의 최해의 주장과 동일한 내용이 金宗直(1431~1492)의 「送鄭監察錫堅赴燕京序」에도 다음과 같이 보인다.

> 朝聘하는 사신에게는 반드시 서장관이 있는 것이니, 서장관은 바로 옛날 書記의 직임인데, 이는 참으로 두루 통달하고도 민첩한 인재가 아니면 대개는 감당해내기 어렵다. ……이것이 모두가 서기의 손에서 나왔던 것이다. 그런데 인재가 많았던 시기에도 이 임무를 잘 수행했다고 평가받는 이는 參政 朴寅亮과 文烈公 金富軾 등 몇 사람에 지나지 않는다.[15]

최해와 김종직의 기술에 의하면, 박인량과 김부식은 서장관의 신분으로 북송사행에 참가하여 맡은 바 임무를 충실히 수행했던 것으로 판단된다. 그러나 박인량이 서장관의 신분으로 중국사행을 다녀왔다는 기록은 『고려사』 및 『고려사절요』에서 찾아볼 수가 없다. 김부식 또한 仁宗 4년(1126)에 正使의 신분으로 북송에 사행한 사실이 『고려사』에 보일 뿐이며,[16] 그가 서장관의 신분으로 북송사행을

---

14) "三韓古與中國通, 文軌未嘗不同. ……使始至中國, 遣朝官接之境上, 所經州府, 輒以天子之命致禮餼. ……而隨事皆以表若狀, 稱陪臣伸謝, 而其私覿宰執, 又多啓箚往復. 故書記之任, 非通才號難能. 中古國相若朴寅亮·金富軾輩, 皆嘗經此任, 而爲中國所稱道者."(『拙藁千百』 卷2)

15) "朝聘之使, 必有書狀, 書狀卽古書記之任也. 苟非博洽通敏之材, 蓋難能焉. ……是皆出於書記之手. 當人材全盛之時, 號能辦此者, 朴參政寅亮·金文烈富軾數人外無聞焉."(『佔畢齋文集』 卷1)

16) "仁宗四年(1126), 九月乙丑, 遣樞密院副使金富軾·刑部侍郎李周衍如宋, 賀登極."(『高麗史』

다녀왔다는 기록은 보이지 않는다. 그렇다면 최해와 김종직은 박인량이 文宗 33년(1079) 副使의 신분, 김부식이 仁宗 4년(1126) 正使의 신분으로 북송사행을 다녀온 사실을 가지고 서장관의 신분으로 오인했던 것이었을까?

그런데 김부식은 『三國史記』를 편찬하면서 論贊부분에서 자신의 북송사행 경험을 직접 언급하고 있다. 이는 김부식이 우리나라의 의관 및 복식제도에 대해서 논하는 부분으로, 여기서 김부식은 '내가 세 번 중국에 사행했는데(臣三奉使上國)'라고 전제한 뒤, 고려 사신들의 의관이 중국 사람들과 같아서 그곳 관리조차도 자신들을 알아보지 못했다는 일화를 소개하고 있다.[17] 그렇다면 김부식은 正使의 신분으로 북송을 사행하기 전에도 이미 두 번이나 북송사행을 다녀왔으며, 그 중에 한 번은 서장관의 신분이었던 것으로 추정된다. 실제로 김부식은 『三國史記』의 다른 논찬부분에서 자신이 서장관의 신분으로 북송에 사행했던 사실에 대해서도 다음과 같이 밝히고 있다.

> 논하기를, ……政和연간에 우리 조정에서 尙書 李資諒을 송에 보내 조공했을 때, 내(김부식)가 文翰의 임무를 띠고 보좌했는데, 佑神館에 이르러 한 집에 선녀 상이 모셔져 있는 것을 보았다.[18]

여기서 김부식은 자신이 政和 연간(1111~1117)에 李資諒의 서장관으로 북송사행을 다녀왔다고 밝히고 있다. 이를 『고려사』의 기록과 대조해 보면, 북송에서 보내준 大晟樂에 대한 사례를 목적으로 睿宗 11

卷15「仁宗世家」)

17) "我太祖受命, 凡國家法度, 多因羅舊, 則至今朝廷士女之衣裳, 蓋亦春秋請來之遺制歟. 臣三奉使上國, 一行衣冠, 與宋人無異. 嘗入朝尙早, 立紫宸殿門, 一閤門員來問, "何者是高麗人使", 應曰, "我是", 則笑而去. 又宋使臣劉逵·吳拭來聘在館, 宴次見鄕粧倡女, 召來上階, 指闊袖衣·色絲帶·大裙, 嘆曰, "此皆三代之服, 不疑尙行". 於此, 知今之婦人禮服, 蓋亦唐之舊歟."(『三國史記』 卷33「雜志·色服條」)

18) "論曰, ……政和中, 我朝遣尙書李資諒, 入宋朝貢, 臣富軾以文翰之任輔行, 詣佑神舘, 見一堂設女仙像."(『三國史記』 卷12「新羅本紀」)

년(1116) 7월에 상서 이자량 등을 북송에 파견한 사실이 확인된다.[19] 또한 당시 이자량이 북송 徽宗의 시에 和唱한 시가 현존하고 있으며,[20] 이때 사행에서 김부식이 작성한 상당수의 表文도 현존하고 있다.[21] 따라서 김부식이 서장관의 신분으로 북송사행을 다녀왔다고 하는 최해와 김종직의 기록은 역사적 사실에 근거하고 있음을 알 수 있다. 그렇다면 박인량이 서장관의 신분으로 북송사행을 다녀왔다는 기록 또한 사실에 근거하고 있는 것으로 추정해볼 수 있겠다.

그런데 박인량의 막내아들 朴景山(1081~1158)[22]의 묘지명에서는 박인량의 북송사행에 관해서 다음과 같이 언급하고 있어 주목된다.

> 공의 이름은 景山이다. 증조는 太子太傅 琮이고, 조부는 太子太師 忠厚이며, 아버지는 叅知政事 文烈公 寅亮이다. ……공의 조부와 증조부는 모두 문장으로 세상에 이름을 떨쳤다. 문열공이 두 차례 중국에 사신으로 갔는데(文烈公再奉使于中國), 중국 사람들이 감동하여 매번 시문 한 편이 지어질 때마다 판에 새겨서 널리 전했다. 지금까지도 송나라에서 편찬된 책 중에 문열공이 지은 작품이 가끔 보이고 있으니, 이 얼마나 위대한 일인가.[23]

박경산의 부친 박인량이 북송사행 도중에 지은 시문들이 북송에서 간행되어 널리 전해진 사실을 언급하고 있는 부분이다. 그런데 여기서 묘지명의 찬자는 '문열공이 두 차례 중국에 사신으로 갔는

---

19) "睿宗十一年(1116), 秋七月己酉, 遣李資諒李永如宋, 謝賜大晟樂."(『高麗史』 卷14 「睿宗世家」)

20) 「大宋睿謨殿御宴應製」(『東文選』 卷12)

21) 「謝宣示御製詩仍令和進表」(『東文選』 卷34)를 비롯하여 각종 表箋 15편이 『東人之文四六』 및 『동문선』에 전하고 있다.

22) "朴寅亮, 字代天, 竹州人, 或云平州人……子景仁,景伯,景山."(『高麗史』 卷95 「朴寅亮列傳」)

23) "公諱景山, 曾王父大子大傅諱琮, 王父大子大師忠厚, 皇考叅知政事文烈公寅亮.……公之祖曾, 皆以文章名世. 至文烈公, 再奉使于中國, 華人聳動, 每一篇出, 刻鏤盛傳. 至今大宋篇集中, 往往有文烈公所撰, 一何偉哉."(『韓國金石全文』 中世上 「高麗國金紫光祿大夫判衛尉事御書檢討官朴公墓誌銘幷序」)

데(文烈公再奉使于中國)'라고 하여 박인량이 북송에 두 차례 사행한 사실을 밝히고 있다. 박인량의 북송사행에 대해서 그의 아들 박경산의 묘지명에서 언급하고 있다는 점에서도 그가 북송사행을 두 차례 다녀왔다는 위 기록은 역사적 사실에 근거하고 있음이 확실하다. 그리고 앞에서 살펴본 바와 같이 박인량의 두 차례의 북송사행 중 한 번은 다름 아닌 서장관의 신분이었던 것이다.

이상의 고찰을 통해서 우리는 박인량이 부사의 신분으로 정사인 유홍과 함께 문종 33년(1079)에서 34년에 걸쳐 북송사행을 다녀온 사실 이외에 그가 한 번 더 북송에 다녀왔던 사실을 확인할 수 있었다. 그리고 최해와 김종직의 기록을 통해서, 그의 또 한 번의 북송사행은 서장관의 신분이었던 사실을 알 수 있다. 그렇다면 박인량이 서장관의 신분으로 처음 북송에 사행한 것은 언제였던 것일까? 다음은 박인량이 서장관의 신분으로 다녀온 1차 북송사행에 대해서 고찰해보고자 한다.

4. 1차 북송사행 때의 활약상

지금까지 우리 문헌자료의 검증을 통해서 박인량이 서장관과 부사의 신분으로 두 번에 걸쳐 북송사행을 다녀왔던 사실을 확인할 수 있었다. 그렇지만 그가 서장관의 신분으로 북송사행을 다녀온 구체적인 시기에 대해서는 밝힐 수가 없었다. 그런데 북송의 王闢之(1031~?)가 편찬한 『澠水燕談錄』에는 박인량의 사행에 관련된 내용을 두 편이나 수록하고 있어 주목된다.[24] 그중 熙寧 4년(문종 25년,

24) 『澠水燕談錄』은 王闢之가 紹聖 2년(1095) 이전의 정치에 관한 일들을 잡록한 것인데, 그가 직접 보고 들은 당대의 사실들을 기록하고 있어서 역사자료로서의 가치 또한 높은 책이다. 王闢之는 이 책에서 박인량이 熙寧 연간 및 元豊 연간에 사행한 사실에 대해서 기술하고 있는데, 각각의 사행 때 있었던 에피소드 등을 명확히 구분해서 기록하고 있다.

1071)의 북송사행에 民官侍郎 金悌와 박인량이 동행한 사실을 다음과 같이 언급하고 있다.25)

고려는 해외의 여러 민족들 가운데 가장 유학을 좋아하여 태조이래로 빈공과에 급제한 자가 여러 번 있었다. 天聖이후로는 수십 년 동안 중국과 교통하지 않다가 熙寧 4년(1071)에 비로소 다시 사신을 보내어 조공을 바쳤다. 이때 泉州사람 黃慎이란 자가 길을 인도하여 장차 四明지역을 통하여 해안에 상륙하고자 그곳에 이르렀는데, 海風에 표류하게 되어 通州의 海門縣 新港에 이르렀다. 그러자 먼저 통주태수에게 글을 보내 전하기를, "북두성을 바라보고 뗏목에 올라 처음 우리나라를 떠나서 桃源을 향해 가다가 길을 잃어 仙鄕에 잘못 들어왔습니다(望斗極以乘槎, 初離下國, 指桃源而迷路, 誤到仙鄕)"라고 했는데, 문사가 매우 적절했다. 사신인 民官侍郎 金第(悌)와 동행한 朴寅亮은 시가 더욱 정묘했는데, 泗州龜山寺시의 "문 앞 나그네 탄 배엔 파도가 사나운데, 대숲 아래 스님 바둑판엔 한낮이 한가롭다네(門前客棹洪濤急, 竹下僧棋白日閑)" 등의 시구는 중국 사람들 역시 칭찬했다. 박인량은 그 나라의 詞臣이 되어 죄를 짓고 한동안 쓰이지 않다가 다시 김제와 함께 중국에 사신을 온 것이다.26)

왕벽지에 의하면, 金悌 일행의 사절단은 黃慎의 인도를 받아 四明(現 浙江省 寧波市)의 해안에 상륙하려고 했지만, 도중에 풍랑을 만나 通州(現 江蘇省 南通市)의 海門縣에 표류하게 되었다. 그때 고려사절

25) 王闢之의 『澠水燕談錄』에 수록된 김제 및 박인량에 관한 일화는, 南宋 江少虞의 『事實類苑』 卷42 「文章四六·高麗使先狀」 및 祝穆의 『方輿勝覽』 卷45 「通州·大海」에서도 그대로 전재하고 있는 등, 후대의 문헌들이 모두 『澠水燕談錄』의 기록을 재인용하고 있다.

26) "高麗海外諸夷中, 最好儒學, 祖宗以來, 數有賓貢進士登第者. 自天聖後, 數十年不通中國, 熙寧四年, 始復遣使修貢. 因泉州黃慎者爲向導, 將由四明登岸, 比至爲海風飄, 至通州海門縣新港. 先以狀致通州太守云, "望斗極以乘槎, 初離下國. 指桃源而迷路, 誤到仙鄕." 詞甚切當. 使臣御事民官侍郎金第(悌), 與同行朴寅亮詩尤精. 如泗州龜山寺詩云, "門前客棹洪波急, 竹下僧棋白日閑"等句, 中士人亦稱之. 寅亮爲其國詞臣, 以罪廢久之, 復與金第(悌)使中國."(『澠水燕談錄』 卷9)

단이 통주 태수에게 글을 보냈는데, 그 문사가 매우 적절했고, 또한 이때 동행했던 박인량은 시가 더욱 정묘했으며, 「泗州龜山寺」 시의 시구 등은 중국 사람들도 칭찬했다고 한다.

그런데 『고려사』 「문종세가」에 의하면, 고려와의 관계회복을 원했던 북송의 神宗황제가 熙寧 원년(1068)에 黃愼을 파견하여 국교회복 의사를 전했으며, 2년 후에도 다시 황신을 파견한 사실이 확인된다.[27] 이러한 북송의 요구에 호응하여 고려는 문종 25년(1071)에 민관시랑 金悌 일행의 사절단을 북송에 파견하였다.[28] 또한 북송 측의 문헌기록에 의하면, 문종 25년 3월에 고려를 출발한 김제 일행의 사절단은, 그 해 5월 22일에 長江의 하류 지역인 通州의 海門縣에 상륙했으며,[29] 8월 1일에는 북송의 수도 개봉에 도착했다.[30] 양국 사료에 보이는 김제 일행의 사절단에 관한 기록들을 대조해보면, 왕벽지의 『민수연담록』에 보이는 박인량에 관한 기록이 역사적 사실에 근거하고 있으며, 따라서 우리는 김제의 북송사행에 박인량도 동행했다는 사실을 알 수 있다.[31]

이상의 문헌기록을 종합해보면, 박인량의 1차 북송사행은 문종 25년(1071)에 고려를 출발한 김제 사절단의 서장관 신분이었던 것으

27) "文宗二十二年, 秋七月辛巳, 宋人黃愼來見言, 皇帝召江淮兩浙荊湖南北路都大制置發運使羅拯曰, ……文宗二十四年八月, 宋人湖南荊湖兩浙發運使羅拯, 復遣黃愼來."(『高麗史』 卷8 「文宗世家」)

28) "文宗二十五年, 三月庚寅, 遣民官侍郎金悌, 奉表禮物如宋."(『高麗史』 卷8 「文宗世家」)

29) "熙寧四年, 五月丙午(22), 通州言, 高麗使民官侍郎金悌等入貢, 至海門縣. 詔集賢校理陸經假知制誥館伴, 左藏庫副使張誠一副之."(『續資治通鑑長編』 卷223)

30) "熙寧四年, 八月癸丑朔, 禦文德殿, 視朝高麗使民官侍郎金悌, 至自通州."(『續資治通鑑長編』 卷226)

31) 李睟光은 『芝峯類說』 卷八 「文章部一·東文」에서 "澠水燕談曰, 高麗使臣金第,朴寅亮, 將由四明登岸, 爲海風飄至通州, 謝太守曰, 望斗極以乘槎, 初離下國. 指桃源而迷路, 誤到仙鄕. 又龜山寺詩曰, 門前客棹洪濤急, 竹下僧棊白日閑等句, 中土人亦稱之云. 金第東史作金覲." 라고 하여 王闢之의 『澠水燕談錄』을 인용하면서 마지막 부분에 '金第東史作金覲'이라는 설명을 덧붙이고 있다. 『澠水燕談錄』에서는 박인량과 김제의 사행이 '熙寧四年'이라고 명시하고 있었지만, 박인량이 김제의 서장관으로 북송을 사행한 사실을 인식하지 못했기 때문에 이를 元豊 연간 때의 柳洪과 朴寅亮 및 金覲 등의 사행으로 인식하고 金第를 金覲이라고 한 것이다.

로 단정할 수 있다. 김제 일행의 사절단은 문종 25년(1071) 3월에 고려를 출발하여 5월에 通州에 상륙하고, 8월에 수도 개봉에 도착했는데, 이때 서장관의 신분으로 참가했던 박인량은 사행 도중 그의 시문 창작 능력을 유감없이 발휘했던 것으로 보인다. 왕벽지가 『민수연담록』에서 거론한 「泗州龜山寺」 시는 물론이고, 통주의 태수에게 보냈던 서한 또한 서장관의 신분이었던 박인량이 지은 것으로 판단된다.

『고려사』에 의하면, 김제 일행의 사절단은 문종 26년(1072) 6월에 귀국했는데, 그들의 사행보고서에는 神宗황제가 보낸 詔令文과 함께 "황제는 고려의 풍속이 文을 숭상하는 줄 알고, 조서를 내릴 적마다 반드시 詞臣을 선발하여 글을 짓게 하고 잘된 글을 채택하도록 하였다."[32]라는 흥미로운 기록이 포함되어 있다. 『민수연담록』의 기록을 통해서 살펴본 바와 같이, 이때 서장관의 신분으로 북송사행에 참가했던 박인량의 시문은 이미 통주 지역에 도착하면서부터 중국인들의 주목을 끌었다. 고려 사신들의 뛰어난 시문 창작 능력을 인식하게 된 신종황제 또한 고려의 문화 수준을 재평가하고 종주국의 체면을 유지하기 위해서 고려에 보내는 조서 작성에 더욱 세심한 주의를 기울이게 되었던 것으로 사료된다.[33] 이러한 사실은 다음과 같은 북송 측의 문헌자료를 통해서도 확인할 수 있다.

> 熙寧 4년 10월 癸亥일에 知制誥 王益柔의 直學士院 겸직을 파면했는데, 고려에 답하는 조서를 초안한 것이 공교롭지 못했기 때문이다. 知制誥 曾布가 직학사원을 겸직하였다.[34]

---

32) "文宗二十六年(1072), 六月甲戌, 金悌還自宋. 帝附勅五道. ……帝以本國尙文, 每賜書詔, 必選詞臣著撰, 而擇其善者. 所遣使者, 其書狀官必召赴中書, 試以文, 乃遣之."(『高麗史』 卷9 「文宗世家」)

33) 『宋史』 「高麗列傳」에서는 위 내용이 "九年, 復遣崔思訓來……. 帝以其國尙文, 每賜書詔, 必選詞臣著撰, 而擇其善者."(『宋史』 卷487 「外國列傳三·高麗·文王徽」)라고 하여 熙寧 9년(1076)의 崔思訓 사절단의 기록과 함께 게재되어 있으며, 『靑莊館全書』 卷22 「宋史筌·高麗列傳」에서는 이를 다시 熙寧 6년(1074)의 사실로 교정하고 있다.

희녕 4년(1071) 10월은 박인량 일행의 사절단이 수도 개봉에 도착하여 이미 두 달이 지난 시점으로, 그 사이 고려 사절단과의 잦은 문서왕래가 있었던 것으로 보인다. 이때 주로 외교문서 등을 작성하는 한림원의 직학사를 겸직하고 있었던 王益柔가 고려에 보내는 조서를 잘 짓지 못했으므로 曾布로 대체되었다고 한다. 위와 같은 사실은 신종이 고려에게 보내는 조서 작성 등에 매우 신중을 기했다는 『고려사』의 기록이 사실에 근거하고 있음을 반증하고 있다. 『고려사』에 수록된 사절단의 귀국보고서 및 북송의 사료에 보이는 신종에 관한 일화를 통해 당시 서장관 신분으로 북송사행에 참가한 박인량의 존재가 북송 지식계에 상당한 관심과 반응을 불러 일으켰다는 사실을 알 수 있다.

이상의 고찰을 통해서 우리는 박인량의 1차 북송사행이 문종 25년(1071)에 출발한 민관시랑 김제 사절단의 서장관 신분이었음을 밝혔다. 40여 년간 단절되었던 북송과의 국교가 재개되면서 처음으로 파견되는 사행원에 박인량이 막중한 임무를 띤 서장관으로 선출되었다는 것은, 고려에서 이미 그의 문학적인 역량을 검증받았다는 것을 의미한다. 그리고 이때 사행에서 박인량은 뛰어난 시문 창작 능력을 유감없이 발휘하여 북송 지식계의 주목을 끌었으며, 신종황제까지도 고려에 보내는 조서작성 등에 각별히 주의하도록 만들었다. 이처럼 박인량은 서장관의 임무를 띤 1차 북송사행에서 그의 문학적 재능을 통해 중국인들의 고려 인식에 많은 변화를 가져오게 했는데, 이러한 박인량의 활약상이 이후 전개되는 고려와 북송과의 문화교류에 상당한 영향을 끼쳤다는 사실에도 주목할 필요가 있다.

이제까지 우리문학사에서는 박인량이 문종 34년(1080) 부사의 신분으로 북송사행에 참가했을 때, 김근 등과 함께 지은 시문을 중국인들이 모아서 『소화집』이라 간행했던 사실만을 들어 그의 문학사

34) "熙寧四年, 十月癸亥, 知制誥王益柔, 罷兼直學士院, 以草高麗國答詔非工也. 知制誥曾布, 兼直學士院."(『續資治通鑑長編』 卷227)

적 위상을 논해왔다. 그러나 위에서 살펴본 바와 같이, 박인량의 존재가 북송 문단에 알려지게 된 것은 그가 처음 서장관의 신분으로 북송을 사행한 문종 25년(1071)의 일이었다. 박인량은 1차 북송사행에서 자신의 뛰어난 시문 창작 능력을 유감없이 발휘하여 북송의 지식인들에게 깊은 인상을 남기고 그들에게 고려의 문화 수준을 재인식시켰던 것이다. 이처럼 박인량이 1차 사행에서 이미 중국 지식계에 명성을 얻을 수 있었기에, 그가 다시 북송을 찾은 2차 사행 때에 각지의 중국인들이 비상한 관심을 표명하게 되었으며, 박인량의 시문을 수집하여 『소화집』이라 간행하기에 이르렀던 것이리라. 북송에서 간행된 『소화집』은 곧 박인량의 1차 북송사행에서의 존재감을 재확인시켜준 결과라고 말할 수 있겠다.

5. 1차 북송사행 때의 시문

1) 「使宋過泗州龜山寺」 詩

이제까지의 고찰을 통해서 우리는 박인량이 문종 25년(1071)에는 서장관과 문종 33년(1079)에는 부사의 신분으로 두 번에 걸쳐서 북송사행을 다녀왔던 사실을 확인했다. 그렇다면 현존하는 박인량의 시문은 어느 사행 때에 어디에서 제작된 것일까? 이 장에서는 먼저 1차 북송사행 때 제작된 시문에 대해서 검토해 보고자 한다.

앞장에서 살펴본 바와 같이, 왕벽지는 『민수연담록』에서 박인량의 「泗州龜山寺」 시의 "문 앞 나그네 탄 배엔 파도가 사나운데, 대숲 아래 스님 바둑판엔 한낮이 한가롭다네(門前客棹洪濤急, 竹下僧棋白日閑)"라는 시구를 중국 사람들도 칭찬했다고 하였다.[35] 그리고 이

35) 왕벽지의 『민수연담록』 보이는 通州 태수에게 보낸 글 "북두성을 바라보고 멧목에 올라 처음 우리나라를 떠나서, 桃源을 향해 가다가 길을 잃어 仙鄕에 잘못 들어왔습니다(望斗

때의 북송사행은 문종 25년(1071) 박인량이 서장관의 신분으로 참가했던 1차 사행이었음을 이미 확인한바 있다. 따라서 『민수연담록』에 보이는 「사주구산사」 시는 박인량이 1차 북송사행 때 지은 작품임을 알 수 있다. 그런데 왕벽지가 언급하고 있는 「사주구산사」의 시구는, 『三韓詩龜鑑』 및 『東文選』에 「使宋過泗州龜山寺」라는 시제로 현존하고 있다.[36)]

巉巖怪石疊成山	험한 바위 괴상한 돌이 겹쳐 산이 되었는데
上有蓮坊水四環	그 위에 연당이 있어 물이 사방에 둘렀네
塔影倒江翻浪底	탑 그림자는 강에 거꾸러져 물결 속에 일렁이고
磬聲搖月落雲間	종소리는 달을 흔들며 구름 새에 떨어지누나
門前客棹洪濤疾[37)]	문 앞 나그네 탄 배엔 파도가 사나운데
竹下僧棋白日閑	대숲 아래 스님 바둑판엔 한낮이 한가롭다네
一奉皇華堪惜別	사신으로 오가는 몸 이별이 못내 아쉬워
更留詩句約重攀	시 한 수 써두고 가며 다시 찾기를 기약하네

『민수연담록』에서 인용한 시구는 「사송과사주구산사」의 頸聯임을 알 수 있다. 박인량은 尾聯에서 '사신으로 오가는 몸 이별이 못내 아쉬워, 시 한 수 써두고 가며 다시 찾기를 기약하네(一奉皇華堪惜別, 更留詩句約重攀)'라고 하여 이별의 아쉬움을 표현하고 있는데, 이러한 시구를 통해서도 위 시가 1차 사행 때의 작품이라는 사실을 확인할 수 있다. 이와 같이 「사송과사주구산사」 시는 시제 및 시의

極以乘槎, 初離下國, 指桃源而迷路, 誤到仙鄕)". 또한 당시 박인량이 지은 書狀의 일부분으로 판단된다.

36) 崔滋는 「使宋過泗州龜山寺」 시를 『補閑集』(卷上)에 수록하면서, '朴參政寅亮, 奉使入中國, 所至皆留詩. 金山寺詩云,'이라고 하여 시제를 「金山寺」로 소개하고 있다. 그러나 崔瀣批點·趙云仡精選의 『三韓詩龜鑑』 卷中에서는 위 시제를 「使宋過泗州龜山寺」라고 하였으며, 徐居正의 『東文選』 卷12에서도 「使宋過泗州龜山寺」로 게재되었다.

37) 『補閑集』에서는 '濤疾'이 '波急'으로 기록되어 있다.

내용을 통해서 박인량이 1차 북송사행 도중 泗州의 龜山寺에 들렀을 때 지은 것으로 추정할 수 있다. 그렇다면 박인량 일행은 사행 도중에 무슨 목적으로 구산사를 방문했던 것일까?

「사송과사주구산사」 시를 제외하면 박인량이 1차 북송사행 때 사주의 구산사를 방문했다는 구체적인 문헌기록은 찾아볼 수 없다. 다만 다음과 같은 귀국보고서의 내용을 통해서 박인량 일행의 북송사행 여정을 추정해볼 수 있겠다.

> 문종 26년(1072) 6월 甲戌, 김제가 송나라에서 돌아왔는데 황제가 조서 5편을 보내왔다. ……그 다섯 번째 글에, "사신 김제가 올린 글을 살펴보니, '普炤(照)王寺 등에서 은전을 봉납하고 황제의 축수를 기리는 재를 올렸습니다.'라는 내용이 실려 있었다. ……"[38]

위 문장은 문종 26년(1072) 김제 일행이 북송에서 귀국할 때 북송 신종황제가 보낸 조령문 중의 다섯 번째 내용이다. 신종은 김제 일행의 사절단이 普照王寺 등에서 자신의 祝壽를 위해서 재를 올렸다는 보고를 받고 그들의 노고를 치하하고 있다. 이 기록을 통해서 우리는 김제의 사절단이 귀국 도중 신종의 祝壽齋를 올리기 위해서 보조왕사 등 몇몇 사찰을 방문했던 사실을 알 수 있다.

그런데 다음해인 문종 27년(1073)에 북송사행을 떠난 金良鑑 일행의 사절단도 앞선 김제 일행과 같이 북송사행 도중에 각지의 사원을 들러서 신종의 祝聖齋를 올렸던 것 같다. 이러한 사실은 북송에서 작성한 조령문 중의 다음과 같은 기록을 통해서 확인할 수 있다.

> 고려국왕 王徽에게 알린다. 사신 金良鑑 등이 와서 올린 글을 살펴보니, 大相國寺·興國寺·啓聖寺·泗州普炤(照)王寺·抗(杭)州天竺寺·閏州金山寺 등

---

38) "文宗二十六年(1072), 六月甲戌, 金悌還自宋. 帝附勅五道……. 其五曰, 省人使金悌奏, 於普炤(照)王寺等處納附銀, 設齋祝聖壽事(具悉)……."(『高麗史』 卷9 「文宗世家」)

에서 祝聖齋를 올렸다는 내용이 실려 있었다. …….[39]

위 조령문에 의하면, 金良鑑 일행은 개봉의 大相國寺·興國寺·啓聖寺를 비롯하여, 泗州의 普照王寺, 杭州의 天竺寺, 閏州의 金山寺 등 각 지방의 사찰에서 황제를 위한 祝聖齋를 올렸다. 이처럼 고려 사절단은 북송사행 도중에 축수재나 축성재를 올리기 위해서 수도 개봉을 비롯하여 각지의 사찰을 방문하고 있었던 것을 알 수 있다. 그리고 이들 사절단이 매번 방문했던 지역 및 사찰 등은 거의 같은 노정이었던 것으로 보인다. 睿宗 11년(1116)에 북송사행을 다녀온 王字之 일행의 사절단의 귀국보고서에 보이는 노정이 김량감 일행의 사절단의 노정과 거의 일치하고 있다는 사실이 이를 반증해준다.[40]

그렇다면 문종 26년(1072) 6월에 귀국한 박인량 일행의 사절단이 북송사행 도중 신종의 축성재를 올리기 위해서 방문했던 지역 및 사찰도 김량감 일행이나 왕자지 일행의 사절단과 거의 동일했을 것으로 추정할 수 있겠다. 또한 이들 사절단의 여정을 통해서 박인량 일행의 사절단이 신종의 祝壽齋를 위하여 방문한 普照王寺가 다름 아닌 泗州(現 江蘇省 淮安市 일대)의 普照王寺였음을 알 수 있다. 그리고 박인량의 「使宋過泗州龜山寺」라는 시제를 통해 龜山寺 또한 같은 泗州지역에 소재하고 있었던 사실을 확인할 수 있다.

이상의 고찰을 종합하면, 박인량 일행의 사절단은 문종 26년(1072) 개봉에서의 일정을 마치고 귀국 도중 신종황제의 축수재를 올리기 위하여 사주의 보조왕사 등 각지의 사찰을 방문했다. 그리고 이때 보조왕사와 같은 사주지역에 소재한 구산사도 방문하게 되었으며,

---

39) "勅權知高麗國王事王徽. 人使金良鑑等至, 省所申奏, 於大相國寺·興國寺·啓聖寺·泗州普炤(照)王寺·抗(杭)州天竺寺·閏州金山寺等, 設齋祝聖事具悉……."(『宋大詔令集』 卷237 「政事90·四裔·高麗」「賜設齋祝聖回書」)

40) "乙丑, 王字之文公美齎詔還自宋. 王受詔于乾德殿. 詔曰, ……又奬諭設齋詔曰, "使人王字之等至, 省所奏於大相國寺·楊州天寧萬壽觀·抗州天竺寺·閏州金山寺·泗州普炤(照)王寺, 設齋祝壽事具悉. 使航遐暨, 禮意有加. 祗載眞乘, 用伸報禮. 有嚴佛事, 虔祝壽祺. 緬想遐心良深注意."(『高麗史』 卷14 「睿宗世家」)

박인량은 이때 「사송과사주구산사」 시를 남긴 것으로 단정할 수 있다.

2) 「金山」 詩

박인량은 1차 북송사행 도중 「사송과사주구산사」 시 이외에도 많은 제영시를 남겼을 것으로 추정된다. 그러나 이와 관련된 자료가 대부분 전하지 않아서 그 전모를 파악할 수가 없다. 그런데, 북송 陳輔의 『陳輔之詩話』 '三韓使人金山詩'조에는 다음과 같이 박인량에 관한 일화를 소개하고 있어 주목된다.41)

> 熙寧 연간에 三韓의 사신 박인량이 金山詩를 지었는데. 그 서문에 말하길, '전후의 시인들은 산이 금빛으로 변하는 것은 보지 못했구나'라고 하였다. 그리고 그 시구에서는, '만 겹으로 에워 쌓인 산봉우리에 하늘이 절굿공이에 의지하고, 하나의 상앗대에 내리쏘는 석양빛에 물위로 황금이 떠있는 듯하네(萬疊抱岑天倚杵, 一竿斜日水浮金)'라고 했다.42)

金山은 潤州(現 江蘇省 鎮江市)에 있는 산으로 여기에는 유명한 金山寺가 있다. 여기서 진보는 '熙寧 연간(1068~1077)에 三韓의 사신 박인량이 金山詩를 지었다'라고 언급하고 있는데, 이 기록을 통해서 우리는 위에 소개된 박인량의 「金山」시가 그의 1차 사행 때의 작품임을 알 수 있다.

앞에서 살펴본 바와 같이, 윤주의 금산사는 고려 사절단이 축성재

---

41) 『陳輔之詩話』의 저자 陳輔(字, 輔之)는 王安石(1021~1086)의 門人으로 神宗·哲宗 때의 인물이다.

42) "熙寧中, 三韓使人朴寅亮作金山詩. 其敍(舊)云, 前後詩人, 不見山之爲金. 云, '萬疊抱岑天倚杵, 一竿斜日水浮金'."(『宋代詩話』 所收 『陳輔之詩話』 8條). 동일한 내용이 南宋의 曾慥(?~1155) 『類說』 卷57 「三韓使人金山詩」 및 盧憲 『嘉定鎭江志』 卷21 「雜錄·文事」에도 보인다.

등을 올리기 위해서 매번 방문했던 사찰 중의 하나였다. 박인량 일행의 사절단은 泗州의 普照王寺와 龜山寺뿐만 아니라 윤주의 금산사도 방문했던 것으로 보이며, 박인량이 이때 金山에 대한 제영시를 남긴 것으로 추정할 수 있겠다. 금산을 소재한 이전 중국인들의 시를 열람한 박인량은 시의 서문을 통해 '전후의 시인들은 산이 금빛으로 변하는 것은 보지 못했구나(前後詩人, 不見山之爲金)'라고 하며 「금산」 시를 짓게 된 동기를 밝혔다. 아마도 당시 박인량이 열람한 중국시인들의 금산에 대한 제영시 중에는 해질녘에 산이 금빛으로 변하는 모습을 형상한 시는 없었던 것이리라.43) 따라서 박인량은 의식적으로 해질녘에 산이 금빛으로 변하는 금산의 이미지를 그려낸 금산의 제영시를 짓고 위와 같은 서문을 남긴 것으로 사료된다. 그렇다면 『陳輔之詩話』에 수록된 '만 겹으로 에워 쌓인 산봉우리에 하늘이 절굿공이에 의지하고, 하나의 상앗대에 내리쏘는 석양빛에 물위로 황금이 떠 있는 듯하네(萬疊抱岑天倚杵, 一竿斜日水浮金)'는 해질녘의 금산의 이미지를 그래내기 위해서 박인량이 가장 심혈을 기울여서 지은 시구로 볼 수 있겠다.

이상의 고찰을 종합하면, 『진보지시화』에 수록되어 전하는 박인량의 「金山」 시는 1차 북송사행 때 신종의 축성재를 올리기 위하여 閏州 金山寺를 방문했을 때 남긴 작품임을 알 수 있다. 중국의 문헌자료에 소개된 「금산」 시의 존재는 이제까지 우리문학사 연구자들조차도 인식하지 못했던 것으로 보인다. 비록 一聯二句와 간단한 서문만이 전해지고 있지만, 이를 통해서 박인량 일행의 북송사행 도중의 여정과 함께 박인량이 시를 짓게 된 동기 및 그의 재치를 알 수 있는 귀중한 자료라고 할 수 있다.

---

43) 남송 曾慥의 『類說』 卷46 「金山寺詩」 조에는 "潤州金山寺, 張祐詩云, 寺(樹)影中流見, 鐘聲兩岸聞. 羅隱詩云, 老僧齋罷閉門睡, 不管波濤四面生. 孫山詩云, 結宇孤峯上, 安禪巨浪間."이라고 하여 북송이전에 제작된 金山의 대표적인 제영시 3편을 소개하고 있는데, 박인량 또한 이들 시들을 열람했을 것으로 추정된다.

3) 『西上雜詠』

고려 사절단이 북송사행 도중에 시문을 제작한 동기는 다양하게 나타나고 있다. 이러한 사실은 남송 晁公武가 편찬한 서적목록 『郡齋讀書志』에 보이는 『高麗詩』 三卷을 통해서도 알 수 있다. 조공무는 '高麗詩三卷'이라 게재하고 이 책의 내용에 대해서 다음과 같은 설명을 첨가하고 있다.44)

> 元豊 연간에 고려에서 崔思齊·李子威·高琥·康壽平·李穗를 보내어 조공하였는데, 정월 대보름에 동쪽 궁궐에서 잔치를 하였다. 神宗 황제가 시를 지어 관반인 畢仲行(衍)에게 하사하자, 필중연과 이들 다섯 사람 및 兩府의 신하들이 모두 화답하여 올렸다. 그 뒷부분에는(其後) 사신 金梯(悌)·朴寅亮·裵(□)·李絳孫·盧柳·金化珍 등이 사행 도중 70여 편을 唱和하고 스스로 편찬한 다음 『西上雜詠』이라고 하였는데, 이강손이 서문을 지었다.45)

조공무의 설명에 의하면, 『高麗詩』 三卷은 신종황제의 御製詩 및 이에 和答한 고려 사신들과 북송의 관반 畢仲衍(1040~1082)을 비롯한 兩府의 신하들의 화답시, 그리고 고려 사절단이 사행 도중에 서로 唱和한 70여 편의 시로 구성된 시집임을 알 수 있다. 『고려사』에 의하면 元豊 연간(1077~1085)의 북송사행에서 신종의 어제시에 화답했다고 하는 崔思齊·李子威 등의 사절단은, 문종 35년(원풍 4년, 1081) 4월에 고려를 출발했다.46) 따라서 최사제 일행의 사절단이 북송의 궁

---

44) 晁公武의 『郡齋讀書志』 「高麗詩三卷」의 내용은 『文獻通考』 卷248 「經籍考」에서도 그대로 전재하고 있다.

45) "右, 元豊中高麗遣崔思齊·李子威·高琥·康壽平·李穗入貢, 上元宴之於東闕下. 神宗製詩, 賜館伴畢仲行, 仲行與五人者及兩府, 皆和進. 其後, 使人金梯(悌)·朴寅亮·裴(□)·李絳孫·盧柳·金化珍等 塗中酬唱七十餘篇, 自編之爲西上雜詠, 絳孫爲之序."(『郡齋讀書志』 後志2 「別集類」)

46) "文宗三十五年(1081), 夏四月庚辰, 遣禮部尙書崔思齊·吏部侍郎李子威, 如宋獻方物, 兼謝賜醫藥."(『高麗史』 卷9 「世家文宗」)

궐에서 열린 정월 대보름 연회에서 황제의 시에 화답한 것은 다음 해인 문종 36년(1082)에 있었던 사실임을 알 수 있다. 이때의 상황을 전해주는 기록이 『송사』「畢仲衍列傳」에도 다음과 같이 보인다.

> 고려사신이 조공하러 왔을 때 館伴에 임명되었다. 정월 대보름 밤에 고려 사신들과 함께 동쪽 궁궐에서 잔치를 베풀 때에 시를 지어 황제의 덕을 칭송했다. 그러자 신종황제께서 이 시의 韻字에 맞춰 화답해서 내려주셨으므로 당시에 대단한 은총으로 여겼다.[47]

위 「필중연열전」에 의하면, 고려 사절단의 접대를 담당했던 필중연이 정월 대보름 밤의 연회에서 신종의 덕을 칭송하는 시를 지어 올리자 신종이 이에 화답하여 주었다고 한다. 이때의 상황에 대해서 좀 더 자세한 기록이 필중연의 동생 畢仲游(1047~1121)의 글에도 보인다. 이에 의하면, 필중연이 먼저 황제의 덕을 칭송하는 시를 지어 올리자 신종황제가 이를 보고 화답시를 지었으며, 당시 이 연회에 참석했던 모든 공경대신들이 신종황제의 시에 다시 화답했다는 사실을 알 수 있다.[48] 실제로, 이때 연회에 참석했던 蘇頌(1020~1101)이 신종의 시에 화운한 시가 전하고 있는데,[49] 이러한 시들이 『高麗詩』 三卷에 수록되었던 것으로 추정된다.

『고려시』 3권에는 신종의 어제시 및 이에 화답한 공경대신들과 崔思齊 일행의 화답시와 함께, 金悌 일행이 사행 도중 서로 창화한

47) "高麗使入貢, 詔館之. 上元夕, 與使者宴東闕下, 作詩誦聖德, 神宗次韻賜焉, 當時以爲寵." (『宋史』 卷281 「畢士安·曾孫仲衍列傳」)

48) "高麗入貢, 上自選君館伴高麗使人. 上元觀燈, 君與使人宴東闕下, 因作詩道盛德. 上見俯同君韻和而賜焉, 諸公畢和, 當時而爲寵."(『西臺集』 卷16 「起居郎畢公夷仲行(衍)狀」). 또한 이와 관련된 내용이 畢仲游의 「代仲兄舍人撰賜詩記」(『西臺集』 卷6)에 보다 자세하게 보인다.

49) "寶杯蓮燭艶宮臺, 萬戶千門五夜開. 樓下舞韶淸吹發, 雲間鳴蹕翠華來. 九賓宴集占風使, 四近班陛構夏材. 自愧周南獨留滯, 十三年隔侍臣杯."(『蘇魏公文集』 卷1 「恭和御製上元觀燈,元豊五年正月,畢仲衍押伴高麗,賜宴樓下賜詩」)

70여 편의 시를 모아 편찬한 『西上雜詠』이 수록되었다고 하였다. 『서상잡영』이 金悌·朴寅亮·裵(□)·李絳孫·盧柳·金化珍 등의 북송사행 도중의 창화시라고 하였는데, 이는 앞에서 살펴본 바와 같이 박인량이 김제의 서장관의 신분이었던 熙寧 4년(문종 25년, 1071)의 1차 북송사행으로,[50] 이때 사행에 裵(□)·李絳孫·盧柳·金化珍 등도 동참했던 사실을 알 수 있다. 이들이 북송사행 도중 서로 창화한 시를 모아 『서상잡영』이라 편찬하고 이강손이 서문을 썼다고 하는데, 여기에 수록된 시가 70여 편이라고 한다면 아마도 2권 정도의 분량이었던 것으로 사료된다.[51] 그렇다면 『고려시』 3권에는 신종황제를 비롯하여 당시 연회에 참가했던 공경대신과 최사제 일행의 화답시 30~40편 정도가 1권 분량을 차지하고 있었던 것으로 추정할 수 있겠다.

그런데 조공무는 『고려시』 3권을 소개하면서 원풍 연간에 사행한 최사제 일행의 사절단에 관련된 사실을 먼저 소개하고, '其後'에 희녕 연간에 사행한 김제 일행의 창화시 『서상잡영』을 소개하고 있다. 앞에서 살펴본 바와 같이, 김제와 박인량이 동행한 사행은 희녕 4년(1071)이었으며, 박인량의 2차 사행 또한 최사제 일행의 사행보다 2년 앞서 이루어졌다. 이러한 역사적 사실에 근거하여 보면, 여기서 '其後'라는 표현은 북송사행의 시간적인 순서가 아닌 『고려시』에 수록된 시문의 배열 순서를 나타내고 있다는 사실을 알 수 있다.[52] 따라서 『고려시』에는 신종황제가 필중연의 시에 화답한 시를 제일 앞에 수록하고, 이에 화답한 고려 사신들과 공경대신들의 시를 수록한 다음, '其後'에 『서상잡영』을 수록하고 있다고 추정할 수 있겠다.

---

50) 이혜순(2004)의 『고려전기 한문학사』에서는 박인량이 필중연과 창화했다고 서술하고 있는데(159,182면), 이는 池浚模의 「高麗漢文學史(上)」의 내용(102쪽)을 그대로 번역 소개한데서 발생한 오류이다.

51) 당시 출판된 북송 시인들의 시집을 보면 대개 1권에 30~40편의 시가 수록되어 있다.

52) 실제로 중국 황제 등의 창화시가 포함된 시집의 경우 창작 시기보다는 황제의 창화시를 앞부분에 수록하는 것이 일반적이다.

청대 厲鶚이 편찬한 『宋詩紀事』에는 고려 사신들에 대한 일화와 관련 시구를 수록하고 있는데, 여기에는 박인량에 대해서도 소개하고 있다.[53] 그런데 여악은 『郡齋讀書志』 및 『文獻通考』의 「高麗詩三卷」에 보이는 『서상잡영』에 관한 내용을 그대로 전재하면서, 김제와 박인량 일행의 북송사행을 '元豊 연간(元豊中)'의 일이라고 명시하고 있다.[54] 이는 여악이 「高麗詩三卷」에 보이는 '其後'라는 표현을 시간적인 순서로 잘못 인식하면서 빚어진 오류라고 생각된다.[55] 그러나 청대의 문헌을 참고하여 편찬된 조선후기 문헌자료에서도 이와 같은 오류를 그대로 답습하고 있는 사례가 적지 않다. 따라서 관련 문헌자료에 대한 보다 철저한 검증작업이 선행되어져야 할 것이다.

이상의 고찰을 종합하면, 박인량은 1차 북송사행 도중 동행한 사행원들과도 시문창화를 했다. 그리고 이때의 창화시 70여 편은 『서상잡영』이라는 제목으로 편찬되었고, 여기에 李絳孫이 서문을 썼다. 이러한 사실을 우리는 조공무의 '『고려시』 3권'에 대한 해제에 보이는 단편적인 기록을 통해 확인할 수 있었다. 문종 25년(1071)의 북송사행 도중의 창화시를 모아 편찬했다는 『서상잡영』의 존재는 사행문학사뿐만이 아니라 우리문학사의 발전사적 측면에서도 주목되는 시문집이라고 할 수 있다. 하지만 아쉽게도 『서상잡영』은 이른 시기에 실전된 것으로 보이며, 현재로서는 중국 측의 단편적인 기록을 통해 그 편찬배경만을 확인할 수 있을 뿐이다.

---

53) "高麗國王 王徽, 韓繳如, 朴寅亮, 魏繼延, 朴景綽, 李資諒, 無名子"(『宋詩紀事』 卷95 「詩文評類·屬國」)

54) "元豊中, 高麗使臣與金第·李絳孫·盧柳·金化珍等, 途中唱和七十餘篇, 自編爲西上雜詠, 絳孫爲序."

55) 조공무가 '『高麗詩』 三卷'에 대한 설명에서 "元豊中, 高麗遣崔思齊……"라고 하여 원풍 연간의 최사제 일행의 사절단과 관련된 기사를 먼저 소개하고, 이어서 "其後, 使人金梯(悌)……"라고 하면서 김제 일행의 사절단과 관련된 기사를 뒤에 소개하고 있는데, 여악은 여기 보이는 '其後'라는 표현을 시간적인 순서로 인식했기 때문이다.

6. 2차 북송사행 때의 시문

1) 張中과의 詩文唱和

이제까지 우리는 박인량이 서장관의 신분으로 참가했던 1차 북송사행 때의 사행시기 및 경로를 검증하고 이때 지은 시문에 대해서 고찰했다. 이 장에서는 그가 2차 북송사행 때 지은 시문에 대해서 검토하고자 한다.

박인량의 2차 북송사행은 제2장에서 살펴본 바와 같이, 부사의 신분으로 문종 33년(1079) 7~8월경에 고려를 출발하여 다음해인 문종 34년(1080) 7월경에 귀국하였다. 박인량은 이미 서장관의 신분으로 참가한 1차 북송사행에서 뛰어난 시문 창작 능력을 통해 북송의 지식인들에게 깊은 인상을 남겼다. 그렇다면 1차 북송사행 때의 박인량의 존재감이 2차 사행에서는 어떻게 나타났던 것일까?

박인량은 2차 북송사행에서도 항해 도중에 풍랑을 만나 9월에 明州지역에 도착 예정이었던 것이 11월 말로 늦춰지는 등 사행 일정에 많은 차질이 빚어졌다. 그런데 王闢之의 『澠水燕談録』에는 박인량 일행이 명주지역에 도착했을 때 있었던 다음과 같은 일화를 소개하고 있어 주목된다.

> 元豊 때에 고려의 사신 朴寅亮이 明州에 이르렀는데, 象山尉 張中이 박인량을 전송하면서 송별시를 보냈다. 그러자 朴寅亮이 張中에게 화답시를 보냈는데 그 서문에, "꽃 같은 얼굴이 곱게 불을 부니 이웃 여인의 푸른 입술이 움직임을 부끄럽게 하고, 상간(桑間)의 야비한 소리로써 영인(郢人)의 백설(白雪) 곡조를 잇노라(花面艷吹, 愧隣婦青脣之動. 桑間陋曲, 續郢人白雪之音)."라는 구절이 있었다. 언관(言官)이 "지위가 낮은 관리는 외국(고려)의 사신과 교류할 수 없다."라는 죄목으로 장중을 탄핵하는 상소문을 올렸다. 그러자 神宗황제가 좌우를 돌아보며, "푸르스름한 입술(青脣)이 씰룩거린다

는 것이 무슨 말이냐"고 물었는데 아무도 대답하지 못했다. 그래서 趙元老(考)에게 물었는데, 조원고가 아뢰기를, "상스럽지 못한 말이니 감히 아뢸 수 없습니다."라고 대답하였다. 신종황제가 재차 다그치자 조원고가 『太平廣記』를 외우면서 아뢰기를, "어떤 이가 본즉 이웃집 사내가 그 아내의 불을 피우려고 부는 것을 보고 지은 시에, '불 부는 예쁜 맵시 붉은 입술 오물오물, 섶나무 때고 나니 하얀 팔뚝 드러났네. 멀리서 보아하니 연기 가린 저 얼굴이, 안개 속에 피어나는 꽃처럼 은은해라(吹火朱唇動, 添薪玉腕斜, 遥看烟裏面, 恰似霧中花).'라는 시를 읊었답니다. 그 아내가 그의 남편에게 하는 말이, 당신도 어찌 그를 본받지 않느냐고 하였습니다. 그러자 남편은 대답하기를, 당신이 먼저 불을 불면 내 응당 본떠서 시를 지으리라 하고, 이내 시를 짓기를, '불 부는 님의 양은 푸른 입술 벌렁벌렁, 장작을 때고 나니 검정 팔뚝 비꼈구나. 멀리서 보아하니 연기 가린 그 상판은, 추악한 구반다(귀신의 이름) 같은 모습 무엇에 비하리오(吹火青唇動, 添薪墨腕斜. 遙看煙裏面, 恰似鳩盤茶).'라고 하였습니다."라고 하였다. 조원고의 뛰어난 기억력이 이와 같았으며 비록 기이하고 괴상한 이야기라도 읽지 않은 것이 없었다.[56]

박인량 일행의 사절단이 명주에 도착했을 때, 明州에 예속된 象山縣의 縣尉 張中과 박인량의 시문 창화에 관한 일화이다. 장중이 먼저 박인량에게 송별시를 보내자, 박인량 이에 화답하면서 시에 대한 서문도 써주었는데, 언관(言官)이 "지위가 낮은 관리는 외국의 사신과 교류할 수 없다"라는 죄목으로 장중을 탄핵했다고 한다.

이와 같은 사실을 우리는 북송의 역사문헌자료를 통해서도 확인할 수 있다. 『續資治通鑑長編』에 의하면, 박인량 일행의 사절단이

56) "元豊中, 高麗使朴寅亮至明州, 象山尉張中, 以詩送之. 寅亮答詩, 序有, '花面艶吹, 愧隣婦青唇之動(斂). 桑間陋曲, 續郢人白雪之音'之語. 有司劾, 中小官不當外交高麗(夷使), 奏上. 神宗顧左右, '青唇何事', 皆不能對. 乃問趙元老(考), 元老(考)奏, '不經之語,不敢以聞'. 神宗再諭之, 元老(考)誦太平廣記云, '有覩隣夫見婦吹火, 贈詩云, 吹火朱唇動, 添薪玉腕斜, 遥看烟裏面, 恰似霧中花. 其妻告夫曰, 君豈不能學也. 夫曰, 君當吹火, 吾亦効之. 夫乃為詩云, 吹火青唇動, 添薪墨腕斜. 遥看烟裏面, 恰似鳩槃茶.' 元老(考)之强記(如此), 雖怪僻小説, 無不該覽."(『澠水燕談録』 卷9)

元豊 2년(1079)의 11월에 명주지역에 도착하여 옮겨 탈 배를 요구하였으므로 이에 응해서 배를 대여했다는 보고와 함께, 상산현의 현위 장중이 박인량에게 송별시를 보낸 것이 북송의 법률에 저촉되어 좌천되었다는 기록이 보인다.[57] 따라서 왕벽지의 『민수연담록』에 보이는 박인량에 관련된 일화는 역사적 사실에 근거하고 있음을 알 수 있다. 그런데 상산현의 현위 장중은 자신이 고려사신과 시문을 주고받는 것이 법률에 저촉된다는 사실을 모르고 있었던 것이었을까? 장중이 고려 사신이 빈번하게 왕래하는 明州에 속한 현위의 신분이었다는 점을 고려하면 법률에 저촉되는 사실 등에 대해서는 사전에 숙지하고 있었을 것으로 판단된다. 그렇다면 장중은 왜 굳이 고려 사신 중에서 부사 신분인 박인량과의 시문창화를 감행했던 것일까?[58]

앞에서 살펴본 바와 같이, 박인량은 문종 25년(1071) 서장관의 신분으로 참가했던 1차 사행에서 자신의 시문 창작 능력을 유감없이 발휘하여 명성을 얻었으며, 신종황제도 이러한 고려 사신들의 문화수준을 재인식하고 고려에 보낼 문서 작성에 신중을 기하게 되었다. 박인량의 1차 사행 때의 활약상과 그의 명성이 중국인들에게 널리 알려지면서, 그가 재차 북송을 방문하자 중하위 관리들에게는 박인량과의 시문 창화가 하나의 명예로 받아들여진 것으로 판단된다. 박인량은 장중의 시에 기꺼이 화답하고, 또한 그의 서문에 『太平廣記』에나 보이는[59] 흔하지 않은 고사를 활용하여 자신의 겸손함을 표현하는 등 그의 재주를 유감없이 발휘하고 있다.

---

57) "神宗元豊二年(1079), 十一月辛夘(27), 明州言, 高麗貢使乞市坐船, 詔以靈飛順濟神舟借之. 又言, 明州象山縣尉張中, 嘗以詩遺高麗貢使, 詔中衝替."(『續資治通鑑長編』 卷301)

58) 남송 陸游의 『家世舊聞』에는 장중과 박인량의 창화시에 관한 일화를 소개하면서, "先君言……楚公登科時, 第四人張中在殿廷, 喜甚挈楚公手曰, 如何得鄕里知去. 楚公不答, 及歸密謂親曰, 此殆非遠器也. 中爲明州象山縣官, 坐私與高麗人朴寅亮倡和詩停官, 終身沈滯, 雖一時不幸坐法, 亦器宇非遠大也."(『說郛』 卷45下)라고 하여, 장중이 파면되고 평생 출세하지 못한 것은 그의 그릇이 원대하지 못했기 때문이라고 평하고 있다.

59) 『太平廣記』 卷251 「鄰夫」.

이미 박인량의 존재를 인식하고 있었던 신종황제는 언관이 올린 상산현위 장중의 탄핵을 요구하는 상소문을 대하고, 이 사건에 대한 처리보다도 박인량의 시문에 보이는 시구의 출전에 대해서 관심을 표명하고 있음을 알 수 있다. 신종황제는 박인량이 사용한 시구의 전고를 확인하고자 박식하다고 소문난 趙元考를 일부러 불러서 다그쳐 물었을 정도였다고 한다. 사실 『澠水燕談録』에서 왕벽지가 박인량의 서문에 보이는 구절을 소개하고 있는 것은, 이 구절에 대한 신종황제와 趙元考의 대화를 통해 조원고의 뛰어난 기억력과 박학다식함을 알리고자 하는 것이 주된 목적이었을 것이다.[60] 그러나 우리는 일화 속에 나타난 상산현위 장중 및 신종황제의 행동을 통해서 박인량의 존재감을 파악할 수 있다. 또한 박인량은 자신과의 시문 창화로 인해 좌천된 장중의 사면문제에 대해서도 많은 관심과 노력을 기울였다. 관반사 등을 통해 북송 조정에 장중의 사면을 요구했으며, 이러한 노력의 결과 장중은 박인량 일행의 사절단이 북송을 떠나기 전에 사면되었다.[61]

이상에서 살펴본 바와 같이, 박인량의 2차 북송사행 도중 명주지역에서 있었던 상산현위 장중과 박인량의 시문 창화에 관한 일화를 통해서 우리는 1차 사행에서 형성된 박인량의 존재감을 재확인할 수 있었다. 왕벽지의 『민수연담록』에 보이는 이들 자료들은 비록 단편적인 기록에 지나지 않지만, 우리의 사행문학사 및 한·중 문학교류사를 재조명할 수 있는 매우 귀중한 문헌자료라고 할 수 있다.

---

60) 박인량의 시문에 관한 신종황제와 趙元考의 대화 내용이 송나라 朱弁이 편찬한 『曲洧舊聞』에서는 "趙元考彦若, 周翰之子也. 無書不記, 世謂著脚書樓, 然性不伐, 而尤恭謹. ……元豐間, 三韓使人, 在四明唱和詩, 奏到御前. 其詩序有 '慚非白雪之詞, 輒效青唇之唱'之句. 神宗問青唇事, 近臣皆不知, 因薦元考, 元考對, 在某小説中, 然君臣間難言也. 容臣寫本上進. 本入, 上覽之, 止是夫婦相酬答言語, 因問大臣, 趙彦若何以不肯面對. 或對曰, 彦若素純謹, 僚友不曾見其惰, 容在君父前, 宜其恭謹如此也. 上嘉嘆焉."(『曲洧舊聞』 卷2)라고 하여 조금 다르게 소개되고 있다.

61) "元豐三年(1080), 夏四月庚子(7), 詔明州象山縣尉張中, 捄接高麗人船有勞, 落衝替. 初高麗船遇風, 中往捄之, 坐嘗與使人和詩衝替, 至是高麗使以語館伴官, 故釋其罪."(『續資治通鑑長編』 卷303)

2) 「伍子胥廟」詩

박인량의 2차 북송사행 때에는 바다에서뿐만이 아니라, 明州에 도착한 이후 내륙에 들어서서도 풍랑을 만나 고생했던 것 같다. 『補閑集』에는 박인량 일행의 사절단이 명주에서 杭州로 향하는 여정에서 풍랑을 만나자, 박인량이 「伍子胥廟」에 시를 지어 바쳤다는 일화를 소개하고 있다.

> 叅政 朴寅亮이 사신으로 중국을 가서 이르는 곳마다 시를 남겼다. ……행차가 越州지역에 이르렀을 때 樂調 중에 새로운 음악을 연주하는 것을 듣고 곁에 있던 사람이 말하길, "이것은 공의 시다"라고 하였다. 浙江지방에 이르렀을 때 바람과 파도가 크게 일었는데, 伍子胥의 사당이 강가에 있는 것을 보고 시를 지어 조문하길, ……라고 했다. 그러자 갑자기 바람이 멈추어서 배가 무사히 건널 수 있었으니, 시로 이 세상과 저 세상을 감동시키는 것이 이와 같다. 송나라 사람들이 그의 시를 모아 편찬했는데 지금도 세상에 전해지고 있다.[62]

『보한집』의 기술에 의거하면, 박인량의 사행 행차는 越州(紹興)지역을 통과하여 浙江지방 곧 杭州로 향하고 있었음을 알 수 있다. 박인량이 서장관 신분으로 참가한 문종 25년(1071)의 1차 사행은 通州지역에 도착했으므로 明州지역을 거치지 않고 곧 바로 開封을 향해 상경했다. 따라서 명주지역에 도착하여 월주와 항주를 걸쳐 개봉으로 상경했던 것은 문종 33년(1079)의 2차 사행 때의 여정임을 알 수 있다. 또한 행차가 월주지역에 이르렀을 때 "樂調 중에 새로운 음악

62) "朴叅政寅亮奉使入中朝, 所至皆留詩……. 行次越州, 聞樂調中奏新聲, 旁人曰, '此公詩也'. 至浙江, 風濤大起, 見子胥廟在江邊, 作詩弔之曰. '掛眼東門憤未消, 碧江千古起波濤. 今人不識前賢志, 但問潮頭幾尺高.' 須臾風霽船利涉, 其感動幽顯如此. 宋人集其詩成編, 今傳于世."(『補閑集』 卷上)

을 연주하는 것을 듣고 곁에 있던 사람이 말하길, '이것은 공의 시다'라고 하였다(聞樂調中奏新聲, 旁人曰, 此公詩也)"라는 구절을 통해서도 2차 사행 때의 일로 추정할 수 있겠다. 앞에서 살펴본 바와 같이, 박인량은 서장관의 신분으로 참가했던 1차 사행 도중에 자신의 시문 창작 능력을 유감없이 발휘했으며, 또한 귀국길에는 각 지방의 사찰을 방문하면서 많은 영제시를 남겼다. 그때 지은 시문들이 이곳 월주지역에서도 널리 유행하여 어느새 악보에까지 실려 연주되고 있었던 것으로 보인다.[63)]

그리고 행차가 浙江지역에 이르렀을 때 조수가 맹렬하여 강을 건널 수 없게 되었는데, 박인량은 오자서의 사당이 강가에 있는 것을 보고 그곳을 찾아 시를 지어 조문하였다고 한다. 이와 같이 앞뒤의 문맥으로 보아 「伍子胥廟」 시는 박인량의 2차 사행 때에 절강지역에 있는 오자서의 사당을 방문하고 지은 것으로 판단된다. 시의 내용은 다음과 같다.[64)]

掛眼東門憤未消	동문에 눈을 뽑아 걸어두어도 분이 사라지지 않아
碧江千古起波濤	푸른 강물이 천고토록 파도를 일으키네
今人不識前賢志	이제 사람이 옛 어진 이의 뜻을 알지 못하여
但問潮頭幾尺高	다만 묻기를 조수 머리가 몇 자나 높았는고 하더라

최자는 박인량이 위 시를 지어 오자서의 사당에 올리자 갑자기 바람이 멈추어서 배가 무사히 건널 수 있었다고 한다. 박인량이 오자서의 사당에 지어 올린 시가 실제로 효력을 발휘했는지는 알 수 없다. 다만 최자는 박인량의 「오자서묘」 시와 관련된 일화를 소개하고, 박

63) 여기서 '聞樂調中奏新聲'이라는 표현으로 보아 박인량의 작품이 詞였을 가능성도 배제할 수는 없겠다.

64) 「伍子胥廟」는 崔瀣批點·趙云仡精選의 『三韓詩龜鑑』 卷中 및 『東文選』 卷19의 七言絶句에도 수록되어 전한다.

인량의 시문 창작 능력에 대해서 "시로 이 세상과 저 세상을 감동시키는 것이 이와 같다"라고 호평하고 있다. 그리고 "송나라 사람들이 그의 시를 모아 편찬하여 지금까지 전해지고 있다(宋人集其詩成編, 今傳于世)"라고 언급하고 있는데, 이는 다름 아닌 『西上雜詠』 및 『小華集』을 말하는 것으로 보인다.

3) 『小華集』과 「舟中夜吟」 詩

박인량의 2차 북송사행 때는 김부식의 부친 김근도 사절단에 동행했는데, 북송 사람들이 박인량과 김근이 사행 도중에 지은 척독·표장·제영 등의 시문을 보고서 감탄하고 이들의 작품들을 모아 『小華集』이라는 이름으로 간행했다고 하였다.65) 그리고 이제까지의 고찰을 통해서 밝혀진 바와 같이, 북송에서 『소화집』이 중국 사람들에 의해 간행될 수 있었던 것은, 박인량이 1차 사행을 통해서 중국 지식인들에게 깊은 인상을 심어줄 수 있었기에 가능했던 것이다. 그렇다면 『소화집』은 주로 박인량의 시문을 수집하여 출판할 목적으로 편찬되고, 또한 박인량의 작품을 중심으로 수록되었을 것으로 추정할 수 있겠다. 그러나 아쉽게도 『소화집』은 이른 시기에 실전된 것으로 보이며, 현재로서는 여기에 수록되었던 작품의 구체적인 내용에 대해서 확인할 수가 없다.

그런데 조선후기의 洪萬宗(1643~1725)은 『小華詩評』에서 박인량의 북송사행 및 『소화집』에 대해서 다음과 같이 소개하고 있다.

> 우리나라의 시문이 중국에까지 알려져 중국에서 小中華라고 하였는데, 대개 文昌侯 최치원이 앞에서 일으키고 叅政 박인량이 뒤에서 이에 응했다. ……박인량이 송나라에 조공 사신으로 갔을 때 이르는 곳마다 시를 남겼다.

---

65) 『高麗史』 卷95 「朴寅亮列傳」 및 『高麗史節要』 卷6 「肅宗明孝大王」 元年(1096)九月조.

중국 사람들이 이를 유전시키면서 칭찬하고 그의 시문을 간행하기에 이르렀는데 제목을 『小華集』이라 하였다. 그 「배에서 밤에 시를 읊다(舟中夜吟)」 시에는, ……[66]

여기서 홍만종은 시문으로 중국에까지 명성을 드날린 사람으로 최치원과 박인량을 들고 있다. 그리고 중국에서 간행된 박인량의 『소화집』에 대해서 언급하고, "그 「배에서 밤에 시를 읊다(舟中夜吟)」 시에는"이라고 소개하고 있다. 이 시의 내용은 다음과 같다.

故國三韓遠	고국 삼한 땅은 멀기만 하고
秋風客意多	가을 바람에 나그네는 시름겹구나
孤舟一夜夢	외로운 배 밤새 고향을 꿈꿀 때
月落洞庭波	동정호 물결에 달빛이 지네

이 시는 사절단이 고려를 떠나 북송의 明州지역을 향해 서쪽으로 항해하던 어느 가을밤에 박인량이 사행 중의 객수를 달래기 위해 읊은 시임을 알 수 있다.[67] 앞에서 고찰한 바와 같이, 박인량의 2차 북송사행은 문종 33년(1079) 7~8월경에 고려를 출발하여 9월에 명주지역에 도착할 예정이었으나, 항해 도중에 풍랑을 만나 11월말에 도착했다. 이와 같이 박인량의 2차 북송사행 일정과 대보해 보면 「舟中夜吟」이 제작된 시기 및 장소 또한 그의 2차 사행과도 부합된다. 그렇다면 위 시는 박인량이 문종 33년(1079) 가을 고려를 출발하여 북송의 명주지역으로 항해하면서 지은 작품으로 판단된다.

---

66) "我東方文獻聞於中國, 中國謂之小中華, 蓋由崔文昌侯致遠之於前, 朴叅政寅亮和之於後. ……參政奉使宋, 所至皆留詩, 華人傳賞, 刊其詩文, 號曰 『小華集』. 其舟中夜吟詩曰, …….."(『小華詩評』 上)

67) 이 시의 結句 '동정호 물결에 달빛이 지네(月落洞庭波)'라는 표현은, 달이 洞庭湖가 위치한 서쪽으로 지고 있음을 형용한 것으로, 사절단이 사행 노정과는 동떨어진 내륙의 동정호에까지 이르렀다고 보기는 어렵다.

여기에 소개된 「주중야음」은 홍만종 이전의 문헌에서는 어디에서도 확인할 수가 없으며, 『소화시평』에서 처음으로 보인다. 따라서 홍만종이 위 시를 어디에서 전재했는지에 대해서는 확인할 수 없다. 다만 『소화시평』에 소개된 「주중야음」 시는 앞뒤의 문맥으로 보아 『소화집』에 수록되었던 시라고 볼 수 있겠다. 그리고 『소화집』이 박인량의 2차 사행 도중의 시문을 수록했다는 기록에 의거하여 「주중야음」 또한 그의 2차 사행 도중에 지은 작품이라고 단정할 수 있겠다.

『소화집』은 아쉽게도 이른 시기에 실전되어, 현재로서는 여기에 수록되었던 작품의 구체적인 내용을 파악할 수가 없다. 그러나 우리는 홍만종의 『소화시평』에 수록된 「주중야음」을 통해서 그 일단을 확인할 수가 있었다. 또한 『소화집』이 박인량의 시문을 수집하여 출판할 목적으로 편찬되었다는 사실을 고려하면, 여기에는 앞에서 살펴본 상산현위 張中에게 보낸 화답시와 「伍子胥廟」 시를 비롯하여 박인량의 2차 사행 때에 제작된 대부분의 작품이 수록되었을 것으로 판단된다.

7. 박인량의 국내활동 및 시문작품

이제까지 우리는 박인량의 두 번에 걸친 북송사행을 중심으로 그의 사행 도중의 작품에 대해서 고찰했다. 이 장에서는 박인량의 국내에서의 활동 및 그의 시문작품에 대해서 고찰하고자 한다.

『고려사』「박인량열전」에 의하면, 박인량은 문종(1047~1082) 때에 과거에 급제하고 여러 관직을 거쳐 문종 30년(1076)에 右副承宣이 되었으며,[68] 다시 문종 34년(1080)에 禮部侍郎이 되어 부사의 신분

68) "文宗三十年(1076), 冬十月己丑, 以朴寅亮爲右副承宣."(『高麗史』 卷9 「文宗世家」)

으로 북송사행을 다녀왔다고 한다.[69] 그런데 『補閑集』에 의하면, 박인량은 李子淵(1002~1061)이 시험관이었을 때 崔錫(崔奭)·金良鑑·崔思訓·崔澤·魏齊萬 등과 함께 합격했다.[70] 『고려사』「選擧志」에 의하면, 이자연이 시험관이 되어 인재를 선발한 것은 문종 5년(1051)의 일로, 이때 崔錫(崔奭) 등을 선발한 사실이 확인 된다.[71] 그렇다면 박인량이 문종 25년(1071) 김제의 서장관으로 북송사행을 다녀왔을 때는, 그가 과거에 합격하고 관문에 들어서진 이미 20년이 지났다는 사실을 알 수 있다.

『고려사』에는 박인량이 肅宗元年(1096)에 사망한 사실을 기록하고 있으나,[72] 그의 출생연도나 享年에 대해서는 밝히지 않았다. 『고려사』에는 「박인량열전」과 함께 그의 세 명의 아들 景仁·景伯·景山에 대해서도 각각 입전하고 있는데, 朴景仁(初名 景綽)과 朴景山은 또한 묘지명이 전해지고 있어 박인량의 가족관계를 좀 더 자세하게 파악할 수 있다. 박경인의 묘지명에 의하면, 그는 문종 11년(1057)에 출생했으며, 그의 형제가 8명이었다는 사실이 확인된다.[73]

그런데 「박인량열전」에서는 언급되지 않은 朴聰謂의 묘지명도 전해지고 있어 주목된다. 박총서의 묘지명에서는 그가 박인량의 둘째 아들이고 仁宗 17년(1139)에 사망했으며 향년 86세였다고 밝히고 있다.[74] 따라서 박총서는 문종 8년(1054)에 출생했다는 사실을 알 수

---

69) "文宗朝登第, 多所敭歷. ……累遷右副承宣, 轉禮部侍郎. 三十四年, 與戶部尙書柳洪, 奉使如宋."(『高麗史』 卷95 「朴寅亮列傳」)

70) "慶源李氏, 自國初世爲大官, 至昌和公子淵, ……昌和公以龍首入黃扉, 掌試得人, 崔平章奭·金平章良鑑·叅政崔思訓·朴寅亮·學士崔澤·魏齊萬等, 皆門生. 有人作詩云, 庭下芝蘭三宰相, 門前桃李十公卿."(『補閑集』 卷上)

71) "文宗五年(1051)四月, 內史侍郎李子淵知貢擧, 取進士下詔, 賜乙科崔錫(奭)等七人, 丙科六人, 同進士六人, 明經三人及第."(『高麗史』 卷73 「選擧志一·科目」)

72) "肅宗元年(1096), 九月己丑朔, 右僕射叅知政事朴寅亮卒."(『高麗史』 卷11 「肅宗世家」)

73) "淸寧三年丁酉(1057)生 公諱景仁, 姓朴氏, 字令裕, ……皇考諱曰寅亮, 左僕射叅知政事, 謚曰文烈公. 兄弟八人, 位皆顯達. 子二人, 孝廉, 今國舅李相之壻, 孝先, 右承制金叔平之壻. ……兄弟子孫, 足以光大文烈公之後也."(『韓國金石全文』 中世上 「章簡公墓誌」)

74) "高麗國洪圓寺, 第七代住持廣濟僧統, 諱聰諝, 字梵眞, 俗姓朴氏, 文烈公朴寅亮第二子也.

있다. 그렇다면 박경인(1057~1121)은 연령상으로 보아 둘째아들 박총서(1054~1139)보다 3년 뒤에 태어난 동생이며, 박인량의 3남이나 4남이었을 것으로 판단된다. 박총서와 박경인의 출생연도에 의거하면, 박인량의 첫째아들은 대략 문종 4년(1050)을 전후해서 태어난 것으로 추정해 볼 수 있겠다. 그리고 박인량이 문종 5년(1051) 李子淵이 관장하는 시험에 급제했다는 사실 또한 그의 출생연도를 추정하는 데 참고가 된다.

이와 같이 박인량의 과거급제 및 그의 자제들의 출생연도 등 문헌자료를 통해 그 시기가 명확하게 밝혀진 사실들을 종합해 보면, 박인량의 출생연도는 대략 顯宗 21년(1030) 전후로 추정된다. 이렇게 박인량의 출생연도를 추정하고 보면, 숙종 원년(1096)에 사망한 그의 향년은 67~68세 정도였을 것으로 판단된다. 그런데 현존하는 그의 작품 중에는 1차 북송사행 이전의 작품이 보이지 않고, 문단에서의 활동 또한 드러나지 않는다. 따라서 현재 우리가 파악할 수 있는 박인량의 주된 문단활동은 그가 이미 40대의 중장년에 들어서서 1차 북송사행을 다녀온 문종 25년(1071) 이후라고 할 수 있겠다.

그런데 앞 4장에서 살펴본 왕벽지의 『민수연담록』 마지막 부분에서 "박인량은 그 나라의 詞臣이 되었는데 죄를 짓고 한동안 쓰이지 않다가 다시 김제와 함께 중국에 사신을 온 것이다(寅亮爲其國詞臣, 以罪廢久之, 復與金第(悌)使中國)."라고 하여 박인량의 과거 행적에 대해서 설명하고 있어 주목된다. 왕벽지가 이와 같은 내용을 기술하고 있는 것은 당시 박인량의 명성이 북송 지식계에 널리 알려지게 되면서 북송 사람들의 관심과 호기심이 그의 고려에서의 관직 및 과거행적에까지 미친 결과라고 생각된다. 그러나 현재 우리 문헌자료의 결핍으로, 박인량이 서장관의 신분으로 김제의 사절단에 참가하기 이전에 문한의 직에 있었으며 죄를 짓고 오랫동안 관직에서 물러나 있

享年八十六, 僧臘七十五, 下元甲子五十六年己未(1139), 夏五月庚辰十七日丙申, 在興王寺感德院, 右脇而化. …….”(『韓國金石全文』 中世上 「洪圓寺廣濟僧統聰謂墓誌銘」)

었다고 하는 왕벽지의 기술 내용에 대해서 그 사실여부를 확인할 수가 없다.

그런데 문종 5년(1051) 李子淵 밑에서 박인량과 같이 급제한 金良鑑은 문종 27년(1073) 8월에 太僕卿의 직위로 정사가 되어 북송사행을 다녀왔으며,[75] 崔思諒(訓)(?~1092) 또한 문종 30년(1076) 工部侍郎의 직위로 정사가 되어 북송사행을 다녀왔다.[76] 이처럼 이자연의 문하에서 같이 급제한 동문들과 비교해 보면, 문종 25년(1071)의 사행에서 서장관의 신분이었던 박인량의 직위는 상대적으로 매우 낮다고 할 수 있다. 하지만 박인량은 문종 25년의 1차 북송사행에서 서장관으로서의 임무를 훌륭하게 완수하고, 문종 29년(1075) 遼朝와 압록강 경계문제가 발생했을 때 외교문서를 통해 이를 해결하는 등 자신의 문학적 재능을 발휘하면서 다시 정상적인 출세가도를 밟게 된다. 문종 30년(1076)에 右副承宣이 되고, 문종 33년(1079)에 禮部侍郎에 승진되어 부사의 신분으로 2차 북송사행을 다녀오게 된다.

이상의 고찰을 통해서 알 수 있듯이, 박인량은 1차 북송사행 당시 이자연의 문생 중에서도 출세가 매우 지연된 편이었다. 왕벽지가 언급하고 있는 '죄를 짓고 오랫동안 물러나 있다가(以罪廢久之)'의 구체적인 사실을 확인할 수는 없으나, 박인량이 관직생활에서 어떤 사건으로 인해 출세가도에서 한동안 낙오되었던 것이리라. 그리고 우여곡절 끝에 특별히 그의 문학적 재능을 인정받아 국교재개를 위해 처음 파견하는 사절단의 서장관으로 선출되었던 것으로 볼 수 있겠다. 『민수연담록』에 보이는 박인량의 과거행적에 관련된 단편적인 기록은, 우리에게 북송사행 이전 박인량의 국내활동에 대한 단서를 제공하고 있다는 점에서 주목할 필요가 있다.

---

75) "文宗二十七年, 八月丁亥, 遣太僕卿金良鑑, 中書舍人盧旦, 如宋謝恩, 兼獻方物."(『高麗史』 卷9「文宗世家」)

76) "文宗三十年, 八月丁亥, 遣工部侍郎崔思諒(訓), 如宋謝恩, 兼獻方物."(『高麗史』 卷9「文宗世家」)

박인량이 1차 북송사행을 다녀온 이후 어느 지위에서 어떠한 활동을 했는지에 대해서는 『고려사』의 관련 기록 등을 통해서 어느 정도 파악할 수 있다. 하지만 1차 사행 이후의 시문 또한 거의 대부분 실전된 현재로서는 박인량 문학의 전모를 파악하기는 불가능하다. 북송사행 때 제작된 작품이외에 박인량의 작품으로 현존하는 것으로는, 『東人之文四六』 및 『東文選』에 수록되어 전하는 「文王哀冊」,[77] 「順德王后哀冊」,[78] 「上大遼皇帝告奏表」,[79] 「入遼乞罷榷場狀」[80]과 義天이 편찬한 『圓宗文類』에 수록되어 전하는 「海東華嚴始祖浮石尊者讚幷序」 뿐이다.[81]

그런데 위에서 박인량의 작으로 수록되어 전하고 있는 「順德王后哀冊」은, 그 내용을 살펴보면 睿宗 13년(1118) 이후에 작성된 것이다.[82] 이는 박인량이 사망한 이후에 제작된 것으로 박인량의 작품이 될 수 없다. 그리고 『補閑集』에 의하면 박인량이 「僧伽窟」20韻을 지었다고 하는데,[83] 제목만이 전할 뿐이다. 또한 「박인량열전」에 의하면, 박인량이 『古今錄』 十卷을 편찬했다고 하는데,[84] 이미 실전

77) 『東人之文四六』 卷5 「冊文」 및 『東文選』 卷28 「冊」.

78) 『東人之文四六』 卷5 「冊文」 및 『東文選』 卷28 「冊」.

79) 『東文選』 卷39 「表箋」.

80) 『東人之文四六』 卷3 「事大表狀」 및 『東文選』 卷48 「狀」.

81) 「海東華嚴始祖浮石尊者讚幷序」(『圓宗文類』 卷22 「讚頌雜文類」)는 義湘을 讚한 작품이다.

82) 順德王后는 睿宗의 비이고 仁宗의 母后인 文敬太后로 「順德王后哀冊」은 文敬太后에 대한 애책문이다. 그런데 「文敬太后李氏列傳」(『高麗史』 卷88)에 의하면, 문경태후는 예종 13년(1118)에 사망했으며 謚號가 順德王后로, 이는 「순덕왕후애책」 서두에 보이는 "維世在戊戌九月庚辰朔"이란 내용과도 일치한다. 따라서 이 애책문은 예종 13년(1118) 이후에 작성되었음을 알 수 있다. 그런데 박인량은 肅宗 원년(1096)에 세상을 떠났으므로, 이 애책문은 박인량의 작품이 될 수 없다.

83) "凡留題以辭簡義盡爲佳, 不必誇多耀富. 朴叅政寅亮題僧伽窟20韻, 咸郞中子眞題洛山四十四韻, 李史館允甫題佛影一百韻, 皆紀事實, 辭不得不繁."(『補閑集』 卷上) 그런데 예종 원년(1106)에 李預가 작성한 「三角山重修僧伽崛記」(『東文選』 卷64)에 의하면, 宣宗 7년(1090)에 선종이 이곳을 행차했다는 기록이 보인다. 박인량 또한 당시 대신의 신분이었으므로 이 선종의 행차에 동참했을 것으로 사료되며, 「僧伽窟」 또한 이때 제작되었을 가능성이 높다고 하겠다.

84) "寅亮文詞雅麗, 南北朝告奏表狀, 皆出其手. 嘗撰古今錄十卷, 藏秘府."(『高麗史』 卷95 「朴

되어 그 구체적인 내용에 대해서는 알 수 없다. 이밖에도 박인량이 창작했을 가능성이 제기되고 있는 작품으로 『崔致遠傳』과 『殊異傳』이 전하고 있다.

이와 같이 북송사행 때 지은 작품을 제외하면 온전하게 현존하는 박인량의 작품은 불과 4편에 불과하다. 1차 북송사행 이후 25~26년에 걸친 박인량의 문단활동 기간에 비춰보면 아주 미약하다고 하겠다. 따라서 현존하는 몇 편의 작품만을 가지고 박인량 문학의 특징을 논하기는 쉽지 않다. 여기서는 그 작품의 대강의 내용을 살펴보고자 한다.

현존하는 4편의 작품 중에서 2편이 表狀으로 遼(거란)나라와의 국경문제 해결을 위한 외교문서라고 할 수 있겠다. 그런데 문종 29년(1075) 거란과의 압록강 경계에 대한 문제가 발생했을 때 박인량이 지었던 표문의 일부가 『고려사』 「박인량열전」에 다음과 같이 전하고 있다.

요나라가 일찍부터 압록강 건너 쪽으로 경계를 삼고자 해서 船橋를 가설하고 압록강 동쪽까지 넘어서 保州城을 설치하려고 하였다. 이에 조정에서는 현종 이래로 누차 이를 폐지할 것을 청했으나 받아들여지지 않았기 때문에 문종 29년(1075)에 사신을 보내어 청한 것이다. 이때 박인량이 지은 陳情表에, "온 천하가 이미 왕의 토지요 왕의 신하인데 한 치 남짓한 땅을 어찌 반드시 '나의 땅이고 내가 다스려야 한다.'고 하리요?"라고 했으며, 또한, "汶陽과 같은 옛 땅을 돌려주시어 저희 땅이 다스려지게 하시고, 長沙와 같은 작은 땅을 돌려주시어 태평성대를 구가하게 하소서."라고 했다. 요나라 황제가 이를 읽고 나서 그 일을 중지하였다.[85]

寅亮列傳」)

85) "遼嘗欲過鴨綠江爲界, 設船橋, 越東岸置保州城. 顯宗以來, 屢請罷, 不聽. (文宗)二十九年(1075), 遣使請之. 寅亮修陳情表曰,'普天之下, 旣莫非王土王臣, 尺地之餘, 何必曰我疆我理'. 又曰, '歸汶陽之舊田, 撫綏弊邑, 回長沙之拙袖, 抃舞昌辰.' 遼主覽之, 寢其事."(『高麗史』 卷95 「朴寅亮列傳」)

거란과의 압록강 경계를 정하는 문제는 일찍부터 두 나라 사이의 복잡한 외교문제였다. 거란이 일찍부터 압록강 건너 동쪽으로 경계를 삼고자 保州城을 설치하려고 했으므로 고려에서는 이를 폐지할 것을 청했으나 받아들여지지 않았다. 문종 29년(1075) 7월에는 거란에서 압록강 동쪽의 경계를 정한다는 통보가 왔으므로, 柳洪 등을 파견하여 거란의 사신과 경계를 따져 정하게 했지만 실패하고 돌아왔다.[86] 이때 박인량이 위와 같은 陳情表를 지어 올려 황제의 나라가 동쪽 변방의 작은 토지에 욕심을 부리지 말도록 회유하고 있다. 요나라 황제가 이 글을 읽고 나서 그 일을 중지하였다고 한다.

그런데 위 「박인량열전」에 소개된 陳情表는 「上大遼皇帝告奏表」의 내용으로 그 전문이 『東文選』(卷39)에 현존하고 있다. 「상대요황제고주표」를 보면 박인량은 전반부분에서, 일찍부터 우리나라의 경계가 압록강을 따라 형성되었고 강을 따라 부여의 옛 성들이 아직도 남아 있으며, 그 땅을 하사해준 요나라 황태후의 유언이 아직도 유효하다고 주장하고 있다.[87] 이처럼 박인량은 압록강을 넘어와 땅을 점령하려는 거란의 침략행위에 대해서 압록강 유역이 예로부터 우리나라의 국경이었다는 역사적 사실 및 선대부터의 두 나라 사이의 약속 등을 근거로 들면서 거란을 설득하고 있다.

또한 거란족들이 압록강을 건너와 우리 땅을 차지하고 장사를 하자 이를 파기하도록 요구한 외교문서 「入遼乞罷榷場狀」이 남아 전하고 있다. 박인량은 이 글에서도 거란이 압록강을 건너와 시장을 열게 되기까지의 과정을 역사적 사실에 근거하여 하나하나 구체적으로 제시하면서, 이는 요나라가 선대부터의 약속을 부당하게 파기하면서 만들어진 결과임을 지적하고 있다.[88] 이와 같은 거란과의 국

86) "文宗二十九年(1075), 秋七月癸酉, 遼東京兵馬都部署奉樞密院剳子移牒, 請治鴨江以東疆域. 己卯遣知中樞院事柳洪·尙書右丞李唐鑑, 同遼使審定地分, 未定而還."(『高麗史』 卷9 「文宗世家」)

87) "且鴨綠之成形, 劃鯷岑而作限, 沿江列址, 扶餘之古戍猶存, 賜履爲恩, 大后之前言不食." (『東文選』 卷39 「上大遼皇帝告奏表」)

경문제 해결을 위한 외교문서를 통해서 우리는 박인량이 우리 역사에 깊은 이해를 바탕으로 한 자주적인 역사관을 가졌음을 알 수 있다.[89] 이러한 자주적인 역사관은 그가 편찬했다고 하는 역사서 『古今錄』의 서술에서도 농후하게 드러났을 것으로 추정해볼 수 있겠다.

다음은 「文王哀冊」에 대해서 살펴보고자 한다. 「文王哀冊」은 문종이 사거한 元豊 5년(1083)에 제작된 것으로 책문은 序와 詞 부분으로 구성되었다. 서문에서 박인량은 문종을 떠나보내는 슬픔 속에서 책문을 짓게 된 사정을 서술하고 있으며, 詞에서는 문종의 위대함과 그 치적을 묘사하고 마지막으로 문종의 죽음을 애도하고 있다. 사의 내용을 구체적으로 살펴보면, 먼저 삼국의 기원부터 문종까지의 역사를 서술한 다음,[90] 문종의 업적에 대해서 다음과 같이 서술하고 있다.

> 높고 높은 그 덕이요, 빛나고 빛나는 그 문채로다. 신묘한 기지는 번개같이 결단하시고, 아름다운 글은 노을이 펴지듯 하였다. 殷나라 수레와 周나라 면류관이요, 舜임금의 해와 堯임금의 구름과 같았다. 음악은 韶와 勻을 조화시켰으며 道는 五典과 三墳을 관통하였다. 사람을 알아보는 데 밝았으며, 위엄으로 오랑캐들을 교화하였다. 오랑캐 옷을 관복으로 바꾸시고, 西樓에는 冊을 드리우셨다. 높으면서도 겸손하시어 빛이 나고, 불러서 타이르매 곧 복종하였다. 황제의 편지가 친절하며 정중하였고 사신들의 왕래가 끊어지지 않았다. 위대한 명성이 길이 빛나고 화려한 문물이 번화하였다. 우리의 융성함이 중국에 견줄 만하여 그들이 우리를 소중화(小中華)라 일컬었다. 祖宗의 공덕으로 나라를 영화롭게 하고 집안을 빛내었으니 38년 동안의

88) "甲寅年, 造浮梁而通路. 乙卯年, 城越境以置軍. 乙未年, 設弓口而刱亭. 甲申年, 允窩頭以毁舍. 詔曰自餘瑣事, 俾守恒規. 又壬寅年, 設買賣院於宣義軍南, 論申則葺營役罷. 甲寅年, 排探戍菴於定戎城北. ……矧及玆辰, 欲營新市, 似負先朝之遺旨, 弗矜小國之竭誠."(『東文選』 卷48 「入遼乞罷榷場狀」)

89) 이혜순(2004), 앞의 책, 209~218쪽 참조.

90) "有君子國, 鼎足海東. 代立君后, 天生睿聰. 卯童赫世, 日子朱蒙. 百家而濟, 三氏曰雄. 迄我神聖, 應天符命. 一統群邦, 重光疊慶. 龍孫嗣興, 鴻業長盛. 仁孝紹圖, 嚴明莅政. ……." (『東文選』 卷28 「文王哀冊」)

다스림을 융성하다고 하지 않을 수 있겠는가.[91]

박인량은 먼저 문왕의 위대한 덕은 堯舜의 도를 이어받았으며 그 위엄과 교화가 오랑캐에게까지 미쳤음을 강조하고 있다, 그리고 북송황제와의 우호관계 및 빈번한 사신왕래 등을 거론하고 나서 문종의 38년간의 치적에 대해, “우리의 융성함이 중국에 견줄 만하여 그들이 우리를 소중화라 일컬었다(比盛上國, 稱小中華)”라고 칭송하고 있다. 여기서 박인량이 문왕의 덕을 기리면서 중국인들이 우리나라에 대해서 호칭했다는 ‘小中華’라는 표현을 쓰고 있다는 점에 주목할 필요가 있다. 박인량이 ‘소중화’라는 표현을 사용하고 있는 것은 곧 고려의 찬란한 문물이 북송의 중화문화에 버금간다는 자국 문화에 대한 강한 자부심에 기인한 것으로 볼 수 있겠다. 그렇다면 이와 같은 박인량의 자국 문화에 대한 자부심은 무엇에 근거하고 있는 것일까?

우리는 앞에서 문종 33년(1079) 박인량의 2차 북송사행 때 중국인들이 박인량과 김근이 사행 도중에 지은 척독·표장·제영 등의 시문을 보고서 감탄하고 이들의 작품들을 모아 『小華集』이라는 이름으로 간행했다는 사실에 대해서 논한바 있다. 박인량은 서장관의 신분으로 참여한 1차 북송사행에서 자신의 뛰어난 시문 창작 능력을 유감없이 발휘하여 북송의 지식인들에게 깊은 인상을 남겼으며, 중국인들에게 고려의 문화 수준을 재인식시켰다. 그 결과 박인량이 다시 북송을 찾은 2차 사행 때에 중국인들이 그의 시문을 수집하여 간행하기에 이르렀던 것이다.

북송 사람들이 박인량 등의 시문을 모아 편찬하면서 『소화집』이라 명명했던 것은, 박인량을 비롯한 고려 지식인의 시문 창작 능력

91) “巍乎厥德, 煥乎其文. 神機電斷, 睿藻霞分. 殷輅周冕, 舜日堯雲. 樂均韶勺, 道貫典墳. 哲於知人, 威以化狄. 左衽易冠, 西樓獻冊. 謙尊而光, 招諭斯格. 帝札丁寧, 使華絡繹. 聲名烜赫, 文物芬葩. 比盛上國, 稱小中華. 祖功宗德, 榮國光家. 三十八載, 不曰盛邪.”(『東文選』 卷28 「文王哀冊」)

곧 문화수준이 中華人의 수준에 이르렀다고 평가했기 때문일 것이다. 즉 작은 나라에서 왔으면서도 그들의 문학적 성취가 중국과 비견된다는 의미를 함축하고 있다고 하겠다. 실제로 문종 25년(1071)부터 북송과 국교가 재개되자 문화적 역량이 뛰어난 고려 지식인들이 북송을 왕래하면서, 북송 지식인들의 고려에 대한 인식의 변화가 일어났다. 당시 고려와 우호관계를 유지하려고 노력했던 북송의 신법당 정권은 고려에 대해서 중화의 문물제도를 갖춘 '文化之國' 곧 '小中華'라고 부르기 시작했다. 즉 유일한 문화국으로 자부하던 북송이 고려까지도 자신들의 '中華'에 포함시키게 되었던 것이다. 문종 30년(1076)의 工部侍郎 崔思諒 일행의 고려사절단이 입송하자 북송은 이들이 머무르는 곳을 '小中華之館'이라 칭했다고 한다.92)

현존하는 문헌자료를 통해서 보면, 중국인들이 우리민족에 대해 '小華' 또는 '小中華'라고 부르게 된 것은 문종연간(1047~1082)에 시작되었다. 그리고 이러한 호칭은 북송과의 외교관계가 재개되고 사신왕래가 빈번해지면서 북송사행 과정을 통해 고려 지식인들이 보여준 문화적 역량에 의해서 형성되었다.93) 여기에서 가장 중요한 역할을 한 사람이 바로 박인량이었다는 사실에 주목할 필요가 있다.

---

92) "文宗三十年, 秋八月, 遣使入朝于宋. 工部侍郎崔思諒, 奉使入宋謝恩獻方物. 宋以本國文物禮樂之邦, 待之深厚, 題使臣下馬所曰, 小中華之館. 所至太守郊迎, 其餞亦如之."(『東史綱目』 卷7下)

93) 당시 북송 사람들이 '小中華之館' 또는 『小華集』 등등 고려에 대해서 '小華' 또는 '小中華'라는 美稱을 사용했던 것은, 고려의 문화수준의 고양에 기인하고 있는 것이 사실이다. 하지만 그 이면에는 북송 지식인의 문화적 華夷觀이 반영되었다는 점도 간과할 수 없다. 북송은 거듭되는 거란의 공격을 억제하지 못하고 '澶淵之盟'이라는 굴욕적인 강화조약을 체결했다. 이 강화조약으로 북송이 兄, 거란이 弟라고 하는 명분을 얻었지만, 북송은 매년 絹20만 필, 銀10만 량을 세폐로 거란에게 바쳐야만 했다. 또한 서쪽에서 강성해진 西夏에 대해서도 이와 같은 임시방편의 강화조약을 통해 현상유지를 꽤할 수밖에 없었다. 이러한 북방민족과의 강화조약은 중화주의에 대한 중대한 수정이었던 것이다. 힘의 논리만으로는 북방민족을 복종시킬 수 없었던 북송은, 북방민족보다 문화적으로 우월하다는 문화적 화이관을 가지고 그들을 야만시 했다. 거란으로부터 수차례의 침략을 경험한 고려 또한 북송과 같은 입장에 놓여 있었다. 이처럼 거란에 대한 공동대응이라는 현실적 조건에서 북송과 고려의 우호적 외교관계가 형성되었으며, 그 과정에서 북송은 고려를 문화적 우등생으로 간주하게 되었던 것이다.

박인량은 서장관의 신분으로 참여한 1차 북송사행에서 자신의 뛰어난 문학적 재능을 통해서 고려의 문화적 역량이 결코 중화문명에 손색이 없음을 보여주었다. 그 결과 북송 지식계가 고려의 문화 수준을 재인식하게 되었다. 그리고 고려 사신에 대한 대우 또한 각별해지면서 고려사절단이 머무르는 곳을 '小中華之館'이라고 부르게 되었다. 또한 박인량의 2차 북송사행 도중에 중국인들이 그의 시문을 모아 편찬하면서 이를 『소화집』이라 명명하기에 이르렀다. 북송 사람들의 이와 같은 명명법은 박인량을 비롯한 고려 지식인의 문화수준이 중국인의 수준에 이르렀다고 보았기 때문이다. 그리고 이와 같은 중국인들의 평가 곧 '小中華'라는 표현을 박인량이 문왕의 덕을 칭송하는 데에 사용하고 있는 것은, 자국 문화에 대한 강한 자부심과 함께 고려의 문화수준이 중화와 동등하다는 '同文'의식을 가졌기 때문이었음을 알 수 있겠다.

이상에서 살펴본 바와 같이, 박인량은 1차와 2차 북송사행에서 자신의 뛰어난 문학적 재능을 발휘하여 중국인들에게 고려의 문화수준을 재인식시켰으며, 그 결과 중국인들로부터 고려의 문화수준이 中華에 버금간다는 '小華' 또는 '小中華'라는 호칭을 받게 되었다. 그리고 북송사행을 계기로 박인량을 비롯한 고려 지식인들 또한 고려의 문화수준이 중화와 동등하다는 '同文'의식이 형성되었으며, 자국 문화에 대한 자부심을 가지고 '小中華'로 자임하기 시작했다.

8. 맺음말

이제까지 한·중 양국의 각종 문헌자료에 산재해 있는 박인량의 북송사행에 관련된 자료를 수집·정리하여 그의 사행시기 및 경로를 정확히 밝혀내고, 이를 바탕으로 박인량의 시문에 대한 종합적인 검토를 진행했다. 특히 박인량의 북송사행이 두 번에 걸쳐 이루어졌다는 사실을 밝혀내고, 그의 1차 북송사행이 문종 25년(1071)에 출발한 민관시랑 김제 사절단의 서장관 신분이었다는 사실을 검증했다. 그리고 이러한 결과를 바탕으로 박인량의 문학사적 위상을 재조명했다.

이제까지 한국문학사에서는 박인량이 문종 34년(1080) 柳洪을 정사로 하는 북송사행에 부사 신분으로 한 번 다녀왔다고 보았다. 그리고 그때 金覲 등과 함께 지은 시문을 중국인들이 수집하여 『小華集』이라는 이름으로 간행했다는 사실만으로 그의 문학사적 위상을 논의해왔다. 그러나 박인량의 존재가 북송의 지식계에 알려지게 된 것은, 그가 처음 서장관의 신분으로 북송에 갔던 문종 25년(1071)의 일이었음을 문헌고증을 통해 밝혔다. 박인량은 이때의 1차 북송사행에서 자신의 뛰어난 시문 창작 능력을 유감없이 발휘하여 북송의 지식인들에게 깊은 인상을 심어주었으며, 그들에게 고려의 문화수준을 재인식시켰다.

박인량의 1차 사행에서의 활약이 이후 전개되는 고려와 북송과의 문화교류에 상당한 영향을 끼쳤다. 이러한 사실은 신종황제가 고려에 보내는 조서작성 등에 각별히 주의하게 되었다는 역사적 기록을 통해서 확인할 수 있었다. 박인량이 1차 사행에서 명성을 얻게 되자, 그가 다시 찾은 2차 사행 때 각지의 중국인들이 그에 대해서 비상한 관심을 표명했다. 명주지역에서 상산현위 張中과의 시문창화, 월주지역에서 그의 시문이 악보에 실려 연주된 점, 그리고 그의 시문을 수집하여 『소화집』이라 간행하기에 이르게 된 사실 등을 통해서 이를 확인할 수 있었다.

현존하는 박인량의 1차 사행 때의 시문 「使宋過泗州龜山寺」와 「金山」에 대한 검토를 통해, 이들 시가 문종 26년(1072) 귀국 도중 신종황제의 축수재를 올리기 위하여 泗州의 龜山寺와 閏州의 金山寺를 방문했을 때 제작되었음을 밝힐 수 있었다. 또한 『고려시』 3권에 대한 해제 내용을 통해, 1차 사행 때 박인량 일행의 창화시 70여 편을 수록한 『서상잡영』이 편찬되었던 사실을 확인할 수 있었다. 그리고 『보한집』에 수록된 「伍子胥廟」 시와 『소화시평』에 수록된 「舟中夜吟」 시가 2차 사행 때의 작품임을 밝혀내고, 『소화집』이 박인량의 시문을 수집하여 출판할 목적으로 편찬되었다는 사실을 검증했다.

박인량의 국내 활동은 주로 외교문서 작성에서 두드러지게 나타났다. 거란과의 국경문제를 해결하기 위해 작성한 외교문서 「上大遼皇帝告奏表」와 「入遼乞罷榷場狀」에는 박인량의 자주적 역사의식이 강하게 드러났음을 밝혔다. 또한 박인량이 「文王哀冊」에서 문왕의 덕을 기리면서 '小中華'라는 표현을 사용한 것은 자국 문화에 대한 자부심과 함께 고려의 문화수준이 중화와 같다는 '同文'의식'에 기인하고 있다는 사실을 규명했다.

박인량의 '小中華'의식은 그의 두 번에 걸친 북송사행을 통해 형성되었으며, 이는 고려의 문화수준에 대한 자부심의 발로였다. 그리고 이렇게 형성된 '小中華'의식은, 이후 중원에서의 漢族왕조의 흥망성쇠 및 고려와 중국왕조와의 외교관계에 따라 다양하게 전개되며, 程朱性理學의 도입과 明·淸 교체기를 거치면서 '朝鮮中華主義'로 변모해 간다는 사실에도 주목할 필요가 있겠다.

[참고문헌]

楊家駱, 『宋大詔令集』, 鼎文書局, 1972.
王闢之, 『澠水燕談錄』, 中華書局, 1980.
『家世舊聞』, 『郡齋讀書志』, 『文獻通考』, 『續資治通鑑長編』, 『西臺集』, 『蘇魏公文集』, 『宋史』, 『宋詩紀事』, 『類說』, 『曲洧舊聞』, 『陳輔之詩話』, 『太平廣記』(以上 『文淵閣·四庫全書』 所收).
金富軾, 『三國史記』, 學習院大學東洋文化研究所刊, 昭和 61.
金宗瑞等, 『高麗史節要』, 東洋文化研究所影印刊行本, 1960.
金宗直, 『佔畢齋文集』, 民族文化推進會影印本, 1999.
徐居正等, 『東國通鑑』, 民族文化推進會影印本, 1999.
徐居正等, 『東文選』, 民族文化推進會影印本, 1999.
安鼎福, 『東史綱目』, 民族文化推進會影印本, 1999.
李仁老, 『破閑集』, 『修正增補韓國詩話叢編』 所收, 太學社, 1996.
李齊賢, 『櫟翁稗說』, 『高麗名賢集』所收, 성균관대 대동문화연구원, 1980.
鄭麟趾 等, 『高麗史』, 國書刊行會編, 1908.
趙云仡, 『三韓詩龜鑑』, 김갑기(역주), 이화문화출판사, 2002.
崔滋, 『補閑集』, 『修正增補韓國詩話叢編』 所收, 太學社, 1996.
崔瀣, 『東人之文四六文』, 『高麗名賢集』 所收, 성균관대 대동문화연구원, 1980.
崔瀣,『拙藁千百』, 『高麗名賢集』 所收, 성균관대 대동문화연구원, 1980.
許興植, 『韓國金石全文』 中世上, 亞細亞出版社, 1984
洪萬宗, 안대회 역주, 『小華詩評』, 國學資料院, 1995.
이혜순, 『고려전기 한문학사』, 이화여자대학교출판부, 2004.
池浚模, 「高麗漢文學史(上)」, 『語文學』 第38輯, 한국어문학회, 1979.

韓國語의 主格 重出 構文에 대한 연구와 전망

安明哲
(인하대학교 인문학부 교수)

1. 서론

한국어의 구문에서는 單文 안에 동일한 격조사가 여러 번 나오는 일이 있다. 이 가운데 "내가 돈이 많다"와 같이 'NP이/가'가 두 번 이상 나오는 구문에 대해서는 특히 많은 논의가 이루어지고 또 지금도 계속 논의가 되고 있다. 이는 하나의 단문에 주격이 하나만 나타나야 한다는 1文 1格의 원리와 관련된 것인데 'NP이/가'가 두 번 이상 나오게 되면 바로 이 원리와 충돌되는 것으로 보이기 때문이다.

한국어의 주격 중출 구문의 유형은 다음과 같은 것들이다.[1)]

1) 이 구문을 지칭하는 용어 가운데 가장 널리 알려진 것은 아마도 '이중주어 구문'일 것이다. 그러나 이 용어는 문장의 주어가 2개임을 전제로 하는 용어이므로 논란이 많은 주제임에 비추어 볼 때 적절한 용어가 될 수 없다. 그럼에도 이 시점에서 당장 이 구문을 명확히 표현할 수 있는 용어를 찾기란, 이 현상의 본질에 대한 해법을 찾기 어려운 만큼이나 쉽지 않다. 다만 필자는 이 구문에 대해, 'NP2-이/가'가 용언과 함께 복합서술구를 형성하고 이 복합서술구가 귀속자역의 의미역을 배당받는 새로운 주어인 NP1을 불러온다는 견해를 가지고 있으므로 이 구문을 '주격 중출 구문'으로 부르고자 한다.

[가] a. 아버지가 돈이 많다.

b. 내가 성적이 떨어진다.

c. 그 사람이 아들이 학교를 다녀.

[나] a. 내가 아버지가 무섭다.

b. 내가 다리가 아프다.

c. 내가 연기에 눈이 맵다.

d. 할아버지가 방이 크다.

[다] a. 내가 이 일에 관심이 간다.

b. 이 비누가 때가 잘 간다.

c. 그 사람이 자리가 잡혔다

d. 이 음식이 맛이 갔다.

[라] a. 이 다리가 길이가 길다.

[마] a. 얼음이 물이 되었다.

b. 그 사람이 임금님이 아니다.

[바] 사람이 셋이 모였다.

[아] 비가 오지가 않는다.

[자] a. 철수가 눈이 빛이 난다.

b. 내가 그 사람이 마음이 놓이지 않아.

[가]의 예는 주로 속격이나 처격의 변형과 관련되어서 논의되 오던 예이고 [나]는 심리경험 형용사 구문이며 [다]는 NP2와 동사가 하나의 연어 구성 또는 관용구 구성을 형성하는 예이며 [라]는 서술어의 내적 의미 자질이 논항(NP2)으로 실현이 된 것이며 [마]는 NP1과 NP2가 동격인 구문으로 NP2를 보통 보어로 분류해왔던 것이다.[2] [바]는 수량사 구문이고 [아]는 부정문에 조사 '가'가 나타난 예이며 [자]는 조사 '이/가'가 세 번 이상 문장에 나타난 예이다.[3]

2) 이 글에서 NP1은 주격 중출 구문의 첫 번째 명사구를(일부 용례의 '는' 결합형도 이에 포함함), NP2는 두 번째 명사구를 가리킨다.

이들 구문에 대해 그동안의 논의에서는 다양한 이론과 많은 자료를 근거로 삼아 때로는 세부적으로 서로 다른 논리로 설명하기도 하고 때로는 모두에게 공통된 논리로도 설명해오기도 하고 또한 이를 언어 일반적 현상의 측면에서 설명을 시도하기도 하는가 한편 한국어의 언어 특수적 현상으로도 설명을 해왔던 것이다. 이 결과 이 구문의 특성을 밝히는 데에 어느 정도의 성과가 있었으나 어떻게 해서 이들 구문이 생성되고 제약되며 또 그 의미가 해석되는가에 대한 보다 근본적이며 심층적인 해결에까지 이른 것으로 보이지는 않는다.

그러나 한국어 화자들이 이들 구문 구사에 어려움을 겪는 것은 전혀 아니다. 한국어 화자들이 위의 [가]에서 [자]까지의 외형적으로 동일한 구조의 문장들을 사용한다는 것은 형식 논리상 이들을 기본적으로 동일한 통사·의미론적 차원에서 접근하고 있다는 점을 말해주는 것이다. 이 점은 이 구문에 대한 연구 방향이 어떠해야 하는지에 대한 시사점을 우리에게 제공한다. 그것은 이 구문 전체에 적용될 수 있는 공통된 생성 원리를 밝히고 이를 기반으로 한 각 유형의 문장의 세부적 통사 특성을 살피는 것이 올바른 논의의 방향이라는 점이다. 필자는 이를 'NP2-V' 구성이 그 전체적 의미가 새로운 '귀속자역'을 논항으로 요구할 수 있을 때 이 결과 새로운 'NP1'이 주어로 도입되는 절차로써 이들 구문의 모든 특성이 기본적으로 설명될 수 있으며 또한 이들 구문들 사이에서 보이는 세부적 차이에 대

3) 예의 NP1 가운데는 때로는 'NP-는'의 연결형이 자연스러운 것으로 보이는 것들도 있다. 서정수(1978: 242)는 이와 관련하여 "그이는 벌이 당연하다."는 성립이 되나 "*그이가 벌이 당연하다"는 성립이 되지 않는다고 하고 있다. 그런데 여기서의 문장의 성립성이라는 것은 NP1이 주제어로 잘 나타나는 최상위문이라는 특별한 위치에서 표면적으로 그렇게 보인 것뿐이며 기저 구조는 여전히 주격 중출 구문으로 보아야 한다. 왜냐하면 "그이가 벌이 당연하다면 다른 사람들도 다 마찬가지이다."와 같이 내포문에서는 'NP1-이/가'가 더 자연스럽기 때문이다. 다만 다음과 같은 (i)의 경우는 기저에서도 'NP1-은/는'이 더 자연스러운 문장으로 보인다.

i. 꽃은 장미가 예쁘다. [꽃 가운데 장미가 특히 더 예쁘다는 뜻인 경우]
ii. 나는 밥이다. (음식 주문의 경우)

한 설명도 가능하다고 믿고 있다. 그러나 이에 대한 본격적인 논의에 앞서 이 글에서는 먼저 한국어의 주격 중출 구문의 해결을 위해 그 동안 연구 성과는 어떠했으며 어떤 과제를 우리에게 안기고 있는지에 대해 살펴보기로 한다.4)

2. 주격조사 중출 구문에 대한 그 간의 해법

'NP1-이/가+NP2-이/가'로 구성되는 주격조사 중출(重出) 구문에 대한 논의의 핵심은 진정한 주어가 NP1과 NP2 가운데 어느 것이며 그럴 때 나머지는 어떤 통사·의미론적 자격을 갖는가 하는 점이다. 세부적인 논의의 다양함에도 불구하고 이에 대한 연구 방향은 크게 다음 세 가지 경향으로 나뉜다.

[가] NP2 주어설
[나] NP1-NP2 주어설
[다] NP1 주어설

[가]는 "내가 돈이 많다."와 같은 문장에서 서술어와 명사구의 의미 관계를 따져 보아 두 두 번째 명사구인 '돈이'가 서술어 '크다'와 의미론적으로 연결되므로 이를 서술어의 주어로 보는 입장에서 설정되는 견해이다. 이런 점에서 NP1보다 NP2를 주어로 보는 견해로 여기에는 NP1 변형유도설과 주제·초점설이 해당된다.

[나]는 "내가 손이 크다"와 같은 문장에서 '손'이 '나'의 일부라는

4) 주격 중출 구문에 대한 그간의 성과에 대한 소개는 임홍빈(1974), 서정수(1990: 5장), 정인상(1990), 안명철(2001) 등을 참고할 것. 단 각 시대의 연구흐름이나 필자의 관점에 따라 연구사적 평가나 세부 내용에 차이가 있는 경우가 있으므로 참조할 때는 이 점에 유의할 필요가 있다.

점에서 이들 모두에 공통된 주격을 부여하고 그 격 구조 아래에 '총주어-문주어'나 '대-소 관계', '소절(小節)' 등을 설정하여 주격의 이중성을 해소하려는 입장이다.

[다]는 NP1을 주어로 보되 주격을 배당하는 성분이 서술어가 아닌 'NP2+V' 구성 전체로 보려는 것이다. 이 견해에는 서술절설과 구-동사설 등이 있다.

필자는 [다]의 입장을 지지하며 '귀속자역 주어'라는 문법 범주를 한국어 격 체계에 설정함으로써 이 문제를 풀어가려고 하는 것이다.

1) NP2 주어설

NP2 주어설에는 NP1 변형설과 NP1 주제설이 대표적인 견해이다. 이 가운데 NP1 변형설부터 먼저 살펴보기로 한다.

(가) NP1 변형설

NP1 변형설은 서정수(1971) 등에서 제시된 견해로 기저(基底) 구조에서 다른 격이었던 명사구가 변형으로 표면에 주어로 나타난 것으로 보는 견해로 다음과 같은 주로 속격과 처격 등이 변형되어 NP1이 되었다고 보는 것이다.[5)]

(1) a. 내가 손이 크다. ← <u>나의 손이</u> 크다.
　　b. 집이 불이 났다. ← <u>집에 불이</u> 났다.

그런데 이 견해의 문제점은 도대체 속격이나 처격 가운데 어떤

5) 주격중출구문의 NP1을 다른 구문의 변형에서 생성된 것으로 보는 입장으로는 남기심(1968), 송석중(1967), 서정수(1971) 등이 있다. 단, 남기심(1968)에서 "내가 철수가 싫다"와 같은 경우는 이를 기본문형으로 보고 있다.

것이 어떻게 해서 새로운 주어로 변형될 수 있는가를 설명하지 못한다는 점이다.[6] 가령 다음의 경우는 허용이 될 수 없는데 이에 대한 설명이 쉽지 않기 때문이다.

(2) a. * 내가 손이 햇볕을 가린다. ← 나의 손이 햇볕을 가린다.
   b. * 집이 사람이 많이 왔다. ← 집에 사람이 많이 왔다.
(3) a. 내가 돈이 있다. ← 나에게 돈이 있다.
   b. * 내가 친구 돈이 있다. ← 나에게 친구 돈이 있다.

또한 다음의 문장에서 의미에 변화가 생기게 되는 점도 이론적으로 큰 문제가 된다. 왜냐하면 변형은 의미 구조에 어떠한 영향도 미쳐서는 안 되기 때문이다.

(4) a. 나의 옷이 크다.[내가 소유한 옷에 대해 '그 옷이 크다'.]
   b. 내가 옷이 크다.[내가 입고 있는 옷이 크다.]
(5) a. 내가 옷이 못에 걸렸다.[내가 옷을 입고 있는 상태에서 못에 걸린 경우]
   b. * 내가 옷이 못에 걸렸다.[내 옷이 벽에 있는 못에 걸려 있는 경우, 이 문장은 성립이 안 됨]
(6) a. 내가 그림이 걸렸다.[내가 그림 대회에 응모한 작품이 입선이 되어 전시장에 걸린 경우]
   b. 나의 그림이 걸렸다.[내가 가지고 있는, 또는 그린 그림이 벽에 단순히 걸려 있는 경우]

위와 같은 문제점 등으로 인해 변형설로 주격 중출 구문을 설명하는 입장에 대해 많은 논자들이 부정적인 입장을 보이고 있다.

---

6) 다음의 예는 ii)에서 i)로 변형되어 온 것으로 설명하는 것이 일반적이다.
   i) 내가 호랑이가 무섭다.
   ii) 내가 호랑이를 무서워한다.

(나) NP1 주제·초점설

NP1 주제설은 박승빈(1931: 168)에서 일찍 나타난 바 있다. 박승빈(1931: 168)의 '文主'는 "敍述語의 主題되는 主語 以外에 그 文의 主題로 使用되는 單語"를 말하는데 박승빈(1931)에서는 보통 주어가 문주의 역할을 한다고 하여 '문주'가 주제어를 의미하는 것으로 파악될 수 있다. 그런데 문주의 예로는 NP1도 포함되어 있음이 눈에 뜨인다.

이와 같이 NP1을 주제로 본다면 NP2는 자동적으로 주어가 될 것이다. 주제설은 임홍빈(1972) 등에서 제기되는 견해로 핵심 논거는 서술어가 NP1에 직접 격을 부여하지 못한다는 점에 근거하는 것이다.[7] 주제설은 속격이나 처격의 명사구가 의미론적 조건에 따라 주제어의 역할을 하게 된다는 것으로 NP1이 심층의 다른 격에서 유래되었다는 점에서 변형설과 유사하지만 NP1이 새로운 격을 담당하지 않는다는 점에서 차이가 있다.

그런데 주제설도 변형설만큼이나 문제점이 있는 것으로 보인다. 우선 대화 정보적 측면에서 다음 두 문장의 두 '내가'의 의미론적 기능에 대한 차이를 발견할 수 없다. (aㄱ)의 '내가'와 (b)의 '그의 업적이'는 통상 주어로 판단되는 것이다.

(7) a. ㄱ. 내가 그를 만났다.
　　　ㄴ. 그래서 내가 [기분이] 즐겁다.
　b. 그의 업적이 [빛이] 난다.
　b'. 그의 업적이 빛난다.

7) 세부적 견해에는 차이가 있지만 주제설의 입장에는 박순함(1970), 임홍빈(1972), 신창순(1976), 손호민(1981), Park(1985), 성기철(1987), 박상수(1995), 유동석(1998), 신호철(1998), 오충연(2001) 등이 있다.

또한 주제가 문장의 내적 격 구성과 무관한 현상이라고 한다면 NP1 주제는 타동사 구문에서도 나타나야 하는데 실제로 피동성 구문의 목적어를 제외한 일반 타동사 구문에서는 (8)과 주격조사 중출 구문이 나타날 수 없는 점도 문제점이다.

(8) * 내가 아들이 책을 읽는다. ← 나의 아들이 책을 읽는다.

주제설의 또 다른 문제는 한국어의 주제어는 통상 근문(根文: 최상위문)에 나타나는 것이 원칙이며 하위절에는 다음과 같이 실현되기가 어렵다. 이는 대화 전략적 측면에서 한 문장의 주제어가 최상위문의 직접 지배를 받는 위치에 놓이는 것이 가장 합리적이기 때문이다.

(9) a. * 친구는 안 가면 내가 간다.

그러나 이중주어 구문은 이 제약에서 자유롭다.

(9) b. 친구가 돈이 많으면 내가 그 돈을 좀 빌려야겠다.
c. 그 사람이 손이 크니까 악수를 하면 내가 손이 아프다.

주제설의 가장 근본적인 문제점은 이것이 문장의 논항이라면 동사로부터 의미역을 배당받아야 하는데 "내가 손이 크다"와 같은 경우 '크다'의 의미역을 받을 수 있는 것은 '손'이 되는데 이런 점에서 주제설의 경우 이런 문장의 주제어가 과연 어디에서 왔는가 하는 것이 문제가 된다. 이 점에 대해 신호철(1998)은 서술어로부터 문법격과 의미역 산정을 하기 어려운 점에 대해 이를 설명하기 위하여 이 주제어가 본유적 주제어의 성격을 띠고 있다고 하고 있다.

그러나 이와 같은 접근은 우선 어떤 경우에 본유적 주제어가 설정될 수 있는가에 대한 본질적 설명 방법을 마련하고 있지 못한 점에서도 그 한계가 있다. 가령 다음의 문장의 성립성에 대한 판단을 단지 '본유적' 주제어라는 용어로만 설명할 수는 없는 것이다.

(10=5) a. 내가 옷이 못에 걸렸다.['내'가 옷을 입은 상태에서 옷이 못에 걸리게 된 경우]

b. * 내가 옷이 못에 걸렸다.['나의 옷'이 벽에 있는 못에 걸린 경우]

주제어가 담화적인 개념이라고 한다면 주제어의 성립 여부는 통사적이거나 의미론적인 차원을 떠나야 하는 것은 당연한 일이 될 것이다. 즉 NP1의 출현에 의미론적 제약이 따라서는 안 된다는 점이다. 그러나 주제설은 위와 같은 의미론적 제약 문제를 해결할 수 없다.

또한 (11)의 이중주어 구문의 경우 NP1은 "내가 손이 크다" 따위와 비교하여 서술어와의 본질적 관련성이 더 크다.

(11) a. 내가 화가 났다.

b. 내가 속이 쓰리다.

즉 "내가 손이 크다"와 같은 경우 초점을 '손'에만 맞추어 보았을 경우 이것을 주어로 판단하는 것은 어렵지 않고 또 "산이 높다" "집이 크다" 등과 같은 단일 주어를 가진 문장의 완성이 가능하다. 그러나 '화가 났다', '속이 쓰리다'와 같은 경우는 이를 경험할 수 있는 주체를 상정하지 않고는 문장의 실질적 논항구조가 완성될 수 없다. 이러한 경우 이를 관용구 또는 연어로 간단히 처리하여 볼 수도 있을 것이다. 그러나 이러한 논리는 발생론적인 문제점들을 안고 있을 가능성이 있다. '주어+서술어'로 구성되는 관용구들은 한국어와 같은 유형의 문형을 가지고 있는 언어에서 발생되는 것들이다. 영어와 같은 경우 이러한 유형의 관용구들은 생성되지 않는다. 영어에서도 이와 같은 구조의 관용구가 생성될 수 있다면 이는 영어에서도 자동으로 이중주어 구문과 동일한 문형이 생성될 수 있음을 의미한다. 그러나 영어에서는 그러한 일은 발생하지 않는다. 즉 (11)과 같은 한국어의 연어 구성이나 관용구 구성은 이미 한국어에 마련된 구문 형식인 주격 중출 구문과 밀접한 관계가 있는 것이다. 따라서 이러한 구문의 이중주어 구문이 생성될 수 있다는 점은 이중주어 구문이 단순한 문장의 주제와 연결되지 않음을 시사하는 것이다.

다음의 예도 NP1이 주제가 아니라 주어임을 말해준다.

(12) a. 이 연필이 길이가 길다.

위 문장에서 NP2 '길이'는 문장의 의미 구조에 아무런 영향을 미치지 않고 다음과 같이 소거될 수 있다. 이 경우에도 '이 연필이'를 주제어로 봐야 하는가? 그렇다면 (12b)에서 (12a)가 생성되기 위해서 어떤 설명이 필요한 것인가?

(12) b. 이 연필이 길다.

이상에서 언급한 바를 종합하면 NP2를 주어로 보는 것은 서술어와의 관련성을 쉽게 설명할 수 있는 이점이 있지만 그 이상 설명의 문제점을 우리에게 안겨주고 있음을 알 수 있다.

한편 Yoon, J. M.(1989), 윤종열(1990)에서 제기된 초점설로도 주제설에서 발생한 문제점은 여전히 해결되기 어려운 점이다. 그 외에도 안명철(2001)에서 지적된 바와 같이 한국어는 어순 재배치로 초점 기능이 실현되고 있는데 또 여기에 주격 표지 '이/가'에 초점의 기능을 다시 중복 부여하기 어렵다는 점, 처격이나 주어 명사구 내의 속격을 초점 위치로 보내기 위해 주격 조사에 초점 기능을 부여했다고 하더라도 예 (2-6)과 아래의 (13)과 같이 주격 내의 속격이 아니거나 주격 내부의 속격이라도 여러 의미론적 조건에 따라 성립 여부에 차이가 발생한다는 점이 문제점으로 지적될 수 있다.

(13) a. * 내가 친구가 집을 샀다.(← 친구가 나의 집을 샀다.)
b. * 내가 집이 탄다.(← 나의 집이 탄다.)
c. * 영희가 친구가 영화를 본다.(← 영희의 친구가 영화를 본다.)

이런 점을 종합하면 주제·초점설은 주어의 이중성을 해소하기는 하나 극복해야 할 점이 여전히 적지 않은 상태라고 할 수 있을 것이다.[8)]

이제 자리를 바꾸어 NP1-NP2 주어설에 대해 살펴보기로 한다.

2) NP1-NP2 주어설

NP1-NP2 주어설은 NP1과 NP2의 의미론적 상관성에 주목하는 것으로 NP1과 NP2이 의미론적으로 연관되어 있어 이들이 다음과 같이 주어 교점에 두 개의 명사구(때로는 그 이상도 가능함)가 모두 동일한 주격을 복사(複寫)하여 받게 된다는 것이다. 실제로 한국어에서는 數量詞 구문에서 (15)와 같이 격이 두 번 이상 복사되어 나타나는 현상이 있어 이러한 설명은 일정한 부분 타당성을 얻는 것처럼 보인다.

8) "꽃이 장미가 예쁘지 호박이 예쁘냐?"나 "너도 네가 직접 차를 운전하니?"나 "영이가 학교가 크지 철수가 크냐?"와 같은 문장에서 '꽃이'나 '너도'나 '영이가/철수가' 등은 확실히 주제나 초점의 기능이 있는 것으로 보인다. 하지만 이들 문장은 대화상황이라는 화용론적 조건과 관련하여 성립되는 문장으로('꽃으로 말하면', '너의 경우도', '영이 쪽이'와 같은 것이 줄어서 실현된 것으로 보이므로) 대화 상황과 관계없이 문장의 성립성이 판단되는 순수 이중주어 구문과는 차이가 있는 것으로 보인다.

(14) S → NP(NP1 - NP2 ...) + VP

(15) a. 학생이 셋이 간다.

b. 나는 밥을 두 그릇을 먹었다.

c. 군인이 총(으로) 한 자루로 싸운다.

이와 같은 NP1-NP2 주어설은 김민수(1971)에서 잘 나타나고 있는데 김민수(1971: 92~97)는 주격 중출 구문의 유형을 '총주어(대주어·문주어)+ 분주어(소주어·보주어)+서술어'로 구성된 것과 '주어+보어+서술어'로 대별하고 각각의 예를 다음과 같이 들고 있다.[9]

(16) (가) 총주어 + 분주어 + 서술어

나리가 꽃이 핀다

총주(주어) 분주(주어) 술어

(나) 주어 + 보어 + 서술어

얼음이 물이 된다.

주어 보어 술어

각각의 구조는 다음과 같다.

(17) (가) 나리가 꽃이 핀다.

[주어 주어] 술어

주어

9) '총주어(대주어)'라는 명칭은 유길준(1909: 93)에 최초로 나타난 것을 비롯하여 박승빈(1931), 홍기문(1947), 김윤경(1948), 김민수(1971) 등에서도 나타나지만 명칭의 동일함 또는 유사함에도 불구하고 실제 개념은 적지 않은 차이가 있어 글을 참조할 때 이 점에 유의할 필요가 있다.

(나) 얼음이 물이 된다.

주부 [보어 술어]

술부

김민수(1971)에서는 (가)와 (나)의 구별을 의미론적인 측면에서 고려하고 있는데 의미론적으로 同心的인 구성을 이룰 수 있다면 모두 다 주어로, 異心的 구성을 이룬다면 '주어+보어'로 보는 것이다. 김민수(1971)에서 NP1과 NP2가 동심원적 관계를 보이는 세부 유형은 다음과 같이 정리된다.

(18) a. 네가 자신이 움직인다.(동등한 의미(자격))

b. 새가 세 마리가 난다. (사물과 수량(총괄))

c. 개가 귀가 밝다. (전체와 부분(소속))

d. 콩이 빛이 노랗다. (사건과 속성(정적(靜的))

한편 김민수(1971)에서는 NP2를 보어로 보는 경우는 (17나) 외에 다음 (19)와 같은 경우도 포함한다.10)

(19) a. 학생이 공부가 열성이다.

b. 내가 곰탕이 좋다. (예는 김민수(1971: 95)의 것임.)

양인석(1972)나 박병수(1973)의 견해도 김민수(1971)와 같은 견해이

10) NP1을 주어로 보는 경우에 일부 구문의 NP2를 보어로 보는 입장은 자주 보인다. 그러나 이 경우에도 논자에 따라 보어의 범위에 차이가 많다. 다음 예는 유동석(1998)에서 NP2를 보어로 보는 예인데 ii)의 NP2 '돈이'는 김민수(1971)에서는 주어로 보던 것이다.

i) 영수는 순이가 그리웠다.

ii) 영수가 돈이 많다. (예는 유동석(1998: 318)의 것임.)

NP1을 주어로 볼 경우 NP2의 통사적 자격에 대한 제설의 소개가 필요할 것이나 이 글에서는 초점을 어느 명사구가 문장의 주어인가에 대해서만 한정하여 서술하고자 한다.

다. 여기서도 주격 중출 구문을 동일한 주어 교점에 대-소 관계의 의미론적으로 연결된 두 개(또는 그 이상)의 명사구가 나타나는 것으로 본다.[11] 강명윤(1996)에서 제시된 소절(small clause) 관계도 위의 견해와 연관성이 깊은 것이다. 소절 견해도 다음과 같이 NP1과 NP2가 절을 이룬다는 견해이다.

(20) sc[NP1 - NP2]

이 설도 본질적으로 NP1과 NP2의 내면적 연관성에 따른 격 중출이 왜 주격(또는 대격 구문)에서만 나타나고 또한 의미론적 제약이 그렇게 많은지에 대해 여전히 명확한 답을 하지 못하는 문제점이 있다. 또 NP1이 (21)과 같이 서술어와 직접적인 의미론적 연관성을 맺지 못한다는 검도 이 견해에서 명확한 해결 방안을 제시하지 못하는 점도 문제이다. 또한 소절 견해에서는 절의 필수 구성요소인 보문소(補文素, complementizer)가 실재(實在)하지 않는다는 점도 간과할 수 없는 문제이다.

(21) a. 그 사람이 키가 크다. ≒ 그 사람은 크다.
b. 그 사람이 돈이 많다. = ? 그 사람은 많다.
c. 내가 취미가 우표 수집이다. ≠ 내가 우표수집이다.

이러한 문제 외에 (22)의 주격 중출 구문의 '나'와 '가시' 또는 '나'와 '관심'의 경우까지 직접적인 의미론적 연관성이 있다고 보기에도

11) 양인석(1972: 41~51)에서 제시된 macro-micro relation(대소 관계)는 다음과 같다.
i) 전체(whole)-부분(part): 저 무지개가 색이 곱다.
ii) 부류(class)-성원(member): 노래가 아리랑이 좋다.
iii) 유형(type)-토큰(token): 개가 짖는 개가 안 문다.
iv) 총계(total)-수량(quant): 땅이 백 평이 팔렸다. 말이 두 마리가 달린다.
v) 피영향자(affected)-영향자(affector): 죤이 딸이 결혼한다.

어려움이 있다.

(22) a. 내가 목에 가시가 걸렸다.

b. 내가 이 일에 관심이 간다.

3) NP1 주어설

지금까지 NP2를 주어로 보는 견해, 그리고 NP1과 NP2를 주어로 보는 견해를 소개하고 이의 문제점에 대해 논의해 왔다. 이제 이 구문에서 문장 전체의 주어로 볼 가능한 명사구는 NP1만 남은 셈이다. 과연 NP1 주어설은 이 구문에 대한 답을 제시할 수 있을까? 우선 NP1을 주어로 볼 때 발생하는 문제점 가운데 가장 큰 것은 서술어와 의미론적 호응에 문제가 적지 않은 예들이 있다는 점이다.

(23) a. 내가 돈이 많다.(≠ 내가 많다.)

b. 이 집이 문이 없다.(≠ 이 집이 없다.)

하지만 반대로 다음과 같은 문장은 의미론적으로 오히려 NP1이 서술어와 더 명확한 관련성을 맺는 것으로 보인다.

(24) a. 내가 화가 난다.

b. 내가 호랑이가 무섭다.

c. 내가 관심이 간다.

잠시 (24)의 문제를 뒤로 미루어두고 (23)과 같은 경우 NP1과 서술어의 의미와 직접적인 연관성의 문제를 해결하기 위해 NP1 주어설의 입장에서는 'NP2+V'를 서술절이나 구동사와 같은 통사적 장치를 설정한다.

우선 서술절설을 살펴보기로 하자.12) 서술절설은 문장을 다음과 같이 분석하는 견해로 최현배(1980: 742) 등에서 나타나는 견해이다.13)

(25) a. [NP1 s=verbal sentence[NP2 - V]].

b. [내가 s[돈이 많다]]

V

즉 주격조사 중출 구문은 단문이 아니라 내포문(內包文)을 가지고 있는 복문(複文)으로 보는 것이다. 이렇게 보면 형식 논리상 주어가 한 문장에 둘 이상 나타나는 것에 아무런 문제가 없어 보인다. 그러나 이 견해는 임홍빈(1974), 남기심(1985) 등에서 지적된 바와 같이 절이 되기 위한 고유의 보문자(가령 명사절을 형성하는 명사형 어미, 관형절을 형성하는 관형형 어미 따위)를 가지지 못하는 점 외에도 절의 가장 기본적인 특성인 순환적 확장 문제를 해결해 주지 못한다. 다시 말해 다음과 같이 주격 구문이 무한정으로 생성되어야 하는데 일부 구문에서 주격형이 몇 번 나타나는 경우는 있지만 일반적인 절에서와 같이 순환적 확장이 무조건적으로 보장되는 것도 아니며((26a) 참조) 타동사 구문의 경우 서술절을 만드는 일 자체가 어려운 점이 문제로 지적되어 온 것이다((26b) 참조).

(26) a. ? [NP1 ---NPX vp[s[NPn - V]]

12) 서술절설을 취하는 입장에는 최현배(1937), 박병수(1983), 임동훈(1997) 등이 있으며 Suh (2000)의 'CES' 구문도 이와 유사한 견해이다. 한편 학교문법에서도 '서술절'이라는 용어가 수용되고 있다.

13) 최현배(1980: 743)에서 제시된 용어는 '풀이 마디'로 이 명칭은 '서술절'이 아니라 '용언절'을 가리킨다. 서술절이라는 용어는 '주어-서술어'라는 통사적 기능의 관점에서 형성된 명칭이고 '풀이 마디'(용언절)는 형태 범주적(품사론) 관점에서 형성된 용어(풀이씨(용언) → 풀이마디(용언절))인데 '명사-명사구-명사절'과 같이 형태 범주로 통사 단위의 명칭을 정하는 것이 타당한 것임을 고려한다면 서술절이라는 명칭은 용언절로 불리는 것이 마땅한 것이다. 이에 대한 최현배(1980: 743 붙임)의 비판은 적절하다.

b. * 내가 아들이 책을 읽는다.

그런데 이상과 같은 서술절 설의 문제점으로 언급된 점은 서술절이 일반적 절의 형식 요건에 위배됨에 초점을 두고 있는 것이다. 즉 '주어+서술어'의 구성을 자동적으로 완성된 절이라고 간주하는 경향에 따른 것이다. 하지만 이 구문에서 새로운 주어를 논항으로 불러오는 성분을 고유의 보문소까지 완전히 갖춘 절로 이해해서는 안 된다. 이는 보문소(어말어미)가 없는 '주어+서술어 어간'의 구조까지만이 새로운 주어를 불러오는 데 관계되기 때문이다. 다음의 (27)은 '주어+서술어', '목적어+서술어'로 구성된 관용어 또는 연어 구성들이지만 절의 격 구성과 어말어미와는 아무 상관이 없음을 보여준다.

(27) a. 내가 <u>화가 나</u>-ㄴ다/서/면/니까 ...

b. 그 사람이 <u>애를 태우</u>-어서/면/니까 ...

이런 점을 고려한다면 서술절설은 NP1을 불러오는 구성이 '주어+술어'로 되어 있기 때문에 붙여진 명칭이지 보문소를 갖춘 완전한 절을 염두에 두고 이 명칭을 부여한 것은 아니라고 보아야 할 것이다. 그렇다면 보문소 유무라든지 절의 일반적 특성과 서술절이 다르다든지 하는 점은 서술절 설의 심각한 문제점으로 볼 수는 없다.14) 다만 '서술절' 대신 '주어+서술어' 구성을 갖춘 서술구라는 용어를 채택했으면 그간의 이런 비판에서 자유로웠을 수 있었을 것이다.

안명철(2001)에서 제시된 구동사 설은 서술절 설의 이러한 문제점을 극복하고자 한 것이다.15) 여기에서는 NP2가 관계문의 머리명사

14) 그동안 '서술절'설은 보문 구성 또는 문장의 하위절 구성의 관점에서 많은 비판을 받아왔으나 서술절설의 본질이 절 구조의 완성과 연관되는 것이 아니라는 점을 상기하면 이와 같은 비판은 지나친 것이었다.

15) 안명철(2001)에서는 '구-동사'와 같이 표기하였다. 여기서는 이를 '구동사'로 부른다.

가 되지 못하는 관계화의 제약("* 내가 [e] 많은 돈"), 대화 상황에 따른 초점화 따위가 전제되지 않고서는 NP1 앞으로 NP2가 전치되기 어려운 점("? 팔이 내가 부러졌다"), 주격 중출 구문 성립에 어휘적·의미론적 제약이 따른다는 점("* 미순이가 산이 크다.")과 같은 점을 들어 'NP2+V' 구성이 복합술어로 기능하고 있음을 지적하고 주격 중출 구문의 통사 구조를 다음과 같이 제시하였다.16)

(28) NP1 v'[v [PV]]

(29)는 위의 구조를 보다 자세히 나타낸 것이다.

(29) NP1 v′ [v[NP2이－V]]

그렇다면 국어에서 논항과 동사 간에 서로 긴밀히 내적으로 연결된 경우 이 구성이 새로운 논항을 불러오는 경우가 있는지가 이 견해의 타당성을 입증하는 관건이 될 것이다. 이것을 증명하는 것은 어렵지 않다. 다음의 예를 살펴보기로 하자.

(30) 이것이 [책-이]다.

(31) a. 일꾼이 짐을 [운반을 하]-ㄴ다.
b. 아이가 숫자를 [셈을 하]-ㄴ다.
c. 정원사가 마당을 [물을 뿌리]-었다.

(32) a. 철수가 두 사람을 [다리를 놓]-았다.
b. 어머니가 딸 결혼에 [몸살을 앓]-았다.
c. 미영이가 친구와 [담을 쌓-].((31), (32)의 용례는 안명철(2001)에서 인용함)

16) 위의 구조에서 어말어미는 명세되지 않고 있다. 한편 서술절설에서는 'v" 대신 'ps' (predicate sentence)로 표시될 것이다.

(33) 소대장은 후퇴하라고 부하들에게 [명령을 내리]-었다.(용례는 이호승 (2003)에서 인용함)

(30)은 지정사(또는 서술격조사) '이-'에 선행 NP '책'이 결합하여 주어 '이것이'를 불러오고 있는 예이며,[17] (31)과 (32)는 'NP-을/를+타동사' 구성이 외부 목적어를 불러오는 구성이며 (33)은 인용절과 처격 명사구를 불러오는 구성이다.[18]

서술절설에서 복합술어인 구동사로 관점을 전환하는 것은 NP1이 문장의 최종적인 주어로 볼 수 있는 형식논리를 다 갖추었음을 의미한다.[19] 그러나 이것은 오히려 해결해야 할 문제들이 본격적으로 등장하는 것으로 보아야 할 것이다. 그것은 어떤 경우에 구동사를 형성하게 되며 또 구동사가 NP1에 배당하는 의미역은 과연 무엇인가에 대해 답을 주어야 하는 점이다. 이 점은 NP2를 주어로 보거나, NP1-NP2를 주어로 보거나 하는 경우에 발생하지 않던 문제이다. 이 경우는 NP2와 서술어와 관계에서 의미역을 확인할 수 있기 때문이다. 그러나 NP1 주어설을 취할 경우 새로운 주어에 대한 문법적 주격 배당 외에 반드시 이 명사구에 대한 합당한 의미역이 주어져야 하는 것이다. 이 점에 대해 안명철(2001)에서는 구-동사에 지배되는 주어의 의미역으로 내성역, 대상역, 경험자역 등을 제시하고 있다.[20]

17) 'NP-이(다)'의 내적 구조를 어떻게 분석해야 할지는 아직도 논란거리이다. 이 글은 이 점에 대해 깊이 다루는 자리가 아니라서 다만 서술어인 지정사가 'NP'를 내적 논항으로 두고 이 전체 구조가 다시 문장 주어를 불러오는 점만 유심히 보고자 한다.

18) (26)의 경우는 연어 구성이며 (27)의 구성은 관용어 구성이다. 이 구성들은 통사적으로 차이점을 보이는 부분이 있으나(이에 대해 자세한 점은 이호승(2003) 참조), 근본적으로 (26)과 같은 통사론적 절차가 선행적으로 마련되어 있어야 (27)과 같은 구조를 지니는 관용구의 성립도 가능하다는 점을 언급하지 않을 수 없다.

19) 이호승(2003)에서는 (26)과 같은 구성을 복합서술어 구성으로 부르고 있다. 이에 대해 필자가 (2001)에서 제안한 구동사의 개념은 관용구를 포함하여 이르는 명칭이다.

20) 안명철(2001)에서 제안된 의미역의 용어는 '내성격, 대상격, 경험주격' 등이었다. 그러나 이와 같은 용어는 '내성역, 대상역, 경험자역'과 같은 용어로 수정되어야 할 것이다.

(34) a. 내가 키가 크다.(내성역)
b. 장미가 꽃이 예쁘다.(내성역)
c. 영희가 눈이 삐었다.(경험주역)
d. 이 운동장이 먼지가 날린다.(대상역)

그런데 이와 같은 설명은 이 구문의 본질에까지 이른 것으로 보이지는 않는다. 최소한 위의 '내성격, 대상격, 경험주격'에 어떤 본질적 원리가 있어서 이런 구문이 출현하는가에 대한 설명이 더 필요한 것으로 보이기 때문이다.

3. 귀속역과 NP1

주격 중출구문에 대한 논의가 시작된 이래 지금까지 어떤 것을 주어로 볼 것인가에 대한 가능한 논의는 다 제시되었다. 즉, NP1 주어설, NP2 주어설, NP1--NP2 주어설은 주어로 검토해야 할 가능한 모든 명사구를 다 주어로 상정하여 논의한 것이므로 분명히 이 유형의 문장의 진성 주어에 대한 답은 분명히 이 안에 존재한다. 그럼에도 아직까지 우리는 이 점에 대한 명쾌한 결론에 이르지 못한 상태이다. 소유물이나 가족 관계, 심리 대상과 같은 관계나 주제설, 서술절설 등에는 모두 진실이 담겨 있지만 이 현상 전체에 그 본질적 진실에 대한 답은 아닌 듯하며 다만 부분적 사실만을 말해 주고 있다. 지금까지 언급된 점에 근거하면 NP1이 문장 전체의 주어임은 분명한 것으로 보인다. 만일 NP2를 문장의 주어로 본다면 서술어와의 관련 문제는 해결이 되지만 NP1이 서술어와의 관련성이 관련된다는 점은 사실상 모든 서술어와 무관하게 NP1이 출현할 수 있어야 함을 의미한다. 그렇지만 대다수의 타동사나 적지 않은 자동사 구문에서는 주격중출구문이 성립될 수 없기 때문에 주제설이든 변형설이든 NP2를 문장의 참주어로 보는 견해의 정당성이 훼손되게 되는 것이다.

한편 지금까지 우리들은 NP1이 서술어와 직접적인 관련성이 없다는 것을 명시적 또는 암시적으로 전제하고 이 구문에 대한 논의를 해 왔었다. 서술절설이나 구동사설이 그러한 것들이며 이 이론의 약점의 하나로 꼽히는 것이 역시 서술어와의 직접적 관련성이다. 그렇지만 NP1이 정말로 서술어와 관련성이 없는 것인가? 여기에 대한 논자의 대답은 '그렇지 않다'이다. 왜냐하면 형용사는 대표적으로 주격중출구문을 형성하는 서술어 부류이며 피동사나 일부 자동사들도 이에 해당하기 때문이다. 반면 행위성 자동사나 또는 대부분의 타동사는 주격중출구문을 형성하지 못하는 것이어서 분명히 NP1이 서술어와 어떤 연관성이 있음을 우리에게 말해준다. 더욱이 '싫다,' '필요하다'와 같은 일부 형용사 구문은 언제나 'NP1+NP2+V'의 구성을 취하고 있는 점, 또 '좋다,' '무섭다'도 속성이 아니라 감정을 나타내는 경우에도 이와 동일한 구성을 취하고 있는 점도 NP1이 서술어와 무관할 수 없음을 말해주는 것이다.21)

(35) a. 내가 밥이 싫다.
　　b. 그 사람이 돈이 필요하다.
(36) a. 내가 그 사람이 좋다.
　　b. 내가 호랑이가 무섭다.

그렇다면 'NP1+NP2'의 구성을 취하는 구문들에서의 NP1은 'NP2와 서술어' 전체와 어떤 연관성을 맺고 여기에서 격과 의미역을 받는 것으로 보는 것이 이 구문의 해결의 길이 될 것이다. 서술절설이나 구동사설은 이 견해를 지지하는 것이며 이 견해는 형식논리적으

21) (35) (36)과 같은 구문에 대해 이것이 이들 어휘에만 적용되는 구문의 특수한 문제로 처리한다면 주격중출구문의 본질에 대한 해결의 길은 멀 것이다.

로 이미 NP1이 주어임을 밝히고 있어 NP1격에 대한 격의 배당 문제를 제기하고 있다. 여기서는 다만 NP1에 배당되는 의미역으로 제시된 '내성역,' '대상역', '경험자역'과 같은 의미역보다 보다 상위의 공통된 의미역으로 '귀속자역'을 가정적으로 제안하고 이 귀속자역이 이러한 구문을 풀어가는 데 어떤 역할을 할 수 있는지에 대해 잠시 살펴보기로 한다.

> [귀속자역]: NP2와 서술어가 뜻하는 내용이 전적으로 어떤 대상에 귀속될 수 있을 때, 또는 귀속될 수 있는 것으로 해석될 수 있을 때 이 구문은 이 내용이 귀속될 NP1을 새로운 주어로 불러온다.

위와 같은 귀속과 귀속자역을 근거로 앞에서 제시한 (5), (6) 구문의 의미론적 특성을 살펴보기로 하자.

(5) a. 내가 옷이 못에 걸렸다.
  b. * 내가 옷이 못에 걸렸다.[내 옷이 벽에 있는 못에 걸려 있는 경우]
(6) a. 내가 그림이 걸렸다.
  b. 나의 그림이 걸렸다.

(5a)의 의미는 '내가 옷을 입고 다니다가 벽에 나와 있는 못에 걸린' 경우로 이 경우 '옷'은 '나'와 분리된 대상이 아니라 '나'의 통제범위 안에 있는 대상이다. 그러나 (5b)와 같은 경우는 비록 '옷'이 '나'의 소유물이기는 하지만 '나'와 떨어진 공간에 있어 '나'가 통제할 수 없는 상황이 전개되는 경우이다. 이 경우는 올바른 문장이 되지 못한다. 그러나 귀속자의 통제라는 것은 단순한 공간적 귀속을 의미하는 것은 아니다. 이를 잘 보여주는 것이 (6)의 예인데 (6b)는 단순히 '나의 그림'이 다른 공간에 걸린 것을 의미한다. 그러므로 (6a)와 같은 구문은 이런 점에서는 (5b)와 마찬가지 측면에서 올바

른 문장이 될 수 없다. 그러나 (6a)가 적절한 방식으로 귀속자역을 불러 올 수 있는 경우라면 올바른 문장이 된다. 그것은 자신이 출품한 작품이 입선되어 전람회장에 그림이 전시된 경우이다. 이 경우 '그림이 걸린' 사건 전체는 '평가된 자신의 작품'을 의미하는 것으로 이 점이 바로 NP1의 귀속적 성격을 결정해주는 요소가 되는 것으로 이 점이 NP1에 귀속자역을 배당하는 구동사의 의미 해석의 全局的 측면이 잘 드러난다. 즉 귀속자역이라는 것은 공간적 귀속이나 관계적 귀속 등과 같은 단면적 귀속이 아니라 구동사의 전체 내용이 귀속적으로 해석될 수 있는 경우라면 모두 문장에 도입될 수 있는 것을 보여준다.

이와 같은 가정은 결국 심층의 의미역(또는 심층격)의 중출 현상 없이 주격 중출 구문을 설명할 수 있게 된다. 즉 표면의 격 조사의 동일성과 무관하게 심층의 의미역이 다른 경우(즉 귀속주역과 귀속대상역) 한국어에서는 주격조사의 중출을 허용하며 이때의 주격조사 구문은 별개의 주어로 인식이 될 수 있다는 것이다.

이 가정은 왜 타동사 구문에서 새로운 NP1의 도입이 어려운가에 대해 잘 설명해준다. "내가 밥을 먹는다"와 같은 타동사 구문은 그 행위 전체가 주어의 행위 의지와 능력 등에 전적으로 영향을 받는 것이다. 따라서 이런 경우 주어의 행위 전체가 어떤 새로운 대상의 전적으로 귀속될 수 있는 것이 아니다. 즉 일반적으로 타동사 구문의 행위주의 행동은 전적으로 주어의 의지와 통제권에 있으므로 이것이 새로운 귀속자역을 불러올 수는 없는 것이다. 또 행위성 자동사 구문도 이와 마찬가지 이유에서 NP1을 불러올 수 없다. 하지만 형용사 구문이 대부분 주격조사 중출을 허용하는 것은 이와 반대의 이유 때문이다.

필자는 지금까지 주격 중출 구문의 연구 동향과 성과 그리고 문제점을 살펴보고 이 구문의 생성의 해법을 위해서 '구동사'라는 통사 범주, 그리고 '귀속자역'이라는 의미역 범주가 필요함을 언급해

왔다. 그러나 문제는 여기서 종료되는 것이 아니다. '귀속자역'이라는 새로이 제안된 의미역 범주가 기존의 의미역 연구와 어떤 관계를 맺고 또 의미역 연구에서 발생한 문제점들에 대해 '귀속자역'이 어떤 해결의 실마리를 제공하는가 또는 반대로 또 다른 문제를 일으키는가에 대한 본격적인 검토가 앞에 기다리고 있다. 또한 과연 서론에서 언급한 모든 유형의 주격 중출 구문을 모두 구동사로 묶어서 설명할 수 있는지 여기에도 또 다른 방식의 설명 방법을 찾아야 하는 문제점이 있는지 또는 구동사로 범주화된 구성의 내적 구성 방식이나 구조가 세부적으로 어떤 공통점이 있으며 또 차이점은 어떠한지에 대한 논의 또한 해답을 기다리는 것이다.

[참고문헌]

1. 저서

김민수, 『국어문법론』, 일조각, 1971.

김윤경, 『나라말본』, 동명사, 1948.

남기심, 「'서술절'의 설정은 타당한가?」, 『국어학신연구』, 탑출판사, 1986.

남기심, 『국어 문법의 탐구』 I, 태학사, 1996.

서정수, 『국어구문론연구』, 탑출판사, 1978.

서정수, 『국어문법의 연구』 II, 한국문화사, 1990.

성광수, 「국어 격중출현상의 원인에 대한 재고」, 『한국어문학논고』, 태학사, 1997.

양인석(Yang, In-seok), 『Korean Syntax』, 백합출판사, 1972.

윤종열, *Korean Syntax and Generalized X-Bar Theory*, Hanshin Publishing, 1990.

정인상, 「주어」, 『국어연구 어디까지 왔나』, 동아출판사, 1990.

최현배, 『우리말본』, 정음사, 1937.

최현배, 『우리말본』, 정음사, 1980.

홍기문, 『조선문법연구』, 서울신문사, 1947.

2. 논문

남기심, 「그림씨를 풀이말로 하는 문장의 몇 가지 특질」, 『한글』 142, 1968.

남기심, 「二重主語構文 再考」, 『朝鮮語學』 126, 朝鮮學會, 1988.

박병수, "On the multiple Subject Construction in Korean", *Linguistics 100*, 1973.

박병수, 「문장술어의 의미론: 중주어구문의 의미 고찰」, 『말』 8, 1983.

박상수, 「한국어 화제-주어/주제-주어 구조의 격표시 실현과 형태 점검」, 『언어과학』 2, 한국언어학회 동남지회, 1995.

박순함, 「격문법에 입각한 국어의 겹주어에 대한 연구」, 『어학연구』 6-2(서울대), 1970.

박승빈, 「조선어학강의요지」, 『조선어학연구회』, 1931.
박승윤, "Why not a Topic in a Relative Clause", 『어학연구』 20-2(서울대), 1984.
서정수, 「국어의 이중주어 문제: 변형생성문법적 분석」, 『국어국문학』 52, 1971 (서정수(1978)에 再錄).
성기철, 「문서술어 복합문」, 『국어학』 16, 1987.
손호민, "Multiple Topic Constructions in Korean", 『한글』 174, 1981.
송석중, "Some Transformational Rules in Korean", Ph. D. Dissertaion, Indiana University, 1967.
신창순, 「국어의 주어 문제 연구」, 『문법연구』 2, 1975.
신호철, 「문의 주제와 담화의 화제」, 『추상과 의미의 실재』, 박이정, 1993.
안명철, 「이중주어 구문과 구동사」, 『국어학』 38, 2001.
오충연, 「서술관계로 본 이중주어문의 재해석: 논항 구조와 대비하여」, 『어문연구』 110, 한국어문교육연구회, 2001.
유길준, 『대한문전』, 1909.
유동석, 「국어의 격중출 구성에 대하여」, 『국어학』 31, 1998.
이남순, 「주격중출문의 통사구조」, 『국어국문학』 93, 1985.
이호승, 「국어복합서술어 연구」, 서울대 박사논문, 2003.
임동훈, 「이중주어 구문의 통사 구조」, 『한국학보』 19, 1997.
임홍빈, 「국어의 주제화 연구」, 『국어연구』 28, 1972.
임홍빈, 「주격중출문을 찾아서」, 『문법연구』 1, 1974.
Park, Young-Bae, "Some Notes on Theme, Topic, and Subject in Korean", in *Proceedings of the 1985 Harvard Workshop on Korean Linguistics*, 1985.
Suh, Sungki, "Multiple Subject NPs and Processinf Overload", *Language Research* (SNU) 36-2, 2000.
Yoon, J. M., "ECM and Multiple Subject Construction in Korean", *Harvard WOKL 3*, 1989.